PRÍNCIPE HARRY

EN LA SOMBRA

Traducción de
Verónica Canales Medina, Gabriel Dols Gallardo,
Rocío Gómez de los Riscos, Laura Martín de Dios
y Laura Rins Calahorra

PLAZA & JANÉS

Papel certificado por el Forest Stewardship Council®

MIXTO
Papel procedente de fuentes responsables
FSC® C117695

Penguin Random House Grupo Editorial

Título original: *Spare*

Primera edición: enero de 2023
Primera reimpresión: enero de 2023

El príncipe Harry desea dar su apoyo a organizaciones benéficas británicas con la donación de parte de sus ingresos por *En la sombra*. El duque de Sussex ha donado 1.500.000 dólares a Sentebale, una organización que fundó junto con el príncipe Seeiso para honrar el legado de sus respectivas madres, que ayuda a niños y jóvenes vulnerables en Lesoto y Botsuana afectados por el VIH/sida. El príncipe Harry también donará a la organización sin ánimo de lucro WellChild la cantidad de 300.000 libras. WellChild, de la que ha sido patrón real durante quince años, hace posible que niños y jóvenes con necesidades médicas complejas sean tratados en sus casas en lugar de en el hospital, siempre que sea posible.

Printed in Spain – Impreso en España

ISBN: 978-84-01-02981-3
Depósito legal: B-21513-2022

Compuesto en Comptex & Ass., S. L.

Impreso en Rodesa,
Villatuerta (Navarra)

L029813

Para Meg, Archie y Lili…
y, por supuesto, mi madre

El pasado nunca está muerto.
No es ni siquiera pasado.

William Faulkner

Habíamos acordado vernos unas horas después del funeral. En los jardines de Frogmore, junto a las viejas ruinas góticas. Yo llegué el primero.

Eché un vistazo y no vi a nadie.

Miré el teléfono: no había mensajes de texto ni de voz.

«Llevarán retraso», pensé mientras me apoyaba en la pared de piedra.

Guardé el teléfono y me dije: «Mantén la calma».

El tiempo no podía ser más abrileño: ya había quedado atrás lo peor del invierno, pero no acababa de llegar la primavera. Los árboles seguían desnudos, pero la brisa era suave. El cielo estaba encapotado, pero asomaban los tulipanes. La luz era pálida, pero el lago añil que se extendía por los jardines resplandecía.

«Qué bello es todo —pensé—. Y también qué triste».

Hubo un tiempo en que aquello iba a ser mi hogar para toda la vida. En cambio, había resultado no ser más que otra breve parada.

Cuando mi esposa y yo huimos de allí, temiendo por nuestra salud mental e integridad física, no estaba seguro de cuándo iba a volver. Aquel episodio había tenido lugar en enero de 2020. Quince meses más tarde, allí estaba, días después de despertar para encontrarme treinta y dos llamadas perdidas y después sostener una breve y angustiosa conversación con la abuela:

—Harry..., el abuelo ha fallecido.

El viento cobró fuerza y se volvió más frío. Encorvé los hombros y me froté los brazos mientras lamentaba lo fina que era mi camisa blanca. Deseé haberme dejado puesto el traje que llevaba durante el funeral y haber cogido un abrigo por si acaso. Me puse de espaldas al viento y vi, cerniéndose sobre mí, las ruinas góticas, que en realidad tenían de góticas lo mismo que la noria del London Eye. Un arquitecto inteligente y un poco de sentido escénico. «Como tantas otras cosas de por aquí», pensé.

Fui de la pared de piedra a un pequeño banco de madera. Me senté, consulté de nuevo el teléfono y miré a un lado y al otro del sendero.

«¿Dónde están?».

Otra ráfaga de viento. Curiosamente, me recordó al abuelo. Su frialdad de trato, quizá, o su gélido sentido del humor. Me vino a la cabeza un fin de semana de caza en particular, años atrás. Un amigo, que solo pretendía entablar conversación, le preguntó al abuelo qué opinaba de mi nueva barba, que había causado preocupación en la familia y polémica en la prensa.

—¿Debería la reina obligar al príncipe Harry a afeitarse?

El abuelo miró a mi amigo, me miró la barbilla y esbozó una diabólica sonrisa.

—¡«Eso» no es una barba!

Todo el mundo se rio. Cuando la cuestión era el ser o no ser de la barba, resultaba muy propio del abuelo descolgarse con que él exigía más barba. «¡Déjate crecer la pelambre hirsuta de un puñetero vikingo!».

Pensé en las opiniones contundentes del abuelo, en sus muchas pasiones: el enganche ecuestre, las barbacoas, la caza, la comida, la cerveza. Su amor por la vida, en una palabra. Eso lo tenía en común con mi madre; tal vez por eso había sido tan fan de ella. Mucho antes de que se convirtiera en la princesa Diana, cuando era sencillamente Diana Spencer, maestra de guardería y novia en secreto del príncipe Carlos, mi abuelo era su máximo defensor. Hubo quien dijo que fue él quien actuó de medianero en el matrimonio de mis padres. De ser cierto, podría argumentarse que el abuelo había sido la Causa Primera de mi mundo. De no haber sido por él, yo no estaría aquí.

Tampoco mi hermano mayor.

Claro que a lo mejor nuestra madre sí que estaría. Si no se hubiera casado con mi padre...

Recordé una conversación reciente con mi abuelo, los dos solos, poco después de que cumpliera los noventa y siete. Estaba pensando en el fin. Ya no era capaz de entregarse a sus pasiones, me dijo. Y, aun así, lo que más echaba de menos era el trabajo. Sin trabajo, afirmó, todo se desmorona. No lo vi triste, sino preparado. «Hay que saber cuándo ha llegado el momento de marcharse, Harry».

Miré a lo lejos, en dirección al perfil urbano en miniatura que formaban las criptas y monumentos repartidos por Frogmore. El Cementerio Real, última morada de tantos de nosotros, incluida la reina Victoria; también la controvertida Wallis Simpson. Así como su doblemente controvertido esposo, Eduardo, que fue rey y tío bisabuelo mío. Después de renunciar al trono por Wallis y marcharse con ella de Gran Bretaña, los dos empezaron a preocuparse por su regreso definitivo y se obsesionaron con que los enterrasen allí. La reina, mi abuela, accedió a su súplica, pero los colocó alejados de todos los demás, bajo un plátano inclinado. Una última regañina, tal vez. Un postrer exilio, quizá. Me pregunté qué pensaban ahora Wallis y Eduardo de sus cuitas. ¿Acaso importaba algo de todo aquello al final? Me pregunté si de hecho pensaban algo. ¿Estarían flotando en un reino etéreo, sopesando todavía sus decisiones, o se hallarían en Ninguna Parte, pensando Nada? ¿De verdad es posible que no haya Nada después de esto? ¿Termina la consciencia, como termina el tiempo? O tal vez, pensé, tal vez estuvieran allí mismo, en aquel preciso instante, junto a las falsas ruinas góticas, o a mi lado, espiando mis pensamientos. Y en ese caso... «¿estará quizá también mi madre?».

Pensar en ella, como siempre, me trajo un hálito de esperanza y una descarga de energía.

Y una punzada de pena.

Echaba de menos a mi madre todos los días, pero en ese momento, con los nervios a flor de piel a causa del encuentro que estaba a punto de producirse en Frogmore, me descubrí añorándola con todas mis fuerzas, sin acabar de entender por qué. Como tantas cosas que tenían que ver con a ella, costaba expresarlo con palabras.

Aunque mi madre era una princesa y tenía nombre de diosa, ambos términos siempre se me habían antojado pobres, insuficientes. La gente la comparaba por sistema con iconos y santas, desde Nelson Mandela y la Madre Teresa hasta Juana de Arco, pero ninguna de esas comparaciones, por elevadas y bienintencionadas que fueran, daba tampoco en el blanco. Mi madre, la mujer más reconocible del planeta y una de las más queridas, era sencillamente indescriptible; esa era la pura verdad. Y aun así... ¿cómo podía alguien que estaba tan por encima del lenguaje ordinario seguir siendo una presencia tan real, tan palpable y presente, tan exquisitamente vívida en mi cabeza? ¿Cómo era posible que la viera con la misma nitidez que al cisne que nadaba hacia mí por las aguas de aquel lago añil? ¿Cómo podía oír, todavía, su risa, sonora como los trinos que me llegaban desde los árboles desnudos? Había mucho que no recordaba, porque era muy niño cuando murió, pero lo milagroso era todo lo que sí retenía: su sonrisa irresistible, sus ojos vulnerables, su amor infantil por el cine, la música, la ropa y los dulces... y por nosotros. Cómo nos quería a mi hermano y a mí. «Obsesivamente», le confesó una vez a un entrevistador.

«Bueno, mamá..., y viceversa».

A lo mejor era omnipresente por el mismo motivo por el que resultaba indescriptible: porque era luz, luz pura y radiante, ¿y cómo describir realmente la luz? Hasta Einstein tuvo problemas con eso. Hace poco, los astrónomos han reorientado sus mayores telescopios, los han apuntado a una minúscula grieta del cosmos y han logrado atisbar una esfera asombrosa a la que han puesto por nombre Earendel, que es el Lucero del Alba en inglés antiguo. A miles de millones de kilómetros de distancia y probablemente extinguida hace ya mucho tiempo, la luz de Earendel está más cerca del Big Bang, el momento de la Creación, que nuestra Vía Láctea, y aun así, de alguna manera, sigue resultando visible para los ojos de los mortales en virtud de su extraordinaria y deslumbrante luminosidad.

Eso era mi madre.

Por eso podía seguir viéndola, percibiéndola, siempre, pero sobre todo aquella tarde abrileña en Frogmore.

Por eso, y porque yo enarbolaba su bandera. Había acudido a aquellos jardines porque quería la paz. La deseaba más que cualquier otra cosa. La quería por el bien de mi familia, y por el mío, pero también por el de ella.

La gente olvida lo mucho que luchó mi madre por la paz. Dio la vuelta al mundo en muchas ocasiones, recorrió campos de minas, abrazó a pacientes de sida, consoló a huérfanos de guerra, siempre esforzándose por llevar la paz a alguien en alguna parte, y yo sabía cuánto ansiaría —no, cuánto ansiaba— la paz entre sus hijos, y entre nosotros dos y nuestro padre. Y entre toda la familia.

Los Windsor llevábamos meses en guerra. Se habían producido rencillas intermitentes en nuestras filas desde hacía siglos, pero aquello era distinto. Se trataba de una ruptura pública con todas las de la ley, que amenazaba con volverse irreparable. Por lo tanto, aunque había volado a casa única y exclusivamente para el funeral del abuelo, había decidido aprovechar el viaje para solicitar aquel encuentro secreto con mi hermano mayor, Willy, y mi padre, para hablar de cómo estaban las cosas.

Para encontrar una salida.

Sin embargo, al mirar una vez más el teléfono y el sendero del jardín, pensé: «Quizá han cambiado de opinión. Quizá no van a venir».

Durante medio segundo me planteé rendirme y dar un paseo a solas por los jardines o volver a la casa, donde todos mis primos estarían bebiendo y contando anécdotas del abuelo.

Entonces, por fin, los vi. Hombro con hombro, avanzando hacia mí con paso firme, me parecieron muy serios, casi amenazadores. Es más, se diría que avanzaban perfectamente alineados. Se me cayó el alma a los pies. En circunstancias normales irían discutiendo sobre un tema u otro, pero en aquel momento parecían en sintonía, conjurados.

Se me vino a la cabeza un pensamiento: «Espera, ¿hemos quedado para un paseo… o para un duelo?».

Me levanté del banco de madera, di un paso vacilante hacia

ellos y esbocé una tímida sonrisa. No me correspondieron. Se me aceleró el pulso. «Respira hondo», me dije.

Aparte de miedo, sentía una especie de hiperconsciencia y una vulnerabilidad enorme e intensa, que había experimentado en otros momentos decisivos de mi vida.

Al caminar detrás del ataúd de mi madre.

Al entrar en batalla por primera vez.

Al pronunciar un discurso en pleno ataque de pánico.

Notaba esa misma sensación de que afrontaba una prueba sin saber si estaba a la altura, pero sabiendo perfectamente que no había vuelta atrás, que el Destino llevaba las riendas.

«Vale, mamá —pensé mientras aceleraba el paso—, allá vamos. Deséame suerte».

Coincidimos en mitad del sendero.

—¿Willy? ¿Papá? Hola.

—Harold.

Dolorosamente tibio.

Cambiamos de orientación, formamos una línea y arrancamos a caminar por el sendero de grava que pasaba por el puentecito cubierto de hiedra.

La naturalidad con la que adoptamos aquel paso síncrono, el silencio con el que acompasamos la zancada medida y la cabeza gacha, además de la proximidad de aquellas tumbas... ¿Cómo no acordarse del funeral de mi madre? Me dije que no debía pensar en aquello, que me fijara en cambio en el agradable crujido de nuestros pasos y en cómo nuestras palabras se alejaban flotando cual volutas de humo llevadas por el viento.

Como éramos británicos, como éramos Windsor, empezamos cruzando unos comentarios insustanciales sobre el tiempo, los viajes y el deporte. Cambiamos impresiones sobre el funeral del abuelo. Lo había planeado él mismo, hasta el último detalle, nos recordamos con una sonrisa nostálgica.

Charla trivial, más superficial imposible. Tocamos todos los temas secundarios mientras yo esperaba impaciente que abordáramos el principal y me preguntaba por qué tardábamos tanto, además de cómo diablos podían parecer tan tranquilos mi padre y mi hermano.

Eché un vistazo a nuestro alrededor. Habíamos cubierto bastante terreno y ya estábamos en pleno centro del Cementerio Real, más rodeados de cadáveres que el príncipe Hamlet. Bien pensado..., ¿no pedí yo mismo una vez que me enterrasen aquí? Horas antes de partir a la guerra, mi secretario privado dijo que necesitaba designar el lugar donde inhumarían mis despojos. «Si sucediera lo peor, alteza..., dada la naturaleza incierta de la guerra...».

Había varias opciones. ¿La capilla de San Jorge? ¿La Cripta Real del palacio de Windsor, donde estaban dando sepultura al abuelo en ese preciso instante?

No; yo había escogido ese sitio, porque los jardines eran preciosos y transmitían paz.

Con nuestros pies casi encima de la cara de Wallis Simpson, mi padre nos obsequió con una pequeña lección sobre el personaje ilustre de aquí, el primo real de más allá y todos los antaño eminentes duques y duquesas, lores y damas que moraban en aquellos momentos bajo la hierba. Como había estudiado historia durante toda su vida, tenía información de sobra que compartir, y una parte de mí temió que fuéramos a pasar varias horas allí y que tal vez hubiera un examen al final. Por suerte, paró, y seguimos caminando por un prado de hierba que bordeaba la orilla del lago, hasta llegar a un bello jardín de narcisos.

Allí, por fin, fuimos al grano.

Intenté explicarles mi punto de vista. No estuve muy fino. Para empezar, seguía nervioso, luchando por mantener a raya mis emociones a la vez que me esforzaba por ser sucinto y preciso. Es más: había jurado no permitir que aquel encuentro degenerase en otra discusión. Sin embargo, no tardé en descubrir que eso no dependía de mí. Mi padre y Willy tenían que poner de su parte, y ellos habían acudido listos para una pelea. Cada vez que yo acometía una nueva explicación o arrancaba un nuevo razonamiento, uno de los dos me interrumpía. Willy, en particular, no se atuvo a razones. Después de que me cortara unas cuantas veces, empezamos a zaherirnos, con las mismas acusaciones que llevábamos meses —años— lanzándonos. Nos acaloramos tanto que mi padre levantó las manos.

—¡Basta! —Se interpuso entre nosotros y miró nuestros rostros encendidos—. Por favor, chicos, no convirtáis en un suplicio mis últimos años.

Su voz sonaba ronca, frágil. Parecía, para ser franco, la de un anciano.

Pensé en el abuelo.

Al instante, algo cedió en mi interior. Miré a Willy, lo observé de verdad, quizá por primera vez desde que éramos pequeños, fijándome en todos los detalles: su familiar expresión ceñuda, que siempre había sido la norma en sus tratos conmigo; su alarmante alopecia, más avanzada que la mía; su famoso parecido a nuestra madre, que se iba diluyendo con el tiempo. Con la edad. En algunas cosas era mi espejo, en otras mi polo opuesto. Mi querido hermano, mi archienemigo, ¿cómo habíamos llegado a eso?

Sentí un cansancio abrumador. Quería irme a casa, y caí en la cuenta de lo complicado que se había vuelto ese concepto. O quizá siempre lo fue. Señalé con un gesto los jardines, la ciudad que había más allá, la nación, y dije:

—Willy, se suponía que esto era nuestra casa. Íbamos a pasar aquí el resto de nuestra vida.

—Tú te fuiste, Harold.

—Ya, y tú sabes por qué.

—No.

—¿No lo sabes, dices?

—Sinceramente, no.

Eché el cuerpo hacia atrás. No daba crédito a lo que oía. Una cosa era discrepar sobre quién tenía la culpa o qué podría haberse hecho para que las cosas salieran de otra manera, pero ¿que él afirmara ignorar por completo los motivos por los que me había marchado de mi país natal, el país por el que había combatido y había estado dispuesto a morir, mi Madre Patria? (Qué problemática expresión). ¿Que afirmara no saber por qué mi esposa y yo dimos el drástico paso de coger a nuestro hijo y salir como alma que lleva el diablo, dejándolo todo atrás: casa, amigos, muebles? ¿En serio?

Alcé la vista a los árboles.

—¡No lo sabes!

—Harold…, de verdad que no.

Me volví hacia nuestro padre, que me miraba con una expresión que decía: «Yo tampoco».

«Vaya —pensé—. A lo mejor es verdad que no lo saben».

Asombroso, pero tal vez cierto.

Y si no conocían los motivos por los que me había marchado, quizá lo que pasaba era que no me conocían a mí. En absoluto.

Quizá no me hubieran conocido nunca, en realidad.

La idea me hizo sentir frío, y una espantosa soledad.

Pero también me encendió. «Tengo que explicárselo», pensé.

«¿Cómo explicárselo?».

«No puedo. Llevaría demasiado tiempo».

«Además, salta a la vista que no están en disposición de escuchar».

«Por lo menos, ahora no. Hoy no».

En consecuencia:

¿Papá? ¿Willy?

¿Mundo?

Ahí va.

PRIMERA PARTE

Desde la noche que me envuelve

1

Siempre habían corrido leyendas.

La gente contaba entre susurros, de vez en cuando, historias de personas que habían tenido un final trágico en Balmoral. Una reina de antaño, por ejemplo. Loca de dolor, se había encerrado en el castillo y había jurado no salir nunca. Y el ex primer ministro, siempre muy correcto, había calificado el lugar de «surrealista» y «raro a más no poder».

Aun así, no creo que yo oyera esas leyendas hasta mucho más tarde. O quizá las oyese y no se me quedaron. Para mí, Balmoral nunca dejó de ser, sencillamente, el Paraíso; un cruce entre Disney World y una especie de arboleda druídica sagrada. Siempre andaba demasiado ocupado pescando, cazando y corriendo arriba y abajo por «la colina» para apreciar ningún fallo en el *feng shui* del viejo castillo.

Lo que intento decir es que allí fui feliz.

A decir verdad, es posible que nunca fuera más feliz que aquel fatídico día dorado de verano en Balmoral: el 30 de agosto de 1997.

Llevábamos una semana en el castillo y teníamos planeado quedarnos otra más. Igual que el año anterior, y el otro también. Balmoral constituía una microestación en sí mismo, un paréntesis de dos semanas en las Tierras Altas escocesas para señalar la transición del verano al otoño.

La abuela también estaba, como es natural, ya que pasaba la mayor parte de todos los veranos en Balmoral. Se encontraban asimismo el abuelo, Willy y mi padre. La familia entera, a excepción de mi madre, porque ella ya no formaba parte de la familia. Había huido, o la habían echado, dependiendo de a quién le preguntaras, aunque yo no se lo preguntaba nunca a nadie. En cualquier caso, estaba de vacaciones, por su cuenta, en alguna parte. En Grecia, decía uno. No, en Cerdeña, rebatía otro. No, no, clamaba un tercero, ¡tu madre está en París! A lo mejor fue ella misma quien dijo eso último. ¿Tal vez cuando llamó ese día por la mañana para charlar? El recuerdo, ay, queda al otro lado de un alto muro mental, junto con un millón más. Es una sensación horrible, un tormento, saber que se encuentra allí mismo, justo al otro lado, a meros centímetros de distancia; pero la pared siempre es demasiado alta, demasiado gruesa; inexpugnable.

Como los torreones de Balmoral.

Con independencia de su paradero, lo que sí tenía entendido era que mi madre estaba con su nuevo «amigo». Esa era la palabra que usaba todo el mundo. Ni «novio» ni «amante». «Amigo». Un tipo bastante majo, pensaba yo. Willy y yo acabábamos de conocerlo. En realidad, estábamos pasando una temporada con mi madre cuando ella misma lo había conocido, unas semanas antes en Saint-Tropez. Nos lo estábamos pasando en grande, los tres solos, alojados en la villa de un anciano caballero. Nos reímos mucho e hicimos muchas gansadas, que era lo habitual siempre que nos juntábamos mi madre, Willy y yo, aunque esas vacaciones se llevaron la palma. Aquel viaje a Saint-Tropez fue idílico de principio a fin. Hizo un tiempo magnífico, la comida estaba deliciosa, mamá sonreía.

Y lo mejor de todo: había motos acuáticas.

¿De quién eran? No lo sé. Pero recuerdo vívidamente que Willy y yo íbamos con ellas hasta la parte más profunda del canal, donde dábamos vueltas a la espera de que pasaran los grandes transbordadores. Utilizábamos sus enormes estelas como rampas para volar por los aires. No tengo muy claro cómo no nos matamos.

¿Fue después de que regresáramos de aquella peripecia con las motos acuáticas cuando apareció por primera vez el amigo de nuestra madre? No, es más probable que fuera justo antes. «Hola, qué tal, tú debes de ser Harry». Pelo azabache, bronceado coriáceo, sonrisa blanco hueso. «¿Cómo te encuentras? Yo me llamo bla, bla». Nos dio conversación, le dio conversación a mi madre. Más que nada a mi madre. Significativamente a mi madre. Sus ojos se trocaron en mullidos corazones rojos.

Era descarado, de eso no cabía duda. Aunque, repito, bastante majo. Le hizo un regalo a mi madre, una pulsera de diamantes que a ella pareció gustarle; se la ponía mucho. Después aquel hombre desapareció de mi pensamiento.

—Mientras mamá esté contenta... —le dije a Willy, quien respondió que opinaba lo mismo.

2

Es toda una sacudida, pasar del soleado Saint-Tropez al encapotado Balmoral. Conservo un vago recuerdo de aquel cambio radical, aunque no retengo gran cosa más de aquella primera semana en el castillo. Aun así, puedo asegurar casi a ciencia cierta que la pasé al aire libre en su mayor parte. Mi familia vivía para disfrutar del cielo abierto, sobre todo la abuela, que se ponía de mal humor si no respiraba por lo menos una hora de aire fresco al día. Ahora bien, lo que hicimos al raso, lo que dijimos, vestimos y comimos, se me escapa. Dicen algunas noticias que viajamos con el yate real desde la isla de Wight hasta el castillo, la última travesía de esa embarcación. Suena precioso.

Lo que sí recuerdo, con nítido detalle, es el entorno físico. El bosque espeso, la colina con su vegetación mordisqueada por los ciervos. El río Dee, que serpenteaba a través de las Tierras Altas. Lochnagar, imponente, con el pico coronado de nieves perpetuas. Paisaje, geografía, arquitectura; así funciona mi memoria. ¿Fechas? Lo siento, tendré que consultarlo. ¿Conversaciones? Haré lo que pueda, pero no contéis con citas textuales, sobre todo en lo tocante a la década de 1990. Eso sí: preguntadme por cualquier espacio que haya ocupado —sea un castillo, una cabina de avión, un aula, un camarote, un dormitorio, palacio, garaje o pub— y lo recrearé sin dejarme ni los listones de la moqueta.

¿Por qué organiza mi memoria la experiencia de esta manera? ¿Será algo genético? ¿Un trauma? ¿Una frankensteiniana combinación de las dos causas? ¿Será el soldado que llevo dentro, que examina cada espacio como si fuera un potencial campo de batalla? ¿Será mi innata naturaleza hogareña, que se rebela contra una existencia nómada impuesta? ¿Será cierta sospecha fundamental de que el mundo es, en esencia, un laberinto en el que nunca deberíamos dejarnos atrapar sin un mapa?

Sea cual fuere la causa, mi memoria es mi memoria: va a su aire y recoge y ordena lo que le parece oportuno, y hay tanta verdad en lo que recuerdo y cómo lo recuerdo como la hay en los llamados hechos objetivos. Cosas como las cronologías o las relaciones de causa y efecto a menudo no son más que fábulas que nos contamos sobre el pasado. «El pasado nunca está muerto. No es ni siquiera pasado». Cuando descubrí esa cita hace poco en BrainyQuote.com, me quedé de una pieza. Pensé: ¿quién narices es Faulkner y qué parentesco tiene con nosotros, los Windsor?

Así pues, Balmoral. Cierro los ojos y veo la entrada principal, los ventanales con parteluces de la fachada, el ancho pórtico y los tres escalones de moteado granito gris negruzco que subían hasta la enorme puerta delantera de madera color whisky, que a menudo se mantenía abierta con una pesada piedra de curling a modo de tope y con frecuencia estaba custodiada por un lacayo de casaca roja. En el interior, el espacioso vestíbulo con el suelo de piedra banca y baldosas grises con forma de estrella, y la enorme chimenea con su bella y ornamentada repisa de madera oscura tallada; desde allí, a un lado, una especie de trastero y, a la izquierda, junto a las altas ventanas, anzuelos para las cañas de pescar, bastones, botas altas de goma y gruesos impermeables —muchísimos, porque los veranos podían ser lluviosos y fríos en toda Escocia, pero en aquel enclave siberiano eran despiadados—; luego, la puerta de madera marrón clara que se abría al pasillo, con su alfombra roja y sus paredes empapeladas en color crema con dibujos de terciopelo dorado, en relieve, como si fuera braille, y, desde el pasillo, las puertas de muchas habitaciones, cada una con un propósito concreto, como descansar, leer, ver la tele o tomar el té, además de una sala especial para los pajes, a muchos de los cuales yo quería como se quiere a un tío excéntrico; y, por último, el salón principal del castillo, construido en el siglo XIX, casi encima del emplazamiento de otro castillo que se remontaba al siglo XIV, separado tan solo por unas pocas generaciones de otro príncipe Enrique, que se vio exiliado y luego regresó para aniquilar todo obstáculo y persona que se le puso por delante. Mi pariente lejano. Mi alma gemela, sostendrían algunos. Cuando menos, mi tocayo. Nacido el 15 de septiembre de 1984, me bautizaron como Henry Charles Albert David de Gales.

Sin embargo, desde el primer día todo el mundo me llamó Harry.

En el corazón de esa gran estancia se encontraba la escalinata principal. Ancha, espectacular, rara vez utilizada. Siempre que la abuela subía a su dormitorio de la primera planta, con los corgis a los talones, prefería el ascensor.

Los corgis también lo preferían.

Cerca del ascensor de la abuela, al otro lado de un par de puertas batientes y un tramo de moqueta de cuadro escocés verde, había una escalera más modesta con un pasamanos de hierro macizo; llevaba al primer piso, donde había una estatua de la reina Victoria, a la que yo siempre le hacía una reverencia al pasar. «¡Majestad!». Willy hacía lo mismo. Obedecíamos instrucciones, pero yo lo hubiese hecho de todas formas. La «abuela de Europa» ejercía sobre mí una enorme fascinación, y no solo porque la abuela la adorase ni porque mi padre quiso en un primer momento ponerme el nombre de su marido (mamá lo había vetado). Victoria conoció un gran amor y una felicidad desbordante, pero su vida fue, a grandes rasgos, trágica. Su padre, el príncipe Eduardo, duque de Kent y Strathearn, tenía fama de ser un sádico que se excitaba sexualmente al ver azotar a los soldados, y su querido esposo, Alberto, murió ante sus ojos. Además, durante su largo y solitario reinado, le dispararon ocho veces, en ocho ocasiones distintas, siete súbditos diferentes.

Ni una sola bala acertó en el blanco. Nada podía acabar con Victoria.

Pasada la estatua de Victoria, la cosa se complicaba. Las puertas se volvían idénticas, las habitaciones se intercomunicaban. Resultaba fácil perderse. Abrir la puerta equivocada conllevaba el riesgo de toparse con mi padre vistiéndose con la asistencia de su ayuda de cámara o, peor aún, haciendo el pino. Esos ejercicios, recomendados por el fisioterapeuta, eran el único remedio eficaz para su constante dolor de cuello y espalda. Viejas lesiones de polo, en su mayor parte. Los hacía a diario, en calzoncillos, apoyado contra la puerta o colgando de una barra cual consumado acróbata. Si posabas aunque fuera el meñique en el pomo de la puerta, lo oías suplicar desde el otro lado:

—¡No! ¡No! ¡No abras! ¡Dios mío, no se te ocurra abrir!

Balmoral tenía cincuenta dormitorios, uno de los cuales había sido dividido en dos para mí y para Willy. Los adultos lo llamaban el cuarto de los niños. Willy se había quedado la mitad más grande, con cama de matrimonio, un lavabo de buen tamaño, un armario con espejos en las puertas y una preciosa ventana con vistas al patio, la fuente y la estatua de bronce de un corzo. Mi mitad era mucho más pequeña y menos lujosa. Nunca pregunté por qué; no me importaba. Aunque tampoco me hacía falta preguntarlo: dos años mayor que yo, Willy era el Heredero, mientras que yo era el Repuesto.

Esos calificativos no los usaba para referirse a nosotros solo la prensa, que desde luego los utilizaba. Era una jerga empleada a menudo por mi padre, mi madre y el abuelo. Hasta por la abuela. El Heredero y el Repuesto: lo decían sin ánimo de juicio, pero también sin ambages. Yo era la sombra, el actor secundario, el plan B. Me trajeron al mundo por si a Willy le pasaba algo. Mi cometido era ofrecer una fuente de distracción, entretenimiento y, en caso de necesidad, una pieza de recambio. Un riñón, tal vez. Una transfusión de sangre, una pizca de médula. Todo eso me lo dejaron meridianamente claro desde la más tierna edad y después lo fueron reforzando con regularidad. Tenía veinte años cuando oí por primera vez la historia de las supuestas palabras de mi padre a mi madre el día de mi nacimiento: «¡Maravilloso! Ya me has dado un heredero y un repuesto; he cumplido con mi trabajo». Una broma; es de suponer. Por otro lado, se cuenta que, a los pocos minutos de soltar esa cumbre de la comedia, mi padre salió a reunirse con su novia conque... Entre broma y broma, la verdad asoma.

Yo no me sentía ofendido. No me sentía de ninguna manera acerca de nada de todo aquello. La sucesión era como el clima, la posición de los planetas o el ciclo de las estaciones. ¿Quién tenía tiempo para preocuparse de asuntos tan inmutables? ¿Quién podía molestarse en molestarse por un destino que ya estaba escrito? Ser un Windsor significaba desentrañar qué verdades eran atemporales y luego desterrarlas del pensamiento. Significaba absorber y asimilar los parámetros básicos de la propia identidad, saber de manera instintiva quién eras, lo cual era, siempre, un subproducto de quién no eras.

No era la abuela.

No era mi padre.

No era Willy.

Era el tercero en la línea sucesoria detrás de ellos.

Todo niño o niña se imagina, por lo menos una vez, como príncipe o princesa. Por lo tanto, Repuesto o no, serlo de verdad no estaba nada mal. Además, ¿acaso respaldar con denuedo a tus seres queridos no era la definición misma del honor?

¿Del amor?

¿Como hacerle una reverencia a Victoria al pasar por delante de ella?

3

Pegada a mi dormitorio había una especie de salita redonda, con una mesa circular, un espejo en la pared, un escritorio y una chimenea rodeada de cojines. En el extremo opuesto había una gran puerta de madera que daba al baño. Los dos lavabos de mármol parecían prototipos de los primeros lavamanos jamás construidos. En Balmoral todo era antiguo o estaba hecho para parecerlo. El castillo era un lugar de asueto, una cabaña de cazadores, pero también un escenario.

El cuarto de baño estaba dominado por una bañera con patas en forma de garra, e incluso el agua que manaba de sus grifos parecía vieja. No en el mal sentido, sino antigua como el lago en el que Merlín ayudó a Arturo a encontrar su espada mágica. Parduzca hasta el punto de recordar a un té flojo, nuestra agua a menudo espantaba a los invitados de fin de semana. «Disculpen, pero parece que hay algún problema con el agua de mi aseo». Mi padre siempre sonreía y les aseguraba que el agua no tenía nada de malo; al contrario, llegaba filtrada y endulzada por la turba escocesa. «Esa agua viene directa de la colina, y lo que está a punto de experimentar es uno de los grandes placeres de la vida: un baño escocés».

En función de las preferencias personales, ese baño escocés podía ser frío como el Ártico o caliente como una tetera al fuego; los grifos de todo el castillo estaban calibrados igual. En mi caso, pocos placeres podían compararse con el de ponerme en remojo en aquella agua hirviente, sobre todo mientras miraba por las troneras del castillo, ante las cuales, imagino, antaño montaban guardia los arqueros. Contemplaba, arriba, el cielo tachonado de estrellas o, abajo, los jardines amurallados, y me imaginaba flotando sobre el magnífico césped, liso y verde como una mesa de billar gracias a un batallón de jardineros. El jardín era tan perfecto, sin una brizna de hierba que no estuviera cortada con precisión, que Willy y yo nos sentíamos culpables si lo pisábamos, por no hablar ya de cruzarlo en bici. Aun así, lo hacíamos de todas formas y a todas horas. Una vez, perseguimos a nuestra prima de un lado a otro del jardín, nosotros en quads y ella en un kart. Nos lo estábamos pasando bomba, hasta que se estrelló de lleno contra una farola verde. Que ya fue triste casualidad: era la única farola en un radio de mil kilómetros. Nos tronchamos de risa, aunque el poste, que había sido hasta hacía poco un árbol de uno de los bosques cercanos, se partió de cuajo y cayó encima de ella. Tuvo suerte de que no le ocurriera nada grave.

Aquel 30 de agosto de 1997 no pasé mucho tiempo contemplando el jardín. Tanto Willy como yo nos dimos el baño de la noche a toda prisa, nos pusimos veloces el pijama y nos sentamos ansiosos delante de la tele. Llegó el servicio cargado con bandejas en las que transportaban fuentes con tapa de plata. Las dejaron sobre unos soportes de madera y luego bromearon con nosotros, como siempre hacían, antes de desearnos buen provecho.

Servicio, porcelana fina... Suena muy refinado, y supongo que lo era, pero bajo esas tapas tan exclusivas lo que había era comida para niños. Varitas de pescado, pasteles de carne, pollo asado, guisantes...

Mabel, nuestra niñera, que antes lo había sido de nuestro padre, cenó con nosotros. Mientras engullíamos, oímos los pasos acolchados de las zapatillas de nuestro padre, que salía del baño. Llevaba encima su «radio», que era como llamaba al reproductor de CD portátil en el que le gustaba escuchar sus «historias» mientras estaba en la bañera. Nuestro padre era como un reloj, de manera que, cuando le oímos pasar por el pasillo, supimos que eran casi las ocho.

Media hora más tarde captamos los primeros sonidos que producían los adultos al emprender su migración vespertina a la planta baja, y luego las primeras notas quejumbrosas de las gaitas que los acompañaban. Los mayores pasarían las siguientes dos horas cautivos en la Mazmorra de la Cena, obligados a sentarse en torno a aquella larga mesa, a forzar la vista para reconocerse a la media luz de un candelabro diseñado por el príncipe Alberto, a mantener la espalda derecha como el palo de una escoba ante la vajilla de porcelana y las copas de cristal fino colocadas con precisión matemática por el servicio (que usaba cinta métrica), a picotear huevos de codorniz y rodaballo, a sostener conversaciones intrascendentes embutidos en sus mejores galas. Esmoquin, rígidos zapatos de vestir negros y *trews*, los pantalones de cuadros escoceses. Quizá hasta kilt.

Pensé: «¡Menudo rollo ser adulto!».

Mi padre pasó a vernos un momento de camino a la cena. Llegaba tarde, pero con cierta teatralidad levantó una de las tapas de plata —«¡Ñam, ñam, ojalá cenara yo esto!»— y olisqueó con delectación. Siempre olía las cosas. La comida, las rosas, nuestro pelo. Debió de ser sabueso en una vida anterior. A lo mejor olfateaba con tanto ahínco porque costaba captar cualquier otro olor por encima de su propia fragancia: *Eau Sauvage*. Se embadurnaba con ella las mejillas, el cuello y la camisa. Floral, con un ligero toque acre, como de pimienta o pólvora; la elaboraban en París, o eso ponía en el frasco. Lo que me hizo pensar en mi madre.

—Sí, Harry, mamá está en París.

Su divorcio se había vuelto oficial hacía un año casi exacto; se acababa de cumplir la efeméride.

—Sed buenos, niños.

—Sí, papá.

—No estéis despiertos hasta muy tarde.

Se fue. Su fragancia se quedó.

Willy y yo terminamos de cenar, vimos un rato más la tele y luego nos levantamos para hacer nuestras clásicas travesuras de antes de acostarnos. Nos apostamos en el último escalón de la escalera lateral y escuchamos a escondidas a los adultos, con la esperanza de oír alguna palabrota o alguna anécdota subida de tono. Corrimos de un lado a otro de los largos pasillos, bajo la atenta mirada de docenas de cabezas de ciervo disecadas. En un momento dado, nos topamos con el gaitero de la abuela. Arrugado y periforme, con sus cejas pobladas y su kilt de tweed, seguía a la abuela adondequiera que fuese, porque a ella le encantaba el sonido de las gaitas, como a Victoria, aunque se dice que Alberto las calificó de «instrumento abominable». Mientras veraneábamos en Balmoral, la abuela pedía que el gaitero tocara para despertarla y para acompañarla a la cena.

Su instrumento parecía un pulpo borracho, con la diferencia de que sus fláccidas patas eran de oscura caoba con grabados de plata. Lo habíamos visto antes, muchas veces, pero esa noche se ofreció a dejar que lo cogiéramos y lo probásemos.

—¿De verdad?

—Adelante.

No logramos arrancar de los tubos más que un par de insignificantes chirridos; nos faltaban pulmones. El gaitero, en cambio, tenía el pecho del tamaño de una barrica de whisky, y los hizo gemir y chillar.

Le dimos las gracias por la lección, le deseamos buenas noches y fuimos al cuarto de los niños, donde Mabel supervisó el cepillado de dientes y el lavado de caras. Después, a acostarse.

Mi cama era alta. Tenía que saltar para subir a ella, después de lo cual rodaba hasta su hundido centro. Era como encaramarse a una librería y luego caer dando tumbos a una trinchera. La ropa de cama estaba impoluta, no tenía ni una arruga y presentaba varias tonalidades de blanco. Alabastro para las sábanas, crema para las mantas, cáscara de huevo para las colchas (muchas de las piezas llevaban estampadas las letras ER, «Elizabeth Regina»). Todo estaba alisado y tirante como la piel de un tambor, con tanta maestría que resultaba fácil detectar los remiendos de todo un siglo de agujeros y rasgones.

Yo me tapaba hasta la barbilla con las sábanas y las mantas, porque no me gustaba la oscuridad. No, miento: aborrecía la oscuridad. Mi madre también, me lo había confesado. Eso lo había heredado de ella, pensé, junto con la nariz, los ojos azules, su amor por la gente y su odio a las ínfulas, lo falso y todo cuanto oliera a pijerío. Me veo bajo esas mantas, mirando fijamente a la oscuridad, escuchando los chasquidos de los insectos y el ulular de los búhos. ¿Imaginé que unas formas se deslizaban por las paredes? ¿Contemplé la franja de luz del suelo, que siempre estaba ahí porque yo insistía en que dejaran la puerta entreabierta todas las noches? ¿Cuánto tiempo pasó antes de que me venciera el sueño? En otras palabras, ¿cuánto me quedaba de infancia, y cuánto lo disfruté, lo saboreé, antes de, todavía adormilado, descubrir a...?

—¿Papá?

Estaba plantado junto a la cama, mirando hacia abajo. Su bata blanca hacía que pareciera un fantasma en una obra de teatro.

—Sí, mi querido hijo.

Me dedicó una media sonrisa y apartó la mirada.

La habitación ya no estaba a oscuras. Tampoco había luz. Era una extraña penumbra, casi parduzca, casi como el agua de la vetusta bañera.

Me miró de un modo extraño, con una expresión que nunca le había visto antes. Con... ¿miedo?

—¿Qué pasa, papá?

Se sentó en el borde de la cama y me puso una mano en la rodilla.

—Mi querido hijo, mamá ha tenido un accidente de coche.

Recuerdo que pensé: «Un accidente..., vale. Pero está bien, ¿no?».

Recuerdo como si fuera ayer que eso fue lo que se me pasó por la cabeza. Y recuerdo que esperé con paciencia a que mi padre me confirmarse que, en efecto, mamá estaba bien. Y recuerdo que no lo hizo.

Entonces se produjo un vuelco interior. Empecé a rogarle en silencio a mi padre, o a Dios, o a los dos: «No, no, no».

Mi padre examinó los pliegues de las viejas colchas, mantas y sábanas.

—Ha habido complicaciones. Mamá ha resultado gravemente herida y la han llevado al hospital, mi querido hijo.

Siempre me llamaba «querido hijo», pero lo estaba repitiendo mucho. Hablaba en voz baja. Daba la impresión de que estuviera en shock.

—Ah. ¿El hospital?

—Sí. Con lesiones en la cabeza.

¿Mencionó a los paparazzi? ¿Dijo que la habían estado persiguiendo? Creo que no. No podría jurarlo, pero lo más probable es que no. Los fotógrafos eran un problema tan grande para mi madre, para todo el mundo, que no hacía falta ni decirlo.

Pensé de nuevo: «Herida..., pero está bien. La han llevado al hospital, le curarán la cabeza e iremos a verla. Hoy. Esta noche como tarde».

—Lo han intentado, mi querido hijo. Me temo que ya no se ha recuperado.

Estas frases las llevo clavadas como dardos. Lo dijo así, de eso estoy seguro. «Ya no se ha recuperado». Y luego todo pareció detenerse.

Eso no es correcto. Nada de «pareció». Todo se detuvo, de forma nítida, cierta e irrevocable.

No permanece en mi recuerdo nada de lo que le dije a continuación. Es posible que no abriera la boca. Lo que sí recuerdo con deslumbrante claridad es que no lloré. Ni una lágrima.

Mi padre no me abrazó. No se le daba muy bien expresar sus emociones en circunstancias normales, ¿cómo iba a esperarse otra cosa durante semejante crisis? Es cierto que posó la mano una vez más sobre mi rodilla, y me dijo:

—Todo irá bien.

No era poca cosa para él. Paternal, esperanzado, bondadoso. Y tan, pero tan equivocado.

Se puso en pie y se marchó. No recuerdo cómo supe que ya había pasado por el otro cuarto, que ya se lo había contado a Willy, pero lo sabía.

Me quedé allí tumbado, o sentado. No me levanté. No me bañé, no hice pipí. No me vestí. No llamé a voces a Willy o Mabel. Tras décadas de esfuerzo por reconstruir aquella mañana, he llegado a una conclusión ineludible: debí de permanecer en aquella habitación, sin decir nada ni ver a nadie, hasta las nueve en punto de la mañana, cuando el gaitero empezó a tocar en el exterior.

Ojalá recordase lo que tocó; aunque quizá dé lo mismo. Con las gaitas no es una cuestión de melodía, sino de tono. Ese milenario instrumento está diseñado para amplificar lo que ya se lleva en el corazón. Si te sientes tonto, las gaitas te emboban más. Si estás enfadado, hacen que te hierva más la sangre. Y si pasas por un duelo, aunque tengas doce años y no seas consciente de ello, quizá especialmente en ese caso, las gaitas pueden volverte loco.

4

Era domingo, así que, como siempre, fuimos a la iglesia.

Crathie Kirk: paredes de granito, gran tejado de pino escocés, vidrieras donadas décadas atrás por Victoria, quizá para expiar la indignación que había causado al elegir ese lugar de culto. Cosas de que la máxima autoridad de la Iglesia anglicana optara por un templo de la Iglesia de Escocia; en su momento causó un gran revuelo, que yo nunca comprendí.

He visto fotos en las que salimos entrando en la iglesia aquel día, pero no despiertan ningún recuerdo. ¿Dijo algo el pastor? ¿Empeoró las cosas? ¿Le presté atención o me quedé mirando el respaldo del banco mientras pensaba en mi madre?

En el trayecto de regreso a Balmoral, dos minutos en coche, se sugirió que hiciéramos un alto. Durante toda la mañana se había ido reuniendo gente ante la verja exterior, y algunos habían empezado a dejar recuerdos: animales de peluche, flores, tarjetas. Había que reconocer ese gesto.

Paramos y salimos. Yo no veía más que una matriz de puntos de colores. Flores. Y más flores. No oía nada que no fueran los chasquidos rítmicos del otro lado de la calzada. La prensa. Busqué la mano de mi padre, para consolarme, y luego me maldije, porque ese gesto desencadenó una explosión de chasquidos.

Les había dado exactamente lo que querían. Emoción. Drama. Dolor.

Y dispararon y dispararon y dispararon.

5

Horas más tarde, mi padre partió rumbo a París. Lo acompañaron las hermanas de mi madre, la tía Sarah y la tía Jane. Tenían que informarse mejor sobre el accidente, explicó alguien. Y tenían que organizar el regreso del cadáver.

«Cadáver». La gente no paraba de usar esa palabra. Era un puñetazo en la boca del estómago y una asquerosa mentira, porque mi madre no estaba muerta.

Esa había sido mi repentina revelación. Sin nada que hacer salvo deambular por el castillo y hablar solo, me asaltó una sospecha que no tardó en convertirse en firme creencia. Aquello era todo un truco. Y, por una vez, el truco no era responsabilidad de las personas que me rodeaban o de la prensa, sino de mi madre. «Ha sido muy infeliz, la han acosado, la han hostigado, le han mentido y han mentido sobre ella. Así que ha fingido este accidente como una maniobra de distracción para escapar».

Ese descubrimiento me cortó la respiración, me hizo boquear de alivio.

«¡Pues claro! ¡Es una cortina de humo para poder empezar de cero! En este preciso instante sin duda estará alquilando un apartamento en París o colocando flores recién cortadas en la cabaña de troncos que ha adquirido en secreto en algún punto de las cumbres de los Alpes suizos. Pronto, muy pronto, mandará a alguien a por Willy y por mí. ¡Está clarísimo! ¿Por qué no lo he visto antes? ¡Mamá no ha muerto! ¡Está escondida!».

Me sentía mucho mejor.

Entonces llegaron las dudas.

«¡Espera! Mamá nunca nos haría esto. Este dolor inenarrable; jamás lo permitiría, y mucho menos lo causaría».

Luego regresaba el alivio: «No ha tenido elección. Era su única esperanza de ser libre».

Después, más dudas: «Mamá no se escondería, es una luchadora».

Y vuelta al alivio: «Esta es su manera de luchar. Volverá. Seguro. Dentro de dos semanas es mi cumpleaños».

Pero mi padre y mis tías volvieron primero. Su regreso apareció en los telediarios de todas las cadenas. El mundo observó cómo bajaban a la pista de la base aérea de la RAF en Northolt. Un canal incluso añadió música a la escena: alguien que cantaba un salmo con tono lastimero. A Willy y a mí nos prohibieron ver la tele, pero creo que eso lo oímos.

Los días siguientes transcurrieron en un vacío en el que nadie decía nada. Permanecimos todos encerrados dentro del castillo. Era como estar en una cripta, solo que en una donde todo el mundo llevaba pantalones de cuadros escoceses y observaba las rutinas y horarios de siempre. Si hubo alguien que hablara de algo, yo no me enteré. La única voz que oía era la que zumbaba en mi cabeza discutiendo consigo misma.

«Ya no está».

«No, se ha escondido».

«Ha muerto».

«No, se hace la muerta».

Entonces, una mañana, llegó el momento. La vuelta a Londres. No recuerdo nada del trayecto. ¿Fuimos en coche? ¿Volamos en el avión real? Veo el reencuentro con mi padre, y las tías, y la crucial reunión con la tía Sarah, aunque esta la tengo borrosa y quizá la cronología se me haya embarullado. A veces mi memoria sitúa ese encuentro allí mismo, en aquellos atroces primeros de septiembre, pero otras veces lo proyecta adelante, muchos años después.

Con independencia de cuándo, ocurrió así:

—¿William? ¿Harry? La tía Sarah tiene algo para vosotros, chicos.

Ella se adelantó, con dos minúsculas cajitas azules en las manos.

—¿Qué es esto?

—Abridlo.

Levanté la tapa de mi cajita azul. Dentro había… ¿una polilla?

No.

¿Un bigote?

No.

—¿Qué…?

—Su pelo, Harry.

La tía Sarah nos explicó que, mientras estaba en París, había cortado dos mechones del cabello de nuestra madre.

Ahí lo tenía. Una prueba. «Nos ha dejado de verdad».

Sin embargo, de inmediato me asaltó la duda tranquilizadora, la incertidumbre salvavidas: «No, este pelo podría ser de cualquiera». Mi madre estaba en alguna parte con su preciosa cabellera rubia intacta.

«Yo lo sabría si no fuera así. Mi cuerpo lo sabría. Mi corazón lo sabría. Y ninguno de los dos ha notado nada».

Ambos estaban tan llenos de amor por ella como siempre.

6

Willy y yo caminamos arriba y abajo sonriendo y estrechando las manos de la muchedumbre que se había congregado delante del palacio de Kensington, como si nos presentáramos a las elecciones. Cientos y cientos de manos que nos plantaban una y otra vez delante de la cara, con los dedos a menudo mojados.

¿De qué?, me pregunté.

Lágrimas, comprendí.

Me desagradaba el tacto de esas manos. Es más, me desagradaba cómo me hacían sentir: culpable. ¿Por qué lloraba toda aquella gente cuando yo ni lloraba ni había llorado?

Quería llorar, y lo había intentado, porque la vida de mi madre había sido tan triste que había sentido la necesidad de desaparecer, de inventar aquella farsa monumental. Pero no podía arrancarme ni una gota. A lo mejor había aprendido demasiado bien, había absorbido demasiado a fondo la máxima familiar de que llorar no era una opción; nunca.

Recuerdo las montañas de flores que nos rodeaban por todas partes. Recuerdo sentir una pena inenarrable y aun así conservar una impecable educación. Recuerdo a las ancianas diciendo: «¡Hay que ver, qué educado, el pobre!». Recuerdo musitar agradecimientos, una y otra vez: gracias por venir, gracias por esas palabras, gracias por acampar aquí delante durante varios días. Recuerdo haber consolado a varias personas que estaban postradas, abrumadas, como si hubieran conocido a mi madre, pero también pensar: «El caso es que no. Actuáis como si la hubierais conocido..., pero no la conocisteis».

Es decir..., «no la conocéis». En presente.

Después de ofrendarnos a la multitud, entramos en el palacio de Kensington. Atravesamos dos grandes puertas negras para entrar en el apartamento de nuestra madre, recorrimos un largo pasillo y entramos en una habitación que había a la izquierda. Allí nos encontramos un gran ataúd. Marrón oscuro, de roble inglés. ¿Recuerdo o imagino que estaba envuelto en... una bandera del Reino Unido?

La bandera me dejó hipnotizado. A lo mejor por mis juegos de guerra infantiles, a lo mejor por mi precoz patriotismo o a lo mejor porque llevaba días oyendo la cantinela de la bandera, la bandera, la bandera. La gente no hablaba de otra cosa. Los ánimos estaban soliviantados porque en el palacio de Buckingham la bandera no ondeaba a media asta. Al parecer les daba igual que el estandarte real no se izara nunca a media asta, bajo ninguna circunstancia; ondeaba cuando la abuela estaba en palacio y se arriaba cuando estaba ausente, y punto. Lo único que les interesaba era ver alguna muestra oficial de duelo, y su ausencia los encolerizaba. Mejor dicho, los habían encolerizado los periódicos británicos, que así intentaban desviar la atención de su papel en la desaparición de mi madre. Recuerdo un titular que se dirigía directamente a la abuela: «Demuéstranos que te importa». Mandaba narices, viniendo de los mismos desalmados a los que mi madre les había importado tanto que la habían perseguido hasta un túnel del que nunca salió.

Para entonces había oído, aquí y allá, la siguiente versión «oficial» de los acontecimientos: los paparazzi habían perseguido a mi madre por las calles de París y luego hasta un túnel, donde su Mercedes se había estrellado contra un pilar de cemento en un impacto que los mató a ella, a su amigo y al conductor.

De pie ante el féretro envuelto en la bandera, me pregunté: ¿mamá es una patriota? ¿Qué piensa del Reino Unido, en realidad? ¿Alguien se ha molestado en preguntarle?

«¿Cuándo podré preguntárselo yo?».

No recuerdo nada de lo que dijo la familia en aquel momento, ni entre ellos ni dirigiéndose al ataúd. No recuerdo ni una palabra de las que cruzamos Willy y yo, aunque sí que la gente que nos rodeaba decía que «los niños» parecíamos «conmocionados». Nadie se molestó en susurrar, como si la conmoción fuera tal que nos hubiésemos quedado sordos.

Se habló un poco sobre el funeral del día siguiente. Según dictaba el plan más reciente, el féretro recorrería las calles en un carruaje de caballos escoltado por los jinetes de la Tropa del Rey, mientras que Willy y yo lo seguiríamos a pie. Parecía mucho pedir para dos niños. Varios adultos estaban horrorizados. El hermano de mi madre, el tío Charles, montó en cólera.

—¡No podéis obligar a estos niños a caminar detrás del ataúd de su madre! ¡Es una barbaridad!

Se ideó un plan alternativo. Willy caminaría solo. Tenía quince años, a fin de cuentas. «Dejad al pequeño fuera». No era puesto para el Repuesto. Se elevó este plan alternativo a las altas instancias.

Llegó la respuesta.

Tenían que ser los dos príncipes. Para inspirar compasión, era de suponer.

El tío Charles estaba furioso, pero yo no. No me parecía bien que Willy pasara un calvario semejante sin mí. De haberse invertido los papeles, él nunca hubiese querido —ni permitido, en realidad— que yo fuera solo.

Así pues, llegada la mañana, a primera hora, nos pusimos en marcha, todos juntos. El tío Charles a mi derecha y Willy, a la suya, seguido por el abuelo. A mi izquierda caminaba mi padre. Al principio me fijé en lo sereno que se veía al abuelo, como si aquello fuese un compromiso real como cualquier otro. Le veía los ojos con claridad, porque tenía la vista puesta al frente, como todos los demás. Yo, en cambio, miraba hacia el suelo, al igual que Willy.

Recuerdo que me sentía entumecido. Recuerdo que apretaba los puños. Recuerdo que mantenía un pedacito de Willy siempre a la vista con el rabillo del ojo y que eso me daba fuerzas. Por encima de todo, recuerdo los sonidos: el tintineo de las bridas y el chacoloteo de los cascos de los seis caballos castaños sudorosos, el chirrido de las ruedas del carro de armas del que tiraban (una reliquia que había transportado un cañón en la Primera Guerra Mundial, según alguien me contó, lo que parecía apropiado, ya que mi madre, por muy amante de la paz que fuera, a menudo parecía una soldado, en combate ya fuera con los paparazzi, ya con mi padre). Creo que recordaré esos sonidos durante el resto de mi vida, por el contraste que ofrecían respecto del silencio, por lo demás absoluto. No se oía ni un coche, ni un camión ni un pájaro. No se oía una voz humana, lo cual era imposible, porque bordeaban las calles dos millones de personas. El único indicio de que estábamos recorriendo un desfiladero humano era algún sollozo ocasional.

Al cabo de veinte minutos, llegamos a la abadía de Westminster, donde desfilamos hasta un largo banco. El funeral empezó con una sucesión de lecturas y panegíricos, y culminó con Elton John, que se levantó poco a poco, con movimientos rígidos, como si fuera uno de los grandes reyes enterrados siglos atrás bajo la abadía que hubiera cobrado vida de repente, y caminó hasta las primeras filas, donde se sentó ante un piano de cola. ¿Hay alguien que no sepa que cantó una versión de «Candle in the Wind» que había modificado en honor a mi madre? No puedo estar seguro de si las notas que suenan en mi cabeza son de aquel momento o de los vídeos que he visto más tarde. Es posible que sean vestigios de pesadillas recurrentes. Aunque sí guardo un recuerdo puro e incontrovertible de cuando la canción alcanzó el clímax y me escocieron los ojos y casi se me cayeron las lágrimas.

Casi.

Hacia el final de la ceremonia llegó el turno del tío Charles, que aprovechó el tiempo que le habían asignado para arremeter contra todo el mundo —familia, nación y prensa— por hostigar a mi madre hasta la muerte. La abadía y, fuera de ella, la nación entera se encogieron de forma palpable al encajar el golpe. La verdad duele. Después, ocho guardias galeses se adelantaron y levantaron el enorme ataúd forrado de plomo, que para entonces iba envuelto con el estandarte real, una extraordinaria excepción protocolaria. (También habían sucumbido a la presión y habían arriado a media asta la bandera. No el estandarte real, por supuesto, sino la bandera del Reino Unido; aun así, una concesión sin precedentes). El estandarte real siempre se había reservado para los miembros de la familia real, cosa que, según me habían dicho, mi madre ya no era. ¿Significaba eso que había sido perdonada? ¿Por la abuela? Al parecer sí. Pero esos eran interrogantes que aún no era capaz de formular y, menos todavía, plantear a un adulto mientras sacaban el féretro poco a poco y lo cargaban en la parte trasera de un coche fúnebre negro. Tras una larga espera, el vehículo arrancó y atravesó sin prisas las calles de Londres, abarrotadas a ambos lados por la mayor multitud que la eterna capital hubiera visto nunca: el doble de personas de las que celebraron el final de la Segunda Guerra Mundial. Pasó por delante del palacio de Buckingham y subió por Park Lane en dirección a las afueras, camino de Finchley Road, Hendon Way, el paso elevado de Brent Cross, la Ronda Norte y luego la M1 hasta la salida 15a, hacia el norte hasta Harlestone, para terminar atravesando las puertas de hierro de la finca del tío Charles.

Althorp.

Willy y yo seguimos por la tele la mayor parte de aquel trayecto en coche. Ya estábamos en Althorp, porque nos habían enviado a toda velocidad para llegar antes, aunque luego resultara que no había necesidad de apresurarse. El coche fúnebre no solo fue por el camino más largo, sino que se vio retrasado en diversas ocasiones por las personas que le echaban flores encima, ya que estas bloqueaban las entradas de aire y hacían que el motor se sobrecalentara. El conductor tuvo que hacer paradas frecuentes para que el guardaespaldas pudiera salir y limpiar de flores el parabrisas. Se trataba de Graham; a Willy y a mí nos caía muy bien. Siempre le llamábamos Crackers, por las galletas Graham Crackers; nos parecía graciosísimo.

Cuando el féretro llegó por fin a Althorp, lo descargaron de nuevo y lo transportaron, sorteando el estanque a través de un puente de hierro verde colocado a toda prisa por ingenieros militares, hasta una pequeña isla, donde lo posaron sobre una plataforma. Willy y yo cruzamos ese mismo puente. Según las noticias, mi madre llevaba las manos cruzadas sobre el pecho y, entre ellas, una foto mía y de Willy, posiblemente los únicos dos hombres que la quisieron de verdad. Desde luego, los dos que la quisieron más. Durante toda la eternidad le sonreiríamos en la oscuridad, y quizá fuera esa imagen, a la vez que retiraban la bandera y el ataúd descendía al fondo de la fosa, lo que por fin me superó. Mi cuerpo sufrió una convulsión, se me hundió la barbilla y rompí a sollozar de forma incontrolada con la cara en las manos.

Me dio vergüenza quebrantar los valores de la familia, pero no podía aguantarme más.

«No pasa nada —me decía—, no pasa nada. No hay ninguna cámara cerca».

Además, no lloraba porque creyera que mi madre estuviera en ese hoyo. O en ese ataúd. Me prometí no creerlo nunca, dijeran lo que dijesen.

No, me hacía llorar la mera idea.

Qué insoportablemente trágico sería, pensaba yo, si fuera cierto.

7

Después todo el mundo siguió adelante con su vida.

La familia volvió al trabajo y yo, a la escuela, lo mismo que hacía después de todas las vacaciones de verano.

De vuelta a la normalidad, decía todo el mundo con alegría.

Desde el asiento del copiloto del Aston Martin descapotable de mi padre, desde luego, todo se veía igual. La escuela de Ludgrove, rodeada de la esmeralda campiña del condado de Berkshire, seguía pareciendo una iglesia rural (bien pensado, el lema de la escuela procedía del Eclesiastés: «Todo lo que te venga a la mano para hacer, hazlo con empeño»). Claro que no muchas iglesias rurales podían alardear de contar con ochenta hectáreas de bosques y prados, campos de deporte y canchas de tenis, laboratorios y capillas. Amén de una biblioteca bien surtida.

Si alguien hubiese querido encontrarme en septiembre de 1997, más le habría valido no empezar por la biblioteca. Mejor buscar en el bosque, o los campos de deporte. Siempre intentaba mantenerme en movimiento, ocupado.

También estaba, casi todo el tiempo, solo. Me gustaba la gente, era gregario por naturaleza, pero en aquellos momentos no me apetecía tener a nadie demasiado cerca. Necesitaba espacio.

Sin embargo, eso era mucho pedir en Ludgrove, donde convivíamos más de cien chicos. Comíamos juntos, nos bañábamos juntos y dormíamos juntos, a veces hasta diez por habitación. Todos lo sabíamos todo sobre los demás, hasta quién estaba circuncidado y quién no (lo llamábamos Cabezas Redondas contra Caballeros, como en la guerra civil del XVII).

Y, aun así, no creo que ni un solo chico mencionase siquiera a mi madre cuando empezó el nuevo curso. ¿Por respeto?

Más probablemente, por miedo.

Yo, desde luego, no le dije nada a nadie.

Días después de mi regreso, fue mi cumpleaños: el 15 de septiembre de 1997. Cumplía trece años. De acuerdo con la inveterada tradición de Ludgrove, habría tarta y sorbete, y se me permitía escoger dos sabores. Elegí grosella negra.

Y mango.

El favorito de mi madre.

Los cumpleaños siempre eran un gran acontecimiento en Ludgrove, porque todos los niños, y la mayoría de los profesores, eran unos redomados golosos. A menudo había tortas por sentarse al lado del cumpleañero, el sitio donde era seguro que te llevarías el primer trozo, y el más grande. No recuerdo quién logró conquistar el asiento.

—¡Pide un deseo, Harry!

—¿Quieres un deseo? Vale, deseo que mi madre esté...

Entonces, como aparecida por arte de magia...

¿Tía Sarah?

Con una caja en la mano.

—Ábrela, Harry.

Rasgué el papel de regalo y la cinta. Miré adentro.

—¿Qué...?

—Te la compró mamá. Poco antes...

—¿Quieres decir en París?

—Sí, en París.

Era una Xbox. Me puse contento; me encantaban los videojuegos.

Así es la historia, al menos. Ha aparecido en muchas crónicas de mi vida, como si fuera el Evangelio, pero yo no tengo ni idea de si es cierta. Mi padre me había contado que mamá se había hecho daño en la cabeza, pero a lo mejor era yo el que padecía una lesión cerebral. Como mecanismo de defensa, a buen seguro, mi memoria ya no guardaba las vivencias como antes.

8

A pesar de que sus dos directores fueran hombres —el señor Gerald y el señor Marston, leyendas ambos—, Ludgrove lo sacaban adelante sobre todo las mujeres. Las llamábamos «matronas». Si recibíamos algo de ternura en nuestro día a día, era de ellas. Las matronas nos abrazaban, nos besaban, nos vendaban las heridas y nos secaban las lágrimas (todas salvo las mías, se entiende. Tras aquel momento de flaqueza a pie de tumba, no había vuelto a llorar). Se tenían por sustitutas, las mamás lejos de las mamás, repetían alegremente; era una expresión que siempre me había parecido rara, pero aquel año resultaba especialmente confusa, por la desaparición de mi madre, y también porque las matronas de repente estaban... buenas.

Yo estaba colado por la señorita Roberts. Estaba seguro de que me casaría con ella algún día. También recuerdo a dos señoritas Lynn. La señorita Lynn mayor y la señorita Lynn menor. Eran hermanas. Yo bebía los vientos por la segunda. Creía que con ella también me iba a casar.

Tres veces por semana, después de la cena, las matronas ayudaban a los niños más pequeños con su baño nocturno. Todavía veo la larga hilera de bañeras blancas, cada una con un niño recostado como un pequeño faraón, esperando su lavado de pelo personalizado. (Para los niños mayores, que habían alcanzado la pubertad, había dos bañeras en una habitación separada, tras una puerta amarilla). Las matronas circulaban por la fila de bañeras con cepillos duros y pastillas de jabón de flores. Cada niño tenía su propia toalla, con su número de la escuela bordado. El mío era el 116.

Después de lavar con champú al niño, las matronas le echaban la cabeza hacia atrás y le practicaban un lento y placentero aclarado.

Desconcertante al máximo.

Las matronas también ayudaban con la crucial extracción de piojos. Los brotes eran habituales. Rara era la semana en la que no le detectaban un caso galopante a algún niño. Todos le señalábamos y nos reíamos. «Ñi, ñi, ñi, tienes liendres». Al cabo de poco había una matrona de rodillas sobre el paciente para frotarle el cuero cabelludo con algún producto y luego pasarle un peine especial para eliminar los bichos muertos.

Al cumplir los trece, superé la edad de que las matronas me ayudaran a bañarme, pero seguía contando con que me arroparan por la noche y seguía valorando como el oro sus saludos por la mañana. Eran las primeras caras que veíamos todas las jornadas. Entraban en tromba en nuestras habitaciones y descorrían las cortinas.

—¡Buenos días, muchachos! —Legañoso, alzaba la vista y contemplaba un bello rostro enmarcado por un halo de sol...

«¿Esa es...? ¿Podría ser... ?».

Nunca lo era.

La matrona con la que más trataba era Pat. A diferencia de otras, Pat no nos provocaba calenturas. Pat era fría. Era bajita, poquita cosa, siempre con cara de cansada y el pelo grasiento por delante de los ojos. No parecía disfrutar mucho de la vida, aunque es cierto que había dos cosas que sin falta le causaban satisfacción: pillar a un niño en un sitio en el que no tenía que estar y sofocar cualquier conato de alboroto. Antes de toda pelea de almohadas, apostábamos un vigía a la puerta. Si Pat (o los directores) se acercaban, el centinela tenía instrucciones de gritar: «¡KV! ¡KV!». ¿Latín, creo? Alguien dijo que significaba: «¡Viene el director!». Según otro quería decir: «¡Cuidado!».

En cualquier caso, cuando lo oíamos sabíamos que había que largarse o fingir que dormíamos.

Solo los chicos más novatos y estúpidos acudían a Pat cuando tenían un problema. O, peor aún, un corte. Ella no lo vendaba, sino que lo toqueteaba con el dedo o lo rociaba con algo que hacía que doliese el doble. No era una sádica; tan solo parecía sufrir de «disempatía». Era raro, porque el sufrimiento no le era desconocido; Pat cargaba con muchas cruces.

La mayor parecían ser los problemas de rodilla y columna. La última la tenía desviada y las primeras, en un estado de rigidez crónica. Caminar le costaba, las escaleras eran un tormento. Bajaba de espaldas, a paso de tortuga. A menudo nos parábamos en el rellano, por debajo de ella, haciendo bailecillos burlones o poniendo muecas.

¿Necesito decir qué niño lo hacía con más entusiasmo?

Nunca nos preocupó que Pat nos pillara. Ella era un galápago y nosotros, ranas arborícolas. Aun así, de vez en cuando el galápago tenía un golpe de suerte. Lanzaba el brazo y asía un puñado de niño. ¡Ajá! En esos casos, el muchacho en cuestión estaba bien jodido.

Eso no nos arredraba. Seguíamos choteándonos de ella cuando bajaba las escaleras, porque la recompensa merecía el riesgo. Para mí, esa recompensa no era atormentar a la pobre Pat, sino hacer reír a mis compañeros. Era algo que me hacía sentir bien, sobre todo cuando yo hacía meses que no reía.

Tal vez Pat lo supiera, porque, en ocasiones, se volvía, me veía actuando como un verdadero cretino y ella también se reía. Eso era lo mejor. Me encantaba hacer que mis amigos se troncharan, pero nada me gustaba más que lograr que Pat, siempre tan tristona, se partiera de risa.

9

Los llamábamos «días del tentempié».

Eran los martes, jueves y sábados, creo. Inmediatamente después de almorzar, formábamos cola en el pasillo, pegados a la pared, y estirábamos el cuello para ver, algo más allá, la mesa de los snacks, donde había una montaña de chucherías. Munchies, Skittles, barritas Mars y, lo mejor de todo, los caramelos blandos Opal Fruits. (Me tomé como una gran ofensa que se cambiaran el nombre por Starburst. Pura herejía; como que se cambiara de nombre Gran Bretaña).

Con solo ver aquella mesa de tentempiés nos entraban mareos. Salivando, hablábamos del subidón de azúcar que se avecinaba como los granjeros comentan un pronóstico de lluvia en plena sequía. Entretanto, yo había ideado una manera de conseguir un chute de azúcar tamaño familiar. Juntaba todos mis Opal Fruits y los estrujaba hasta formar una gigantesca bola de caramelo, que luego me embutía en un lado de la boca. A medida que aquel pegote se derretía, mi torrente sanguíneo se convertía en una espumeante catarata de dextrosa. «Todo lo que te venga a la mano para hacer hazlo con empeño».

Lo contrario del día del tentempié era el día de escribir cartas. A todos los niños nos exigían que nos sentáramos para redactar una misiva a nuestros padres. En el mejor de los casos, era una pesadez. Yo apenas recordaba la época en que mis padres no estaban divorciados, de manera que escribirles sin aludir a sus reproches mutuos o su accidentada ruptura requería la fineza de un diplomático de carrera.

«Querido papá, ¿cómo está mamá?».

Hum. No.

«Querida mamá, papá dice que no has...».

No.

Sin embargo, tras la desaparición de mi madre, el día de las cartas se volvió imposible.

Me cuentan que las matronas me pidieron que escribiera una carta «final» a mi madre. Tengo un vago recuerdo de que quise protestar alegando que seguía viva, y aun así me callé, por miedo a que me tomaran por loco. Además, ¿qué sentido tendría? Por otro lado, mi madre leería la carta cuando saliera de su escondrijo, de modo que tampoco sería un esfuerzo del todo inútil.

Lo más probable es que juntara cuatro líneas deprisa y corriendo para cubrir el expediente, diciendo que la echaba de menos, que la escuela iba bien, etcétera, etcétera. Seguramente doblé el papel una vez y se lo entregué a la matrona. Recuerdo que, acto seguido, lamenté no haberme tomado más en serio la tarea. Deseé haber escarbado en lo más hondo de mi ser para contarle a mi madre todo aquello que me lastraba el corazón, sobre todo mis remordimientos acerca de nuestra última conversación telefónica. Me había llamado a media tarde, la noche del accidente, pero yo estaba corriendo con Willy y mis primos y no quería parar de jugar, de modo que me había mostrado seco con ella. Impaciente por volver a mis juegos, había abreviado la charla con mi madre.

Deseaba haberme disculpado por eso; deseaba haber buscado las palabras adecuadas para describir lo mucho que la quería.

No sabía que esa búsqueda llevaría décadas.

10

Un mes más tarde, llegaron las vacaciones de mitad del trimestre. Por fin iría a casa.

Espera, no; no iría.

Al parecer, mi padre no quería verme pasar el tiempo libre deambulando sin nada que hacer por el palacio de St. James, donde vivía casi todo el tiempo desde su ruptura con mi madre y donde Willy y yo nos habíamos alojado siempre que nos tocaba estar con él. Temía la que podía liar yo solo en aquel gran palacio. Temía que pudiera hojear un periódico o escuchar una radio. Más aún, temía que me fotografiaran por una ventana abierta o mientras jugaba con mis soldaditos en los jardines. Se imaginaba a los periodistas intentando hablar conmigo, gritando preguntas. «Hola, Harry, ¿echas de menos a tu mamá?». La nación entera estaba sumida en un dolor histérico, pero la histeria de la prensa había degenerado en psicosis.

Para empeorar las cosas, Willy no se encontraría en casa para vigilarme, porque estaba en Eton.

En consecuencia, mi padre anunció que me llevaría consigo en un viaje de trabajo que tenía planificado. A Sudáfrica.

—¿A Sudáfrica, papá? ¿En serio?

—Si, mi querido hijo. A Johanesburgo.

Tenía una reunión con Nelson Mandela... ¿y las Spice Girls?

Yo estaba tan emocionado como perplejo. «¿Las Spice Girls, papá?». Me explicó que iban a dar un concierto en Johanesburgo, de modo que irían a ver al presidente Mandela para presentarle sus respetos. «Genial —pensé—, eso explica por qué estarán allí las Spice Girls; ¿qué pasa con nosotros?». No lo entendía, y no estoy seguro de que mi padre quisiera que lo entendiese.

La verdad era que su equipo tenía la esperanza de que una foto suya con el dirigente político más reverenciado del mundo y el grupo musical femenino más popular del planeta le procurase algunos titulares positivos, que necesitaba como respirar. Desde la desaparición de mi madre, lo habían machacado. La gente le culpaba del divorcio y, por ende, de todo lo que había sucedido después. Sus índices de aprobación a escala mundial eran de un solo dígito. En Fiyi, por poner un ejemplo, se había cancelado una fiesta nacional en su honor.

Fuera cual fuese el motivo oficial del viaje, a mí me daba lo mismo. Estaba encantado de formar parte de él. Era una oportunidad de alejarme de Gran Bretaña y, mejor aún, de pasar tiempo de verdad con mi padre, que parecía algo ausente.

Claro que papá siempre había parecido un poco ausente. Siempre había dado la impresión de no estar del todo preparado para la paternidad: las responsabilidades, la paciencia, el tiempo. Él mismo, aunque es un hombre orgulloso, lo reconocería. ¿Y padre en solitario? No estaba hecho para eso.

Para ser justos, lo intentaba. Por las noches, yo gritaba hacia el piso de abajo: «¡Me voy a la cama, papá!». Y él siempre me contestaba con tono jovial: «Enseguida subo, mi querido hijo». Fiel a su palabra, al cabo de unos minutos lo tenía sentado en el borde de mi cama. Nunca olvidó que no me gustaba la oscuridad, de manera que me hacía suaves cosquillas en la cara hasta que me dormía. Tengo recuerdos muy afectuosos de sus manos en las mejillas, en la frente, y luego despertar para ver que se había marchado, como por arte de magia, siempre teniendo la consideración de dejar la puerta entreabierta.

Al margen de esos fugaces momentos, sin embargo, mi padre y yo, más que nada, coexistíamos. A él le costaba comunicarse, le costaba escuchar, le costaba mantener cualquier contacto íntimo cara a cara. De vez en cuando, después de un largo banquete con muchos platos, subía al dormitorio y me encontraba una carta suya sobre la almohada. En ella me informaba de lo orgulloso que estaba de mí por algo que había hecho o logrado. Yo sonreía y la guardaba debajo de la almohada, pero también me preguntaba por qué no me lo había dicho unos instantes antes, cuando estaba sentado justo enfrente de mí.

Por lo tanto, la perspectiva de pasar días y días con acceso sin restricciones a mi padre me llenaba de euforia.

Luego se impuso la realidad. Aquel era un viaje de trabajo para mi padre. Y para mí. El concierto de las Spice Girls suponía mi primera aparición en público desde el funeral y yo sabía, por intuición y por fragmentos de conversaciones ajenas que había captado, que la opinión pública se moría de curiosidad por conocer mi estado de ánimo. No quería decepcionarles, pero también deseaba perderlos de vista a todos. Recuerdo que, al pisar la alfombra roja con una sonrisa forzada en la cara, de repente deseé encontrarme en mi cama del palacio de St. James.

A mi lado caminaba la Baby Spice, calzada con unos zapatos de plástico blanco con plataforma de treinta centímetros. Yo me obsesioné con esas plataformas a la vez que ella se obsesionaba con mis mejillas, que no paraba de pellizcar. ¡Qué mofletes! ¡Qué mono! Luego la Spice Pija se adelantó con paso decidido y me agarró de la mano. Más adelante avisté a la Spice Pelirroja, la única con la que sentía cierta afinidad, por el color de pelo. Además, se había hecho famosa en el mundo entero por llevar un minivestido confeccionado con la bandera británica. «¿Por qué hay una bandera del Reino Unido en el ataúd?». Tanto ella como el resto de las Spice Girls me hacían carantoñas, a la vez que bromeaban con los periodistas, que me gritaban: «Harry, aquí, Harry, Harry, ¿cómo estás, Harry?». Preguntas que no eran tales. Preguntas que eran trampas, que ellos me lanzaban a la cabeza como cuchillos de carnicero. A los periodistas les traía sin cuidado cómo estaba, solo intentaban sonsacarme algo jugoso, algo noticiable.

Yo miré hacia sus flashes, enseñé los dientes y no dije nada.

Si a mí aquellas luces me hacían sentir cohibido, a las Spice Girls las embriagaban. Sí, sí y mil veces sí; esa era su actitud cada vez que saltaba otro flash. Por mí, perfecto. Cuanto más protagonismo tuvieran ellas, más podía esconderme yo. Recuerdo que hablaron con la prensa sobre su música y su misión. Yo no sabía que tuvieran una misión, pero una de las Spice comparó la cruzada del grupo contra el sexismo con la lucha de Mandela contra el *apartheid*.

Por fin, alguien dijo que era hora de que empezara el concierto. «Tú ve por allí. Sigue a tu padre».

¿Un concierto? ¿Mi padre?

Inaudito. Estaba ocurriendo ante mis narices y me seguía pareciendo imposible de creer. Pero lo vi con mis propios ojos: mi padre, siguiendo el ritmo con la cabeza y el pie como un fan más.

If you want my future, forget my past
If you wanna get with me, better make it fast.[*]

Después, camino del exterior, hubo más flashes. En esa ocasión no estaban presentes las Spice Girls para desviar la atención. Nos encontrábamos solos mi padre y yo.

Estiré el brazo, le agarré la mano y no la solté.

Recuerdo, con la misma luminosidad que los flashes: quererlo. Necesitarlo.

11

A la mañana siguiente, mi padre y yo viajamos hasta un precioso lodge a orillas de un río serpenteante. KwaZulu-Natal. No me era desconocida la historia de aquel lugar, donde los casacas rojas y los guerreros zulúes habían combatido en el verano de 1879. Había oído todas las anécdotas y las leyendas, y había visto la película *Zulú* infinidad de veces. Sin embargo, estaba a punto de convertirme en un verdadero experto, me dijo mi padre. Había hecho preparativos para que escucháramos, sentados ante una hoguera, cómo un historiador de fama mundial, David Rattray, recreaba la batalla.

Quizá fuera la primera lección que escuché con verdadero interés.

Los hombres que habían luchado sobre aquel terreno, explicó

* «Si quieres mi futuro, olvida mi pasado / Si quieres estar conmigo, decídete rápido». *(N. de los T.)*.

el señor Rattray, fueron héroes. En los dos bandos: héroes. Los zulúes eran feroces y unos auténticos magos con una lanza corta llamada *iklwa*, nombre que debía al sonido de succión que emitía cuando la arrancaban del pecho de una víctima. Y, aun así, apenas ciento cincuenta soldados británicos consiguieron rechazar a cuatro mil zulúes, y la milagrosa defensa de aquella plaza, conocida como batalla de Rorke's Drift, se incorporó de inmediato a la mitología patria. Se concedió la Cruz Victoria a once soldados, el máximo que se haya otorgado nunca a un solo regimiento por una única acción bélica. Otros dos soldados, que rechazaron a los zulúes un día antes de la batalla de Rorke's Drift, fueron los primeros en obtener la Cruz Victoria a título póstumo.

—¿Póstumo, papá?

—Ejem, sí.

—¿Qué significa?

—Después de..., ya sabes...

—¿De qué?

—De morir, mi querido hijo.

Aunque sea motivo de orgullo para muchos británicos, aquella batalla fue consecuencia del imperialismo, el colonialismo y el nacionalismo; en pocas palabras, del robo. Gran Bretaña estaba allí sin permiso, invadiendo una nación soberana con la intención de quedársela por la fuerza, lo que significa que la preciosa sangre de los mejores muchachos de Gran Bretaña fue malgastada aquel día, a ojos de algunos, entre ellos el señor Rattray. El historiador no pasó de puntillas sobre esos detalles escabrosos. Cuando le parecía necesario, condenaba a los británicos sin ambages (los lugareños lo llamaban el zulú blanco). Pero yo era demasiado joven: le oía y al mismo tiempo, no. Tal vez había visto la película *Zulú* demasiadas veces, tal vez había simulado demasiadas batallas con mis casacas rojas de juguete. Tenía una visión de la batalla, de Gran Bretaña, que no aceptaba nuevos datos. Así que me centré en los pasajes que hablaban del viril arrojo y el poderío británico, y lo que debiera haberme horrorizado se convirtió en una fuente de inspiración.

De camino a casa me dije que el viaje entero había sido un exitazo. No solo había supuesto una emocionante aventura, sino también una experiencia que me había unido a mi padre. Sin duda la vida en lo sucesivo sería muy diferente.

12

La mayoría de mis profesores eran unos benditos que me dejaban en paz, porque entendían por lo que estaba pasando y no querían echar leña al fuego. El señor Dawson, que tocaba el órgano en la capilla, fue amabilísimo. El señor Little, profesor de batería, mostró conmigo una paciencia infinita. Confinado en una silla de ruedas, llegaba a dar su clase de tambor en furgoneta, y tardábamos una eternidad en sacarlo de ella y llevarlo hasta el aula. Después teníamos que dejar tiempo suficiente para que volviera hasta el vehículo tras la lección, de manera que nunca teníamos más de veinte minutos reales de clase. A mí no me importaba y, a cambio, el señor Little nunca se quejó de que mi habilidad con el instrumento no llegara a mejorar.

Otros profesores, sin embargo, no me dieron tregua. Como el de historia, el señor Hughes-Games.

Día y noche, desde la casa del señor Hughes-Games, situada junto a los campos de deporte, llegaban los gañidos estridentes de sus pointers, Tosca y Beade. Eran unos perros preciosos, de pelaje manchado y ojos grises, a los que el señor Hughes-Games quería como si fueran sus hijos. Tenía fotos de ellos enmarcadas en plata sobre el escritorio, lo cual era uno de los motivos por los que muchos chicos lo consideraban un tanto excéntrico. De modo que me quedé a cuadros cuando descubrí que el señor Hughes-Games consideraba que el raro era yo. ¿Qué puede haber más raro, me dijo un día, que un príncipe británico que desconoce la historia de su país?

—No me cabe en la cabeza, Gales. Estamos hablando de sus parientes, sangre de su sangre; ¿acaso eso no significa nada para usted?

—Menos que nada, señor.

No era solo que no supiera nada sobre la historia de mi familia: tampoco quería saber nada.

Me gustaba la historia británica... en teoría. Había partes que me parecían interesantes. Conocía algunos detalles sobre la firma de la Carta Magna, por ejemplo —en junio de 1215, en Runnymede—, pero eso era porque una vez había entrevisto el lugar donde se produjo a través de la ventanilla del coche de mi padre. Al lado mismo del río. Un sitio precioso, un enclave perfecto para acordar la paz, pensé. Ahora bien, ¿detalles ínfimos sobre la Conquista Normanda? ¿O los pormenores del pique entre Enrique VIII y el papa? ¿O las diferencias entre la Primera y la Segunda Cruzada?

Venga ya.

La situación llegó a un punto crítico un día en el que el señor Hughes-Games hablaba sobre Carlos Eduardo Estuardo, o Carlos III, como se autoproclamaba él. El pretendiente al trono. El señor Hughes-Games tenía una opinión muy clara sobre el interfecto. Mientras la compartía con nosotros, hecho una furia, yo contemplaba mi lápiz y trataba de no dormirme.

De repente el señor Hughes-Games paró y planteó una pregunta sobre la vida de Carlos. La respuesta estaba chupada para quien hubiese estudiado, que era nadie.

—Gales, usted tiene que saberlo.

—¿Por qué yo?

—¡Porque es su familia!

Risas.

Bajé la cabeza. Los otros chicos sabían que era de la realeza, por supuesto. Si lo olvidaban por un instante, allí estaban mi omnipresente guardaespaldas (armado) y la policía uniformada que había repartida por todo el recinto para recordárselo. Pero ¿necesitaba anunciarlo a los cuatro vientos el señor Hughes-Games? ¿Necesitaba emplear esa palabra tan espinosa: familia? Mi familia me había declarado una nulidad; el Repuesto. No me quejaba, pero tampoco necesitaba recrearme en ello. Resultaba mucho mejor, en mi opinión, no pensar en ciertos detalles, como la regla fundamental de los viajes reales: mi padre y William jamás podían ir juntos en el mismo vuelo, porque no debía existir ninguna posibilidad de que el primero y el segundo en la línea sucesoria al trono fallecieran de un plumazo. Sin embargo, a nadie le importaba un pimiento con quién viajara yo; el Repuesto siempre se podía reponer. Yo eso lo sabía, y sabía cuál era mi lugar, por lo que no sentía necesidad de desvivirme por estudiarlo. ¿Por qué memorizar los nombres de los repuestos pasados? ¿Qué sentido tenía eso?

Es más, ¿por qué estudiar mi linaje cuando, nada más empezar a escalar por el árbol genealógico, se llegaba a la misma rama cortada, mi madre?

Después de clase me acerqué a la mesa del señor Hughes-Games y le pedí que, por favor, parase.

—¿Que pare de qué, Gales?

—De ponerme en ridículo, señor.

Sus cejas volaron hasta el flequillo, como pájaros espantados.

Le expliqué que sería cruel señalar a cualquier otro chico como hacía conmigo, hacerle a cualquier otro estudiante de Ludgrove aquellas preguntas cargadas de intención sobre un tataratataraloquesea.

El señor Hughes-Games carraspeó y resopló. Se había pasado de la raya y lo sabía, pero era testarudo.

—Le viene bien, Gales. Cuanto más le exijo, más aprende.

Al cabo de unos días, sin embargo, al principio de la clase, el señor Hughes-Games me hizo una propuesta de paz, al estilo de la Carta Magna. Me regaló una de aquellas reglas de madera que llevaban grabados en ambos lados los nombres de todos los monarcas británicos desde Haroldo en 1066. (Una regla de quienes dictaban las reglas, ¿lo pillan?). La descendencia real entera, pulgada a pulgada, hasta llegar a la abuela. Me dijo que podía guardarla en mi pupitre y consultarla cuando quisiera.

—Caramba —dije—. Gracias.

13

Entrada la noche, cuando ya estaban apagadas las luces, algunos salíamos a hurtadillas a deambular por los pasillos. Era una violación flagrante de las normas, pero me sentía solo y echaba de menos mi casa, probablemente padecía ansiedad y depresión y no soportaba estar encerrado en el dormitorio compartido.

Había un profesor en concreto que, cada vez que me sorprendía, me arreaba un tortazo tremendo, siempre con un ejemplar de la *New English Bible.* La versión en tapa dura; «y tan dura», pensaba yo. Que me golpearan con ella hacía que me sintiera mal conmigo mismo, con el profesor y con la Biblia. A pesar de todo, a la noche siguiente volvía a la carga y me saltaba de nuevo las normas.

Si no pululaba por los pasillos, pululaba por los terrenos de la escuela, por lo general con mi mejor amigo, Henners. También él se llamaba Henry sobre el papel, pero yo siempre le llamaba Henners y él a mí, Haz.

Flaco, sin músculos y con el pelo de punta en permanente estado de rebeldía, Henners era todo corazón. Siempre que sonreía, la gente se derretía. (Era el único chico que me hablaba de mi madre después de que desapareciera). Sin embargo, esa sonrisa irresistible, esa ternura, hacían que la gente olvidara que Henners podía ser muy, pero que muy díscolo.

Más allá de los terrenos de la escuela había una enorme granja de esas donde los clientes recogen con sus propias manos lo que compran, al otro lado de una valla baja, que un día Henners y yo saltamos para aterrizar de bruces en un sembrado de zanahorias. Surco tras surco. Cerca había unas fresas gordas y sabrosas. Fuimos avanzando a la par que nos atiborrábamos, alzando la cabeza de vez en cuando como suricatos para asegurarnos de que no había moros en la costa. Cada vez que muerdo una fresa siento que estoy de nuevo allí, en aquellos campos, con el encantador Henners.

Días más tarde, regresamos. En esa ocasión, cuando ya nos habíamos puesto las botas y saltado la valla de regreso, oímos nuestros nombres.

Íbamos avanzando por un camino de carro en dirección a las canchas de tenis, y nos volvimos poco a poco. Uno de los profesores venía derecho hacia nosotros.

—¡Ustedes! ¡Alto!

—Hola, señor.

—¿Qué hacen?

—Nada, señor.

—Han estado en la granja.

—¡No!

—Enséñenme las manos.

Lo hicimos. Pillados: las palmas rojas. El profesor reaccionó como si fuera sangre.

No recuerdo cuál fue nuestro castigo. ¿Otro golpe de Biblia? ¿Quedarnos después de clase? (Lo que a menudo llamábamos «detención» o «det»). ¿Un viaje al despacho del señor Gerald? Fuera lo que fuese, sé que no me importó. Ludgrove no podía aplicarme tortura alguna que sobrepasara lo que sucedía en mi interior.

14

El señor Marston, mientras patrullaba por el comedor, a menudo llevaba una campanilla que me recordaba a la de la recepción de un hotel. «Ding, ¿tienen una habitación?». La tocaba siempre que quería llamar la atención de un grupo de muchachos. El sonido era constante... y totalmente inútil.

A los niños abandonados les da igual una campana.

Con frecuencia, el señor Marston sentía la necesidad de efectuar un anuncio durante las comidas. Empezaba a hablar y, al constatar que nadie le escuchaba o ni siquiera bajaba la voz, tocaba la campana.

Ding.

Cien chicos seguían hablando y riendo.

Él tocaba más fuerte.

¡Ding! ¡Ding! ¡Ding!

Con cada campanillazo que no lograba imponer silencio, la cara del señor Marston adquiría una tonalidad más intensa de rojo.

—¡Señores! ¿Harán el favor de ESCUCHAR?

«No», era la sencilla respuesta. No le haríamos el favor. Y tampoco era falta de respeto: era una simple cuestión de acústica. No lo oíamos. El comedor era demasiado espacioso y nosotros estábamos demasiado absortos en nuestras conversaciones.

Eso él no lo aceptaba. Se ponía suspicaz, como si el poco caso que le hacíamos a su campana formara parte de una conspiración organizada de mayor calado. No sé los demás, pero yo no estaba conchabado con nadie. Y tampoco era cierto que no le hiciera caso. Muy al contrario: no le podía quitar la vista de encima. A menudo me preguntaba qué habría dicho alguien de fuera que presenciara aquel espectáculo: cien chavales charlando como si tal cosa mientras un adulto plantado ante ellos sacudía de forma tan frenética como infructuosa una minúscula campanilla de latón.

Para agravar aquella sensación general de desquiciamiento, había un hospital psiquiátrico carretera abajo: Broadmoor. Cuando yo ya llevaba un tiempo en Ludgrove, un paciente de Broadmoor se escapó y mató a un niño de una aldea vecina. La respuesta del psiquiátrico fue instalar una sirena de advertencia, que probaban de vez en cuando para asegurarse de que funcionaba. Cuando sonaba era como el Día del Juicio Final. La campanilla del señor Marston a lo bestia.

Se lo mencioné un día a mi padre, quien asintió con aire de entendido. Había visitado hacía poco una institución parecida como parte de su labor benéfica. Los pacientes le habían parecido en su mayoría apacibles, me aseguró, aunque uno le llamó la atención. Un tipo bajito que afirmaba ser el príncipe de Gales.

Mi padre le había hecho un gesto admonitorio con el dedo a la vez que lo reprendía con severidad.

—Vamos a ver; ¡usted no puede ser el príncipe de Gales! El príncipe de Gales soy yo.

El paciente se limitó a responderle con el mismo gesto.

—¡Imposible! ¡Yo soy el príncipe de Gales!

A mi padre le gustaba contar anécdotas, y aquella era una de las mejores de su repertorio. Siempre terminaba con un ramalazo filosófico: si aquel enfermo mental podía estar tan convencido de su identidad, con la misma certidumbre que mi padre, era inevitable plantearse unas Grandes Preguntas. ¿Quién podía decir cuál de los dos estaba cuerdo? ¿Quién podía estar seguro de no ser el enfermo mental, viviendo una fantasía mientras amigos y familiares le seguían la corriente?

—¿Quién sabe si soy de verdad el príncipe de Gales? ¿Quién sabe si soy siquiera tu verdadero padre? ¡A lo mejor tu padre de verdad está en Broadmoor, mi querido hijo!

Se tronchaba de risa, aunque el chiste tuviera maldita la gracia a la vista del rumor que circulaba por aquel entonces de que mi verdadero padre era uno de los examantes de mi madre: el comandante James Hewitt. Una de las causas del rumor era la cabellera pelirroja del comandante Hewitt, pero otra era el sadismo. A los lectores de los tabloides les encantaba la idea de que el hijo pequeño del príncipe Carlos no fuera hijo del príncipe Carlos. De ese «chiste» no se cansaban nunca, por algún motivo. Quizá les hiciera más llevadera su vida pensar que la de un joven príncipe era un hazmerreír.

Lo mismo daba que mi madre no hubiera conocido al comandante Hewitt hasta mucho después de que yo naciera: la historia era demasiado buena para dejarla correr. La prensa la rescataba a modo de refrito, la adornaba, y hasta se decía que algunos periodistas andaban a la caza de mi ADN para contrastarla: mi primer indicio de que, después de torturar a mi madre y forzarla a esconderse, pronto vendrían a por mí.

Aún hoy, casi todas mis biografías y cualquier perfil de cierta extensión que aparezca en un periódico o una revista mencionan al comandante Hewitt y tratan con cierta seriedad la hipótesis de su paternidad. Eso incluye una descripción del momento en el que mi padre por fin tuvo un franco cara a cara conmigo para asegurarme que el comandante Hewitt no era mi verdadero padre. Una escena vívida, intensa, conmovedora y totalmente inventada. Si mi padre pensaba algo acerca del comandante Hewitt, se lo guardó para sí.

15

Es legendaria la frase de mi madre de que había tres personas en su matrimonio, pero su cálculo era erróneo.

Nos dejó a Willy y a mí fuera de la ecuación.

No entendíamos lo que les pasaba a ella y a mi padre, está claro, pero intuíamos bastante y captábamos la presencia de la Otra Mujer, porque sufríamos los efectos secundarios. Willy abrigó sospechas sobre la Otra Mujer durante mucho tiempo, cosa que le confundía y atormentaba; cuando se confirmaron esas sospechas, sintió unos remordimientos atroces por no haber hecho ni dicho nada antes.

Yo era demasiado pequeño, creo, para sospechar nada, aunque no pude evitar notar la falta de estabilidad, la ausencia de cariño y amor de nuestro hogar.

De pronto, con la desaparición de mi madre, el cálculo daba un vuelco para inclinarse a favor de mi padre. Era libre de ver a la Otra Mujer, sin esconderse, tanto como quisiera. Pero verla no era suficiente: mi padre quería hacer partícipe a la opinión pública, actuar con luz y taquígrafos. Y el primer paso en esa dirección era ganarse a «los niños».

Primero le tocó a Willy. Ya se había topado con la Otra Mujer una vez, en palacio, pero en esa ocasión le llegó a Eton una invitación formal para acudir a un encuentro íntimo, con toda la carne en el asador. En Highgrove, creo. A la hora del té, si no me equivoco. Más tarde supe por él que la reunión había ido bien, aunque no entró en detalles. Se limitó a transmitirme la impresión de que la Otra Mujer, Camila, había hecho un esfuerzo, cosa que le parecía de agradecer; eso es todo lo que quiso contarme.

A continuación llegó mi turno. Me dije: «No pasa nada, es como ponerse una inyección. Cierra los ojos y no te darás ni cuenta».

Tengo un vago recuerdo de ver a Camila tan calmada (o aburrida) como yo. A ninguno de los dos nos preocupaba demasiado la opinión del otro. Ella no era mi madre y yo no era su mayor obstáculo. En otras palabras, no era el Heredero. Aquella escena conmigo era una pura formalidad.

Me pregunto qué tema de conversación encontramos. Los caballos, probablemente. A Camila le encantaban y yo sabía montar. No se me ocurre sobre qué otra materia pudimos charlar.

Recuerdo que me pregunté, justo antes del té, si sería cruel conmigo; si sería como todas las madrastras malvadas de los cuentos. Pero no lo fue. Al igual que Willy, eso me hizo sentir verdadera gratitud.

Al final, una vez superado aquel par de tensos encuentros con Camila, faltaba un último cónclave con nuestro padre.

—Y bien, ¿qué pensáis, niños?

Pensábamos que él tenía que ser feliz. Sí, Camila había desempeñado un papel protagonista en el desmoronamiento del matrimonio de nuestros padres y, sí, eso significaba que había tenido que ver con la desaparición de nuestra madre, pero entendíamos que se había visto arrastrada, como todos los demás, por la traicionera corriente de los acontecimientos. No la culpábamos y, a decir verdad, estábamos dispuestos a perdonarla de mil amores si podía hacer feliz a nuestro padre. Pues veíamos que, como nosotros, no lo era. Reconocíamos las miradas ausentes, los suspiros huecos, la frustración siempre visible en su rostro. No podíamos estar seguros al cien por cien, porque nuestro padre no hablaba de sus sentimientos, pero habíamos compuesto, con los años, un retrato de él bastante fidedigno, basado en pequeños descuidos suyos.

Por ejemplo, por esas fechas confesó que de niño lo habían «hostigado». Los abuelos, para endurecerlo, lo habían despachado a Gordonstoun, un internado en el que padeció un acoso escolar encarnizado. Las víctimas por antonomasia de los abusones de Gordonstoun, dijo, eran los chicos creativos, sensibles, aficionados a la lectura... En otras palabras, mi padre. Sus mejores cualidades eran carnaza para los matones. Le recuerdo murmurando con tono ominoso:

—Casi no sobrevivo.

¿Cómo lo había conseguido? Con la cabeza gacha y agarrado a su oso de peluche, que todavía conservaba años más tarde. Teddy acompañaba a mi padre a todas partes. Era un objeto lamentable, con los brazos rotos, deshilachado y cubierto de parches. Tenía el mismo aspecto que yo imaginaba que debía de presentar mi padre después de que los acosadores se cebaran en él. Teddy expresaba de forma elocuente, mejor de lo que mi padre podría nunca, la soledad esencial de su infancia.

Willy y yo coincidíamos en que merecía algo mejor. Sin ánimo de faltar a Teddy, merecía estar acompañado de verdad. Por eso, cuando llegó la pregunta, Willy y yo prometimos a nuestro padre que daríamos la bienvenida a la familia a Camila.

Lo único que pedíamos a cambio era que no se casase con ella. «No necesitas contraer segundas nupcias», le rogamos. Una boda crearía polémica, incitaría a la prensa, haría que el país entero, el mundo entero, comparase a nuestra madre y Camila, cosa que no quería nadie. Y menos que nadie, Camila.

Le dijimos que le apoyábamos. Le dijimos que aprobábamos a Camila.

«Pero, por favor, no te cases con ella. Estad juntos y punto, papá».

No respondió.

Pero ella sí. Sin perder tiempo. Al poco de nuestros encuentros privados con ella, empezó a desarrollar su estrategia a largo plazo, una campaña dirigida al matrimonio y, con el tiempo, la Corona (con el beneplácito de nuestro padre, supusimos). Empezaron a aparecer noticias en todos los periódicos sobre su conversación con Willy, crónicas que recogían detalles minuciosos, ninguno de los cuales provenía de mi hermano, por supuesto.

Solo podía haberlos filtrado la única otra persona presente.

Y la filtración venía instigada, a todas luces, por el nuevo experto en comunicación que Camila había convencido a nuestro padre de que contratase.

16

A principios de otoño de 1998, después de terminar los estudios en Ludgrove la primavera anterior, ingresé en el internado de Eton.

Un profundo impacto.

Tratándose del mejor centro educativo del mundo para hombres, Eton ya estaba pensado para impactar, creo. El impacto debía de formar parte de sus estatutos y quizá hasta de las instrucciones que les impartió a sus primeros arquitectos el fundador del colegio, mi antepasado Enrique VI. Este consideraba que Eton debía ser una especie de santuario, un templo sagrado, y a tal efecto quería que abrumase los sentidos, para que los visitantes se sintieran como humildes y deferentes peregrinos.

En mi caso, misión cumplida.

(Enrique llegó a ceder a la escuela valiosísimos objetos religiosos, entre ellos una parte de la corona de espinas de Jesús. Un gran poeta llamó al centro «La sombra sagrada de Enrique»).

Con el paso de los siglos, la misión de Eton se había vuelto un tanto menos pía, pero el currículo había devenido más exageradamente riguroso. No en vano Eton había pasado a referirse a sí mismo no como una escuela sino sencillamente como... La Escuela. Para quienes estaban en el ajo, no había otra opción, así de claro. Dieciocho primeros ministros se habían formado en las aulas de Eton, además de treinta y siete receptores de la Cruz Victoria. Era el paraíso para los chicos brillantes pero, por lo mismo, solo podía ser el purgatorio para un muchacho que lo era muy poco.

La situación quedó de manifiesto de forma incuestionable durante mi primerísima lección de francés. Estupefacto, descubrí que el profesor impartía la clase entera en un francés rápido y sin pausas. Daba por supuesto, por algún motivo, que todos dominábamos el idioma.

Quizá los demás sí, ¿pero yo? ¿Dominarlo? ¿Porque me había defendido más o menos en el examen de acceso? *Au contraire, mon ami!*

Al acabar me acerqué a él y le expliqué que se había producido un espantoso error y me había metido en la clase equivocada. Él me dijo que me tranquilizase y me aseguró que me pondría al día en un visto y no visto. El hombre no lo entendía; tenía fe en mí. De modo que acudí al profesor encargado de mi residencia y le rogué que me pusieran con los que hablaban más lento, los que aprendían muy despacito, los muchachos *exactement comme moi.*

Accedió a mi petición, pero aquello fue un mero parche.

Una o dos veces le confesé a un profesor o compañero que no solo estaba en la clase equivocada sino en el sitio equivocado. Aquello me venía muy, muy grande. Siempre me contestaban lo mismo: no te preocupes, te apañarás...

—¡Y no olvides que siempre tienes a tu hermano aquí!

Pero no era yo quien lo olvidaba: Willy me había dicho que fingiera no conocerlo.

—¿Qué?

—No me conoces, Harold. Ni yo a ti.

Durante los dos años anteriores, me explicó, Eton había sido su santuario. Sin tener que cargar con un hermano pequeño que le incordiara con sus preguntas y metiera las narices en su círculo social. Se estaba forjando una vida propia y no pensaba renunciar a ella.

Nada de todo aquello me venía muy de nuevas. Willy siempre había odiado que la gente cometiese el error de considerarnos un dos por uno. Aborrecía que nuestra madre nos vistiera con la misma ropa (no ayudaba que su gusto en ropa infantil tendiera a los extremos; a menudo parecíamos los gemelos de *Alicia en el País de las Maravillas*). Yo apenas me fijaba, porque no me importaba la ropa, ni la mía ni la de los demás. Mientras no llevásemos kilt, con ese preocupante cuchillo en el calcetín y el trasero expuesto a la brisa, todo me iba bien. Sin embargo, para Willy era una verdadera agonía llevar el mismo blazer y los mismos pantalones cortos ajustados que yo. Y en aquel momento, que estudiáramos en la misma escuela le parecía un auténtico suplicio.

Le dije que no se preocupase.

—Olvidaré que te conozco.

Sin embargo, Eton no iba a ponérnoslo fácil. Creyendo que nos hacían un favor, nos colocaron bajo el mismo condenado techo. La residencia de Manor House.

Por lo menos yo estaba en la planta baja.

Willy se alojaba arriba, con los mayores.

17

Muchos de los sesenta alumnos de Manor House eran igual de amables que Willy. Su indiferencia, sin embargo, no me molestaba tanto como su desenvoltura. Incluso los de mi edad actuaban como si hubieran nacido en la propia escuela. Ludgrove tenía sus inconvenientes, pero allí por lo menos sabía por dónde me movía, sabía cómo engañar a Pat, sabía cuándo se repartían las golosinas y cómo sobrevivir a los días en que tocaba escribir cartas. Con el tiempo había conseguido abrirme camino hasta lo alto de la pirámide de Ludgrove. Ahora, en Eton, volvía a estar abajo de todo.

Vuelta a empezar.

Peor aún; sin mi mejor amigo, Henners. Él iba a otra escuela.

Ni siquiera sabía cómo vestirme por la mañana. Todos los alumnos de Eton debían llevar una levita negra, una camisa blanca sin cuello, un cuello blanco almidonado sujeto a la camisa con un broche... además de unos pantalones de raya diplomática, unos gruesos zapatos negros y una corbata que más bien parecía una tira de tela doblada por dentro del cuello blanco removible. Un conjunto formal, decían; pero no era formal, era fúnebre. Y había un motivo. Se suponía que debíamos estar de duelo permanente por la muerte del viejo Enrique VI. (O, si no, por el rey Jorge, una de las primeras personas en dar apoyo a la escuela, quien solía invitar a los alumnos al castillo para tomar el té, o algo así). Aunque Enrique era el abuelo del abuelo del abuelo del abuelo de mi tatarabuelo, y aunque yo lamentaba su muerte y el dolor que por ella hubieran podido sentir quienes lo amaban, no me hacía ninguna gracia la idea de pasarme el día entero llorando a ese hombre. Cualquier chico de mi edad debería negarse rotundamente a tomar parte en un funeral interminable, pero para uno que acababa de perder a su madre aquello era como recibir a diario una patada en los huevos.

Primera mañana: tardé una eternidad en abrocharme los pantalones, abotonarme el chaleco y dar forma al cuello almidonado antes de conseguir, por fin, salir por la puerta. Estaba frenético, desesperado por no llegar tarde, lo que habría significado verme obligado a escribir mi nombre en un gran libro, El Libro de los Tardones, una de las muchas tradiciones que tendría que aprender, junto con una larga lista de palabras y expresiones. Las clases ya no eran clases, eran «unidades». Los profesores ya no eran profesores, eran «jueces». Los cigarrillos eran «pitis». (Al parecer allí todo el mundo tenía una fuerte tendencia a fumar «pitis»). Las «cámaras» eran las reuniones de media mañana de los «jueces», cuando hablaban de los alumnos, sobre todo de los problemáticos. A mí a menudo me pitaban los oídos durante las «cámaras».

Decidí que lo mío en Eton sería el deporte. A los chicos deportistas se los clasificaba en dos grupos: los *dry bobs* (que practicaban deportes en seco) y los *wet bobs* (que practicaban deportes acuáticos). Los *dry bobs* jugaban al críquet, al fútbol, al rugby y al polo. Los *wet bobs* practicaban remo, vela o natación. Yo era uno de los de secano que de vez en cuando se pasaba al grupo acuático. Practicaba todos los deportes en seco, pero el rugby me robó el corazón. Un bello deporte, además de una buena excusa para arremeter contra lo que se me pusiera por delante. El rugby me permitía descargar la rabia, esa rabia mía a la que algunos se habían aficionado a llamar «nube roja». Además, yo no sentía el dolor de la misma forma que los demás chicos, lo que me convertía en un peligro en el terreno de juego. Nadie sabía cómo responder ante un chico que literalmente buscaba el dolor externo para equipararlo al que sentía en su interior.

Hice algunos amigos. No fue fácil. Les exigía condiciones especiales. Necesitaba que un amigo fuera alguien que no se burlara de mí por formar parte de la realeza, alguien que no hiciera cosas como mencionar que yo era «el Repuesto». Necesitaba que fuera alguien que me tratara de forma normal, lo que significaba ignorar al guardaespaldas armado que dormía a poca distancia de mi habitación, cuyo trabajo consistía en evitar que me secuestraran o me asesinaran. (Por no mencionar el rastreador electrónico o la alarma antipánico que llevaba encima todo el tiempo). Todos mis amigos cumplían esos requisitos.

A veces mis nuevos amigos y yo nos escapábamos, íbamos al puente de Windsor, que cruzaba el río Támesis y conectaba Eton con Windsor. En concreto, nos reuníamos debajo del puente, donde podíamos fumar «pitis» en privado. Mis colegas parecían pasarlo bien con esa travesura, pero yo solo lo hacía porque tenía puesto el piloto automático. Claro que me apetecía un cigarrillo después de una comida en un McDonald's, ¿a quién no? Pero, puestos a escaparnos, prefería ir al campo de golf del castillo de Windsor y tomarme una cervecita mientras golpeaba la pelota de un lado a otro.

Aun así, aceptaba como un autómata todos los cigarrillos que me ofrecían; y con esa misma actitud de dejarme llevar sin pensar por mí mismo, pronto me estrené con la maría.

18

El juego requería de un bate, una pelota de tenis y un desprecio total por la propia integridad física. Había cuatro jugadores: un lanzador, un bateador y dos más que intentaban atrapar la pelota en el centro del pasillo, cada uno con un pie en el pasillo y el otro en un dormitorio, que no siempre era de los nuestros. Muchas veces interrumpíamos a otros chicos que intentaban trabajar. Ellos nos suplicaban que nos marcháramos.

«Lo sentimos —decíamos nosotros—. Nuestro trabajo es este».

El radiador representaba la portería, y había un eterno debate sobre qué se consideraba una captura de pelota. ¿Si rebotaba en la pared? Sí, había captura. ¿Y si rebotaba en la ventana? No, no había captura.

Un día el mayor deportista del grupo se lanzó a atrapar una pelota de forma poco ortodoxa y se dio de morros contra un extintor colgado en la pared. Se le partió la lengua por la mitad. Uno pensaría que, después de eso, después de que la moqueta quedara para siempre manchada con su sangre, pondríamos fin al críquet de pasillo.

Pues no.

Cuando no jugábamos, nos dedicábamos a holgazanear en el dormitorio. Éramos muy buenos adoptando posturas de indolencia suprema. La gracia era aparentar que no tenías ningún objetivo en la vida, como si el único motivo por el que estabas dispuesto a moverte fuera portarte mal o, mejor aún, hacer alguna estupidez. Hacia el final de mi primer semestre allí se nos ocurrió una estupidez supina.

Alguien comentó que mi pelo era un completo desastre. Como una mata de hierbajos.

—Ya... ¿Y qué puedo hacer?

—Deja que pruebe.

—¿Tú?

—Sí, deja que te lo afeite.

Hum... Aquello no sonaba nada bien.

Pero no quería rajarme, quería ser un tío guay. Un tío divertido.

—Vale.

Un chico fue a por la maquinilla. Otro me empujó hasta el asiento. Con qué rapidez, qué alegremente, tras toda una vida creciendo libre y sano, el pelo empezó a caerme a mechones de la cabeza. Cuando terminaron de raparme, miré al suelo y vi una docena de pequeñas pirámides pelirrojas, como volcanes vistos desde el aire, y supe que había cometido un error garrafal.

Corrí hasta el espejo. Sospechas confirmadas. Aullé horrorizado.

Mis amigos también aullaban. Aullidos de risa.

Empecé a correr en círculos. Quería viajar atrás en el tiempo. Quería coger el pelo del suelo y volver a pegármelo en la cabeza. Quería despertarme de aquella pesadilla. Como no sabía a quién más recurrir, violé la regla de oro, la orden sagrada que no debía desobedecerse jamás, y subí corriendo al dormitorio de Willy.

Por supuesto, no había nada que Willy pudiera hacer. Tan solo esperaba que me dijera: «No pasa nada, tranquilo, no te pongas nervioso, Harold», pero en vez de eso se carcajeó como los demás. Recuerdo que se sentó frente al escritorio, enterró la cabeza en un libro y rio mientras yo, plantado frente a él, acariciaba los bultitos de mi cabeza recién rapada.

—Harold, ¿qué has hecho?

Menuda pregunta. Hablaba igual que Stewie, de *Padre de familia*. ¿Acaso no saltaba a la vista?

—No deberías haber hecho eso, Harold.

¿Así que la cosa iba de repetir obviedades?

Dijo unas cuantas cosas más que no me ayudaron en absoluto, y me marché.

El peor ridículo estaba aún por llegar. Unos días después, en la primera plana del *Daily Mirror*, un tabloide, aparecía yo con mi nuevo corte de pelo.

El titular: «Harry, el Cabeza Rapada».

No podía imaginarme de dónde habían sacado la información. Un compañero debía de habérselo contado a alguien, que se lo contó a alguien, que lo contó a los periódicos. No tenían ninguna foto, menos mal. Pero se la habían inventado. La portada incluía una imagen generada por ordenador del Repuesto, calvo como una bola de billar. Una mentira. Peor que una mentira, en realidad.

Estaba feo, pero no tanto.

19

No imaginaba que las cosas aún podían empeorar más. Qué tremendo error para un miembro de la familia real creer que, cuando se trata de los medios de comunicación, las cosas no pueden empeorar. Unas semanas más tarde, el mismo periódico volvía a sacarme en primera plana: «Harry ha tenido un accidente».

Me había roto un hueso del pulgar jugando al rugby, poca cosa, pero el periódico decidió pintarlo como si estuviera debatiéndome entre la vida y la muerte. Algo así es de mal gusto en cualquier circunstancia, pero... ¿cuando solo había pasado poco más de un año desde el supuesto accidente de mi madre?

Venga, tíos.

Había tratado con la prensa británica toda la vida, pero nunca hasta entonces me habían señalado con el dedo. De hecho, desde la muerte de mi madre la prensa se regía por un acuerdo tácito con respecto a sus dos hijos, y el acuerdo decía lo siguiente: «Apartaos de ellos. Dejad que reciban su educación en paz».

Al parecer, el acuerdo ya no tenía validez, puesto que allí estaba yo, en la mismísima primera plana, y me pintaban como a un blandengue. O un idiota. O las dos cosas.

A las puertas de la muerte.

Leí el artículo varias veces. A pesar del sombrío mensaje implícito —algo muy grave le pasa al príncipe Harry—, me maravillaba el tono. Era jocoso. Para esa gente, mi existencia se reducía a algo con lo que jugar y bromear. Para ellos, yo no era un ser humano.

No era un chico de catorce años luchando con uñas y dientes por salir adelante. Era un personaje de cómic, una marioneta a la que manipular y de la que burlarse por simple diversión. ¿Qué importaba si sus burlas convertían mis días, ya difíciles de por sí, en aún más difíciles, si me convertían en objeto de risas por parte de mis compañeros, por no decir del mundo? ¿Qué importaba si estaban torturando a un niño? Todo quedaba justificado porque yo pertenecía a la realeza, y en su mente eso era sinónimo de «no persona». Varios siglos atrás, a los miembros de la realeza se los consideraba seres divinos; ahora éramos insectos. Qué divertido, arrancarles las alas.

La oficina de mi padre presentó una queja formal, solicitó una retractación pública, acusó al periódico de estar acosando a su hijo menor.

El periódico mandó a la mierda a la oficina de mi padre.

Antes de intentar seguir adelante con mi vida, eché un último vistazo al artículo. De todas las cosas que me resultaban curiosas, la que de verdad me asombraba era que estaba redactado como el culo. Yo era un simple estudiante, se me daba fatal escribir, y sin embargo sabía lo suficiente para reconocer que lo que tenía delante era una clase magistral de analfabetismo.

Por poner un ejemplo: después de explicar que me habían herido de gravedad y que estaba casi en las últimas, el artículo proseguía advirtiendo de forma fehaciente que no podían revelar la naturaleza exacta de mi lesión porque la familia real lo había prohibido expresamente a los responsables del periódico. (Como si mi familia tuviera algún tipo de poder sobre esos morbosos). «Para su tranquilidad, podemos afirmar que las heridas de Harry NO son graves. Pero el accidente se consideró lo bastante serio como para trasladarlo al hospital. Pero en nuestra opinión tienen ustedes derecho a saber cuándo un heredero al trono sufre un accidente, por pequeño que sea, si resulta herido».

Los dos «pero» seguidos; el tono petulante, la falta de coherencia y la ausencia de cualquier argumento real; el histerismo y la falta de relevancia de todo junto. Me dijeron que quien había editado (o, lo más probable, escrito) ese párrafo infumable era un joven periodista cuyo nombre busqué por encima y pronto olvidé.

No creí que jamás volviera a toparme con ese nombre, ni con él. ¿Sería por su forma de escribir? No me lo imaginaba conservando el empleo de periodista durante mucho tiempo.

20

Se me ha olvidado quién fue el primero en utilizar el término. Alguien de la prensa, probablemente. O alguno de mis profesores. Fuera como fuese, tuvo éxito y se propagó. Me habían asignado mi papel en *El melodrama de la Casa Real.* Y antes de que tuviera la edad (legal) para tomarme una cerveza, ya se había convertido en un dogma.

«¿Harry? Sí, es el díscolo».

«El Díscolo» se convirtió en la corriente contra la que tenía que nadar, el viento que soplaba en mi contra, la expectativa diaria que jamás lograría quebrantar.

Yo no quería ser díscolo. Quería ser noble. Quería ser bueno, trabajador, maduro, y quería hacer algo de provecho con mi tiempo. Pero cada pequeña transgresión, cada paso en falso, cada retroceso era un detonante para que me endiñaran la trillada etiqueta y me sometieran a condena pública, lo cual reforzaba la idea popular de que yo era díscolo por naturaleza.

Las cosas habrían sido distintas si hubiera obtenido buenas notas. Pero no era así, y todo el mundo lo sabía. Mis informes eran de dominio público. La Commonwealth en pleno conocía mis dificultades académicas, que hacía tiempo que deberían haberme hecho tirar la toalla en Eton.

Pero nadie hablaba de la otra posible causa.

Mi madre.

El estudio y la concentración requieren una alianza con la mente, y durante mis años de adolescencia yo a mi mente le tenía declarada una guerra sin cuartel. Rechazaba permanentemente los pensamientos más sombríos, los miedos más fundamentales; los recuerdos más queridos. (Cuanto más querido era el recuerdo, más profundo era el dolor). Desarrollé estrategias para conseguirlo, unas sanas y otras no, pero todas bastante efectivas, y cuando no podía servirme de ellas —por ejemplo, cuando me obligaban a estar sentado en silencio con un libro—, me ponía histérico. Como es natural, trataba de evitar esas situaciones.

Evitaba a toda costa estar sentado en silencio con un libro.

En algún momento caí en la cuenta de que la base de toda formación académica reside en la memoria. Una lista de nombres, una columna de números, una fórmula matemática, un bello poema... Para aprenderlo, debías cargarlo en la parte del cerebro que almacena cosas, pero esa era la misma parte del cerebro que yo me resistía a utilizar. Mi memoria se había vuelto irregular desde la desaparición de mi madre, por deseo propio, y no quería poner solución a eso porque tener memoria equivalía a sentir dolor.

La ausencia de recuerdos era un bálsamo.

También es posible que no me acuerde bien de mi batalla con la memoria de por aquel entonces, porque sí que recuerdo que se me daba muy bien memorizar algunas cosas, como largos pasajes de *Ace Ventura* y *El rey león*. Los recitaba a menudo, delante de mis compañeros y para mí mismo. También tengo una foto mía, sentado en mi cuarto, frente al escritorio plegable, y allí, en uno de los compartimentos y entre un caos de papeles, hay una foto de mi madre enmarcada en plata. Ya ves. A pesar de que sé que no quería acordarme de ella, también me había propuesto firmemente no olvidarla.

Si para mí era difícil ser el díscolo y el tonto, para mi padre era angustioso, porque significaba que era lo opuesto a él.

Lo que más le inquietaba eran todas las molestias que me tomaba para evitar abrir un libro. A mi padre no solo le gustaban los libros, los glorificaba. Sobre todo a Shakespeare. Adoraba *Enrique V*. Se comparaba a sí mismo con el príncipe Hal. En su vida había múltiples Falstaffs, como lord Mountbatten, su querido tío abuelo, y Laurens van der Post, el irascible intelectual acólito de Carl Jung.

Cuando yo tenía seis o siete años, mi padre viajó a Stratford y pronunció un vehemente discurso público en defensa de Shakespeare. Plantado en el lugar que vio nacer y morir al mayor escritor británico, mi padre criticó el abandono de las obras de teatro de Shakespeare por parte de las escuelas, su desaparición de las aulas británicas y de la conciencia colectiva de la nación. Aderezaba su vehemente alocución con citas de *Hamlet*, *Macbeth*, *Otelo*, *La tempestad*, *El mercader de Venecia*… Sacaba las frases de la nada, con la misma facilidad con que arrancaría los pétalos de alguna de las rosas del jardín de casa, y las lanzaba a la audiencia. Era una actuación teatral, pero no con la mera intención de procurar entretenimiento. Estaba lanzando un claro mensaje: «Todos vosotros deberíais poder hacer esto. Deberíais saberos estas líneas. Son nuestro legado común y deberíamos cuidarlas, salvaguardarlas. Y, en cambio, las estamos dejando morir».

Nunca dudé de hasta qué punto a mi padre le fastidiaba que yo fuera uno de esos bárbaros que ignoraban a Shakespeare. Y traté de cambiar. Abrí *Hamlet*. Hum… Un príncipe solitario, obsesionado con la muerte de un progenitor, ve cómo el que sigue con vida se enamora de quien usurpa el puesto de aquel que ha muerto…

Lo cerré de golpe. No, gracias.

Mi padre nunca dejó de presentar batalla. Últimamente pasaba más tiempo en Highgrove, la finca de ciento cuarenta hectáreas que poseía en Gloucestershire, y esta quedaba muy cerca de la carretera de Stratford, de manera que de vez en cuando me llevaba con él. Aparecíamos sin previo aviso y veíamos la obra de teatro que se estaba representando en aquel momento, a mi padre le daba igual cuál fuera. Y a mí también, aunque por motivos distintos.

Todo en conjunto era una tortura.

Muchas noches no entendía casi nada de lo que decían o hacían en el escenario. Pero cuando lo entendía era peor. Las palabras me quemaban por dentro. Me inquietaban. ¿Por qué tendría que querer saber algo de un reino «donde la muerte obliga a mantener en tristeza los corazones» y a que en él «solo se observe la imagen del dolor»? Lo único que conseguía con eso era recordar aquel agosto de 1997. ¿Por qué debería querer meditar sobre el hecho inalterable de que «todo el que vive debe morir, pasando de la naturaleza a la eternidad»? Yo no tenía tiempo de pensar en la eternidad.

La obra literaria que sí recuerdo que me gustó e incluso disfruté es una corta novela estadounidense. *De ratones y hombres*, de John Steinbeck. Nos asignaron la lectura en las «unidades» de lengua inglesa.

A diferencia de Shakespeare, Steinbeck no necesitaba un traductor. Escribía en lengua vernácula, llana y sencilla. Mejor todavía, era breve. *De ratones y hombres*: ciento cincuenta paginitas de nada.

Y lo mejor de todo: el argumento era entretenido. Dos tíos, George y Lennie, recorren California en busca de un lugar al que llamar hogar, intentando superar sus limitaciones. Ninguno de los dos es un genio, pero los problemas de Lennie parecen algo más que un simple coeficiente intelectual bajo. Lleva un ratón muerto en el bolsillo y lo acaricia con el dedo, para tranquilizarse. También mata a un cachorro de perro porque lo quiere muchísimo.

Una historia de amistad, de camaradería, de lealtad, llena de temas de los que sentía que podía hablar. George y Lennie me recordaban a Willy y a mí. Dos compañeros, dos nómadas, que vivían las mismas circunstancias y que se cuidaban mutuamente. Tal como Steinbeck pone en boca de uno de sus personajes: «Un hombre necesita a alguien, alguien que esté cerca. Uno se vuelve loco si no tiene a nadie».

Qué frase tan cierta. Deseaba compartirla con Willy.

Lástima que él siguiera fingiendo que no me conocía.

21

Debió de ser a principios de la primavera de 1999. Yo debía de haber dejado Eton para pasar el fin de semana en casa.

Me desperté y encontré a mi padre sentado en el borde de la cama, diciéndome que iba a volver a enviarme a África.

—¿A África, papá?

—Sí, mi querido hijo.

—¿Por qué?

Era el mismo problema de siempre, según me explicó. Tenía

por delante unas largas vacaciones escolares, las de Semana Santa, y debía hacer algo conmigo. Así que iba a enviarme a África. A Botsuana, para ser precisos. A un safari.

—¡Un safari! ¿Contigo, papá?

No. Vaya. Esta vez él no vendría. Pero Willy sí.

Qué bien.

Y alguien muy especial, añadió, que nos haría de guía en África.

—¿Quién, papá?

—Marko.

¿Marko? Apenas conocía a ese hombre, aunque había oído hablar bien de él. Era el guardaespaldas de Willy, y este parecía tenerle mucho aprecio. De hecho, a Marko lo apreciaba todo el mundo. De todo el personal que rodeaba a mi padre, por consenso Marko era el mejor. El más duro, el más fuerte, el más apuesto.

Miembro de la Guardia Galesa desde hacía mucho tiempo. Anecdotista. Modelo de masculinidad de la cabeza a los pies.

Me sentía tan entusiasmado con la perspectiva de ese safari liderado por Marko que no sé cómo logré sobrevivir a las siguientes semanas en la escuela. De hecho, no recuerdo para nada esas semanas en la escuela. Los recuerdos se desvanecen por completo desde justo después de que mi padre me diera la noticia y vuelven a aparecer claramente en el momento en que me hallo embarcando en un avión de British Airways junto con Marko, Willy y Tiggy, una de nuestras niñeras. Nuestra niñera favorita, para ser exactos, aunque ella no soportaba que la llamáramos así. Se tiraba a la yugular del primero que lo intentara. «¡No soy la niñera, soy vuestra amiga!».

Mi madre, por desgracia, no lo veía igual. Ella no consideraba a Tiggy una niñera sino una rival. Es de dominio público que mi madre sospechaba que a Tiggy la estaban preparando para ser su sustituta en el futuro. (¿Vería en ella a su Repuesto?). Ahora, esa mujer que mi madre tanto temía que la sustituyera era su auténtica sustituta. Qué espantoso para mi madre. Cada abrazo y cada caricia en la cabeza que me daba Tiggy debería haber desencadenado en mí un sentimiento de culpabilidad, una punzada de deslealtad, y no recuerdo que fuera así. Únicamente recuerdo la intensa alegría al tener a Tiggy a mi lado diciéndome que me abrochara el cinturón de seguridad.

Volamos directamente a Johanesburgo, y de allí con una avioneta hasta Maun, la ciudad más grande del norte de Botsuana, donde nos unimos a un gran grupo de guías de safari que nos dirigieron hacia un convoy de Land Cruiser descapotables. Nos pusimos en marcha, directos hacia la más pura naturaleza salvaje, hacia el gran delta del Okavango, y pronto descubrí que probablemente se trataba del lugar más extraordinario del mundo.

El Okavango suele considerarse un río, pero eso es como decir que el castillo de Windsor es una casa. Se trata de un inmenso delta interior en pleno centro del desierto de Kalahari, a su vez uno de los más grandes del planeta, cuya parte baja está completamente seca la mayor parte del año. Pero hacia el final del verano empieza a llenarse a causa de las inundaciones que se producen río, arriba; pequeñas gotitas que empiezan como una simple lluvia en las tierras altas de Angola poco a poco forman un reguero y luego un flujo de agua constante que convierte el delta no en un río, sino en decenas de afluentes. Desde el espacio debe de verse como las cavidades de un corazón llenándose de sangre.

Con el agua llega la vida. Una plétora de animales, seguramente la mayor muestra de biodiversidad existente, acuden a beber, bañarse y aparearse. Imagina que de pronto apareciera el arca de Noé y a continuación volcara.

Cuanto más nos acercábamos a ese paraje encantado, más me costaba dar crédito a lo que veía. Leones, cebras, jirafas, hipopótamos... No cabía duda de que era un sueño. Por fin nos detuvimos; ese sería nuestro lugar de acampada durante la siguiente semana. El lugar bullía de actividad entre guías y expedicionarios, una docena de personas como mínimo. Mucho choque de palmas y mucho abrazo efusivo, y pronto nos empezaron a bombardear con nombres. «¡Harry, William! ¡Decidle hola a Adi!» (Veinte años, pelo largo, sonrisa agradable). «¡Harry, William! Saludad a Roger y a David!».

Y en medio de todo ello estaba Marko, como un policía de tráfico, dirigiendo, pronunciando halagos, dando abrazos, gritando, riendo, siempre riendo.

En cuestión de segundos tuvo montado nuestro campamento. Grandes tiendas de campaña de lona verde, sillas de lona más ligera agrupadas en círculos, que incluían uno enorme alrededor de una hoguera cercada con piedras. Cuando pienso en ese viaje, mi mente se traslada de inmediato hasta ese fuego, tal como en aquel momento hacía mi cuerpecito enjuto. La hoguera era el lugar donde todos nos reuníamos durante intervalos regulares a lo largo del día. A primera hora de la mañana, de nuevo al mediodía, al anochecer; y, sobre todo, después de cenar. Contemplábamos las llamas y luego levantábamos la vista al universo. Las estrellas parecían chispas procedentes de la leña.

Uno de los guías bautizó la hoguera con el nombre de «televisión salvaje».

—Sí —convine—, cada vez que arrojamos un tronco nuevo, es como cambiar de canal.

A todos les encantó la idea.

Reparé en que el fuego hipnotizaba, o más bien producía efectos narcóticos, a todos los adultos del grupo. Bajo el resplandor anaranjado, su expresión se suavizaba y su lengua se soltaba. Luego, a medida que avanzaba la noche, sacaban el whisky y todos sufrían otra transformación profunda.

Las risas se volvían... más sonoras.

«Quiero más de esto, por favor», pensé. Más fuego, más charla, más risas. Toda mi vida me había asustado la oscuridad, y resultaba que África tenía una cura.

La hoguera del campamento.

22

Marko, el miembro más corpulento del grupo, también tenía la risa más sonora. Existía alguna relación entre el tamaño de su cuerpo y el alcance de su vozarrón. Del mismo modo, había una conexión similar entre el volumen de su voz y el vivo color de su pelo. Yo era pelirrojo y me daba vergüenza, pero Marko era pelirrojo hasta la médula y se enorgullecía de ello.

Lo miraba boquiabierto y pensaba: «Enséñame a ser así».

Marko, sin embargo, no era el típico profesor. Siempre andaba de aquí para allá, siempre estaba haciendo algo. Le gustaban muchas cosas: la comida, los viajes, la naturaleza, las armas de fuego, nosotros... Pero no tenía ningún interés en dar lecciones. Le iba más predicar con el ejemplo. Y pasarlo bien. Era un grandullón pelirrojo que sabía disfrutar de la vida; si querías unirte a su fiesta, fantástico, y si no, estupendo también. Muchas veces me pregunté, viéndolo devorar la cena, tragarse la ginebra, vociferar otro chiste o plantarle una sonora palmada en la espalda a otro miembro de la expedición, por qué no había más personas como ese tío.

Por qué no intentaban parecérsele, por lo menos.

Me habría gustado preguntarle a Willy qué se sentía al tener a un hombre como él cuidándote, guiándote, pero al parecer la regla de Eton se hacía extensiva a Botsuana: Willy no quería saber nada de mí en la jungla, igual que en la escuela.

Lo que más me tranquilizaba de Marko era su experiencia en la Guardia Galesa. A veces, durante aquel viaje, lo miraba y veía en él a los ocho miembros del regimiento con sus casacas rojas, llevando aquel ataúd sobre los hombros y avanzando por el pasillo de la abadía... Intentaba recordarme a mí mismo que Marko no estaba allí aquel día. Intentaba recordarme a mí mismo que, de todos modos, la caja estaba vacía.

Todo iba bien.

Cuando Tiggy me sugería con más o menos insistencia que me fuera a la cama, siempre antes que los demás, yo lo hacía sin rechistar. Los días eran largos y la tienda de campaña era un nidito de lo más acogedor. La lona desprendía un agradable aroma a libros viejos, el suelo estaba cubierto con suaves pieles de antílope y mi cama estaba envuelta en una cálida alfombra africana. Por primera vez en meses, o en años, el sueño me vencía al instante. Claro que ayudaba mucho tener el resplandor de la hoguera pegado a la tienda, oír a los adultos justo al otro lado y a los animales un poco más lejos. Aullidos, balidos, rugidos... Menudo jaleo formaban después de que oscureciera; era el momento en que se activaban. Su hora de máximo ajetreo. Cuanto más tarde se hacía, más escándalo armaban. Me resultaba relajante, y también cómico, ya que, por mucho ruido que hicieran los animales, seguía oyendo reír a Marko.

Una noche, antes de quedarme dormido, me prometí a mí mismo una cosa: «Voy a encontrar la manera de hacer reír a ese hombre».

23

Como a mí, a Marko le encantaban los dulces. Como a mí, sobre todo le chiflaba el pudin (que él siempre llamaba «pud»). Por eso se me ocurrió la idea de aderezar su pudin con salsa de tabasco.

Al principio dio un alarido, pero enseguida vio que se trataba de una broma y se echó a reír. ¡Cómo se reía! Luego se dio cuenta de que había sido yo, ¡y aún se rio más!

Yo no veía el momento de repetirlo.

A la noche siguiente, cuando todo el mundo se encontraba concentrado cenando, me escabullí de la tienda que hacía las veces de comedor. Recorrí el camino, cincuenta metros, hasta la tienda donde estaba la cocina, entré y vertí una taza de café llena de salsa de tabasco en el cuenco de pudin de Marko. (El pudin era de pan con mantequilla, el favorito de mi madre). El personal de la cocina me vio, pero yo me llevé el dedo a los labios. Y se echaron a reír.

Cuando me colé de nuevo en la tienda donde los demás estaban cenando, le guiñé un ojo a Tiggy. La había convertido en mi confidente, y la trastada le pareció magnífica. No recuerdo si a Willy también le conté lo que me traía entre manos. Seguramente no. Sé que no le habría parecido bien.

Estaba impaciente, contando los minutos que faltaban para que sirvieran el postre, aguantándome la risa.

De repente alguien gritó.

—¡Ah!

Y alguien más también gritó.

—¡Qué narices…!

Todos nos volvimos a la vez. Al otro lado de la tienda, que estaba abierta, vimos una cola peluda de color tostado que cortaba el aire con un silbido.

—¡Un leopardo!

Todo el mundo se quedó petrificado. Menos yo. Avancé un paso hacia el animal.

Marko me aferró por el hombro.

El leopardo se alejó, grácil cual bailarina, por el mismo camino que yo acababa de recorrer.

Cuando me volví, vi que los adultos se miraban unos a otros, boquiabiertos.

—¡Joder!

Entonces sus ojos se posaron en mí.

—¡¡¡Joder!!!

Todos estaban pensando lo mismo, se imaginaban el enorme titular en las calles del Reino Unido: «El príncipe Harry atacado por un leopardo».

Se hundiría el mundo. Rodarían cabezas.

Yo, sin embargo, no pensaba en nada de eso. Pensaba en mi madre. Ese leopardo era, sin ninguna duda, una señal enviada por ella, un mensajero dirigido allí para decirme: «Todo va bien. Y todo irá bien».

Y al mismo tiempo pensé: «¡Qué horror!».

¿Y si por fin mi madre salía de su escondite y descubría que a su hijo pequeño se lo habían comido vivo?

24

Como miembro de la realeza, siempre te enseñaban a mantener cierta distancia de seguridad con el resto de la creación. Incluso delante de la multitud debías conservar siempre una discreta separación que denotara que tú eras tú, y ellos eran ellos. La distancia era lo correcto; era lo seguro; era la supervivencia. La distancia era una de las cosas esenciales que formaban parte de la vida de la realeza, tanto como salir al balcón y saludar a la multitud a las puertas del palacio de Buckingham, con la familia alrededor.

Claro que también en la familia había distancias. Por mucho que quisieras a alguien, nunca podías cruzar el abismo que separa, por poner un ejemplo, a un monarca de un niño. O al Heredero y al Repuesto. Era una distancia física, pero también emocional. Y no se trataba solo del decreto de Willy por el que debía respetarse su espacio; la generación más mayor mantenía una prohibición sin apenas margen de tolerancia con respecto a cualquier contacto físico. Nada de abrazos, ni besos, ni palmadas en la espalda. De vez en cuando, quizá una leve caricia en la mejilla... en ocasiones especiales.

Pero en África todo aquello dejaba de ser así. En África la distancia desaparecía. Todas las criaturas se relacionaban libremente. Únicamente el león caminaba con la cabeza erguida, únicamente el elefante se movía con los aires de un emperador, y ni siquiera ellos se mantenían por completo distantes. Se mezclaban a diario con los de su especie. No tenían elección. Sí, había depredadores y presas, la vida podía ser desagradable, violenta y corta, pero a mis ojos de adolescente todo aquello era democracia en estado puro. Una utopía.

Y eso sin tener en cuenta los efusivos abrazos y los choques de palmas de todos los guías y demás miembros de la expedición.

Por otra parte, quizá no fuera la simple proximidad de otros seres vivos lo que me gustaba. Quizá fuera la cantidad tan increíblemente numerosa de ellos. En cuestión de pocas horas me había trasladado de una tierra árida, yerma y muerta a un paisaje verde rebosante de fertilidad. Quizá fuera eso lo que más anhelaba: la vida.

Quizá fuera ese el verdadero milagro que hallé en Okavango en abril de 1999.

Creo que no pestañeé ni una sola vez en toda la semana. Creo que no dejé de sonreír, ni siquiera durmiendo. Si me hubiera transportado a la era jurásica, no habría experimentado mayor asombro; y no eran solo los grandes ejemplares los que me cautivaban. Adoraba también las criaturas más insignificantes. Y a las aves.

Gracias a Adi, sin duda el guía más hábil de nuestro grupo, empecé a reconocer a los buitres encapuchados, a las garzas ganaderas, a los abejarucos carmesís del sur, a los pigargos vocingleros en pleno vuelo. Incluso los insectos me parecían atractivos. Adi me enseñó a observarlos de verdad.

—Mira al suelo —me decía—, fíjate en las distintas especies de escarabajos, admira la belleza de las larvas. Aprende a apreciar también la arquitectura barroca de los montículos que forman las termitas, que son las estructuras más altas construidas por un animal después de los humanos. Hay muchas cosas que aprender, Harry, muchas cosas que apreciar.

—Claro, Adi.

Siempre que salía a dar un paseo con él, aunque nos topáramos con el cuerpo de algún animal recién muerto completamente cubierto por gusanos o perros salvajes, aunque tropezáramos con alguna montaña de caca de elefante de la que brotaban hongos que recordaban al sombrero de copa de Artful Dodger, el joven carterista de la novela *Oliver Twist*, Adi no se inmutaba.

—Es el ciclo de la vida, Harry.

De todos los animales de nuestro medio, decía Adi, el más majestuoso era el agua. El Okavango era un ser vivo más. Él, de pequeño, lo había recorrido entero a pie, con su padre, llevando solo un saco de dormir. Se conocía el Okavango de cabo a rabo, y sentía por él algo parecido al amor romántico. Su superficie era una tersa mejilla que él a menudo acariciaba suavemente.

Sin embargo, también sentía por el río una especie de serena admiración. De respeto. En sus entrañas residía la muerte, decía. Cocodrilos hambrientos, hipopótamos enfurecidos, todos agazapados allí, en la oscuridad, esperando un descuido tuyo. Los hipopótamos mataban a quinientas personas al año; Adi no cesaba de repetírmelo una y otra vez, y a pesar de los años que han pasado, todavía puedo oír su voz: «Nunca te adentres en las aguas oscuras, Harry».

Una noche, alrededor del fuego, todos los guías y los expedicionarios comentaban cosas sobre el río, y, a grito pelado, contaban anécdotas sobre cómo lo habían recorrido montados a caballo, a nado o en barco, sobre el temor que les infundía; todos atropellándose y hablando a la vez. Esa noche me enteré de todo: de la cualidad mística del río, de su sacralidad, de su rareza.

Hablando de rarezas... En el aire flotaba cierto olor a marihuana.

Las voces eran cada vez más potentes, y las historias, más absurdas.

Pregunté si podía probar.

Todos se rieron a carcajadas.

—¡Y un carajo!

Willy me observaba con horror.

Pero yo no me achiqué. Defendí mi petición con insistencia. Tenía experiencia, dije.

Todas las cabezas se volvieron hacia mí.

—¿En serio?

Hacía poco que Henners y yo nos habíamos hecho con dos paquetes de seis botellines de Smirnoff Ice y habíamos bebido hasta perder el conocimiento, presumí. Además, Tiggy siempre me dejaba dar un trago de su petaca durante las salidas de caza. (Ginebra Sloe; nunca salía sin ella). Me pareció mejor soltarlo todo de golpe y que así supieran cuánta experiencia tenía.

Los adultos intercambiaron miradas maliciosas. Uno de ellos se encogió de hombros, lio otro porro y me lo pasó.

Di una calada. Tosí y me entraron arcadas. La maría africana era mucho más fuerte que la de Eton. Y el colocón era más leve.

Pero al menos ya era un hombre hecho y derecho.

No. La verdad es que aún era un bebé de teta.

El «porro» era en realidad albahaca fresca liada en un trozo de papel de fumar mugriento.

25

Hugh y Emilie eran viejos amigos de mi padre. Vivían en Norfolk, y solíamos hacerles visitas de una semana o dos, durante las vacaciones de la escuela o en verano. Tenían cuatro hijos, con los que a Willy y a mí siempre nos mandaban jugar, como tiernos cachorros en medio de una manada de pitbulls.

Jugábamos a diversos juegos. Un día al escondite, otro día a atrapar la bandera. Pero el juego siempre era una excusa para una batalla masiva, y, fuera la clase de batalla que fuese, nunca había ganadores porque no había reglas. Tirarse de los pelos, sacarse los ojos, retorcerse el brazo, aplicarse una llave de estrangulación..., todo valía en el amor y en la guerra, y en la casa de campo de Hugh y Emilie.

Como yo era el más pequeño en edad y tamaño, siempre me llevaba la peor parte. Pero también era yo quien más liaba las cosas, quien más pedía a gritos que le dieran palos, de modo que tenía merecido todo lo que me pasaba. Me daba igual acabar con un ojo a la funerala, con los morros hinchados o perdido de moratones. Al contrario. A lo mejor era porque me gustaba hacerme el duro. A lo mejor tan solo buscaba sentir algo. Fuera cual fuese el motivo, mi sencilla filosofía en las peleas era esta: más, por favor.

Los seis disfrazábamos nuestras batallas lúdicas con nombres históricos. La casa de Hugh y Emilie se convertía en Waterloo, el Somme o Rorke's Drift. Parece que aún nos veo cargando unos contra otros y gritando: «¡Zulú!».

Las líneas de combate eran líneas de sangre, pero no siempre. No siempre era Windsor contra el resto del mundo. Nos mezclábamos unos con otros, y a veces me tocaba luchar junto a Willy y a veces contra él. Sin embargo, cualesquiera que fuesen las alianzas, con frecuencia uno o dos de los hijos de Hugh y Emilie acababan agrediendo a Willy. Lo oía gritar pidiendo socorro y ya notaba la nube roja acercándose, como si un vaso sanguíneo fuera a reventarme detrás de los ojos. Perdía todo el control, toda la capacidad de centrarme en nada que no fuera la familia, el país, el clan, y me abalanzaba contra quien fuera, contra todos. Patadas, puñetazos, estrangulamientos, tirones de piernas.

Los hijos de Hugh y Emilie no sabían qué hacer. Y es que no podía hacerse nada.

—¡Apartaos de él! ¡Está loco!

No sé hasta qué punto era bueno peleando, pero siempre me

las apañaba para distraerlos y que Willy pudiera escapar. Él comprobaba sus heridas, se sonaba la nariz y volvía derecho a la carga. Cuando la pelea terminaba por fin, cuando nos marchábamos juntos renqueando, siempre me sentía lleno de amor por él, y veía que él a su vez sentía amor pero también cierta vergüenza. Yo medía la mitad que Willy, pesaba la mitad que Willy. Yo era el hermano menor; se suponía que era él quien debía salvarme a mí, y no al revés.

Con el tiempo, las peleas fueron subiendo en intensidad. Introdujimos pequeñas armas rudimentarias. Nos lanzábamos bengalas, nos fabricábamos lanzacohetes con los tubos de las pelotas de golf. Eran batallas nocturnas en las que dos de nosotros defendíamos un fortín de piedra en el centro de un campo abierto. Aún puedo notar el olor del humo y oír el silbido cuando el proyectil salía disparado contra una víctima cuya única armadura consistía en una chaqueta acolchada, unos guantes de lana y, a veces, aunque pocas, unas gafas de esquí.

La escalada con las armas fue en aumento. Empezamos a utilizar pistolas de aire comprimido que disparábamos de cerca. ¿Cómo es que nadie resultó lisiado? ¿Cómo es que nadie perdió un ojo?

Un día estábamos los seis en el bosque, cerca de la casa, buscando ardillas y palomas a las que eliminar. Había un viejo Land Rover del Ejército. Willy y los demás sonrieron.

—Harold, súbete y escápate, y nosotros te dispararemos.

—¿Con qué?

—Con escopetas.

—No, gracias.

—Ya las estamos cargando. Súbete al coche y conduce o te disparamos aquí mismo.

Subí al coche y me alejé.

Al cabo de un momento oí un disparo. Los perdigones rebotaron en la parte trasera del vehículo.

Di un chillido y pisé el acelerador.

En alguna parte de la finca había una edificio en construcción. (Hugh y Emilie se estaban haciendo una casa nueva). Pronto se convirtió en el escenario de la que posiblemente fuera nuestra batalla más cruenta. Estaba oscureciendo. Uno de los hermanos se encontraba en el interior de la casa en obras, recibiendo fuego a discreción. Cuando se batió en retirada, empezamos a bombardearlo con cohetes.

Y, de pronto…, desapareció.

—¿Dónde está Nick?

Encendimos una linterna. Ni rastro de Nick.

Avanzamos poco a poco, con cautela, y dimos con un gigantesco agujero en la tierra, parecido a un pozo cuadrado, junto al edificio de la obra. Nos asomamos por el borde y enfocamos el fondo con la linterna. Muy abajo, Nick yacía tumbado boca arriba, entre gemidos. Qué suerte tenía de estar vivo, joder, convinimos todos.

Qué gran oportunidad, nos dijimos.

Encendimos unos cuantos petardos, de los gordos, y los arrojamos al fondo del pozo.

26

Cuando no había otros niños alrededor, ningún enemigo común, Willy y yo nos peleábamos entre nosotros.

La mayoría de las veces ocurría en el asiento trasero del coche, mientras nuestro padre nos llevaba a alguna parte. A una casa de campo. O a pescar salmones. Una vez en Escocia, de camino al río Spey, empezamos a reñir, y pronto se desató una batalla campal en la que rodábamos de un lado a otro, intercambiando puñetazos.

Mi padre se detuvo bruscamente en la cuneta y le gritó a Willy que bajara del coche.

—¿Yo? ¿Por qué yo?

Mi padre no sintió la necesidad de dar explicaciones.

—Fuera.

Willy se volvió hacia mí, furioso. Tenía la impresión de que yo siempre me salía con la mía. Bajó del coche, se encaminó con decisión al vehículo donde viajaban los guardaespaldas, entró y se abrochó el cinturón de seguridad. (Desde la desaparición de mi madre, siempre nos abrochábamos el cinturón de seguridad). El convoy reanudó la marcha.

De vez en cuando, me volvía a mirar por la ventanilla trasera.

Detrás de nosotros, logré divisar al futuro rey de Inglaterra, maquinando su venganza.

27

La primera vez que maté una presa, Tiggy me dijo:

—¡Bien hecho, querido!

Hincó los dedos largos y delgados en el cuerpo del conejo, por debajo de la capa de pelo reventada, recogió un poco de sangre con la palma de la mano y me embadurnó cariñosamente con ella la frente, las mejillas y la nariz.

—Bueno —añadió con su voz gutural—, ya estás bautizado.

El bautismo de sangre... Una tradición de tiempos remotos. Una muestra de respeto hacia la presa muerta, un acto de comunión por parte de quien le ha dado muerte. Y también una forma de señalar el paso de niño a... No; a hombre no. Eso no. Pero casi.

Y así, a pesar de mi torso sin pelo y mi voz de pito, tras el bautismo yo me consideraba un cazador hecho y derecho. Sin embargo, alrededor de mi decimoquinto cumpleaños me informaron de que iba a pasar por el verdadero rito iniciático de la caza a rececho.

El ciervo rojo.

Ocurrió en Balmoral. A primera hora de la mañana, con niebla en las montañas y una ligera neblina en las zonas bajas. Mi guarda, Sandy, era más viejo que Matusalén. Tenía pinta de cazar mastodontes. De la vieja escuela, así es como Willy y yo lo describíamos a él y a las personas por el estilo. Sandy hablaba como en la vieja escuela, olía a la vieja escuela y, sobre todo, se vestía como en la vieja escuela. Chaqueta de camuflaje desgastada sobre un jersey verde raído, pantalones bombachos de tweed al estilo de Balmoral, calcetines llenos de abrojos y botas de montaña de goretex. En la cabeza llevaba una clásica gorra plana de tweed que tenía el triple de años que yo, oscurecida por el sudor acumulado durante siglos.

Avancé sigilosamente junto a él a través del brezo y de la ciénaga durante toda la mañana. El ciervo apareció ante mí. Poco a poco nos situamos más cerca, mucho más cerca, hasta que nos paramos y lo observamos masticar hierba seca. Sandy se aseguró de que seguíamos teniendo el viento en contra.

En ese momento señaló hacia mí, a mi escopeta. Era la hora de la verdad.

Se apartó un poco para dejarme espacio.

Levantó los prismáticos. Podía oír su respiración sibilante mientras yo apuntaba despacio, hasta que apreté el gatillo. Se oyó un estallido brusco y atronador. Luego, silencio.

Nos pusimos de pie y caminamos hasta la presa. Cuando la alcanzamos, me sentí aliviado. Ya tenía la mirada empañada. Lo preocupante siempre era causarle una herida al animal sin llegar a matarlo y hacer que huyera al bosque obligándolo a sufrir en solitario durante horas. A medida que su mirada se iba apagando más y más, Sandy se arrodilló a su lado, sacó su reluciente cuchillo, se lo clavó en el cuello y le abrió el vientre en canal. Me hizo una señal para que me arrodillara también, y lo hice.

Pensaba que íbamos a ponernos a rezar.

—¡Más cerca! —me espetó Sandy.

Me acerqué, lo suficiente para notar el olor del sobaco de Sandy. Él me colocó una mano detrás del cuello, y entonces pensé que iba a abrazarme, a felicitarme. «Buen chico». Pero en vez de eso me metió la cabeza en el cuerpo de la res muerta.

Quise apartarme, pero Sandy me empujó más fuerte. Me sorprendió su fuerza abrumadora. Y el olor infernal. Noté cómo me subía el desayuno desde el estómago. «Por favor, por favor, no permitas que vomite en el cuerpo de un ciervo». Al cabo de un minuto ya no notaba ningún tipo de olor, porque no podía respirar. Tenía la nariz y la boca llenas de sangre, vísceras y un calor intenso y desagradable.

«Bueno —pensé—, esto es la muerte. El bautizo de sangre total».

Pero no fue como imaginaba.

Empecé a perder la conciencia. Adiós, mundo.

Sandy me apartó del animal.

Llené los pulmones del aire fresco de la mañana. Me dispuse a limpiarme la cara, que chorreaba sangre, pero Sandy me sujetó la mano.

—No, muchacho, no.

—¿Qué?

—¡Deja que se seque, muchacho! ¡Deja que se seque!

Avisamos por radio a los soldados que aguardaban en el valle. Nos mandaron caballos. Mientras esperábamos, nos pusimos manos a la obra, a destripar el ciervo. Le quitamos el estómago y esparcimos los trozos de desecho por la colina para los halcones y los buitres, le arrancamos el hígado y el corazón, le cortamos el pene, con cuidado para no reventar la uretra, ya que nos habríamos puesto perdidos de orín y no nos habríamos quitado el olor ni con diez baños escoceses.

Llegaron los caballos. Colocamos el ciervo destripado sobre un semental blanco, lo enviamos directo a la despensa y regresamos al castillo caminando juntos.

A medida que se me secaba la cara y se me calmaba el estómago, empecé a sentirme lleno de orgullo. Había sido bueno con el ciervo, tal como me habían enseñado. Un disparo limpio directo al corazón. Además de ser indolora, la muerte instantánea conservaba la carne en buen estado. Si solo lo hubiera herido, o hubiera permitido que nos viera, se le habría acelerado el corazón, su sangre se habría llenado de adrenalina y los filetes serían incomestibles. La sangre de mi cara no tenía adrenalina, lo cual demostraba mi buena puntería.

También había sido bueno con la naturaleza. Controlar la población de ciervos implicaba salvar el conjunto de la raza y asegurarles comida suficiente durante el invierno.

Finalmente, había sido bueno con la comunidad. Un buen ciervo en la despensa significaba una gran cantidad de carne de calidad para toda la gente de Balmoral.

Me habían inculcado todas esas virtudes desde muy pequeño, pero ahora las había experimentado en carne propia y las llevaba estampadas en la cara. No era un bautismo religioso, pero esa especie de mascarilla facial tenía para mí el mismo efecto. Mi padre era una persona muy religiosa, rezaba todas las noches, pero ahora, en ese instante, también yo me sentía cerca de Dios. Si amabas la naturaleza, según decía siempre mi padre, debías saber cuándo dejarla tranquila y cuándo intervenir en ella, lo cual implicaba practicar la caza selectiva, y eso implicaba matar. Era una forma de culto.

En la despensa, Sandy y yo nos quitamos la ropa y nos ayudamos mutuamente a comprobar que no tuviéramos garrapatas. Esos bichos abundaban en los ciervos rojos, y, si se te agarraba una a la pierna, se te metía muy dentro de la piel y muchas veces trepaba hasta los testículos. Un pobre guardabosques había muerto hacía poco de la enfermedad de Lyme.

Estaba muy asustado. Cada peca me parecía una condena a muerte.

—¿Eso es una garrapata? ¿Lo es?

—¡No, muchacho, no!

Me vestí.

Me volví hacia Sandy para despedirme de él y agradecerle la experiencia. Tenía ganas de estrecharle la mano, de darle un abrazo. Pero una serena vocecilla dentro de mí me decía: «No, muchacho, no».

28

A Willy también le gustaba cazar, y esa fue su excusa para no venir a Klosters ese año. Prefería quedarse en la finca de la abuela, en Norfolk, ocho mil hectáreas que los dos adorábamos: Sandringham.

—Prefiero cazar perdices —le dijo a nuestro padre.

Era mentira. Nuestro padre no lo sabía, pero yo sí. La verdadera razón por la que Willy se quedaba en casa era que no soportaba el Muro.

Antes de esquiar en Klosters, siempre teníamos que caminar hasta un lugar determinado al pie de la montaña y quedarnos plantados delante de unos setenta fotógrafos colocados en tres o cuatro hileras ascendentes; el Muro. Apuntaban con el objetivo, gritaban nuestros nombres y efectuaban disparos con las cámaras mientras nosotros entornábamos los ojos, nos removíamos nerviosos y escuchábamos a nuestro padre responder a sus preguntas estúpidas. El Muro era el precio que teníamos que pagar por una hora de esquí sin moscones. Solo nos dejaban un rato en paz si antes posábamos delante del Muro.

A mi padre no le gustaba el Muro, eso lo sabía todo el mundo; pero Willy y yo lo odiábamos profundamente.

De modo que Willy se quedó en casa, descargándose con las perdices. Yo también me habría quedado si hubiera podido, pero no tenía edad suficiente para hacerme respetar como él.

En ausencia de Willy, mi padre y yo teníamos que enfrentarnos solos al Muro, lo cual lo hacía mucho más desagradable. Yo permanecía cerca de mi padre durante los zumbidos y los disparos de las cámaras. Recuerdos de las Spice Girls. Recuerdos de mi madre, que también odiaba Klosters.

«Por eso está escondida —pensé—. Por esto. Por esta mierda».

Mi madre tenía otros motivos además del Muro para detestar Klosters. Cuando yo tenía tres años, mi padre y un amigo suyo sufrieron un horrible accidente esquiando allí. Les sorprendió una tremenda avalancha. Mi padre escapó por poco, pero su amigo no lo consiguió. Quedó enterrado bajo aquella montaña, y sus últimas boqueadas debieron de ser resuellos ahogados por la nieve. Mi madre a menudo hablaba de él con lágrimas en los ojos.

Después del Muro, intentaba centrarme en pasármelo en grande. Me encantaba esquiar y se me daba bien. Pero una vez que empezaban a asaltarme pensamientos sobre mi madre, quedaba enterrado bajo mi propia avalancha de emociones. Y de preguntas. «¿Está bien divertirse en un sitio que mamá odia? ¿Estoy siendo malo con ella si hoy me divierto esquiando aquí? ¿Soy un mal hijo porque me hace ilusión montarme en el telesilla con papá, solos él y yo? ¿Sabrá mamá que la echo de menos, y a Willy, pero que también me gusta tener a papá para mí un poquito?».

¿Cómo iba a explicarle todo aquello cuando volviera?

Cierto tiempo después de esas vacaciones en Klosters, compartí con Willy mi teoría de que nuestra madre estaba escondida en alguna parte. Él reconoció que antes pensaba lo mismo, pero al final había descartado la idea.

—Se ha ido, Harold. No va a volver.

No, no, no. No quería escuchar nada de eso.

—¡No, Willy! ¡Ella siempre decía que tenía ganas de desaparecer! ¡Tú la oíste!

—Sí, sí que lo decía. ¡Pero escucha, Harold, ella nunca nos haría una cosa así!

Yo también había pensado lo mismo, y se lo comenté.

—¡Pero tampoco se habría muerto, Willy! ¡Eso tampoco nos lo haría!

—Tienes razón, Harold.

29

Descendimos por el largo camino de acceso de la casa, pasamos junto a los ponis blancos de la abuela cruzando el campo de golf, al lado del *green* donde una vez la Reina Madre consiguió un hoyo en uno, junto al policía en su pequeña caseta (saludo militar), superamos unos cuantos badenes, y luego cruzamos un pequeño puente de piedra y salimos a un tranquilo camino rural.

Mi padre conducía entornando los ojos frente al parabrisas.

—Hace una tarde espléndida, ¿verdad?

Balmoral. Era el verano de 2001.

Ascendimos por una colina empinada, pasamos junto a la destilería de whisky, recorrimos un camino ventoso y descendimos entre campos de pasto de ovejas que estaban plagados de conejos. Es decir, de los conejos que habían tenido la suerte de escapar de nosotros, ya que ese mismo día nos habíamos cargado a un buen puñado. Al cabo de unos minutos, enfilamos un sendero polvoriento y recorrimos cuatrocientos metros hasta una valla para ciervos. Salté del coche y abrí la verja del prado. Ahora, por fin, como estábamos en caminos privados y alejados, podía conducir. Con otro salto me coloqué al volante, pisé el acelerador y puse en práctica todo lo aprendido durante aquellas lecciones de conducción que mi padre me dio durante años, a menudo sentado en su regazo. Avancé a través del brezo purpúreo y me adentré en los rincones más profundos de aquel inmenso páramo de Escocia. Frente a nosotros, como un viejo amigo, se hallaba Lochnagar, salpicado de nieve.

Llegamos al último puente de madera; los neumáticos producían aquella relajante melodía que siempre asociaba con Escocia. Tric, trac, tric, trac... Tric, trac, tric, trac. Justo debajo de nosotros, un riachuelo burbujeaba en la superficie tras la intensa lluvia. El aire estaba saturado de mosquitos. Entre los árboles, en los últimos instantes de luz diurna, logramos adivinar la imagen de unos ciervos enormes observándonos. Justo llegábamos a un gran claro. A la derecha había un viejo pabellón de caza construido con piedras; a la izquierda, el frío arroyo avanzaba hasta el río atravesando el bosque; y allí estaba: ¡Inchnabobart!

Entramos corriendo en el pabellón de caza. ¡La cálida cocina! ¡La vieja chimenea! Me dejé caer sobre el guardafuegos, con su raído asiento rojo, y aspiré el olor de aquella enorme pirámide de leña de abedul apilada a su lado. Si existe algún olor más embriagador o sensual que el del abedul, no sé cuál puede ser. El abuelo, que había salido media hora antes que nosotros, ya estaba ocupándose de la parrilla al fondo del pabellón. Se hallaba de pie en medio de una densa nube de humo y le corrían lágrimas por las mejillas. Llevaba puesta una gorra plana, que de vez en cuando utilizaba para enjugarse la frente o golpear a una mosca. Cuando oyó crepitar los filetes de venado, les dio la vuelta con unas enormes pinzas de cocina y a continuación colocó en la parrilla una rosca de salchichas de Cumberland. Yo solía suplicarle que preparara una cazuela de su especialidad, espaguetis a la boloñesa. Esa noche, por algún motivo no lo hice.

La especialidad de la abuela era el aderezo de la ensalada, y había preparado una gran cantidad. A continuación recorrió la larga mesa encendiendo las velas y todos ocupamos las sillas de madera con asientos de anea que crujían al sentarse. Con frecuencia recibíamos a algún invitado en esas cenas, algún personaje famoso o eminente. Muchas veces me encontraba conversando sobre la temperatura de la carne o el fresquito que hacía esa noche con algún primer ministro o un obispo. Pero esa noche solo estábamos los de la familia.

Llegó mi bisabuela, y me apresuré a ofrecerle la mano. Siempre le ofrecía la mano, pues mi padre así me lo había inculcado, pero esa noche vi que Gan-Gan realmente necesitaba esa ayuda extra. Acababa de celebrar su centésimo primer cumpleaños y se la veía delicada.

Sin embargo, conservaba su elegancia. Iba vestida de azul, según recuerdo. Toda de azul. Una chaqueta de punto de color azul, una falda de cuadros escoceses de color azul, y un sombrero azul. El azul era su color favorito.

Pidió un cóctel martini, y al cabo de unos instantes alguien le acercó un vaso helado lleno de ginebra. La observé dar un sorbo, evitando con pericia la rodaja de limón que flotaba en la superficie, y en un impulso decidí unirme a ella. Nunca me había tomado un cóctel delante de mi familia, de modo que sería todo un acontecimiento. Una pequeña rebelión.

Pero resultó ser una rebelión en vano. Nadie se preocupó. Nadie se dio cuenta. Nadie, excepto Gan-Gan, que se espabiló momentáneamente al verme jugar a ser adulto, con la ginebra y la tónica en la mano.

Me senté a su lado. La conversación empezó como una charla desenfadada, y poco a poco se volvió más profunda. Hubo una conexión especial. Esa noche Gan-Gan hablaba conmigo en serio, me escuchaba. No acababa de creérmelo, y me pregunté por qué. ¿Sería la ginebra? ¿Serían los diez centímetros que había crecido desde el verano? Con una estatura de un metro y casi ochenta y cinco centímetros, era uno de los miembros más altos de la familia. Eso sumado al hecho de que Gan-Gan se estaba encogiendo hacía que sobresaliera muy por encima de ella.

Me gustaría recordar de qué estuvimos hablando exactamente. Me gustaría haberle hecho más preguntas y haber tomado nota de las respuestas. Ella fue la reina durante la Segunda Guerra Mundial.

Vivía en el palacio de Buckingham mientras las bombas de Hitler caían del cielo. (Nueve impactaron directamente en el palacio). Había cenado con Churchill; con el de los tiempos de la guerra. Y también ella gozó durante un tiempo de la elocuencia propia de Churchill. Se había hecho popular por su afirmación de que jamás, por muy feas que se pusieran las cosas, abandonaría Inglaterra, y la gente la adoraba por ello. Yo la adoraba por ello. Amaba mi país, y la idea de declarar que jamás lo abandonaría me pareció maravillosa.

Claro que otras de las cosas que dijo le acarrearon mala fama. Era de otra época, y disfrutó siendo reina de una forma que a algunos les parecía indecente. Pero yo no veía nada de eso. Era mi Gan-Gan. Había nacido tres años antes de que se inventara el avión y sin embargo fue capaz de tocar los bongós en su centésimo cumpleaños. Ahora me cogía la mano como si yo fuera un caballero que había regresado a su hogar tras la guerra, y me hablaba con cariño y con sentido del humor; y esa noche, esa noche mágica, también con respeto.

Ojalá le hubiera preguntado por su marido, el rey Jorge VI, que había muerto joven. O por su cuñado, el rey Eduardo VIII, a quien al parecer detestaba. Ese hombre había renunciado a la Corona por amor. Y Gan-Gan creía en el amor, pero nada era más importante que la Corona. Además, según se decía, la mujer que él había elegido le inspiraba desprecio.

Ojalá le hubiera preguntado por sus parientes lejanos de Glamis, la tierra de Macbeth.

Ella había visto muchas cosas, sabía muchas cosas, había muchas cosas que aprender de ella. Pero yo no tenía la madurez suficiente, a pesar del rápido estirón, ni la valentía suficiente, a pesar de la ginebra.

Sin embargo, la hice reír. Eso era normalmente tarea de mi padre; tenía una habilidad tremenda para encontrarle a Gan-Gan el punto de la risa floja. La quería todo lo que era capaz de querer a alguien, o tal vez más. Recuerdo que nos miró varias veces, y parecía contento de ver que yo era capaz de arrancarle tales risas a su persona favorita.

En un momento dado, le hablé a Gan-Gan de Ali G, el personaje interpretado por Sacha Baron Cohen. Le enseñé a decir «*Booyakasha*» y le mostré cómo levantar los dedos en el aire igual que hacía Sacha. Ella no lo pillaba, no tenía ni idea de qué le estaba diciendo, pero lo pasó de maravilla intentando poner los dedos de aquella forma y pronunciar la palabra. Cada vez que la repetía, «*Booyakasha*», daba un gritito, y eso hacía sonreír a todos los demás. Y a mí eso me ponía contento, me emocionaba. Hacía que sintiera... que formaba parte del clan.

Esa era mi familia, y esa noche como mínimo yo desempeñaba un papel destacado.

Y ese papel, por una vez, no era el del Díscolo.

30

Unas semanas más tarde, de vuelta en Eton, me encontré cruzando una puerta doble de color azul, casi exactamente del mismo tono que una de las faldas escocesas de Gan-Gan. Pensé en ella y en cuánto le habría gustado esa puerta.

Era la puerta de la sala del televisor, uno de mis lugares de refugio.

Casi a diario, justo después de comer, mis amigos y yo nos dirigíamos a esa sala y veíamos un rato la serie *Vecinos*, o quizá *Home and Away*, antes de pasar a los deportes. Pero ese día de septiembre de 2001 la sala estaba abarrotada y en la televisión no daban *Vecinos.*

Daban noticias.

Noticias que parecían una pesadilla.

¿Edificios en llamas?

—Guau, vaya. ¿Qué es?

—Nueva York.

Intentaba alcanzar a ver la pantalla entre todos los chicos apiñados en la sala. Le pregunté al de mi derecha qué estaba ocurriendo.

Me dijo que Estados Unidos había sufrido un ataque.

Los terroristas habían estrellado aviones contra las Torres Gemelas de Nueva York.

La gente... saltaba al vacío. Desde las azoteas de edificios de medio kilómetro de altura.

En la sala cada vez éramos más; los chicos se apiñaban en el centro, se mordían los labios y las uñas, se tiraban de los lóbulos de las orejas... Atónitos y en silencio, con la confusión propia de nuestra edad, observábamos el único pedazo de mundo que habíamos visto desaparecer entre nubes de humo tóxico.

—Es la Tercera Guerra Mundial —musitó alguien.

La puerta azul se abrió de golpe y entró una marea de chicos.

Nadie decía ni mu.

Cuánto caos, cuánto dolor.

¿Qué podía hacerse? ¿Qué podíamos hacer nosotros?

¿Qué debíamos hacer?

Al cabo de unos días, cumplí diecisiete años.

31

Muchas veces era lo primero que me decía a mí mismo al despertarme por la mañana: «Puede que hoy sea el día».

Me lo repetía después de desayunar: «Puede que aparezca esta mañana».

Volvía a repetírmelo después de comer: «Puede que aparezca durante la tarde».

A fin de cuentas, ya habían pasado cuatro años. Seguramente ya se habría establecido, ya habría forjado una nueva vida, una nueva identidad. «Quizá, por fin, aparezca hoy, dé una rueda de prensa y sorprenda al mundo entero». Tras contestar a las preguntas de los atónitos periodistas, se inclinaría sobre el micrófono: «¡William! ¡Harry! Si podéis oírme, ¡venid conmigo!».

Por la noche, en sueños, era cuando daba más rienda suelta a la imaginación. En esencia, el contenido era el mismo, pero los escenarios y los trajes variaban ligeramente. A veces, ella orquestaba un regreso triunfal; otras veces, me tropezaba con ella en alguna parte. En una esquina. En una tienda. Siempre aparecía disfrazada. Llevaba una aparatosa peluca rubia, o unas enormes gafas de sol. Y, con todo, yo siempre la reconocía.

Avanzaba un paso y susurraba: «Mamá, ¿eres tú?».

Antes de que ella pudiera responderme, antes de que lograra averiguar dónde había estado y por qué no había regresado, me despertaba.

Miraba el dormitorio a mi alrededor con un sentimiento de decepción devastador.

Solo había sido un sueño. Otro sueño.

Pero entonces me decía a mí mismo: «¿Quizá eso significa... que hoy es el día?».

Era como esos fanáticos religiosos que creen que el mundo se acabará en tal o cual fecha, y cuando pasa el día y no sucede nada, su fe permanece intacta de todos modos.

«Debo de haber interpretado mal las señales, o he mirado mal el calendario».

Supongo que muy dentro de mí sabía la verdad. La ilusión de que mi madre estuviera escondida, preparándose para regresar, nunca fue tan potente como para negar por completo la realidad. Pero sí lo bastante para conseguir retrasar la aparición del dolor más intenso. Todavía no había llorado su muerte, todavía no había derramado lágrimas, excepto aquella única vez junto a su tumba; todavía no había asimilado la cruda realidad. Una parte de mi cerebro lo sabía, pero la otra parte se mantenía completamente al margen, y la línea que separaba esas dos partes hacía que el debate de mi conciencia estuviera del todo dividido, polarizado, estancado. Tal como yo quería.

A veces tenía una seria conversación conmigo mismo. «Todos los demás creen que mamá está muerta, y punto, así que tal vez deberías subirte al carro».

Sin embargo, luego pensaba: «Me lo creeré cuando tenga pruebas».

Con pruebas concluyentes, me decía, podría llorar su muerte, derramar las lágrimas que hiciera falta y seguir adelante.

32

No recuerdo de dónde sacábamos la mercancía. De alguno de mis colegas, imagino. O de varios. Siempre que la conseguíamos, tomábamos posesión de un diminuto cuarto de baño de la planta superior, y allí formábamos una cadena sorprendentemente bien ideada. El que fumaba se sentaba a horcajadas encima de la taza del váter, junto a la ventana; el segundo se apoyaba en el lavabo; el tercero y el cuarto se sentaban dentro de la bañera vacía, con las piernas colgando, esperando a que les llegara el turno. Dabas una calada, echabas el humo por la ventana y pasabas a la siguiente posición, por orden rotativo, hasta que se terminaba el porro. Luego nos trasladábamos a la habitación de alguno y nos partíamos de risa mientras veíamos un par de episodios de una nueva serie, *Padre de familia*. Yo sentía un vínculo extrañamente fuerte con Stewie, un profeta sin honor.

Sabía que era una conducta inadecuada, que aquello estaba mal, y mis colegas también lo sabían. Solíamos comentar entre nosotros, mientras estábamos colocados, lo tontos que éramos por tirar por la borda los años de educación en Eton. Una vez incluso llegamos a hacer un pacto. Al inicio de la primera temporada de exámenes, a los que llamábamos «juicios», nos comprometimos a dejar de fumar hasta que hubiera terminado el último «juicio». Pero a la noche siguiente, mientras estaba tumbado en la cama, oí a mis colegas en el pasillo entre risitas y susurros. Iban hacia el cuarto de baño. «¡Joder! ¡Ya están rompiendo el pacto!». Me levanté de la cama y me uní a ellos. Mientras ocupábamos nuestras respectivas posiciones en la bañera, el lavabo y el váter, mientras la maría empezaba a hacer su efecto, negábamos con la cabeza.

Qué idiotas éramos al pensar que podíamos cambiar.

«Pásame el porro, colega».

Una noche, sentado en la taza del váter, di una calada fuerte, levanté la cabeza para mirar la luna y luego bajé la vista a los jardines de la escuela. Vi a varios agentes de la Policía del Valle del Támesis caminando de un lado a otro. Estaban allí montando guardia por mí. Pero en lugar de hacer que me sintiera protegido, hacían que me sintiera enjaulado.

Más allá de donde ellos estaban, sin embargo, se hallaba la seguridad. Allí, en el exterior, todo era paz y tranquilidad. «Qué bonito», pensé. Cuánta tranquilidad hay en el mundo de ahí fuera... para algunos. Para aquellos que tienen la libertad de ir a buscarla.

Justo en ese momento vi algo que cruzó el patio como un rayo. Se paró en seco bajo una de las farolas naranjas de la calle. Yo también me quedé quieto, y me asomé un poco a la ventana.

¡Un zorro! ¡Y me miraba directamente a mí!

—¡Mirad!

—¿Qué pasa, tío?

—Nada.

Me dirigí al zorro en voz baja:

—Hola, colega. ¿Cómo va eso?

—¿Qué estás diciendo?

—Nada, nada.

A lo mejor fue por la maría —sin duda fue por eso—, pero sentí una potente e intensa afinidad con aquel zorro. Sentía un vínculo más fuerte con él que con los chicos del cuarto de baño o con los demás compañeros de Eton; más incluso que con los Windsor que vivían lejos, en el castillo. En realidad, aquel pequeño zorro, como el leopardo en Botsuana, era como un mensajero enviado por alguien desde otro mundo. O tal vez desde el futuro.

Ojalá hubiera sabido quién lo enviaba.

Y cuál era el mensaje.

33

Siempre que volvía a casa de la escuela, me escondía.

Me escondía arriba, en nuestro cuarto. Me escondía en mis nuevos videojuegos. No paraba de jugar a *Halo* contra un estadounidense que se había puesto el nombre de Profeta y que solo me conocía como BillandBaz.

Me escondía en el sótano, debajo de Highgrove, a menudo junto con Willy.

Lo llamábamos «el club H». Mucha gente pensaba que la «H» era de Harry, pero era de Highgrove.

Ese sótano había sido un refugio antibombas. Para llegar abajo, había que cruzar una gruesa puerta blanca a nivel de calle, luego descender un empinado tramo de escalones de piedra, avanzar a tientas a lo largo de una superficie de piedra húmeda, bajar tres escalones más, seguir descendiendo por un largo pasillo húmedo con el techo bajo y arqueado, pasar junto a varias bodegas de vinos donde Camila guardaba sus botellas más preciadas, dejar atrás una fresquera y varios cuartos trasteros llenos de cuadros, equipos de polo y regalos absurdos de gobiernos extranjeros y potentados. (Nadie los quería pero no podíamos volver a regalarlos, ni donarlos, ni tirarlos, de manera que se habían incluido cuidadosamente en el inventario antes de guardarlos a cal y canto). Pasado el último cuarto trastero había unas puertas verdes con unos pequeños pomos de latón, y al otro lado se encontraba el club H. No tenía ventanas, pero las paredes de ladrillo, pintadas de color hueso, evitaban que resultara claustrofóbico. Además, teníamos el espacio equipado con bonitas piezas de diversas residencias reales. Una alfombra persa, unos sofás marroquís de color rojo, una mesa de madera y una diana electrónica. También habíamos instalado un enorme equipo de sonido. No sonaba especialmente bien, pero sí a todo volumen. En un rincón había un carrito para bebidas, bien provisto gracias a nuestra creatividad a la hora de tomarlas en préstamo, de modo que allí siempre se respiraba un ligero olor a cerveza y otras bebidas alcohólicas. Sin embargo, gracias a un gran conducto de ventilación bien construido, también olía a flores. Constantemente entraba el aire fresco de los jardines de mi padre, con notas de lavanda y madreselva.

Willy y yo solíamos inaugurar las noches del fin de semana colándonos en algún pub cercano, donde tomábamos algunas copas, unas cuantas pintas de mordedura de serpiente, y luego reuníamos a un grupo de colegas y nos los llevábamos al club H. Nunca éramos más de quince, aunque por algún motivo tampoco éramos menos.

Me vienen a la cabeza algunos nombres: Badger. Casper. Nisha. Lizzie. Skippy. Emma. Rose. Olivia. Chimp. Pell. Todos nos llevábamos bien, y a veces incluso mejor que bien. Había mucho besuqueo inocente, bastante relacionado con la ingesta de alcohol, lo cual no era tan inocente. Ron con Coca-Cola, o vodka, muchas veces servido en vasos largos, rociado con Red Bull al gusto.

A menudo nos poníamos piripis, y a veces íbamos colocadísimos. Sin embargo, allí nadie consumió ni trajo drogas jamás. Nuestros guardaespaldas siempre andaban cerca, lo cual imponía control, pero era algo más que eso; teníamos claros los límites.

El club H era el escondite perfecto para un adolescente, pero en especial para la clase de adolescente que yo era. Cuando quería paz, el club H me la proporcionaba. Cuando quería portarme mal, el club H era el lugar más seguro donde pasar a la acción. Cuando quería soledad, ¿qué mejor que un refugio antiaéreo en mitad de la campiña británica?

A Willy le pasaba igual. Muchas veces me parecía que estaba más tranquilo allí que en ninguna otra parte del mundo. Y creo que para él era un alivio contar con un lugar donde no tuviera la necesidad de fingir que yo era un desconocido.

Cuando estábamos los dos solos, jugábamos a juegos, escuchábamos música... Y hablábamos. Con un fondo musical a todo volumen en el que sonaba Bob Marley, o Fatboy Slim, o DJ Sakin, o Yomanda, Willy a veces intentaba hablarme de nuestra madre. El club H nos parecía el único lugar lo bastante seguro para abordar ese tabú.

Solo había un problema: yo no estaba predispuesto. En cuanto tocábamos esa cuestión... cambiaba de tema.

Él se quedaba frustrado. Y yo no prestaba atención a su frustración. Lo más probable es que no me diera ni cuenta.

Esa torpeza emocional, esa indisposición para empatizar, no era algo que yo eligiera. Simplemente, no era capaz de hacerlo. Ni siquiera me encontraba cerca de sentirme preparado para ello.

Uno de los temas que siempre me salvaba era lo fantástico que resultaba poder actuar sin que nos vieran. Hablábamos largo y tendido sobre el gozo, el lujo, de la privacidad, de poder pasar un par de horas lejos de la mirada fisgona de la prensa. Ese era nuestro verdadero paraíso, nos decíamos, donde aquellos tíos no podrían encontrarnos jamás.

Y entonces nos encontraron.

A finales de 2001, Marko me hizo una visita en Eton. Quedamos para comer en una cafetería del centro de la ciudad, lo cual me pareció todo un detalle. Si a eso le sumaba que era la excusa perfecta para hacer novillos y escabullirme de la escuela, no podía por menos que sonreír de oreja a oreja.

Pero no; la mirada sombría de Marko indicaba que el motivo por el que estaba allí no era precisamente divertido.

—¿Qué pasa, Marko?

—Me han pedido que descubra la verdad, Harry.

—¿Sobre qué?

Sospechaba que se refería a mi reciente pérdida de virginidad, un humillante episodio con una mujer mayor a la que le gustaban mucho los caballos y que me trató igual que a un joven semental. La monté deprisa, tras lo cual me dio un azote en el culo y me mandó a paseo. Uno de mis muchos errores fue dejar que ocurriera en un campo, justo detrás de un pub muy concurrido.

Sin duda alguien nos había visto.

—¿La verdad sobre qué, Marko?

—Sobre si tomas drogas, Harry.

—¿Qué?

Al parecer la persona responsable del tabloide más importante del Reino Unido había telefoneado hacía poco a la oficina de mi padre para decirle que tenía supuestas pruebas de que yo consumía drogas en varios lugares, incluido el club H. Y también un cobertizo para bicicletas detrás de un pub. (No el mismo pub donde había perdido la virginidad). La oficina de mi padre mandó de inmediato a Marko a un encuentro clandestino con uno de los secuaces de esa persona en una turbia habitación de hotel, y este le planteó a Marko la cuestión. La misma que ahora Marko me planteaba a mí.

Volvió a preguntarme si era cierto.

Mentiras, dije. Todo mentiras.

Me leyó punto por punto lo que para aquella persona constituía un motivo de prueba. Yo se lo rebatí todo. Mal, mal, mal. Los hechos de base, los detalles; todo estaba mal.

Entonces le hice una pregunta a Marko. ¿Quién coño era esa persona?

Una sanguijuela asquerosa, deduje. Todos los que la conocían coincidían en que era una pústula en el culo para la humanidad, además de una periodista de mierda. Pero todo eso daba igual porque había conseguido abrirse paso hasta una posición desde donde ejercía un gran poder, y últimamente había decidido... emplearlo todo contra mí. Andaba a la caza del Repuesto, sin rodeos, y no tenía intención de disculparse por ello. No pensaba parar hasta haber conseguido tener mis huevos colgados en la pared de su despacho a modo de trofeo.

Estaba perdido.

—¿Por hacer lo que hacen todos los adolescentes, Marko?

—No, chico, no.

Según la periodista en cuestión, dijo Marko, yo era un adicto a las drogas.

—¿Un qué?

Y fuera como fuese, prosiguió Marko, eso era lo que iba a publicar.

Le sugerí lo que por mí la periodista podía hacer con su artículo. Le dije que fuera a verla y le dijera que se equivocaba en todo.

Él me prometió que así lo haría.

Unos días más tarde me telefoneó y me dijo que había hecho lo que le había pedido, pero que la periodista no se había creído nada y que ahora prometía ir no solo a por mí sino también a por él.

Seguro que mi padre haría algo, le dije. Le pararía los pies.

Se hizo un largo silencio.

No, respondió Marko. La oficina de mi padre había decidido... adoptar un enfoque diferente. En lugar de pedirle a la periodista que dejara de tirarse a la yugular de la gente, la Casa Real había decidido seguirle el juego. Pensaban actuar a lo Neville Chamberlain.

¿Me explicó Marko por qué? ¿O me enteré luego de que el

motor principal de esa asquerosa estrategia era el mismo asesor al que mi padre y Camila habían contratado hacía poco, el mismo que había filtrado los detalles de nuestros encuentros privados con Camila? Ese asesor, dijo Marko, había decidido que el mejor enfoque para el caso era... sacrificarme a mí. Así, de un plumazo, apaciguarían a la periodista y mejoraría la reputación de mi padre, que estaba en horas bajas. Entre tanto despropósito, tanta extorsión y tanta artimaña, el asesor había descubierto un resquicio de esperanza, un pequeño premio de consolación para mi padre. Ya no sería más el marido infiel, sino que el mundo lo vería como el pobre padre abrumado que tenía que batallar a solas con un hijo consumido por las drogas.

34

Regresé a Eton e intenté quitarme todo eso de la cabeza y centrarme en los estudios.

Intenté conservar la calma.

Escuchaba una y otra vez el CD al que siempre recurría cuando necesitaba relajarme: *Sonidos del Okavango.* Cuarenta pistas: Grillos. Mandriles. Tormenta. Truenos. Pájaros. Leones y hienas disputándose una presa. Por la noche, tras apagar las luces, le daba al «play». Mi dormitorio sonaba como un afluente del Okavango. Era la única forma de que pudiera dormir.

Al cabo de unos días, el encuentro con Marko empezó a desdibujarse en mi conciencia. Empezaba a parecer una simple pesadilla.

Pero entonces me desperté a la verdadera pesadilla.

Un llamativo titular en primera plana: «La vergüenza de las drogas de Harry».

Era enero de 2002.

Siete páginas del interior del periódico contenían todas las mentiras que Marko me había expuesto y muchas más. La noticia no solo me describía como un consumidor habitual de drogas, afirmaba que recientemente había estado en un centro de rehabilitación. «¡Un centro de rehabilitación!». La periodista se había hecho con algunas fotos en las que aparecíamos Marko y yo durante una visita a un centro de rehabilitación del extrarradio unos meses antes, lo cual formaba parte de mis labores benéficas como miembro de la realeza, y las había utilizado haciendo que parecieran pruebas visuales de su invención difamatoria.

Miré las fotos y leí la noticia conmocionado. Me sentía asqueado, horrorizado. Me imaginaba a todo el mundo, a todos y todas mis compatriotas, leyendo esas cosas, creyéndoselas. Ya oía a gentes de todos los países de la Commonwealth cotilleando sobre mí.

«Madre mía, ese chico es una deshonra».

«Su pobre padre... ¡Después de todo lo que ha tenido que soportar!».

Además, se me partía el corazón al pensar que, en parte, todo eso era obra de mi propia familia, de mi propio padre y de mi futura madrastra; ellos habían secundado esas estupideces. ¿Y para qué? ¿Para vivir su vida un poco más tranquilos?

Llamé a Willy. No era capaz de articular palabra, y él tampoco. Se mostró más que comprensivo. («Qué injusto, Harold».). Había momentos en que incluso estaba más enfadado que yo por todo lo sucedido, porque tenía acceso a más detalles sobre el asesor y los tratos bajo mano que habían conducido a ese sacrificio público del Repuesto.

Y sin embargo, al mismo tiempo, me aseguraba que no podía hacerse nada de nada. Era la vida de nuestro padre. Era Camila. Era la vida de la realeza.

Era nuestra vida.

Telefoneé a Marko, y también él me ofreció consuelo.

Le pedí que me recordara el nombre de aquella periodista. Me lo dijo, y yo lo memoricé, pero en los años que han pasado desde entonces he evitado mencionarlo, y no deseo repetirlo aquí. Es algo que le ahorro al lector, pero también a mí mismo. Además, ¿será por pura coincidencia que el nombre de la mujer que cocinó la farsa de mi rehabilitación es un anagrama perfecto de Rehabber Kooks? ¿No es acaso una señal del universo?

¿Quién soy yo para ignorarla?

Después de varias semanas, los periódicos seguían haciéndose eco de la patraña de Rehabber Kooks, a la que añadían diversos detalles nuevos igualmente inventados sobre cosas que sucedían en el club H. Nuestro inocente club juvenil parecía un antro peor que el dormitorio de Calígula.

Por esa época, una de las mejores amigas de mi padre vino de visita a Highgrove. La acompañaba su marido. Mi padre me pidió que les mostrara la finca, y yo los guie por todo el jardín, pero no tenían ni el más mínimo interés por la lavanda ni por la madreselva.

—¿Dónde está el club H? —me preguntó la mujer, impaciente.

Era una ávida devoradora de toda clase de periódicos.

La llevé hasta la puerta, la abrí y señalé la oscura escalera.

Ella inspiró con fuerza y sonrió.

—¡Oh, si hasta huele a marihuana!

Pero no era cierto. Olía a tierra húmeda, piedra y musgo. Olía a flores recién cortadas, a tierra limpia... y puede que un poco a cerveza. Era un olor delicioso, a pura materia orgánica, pero esa mujer se había dejado llevar por el poder de la sugestión. Incluso cuando le juré que no había marihuana, que allí abajo jamás nos habíamos drogado, me respondió guiñándome el ojo.

Creí que iba a pedirme que le vendiera una bolsita.

35

Nuestra familia ya no crecía. No había en el horizonte nuevas nupcias, ni nuevos bebés. Mis tías y mis tíos, Sofía y Eduardo, Fergie y Andrés, habían dejado de traer nuevos miembros a sus familias. Y mi padre también, por supuesto. Habíamos entrado en una época estática.

Pero ahora, en 2002, me di cuenta, al igual que los demás, de que la familia no siempre iba a permanecer estática. Pronto seríamos menos.

Tanto la princesa Margarita como Gan-Gan estaban enfermas.

A la princesa Margarita no la conocía; la llamaba tía Margo.

Era mi tía abuela, sí, compartíamos un 12,5 por ciento de nuestro ADN, pasábamos juntos las vacaciones largas; y, sin embargo, era prácticamente una total desconocida. Como la mayoría de los británicos, principalmente sabía cosas de ella por los demás. Conocía a rasgos generales su penosa vida. Grandes amores frustrados por culpa de la Casa Real. Muestras exageradas de autodestrucción esparcidas por los tabloides. Un matrimonio precipitado que ya desde el principio parecía condenado al fracaso y que acabó siendo peor de lo que se esperaba. Su marido le dejaba notas envenenadas por toda la casa, listas hirientes con todo lo que en ella suponía un problema. «¡Veinticuatro razones por las que te odio!».

Al hacerme mayor, la mujer no me inspiraba nada más allá de una ligera lástima y un gran nerviosismo. Podía matar una planta solo con mirarla. En general, cuando ella andaba cerca, yo guardaba las distancias. En alguna de aquellas más que raras ocasiones en que nuestros caminos se cruzaban, cuando se dignaba reconocer mi presencia y dirigirme la palabra, yo me preguntaba si tenía alguna opinión de mí. Daba la impresión de que no. O en cualquier caso, dado el tono que empleaba, su opinión no era muy favorable.

Entonces, unas Navidades, se aclaró el misterio. Toda la familia nos reunimos en Nochebuena para abrir los regalos, como siempre, una tradición germánica que sobrevivió al anglicanizar el apellido original de la familia, Saxe-Coburg-Gotha, como Windsor. Estábamos en Sandringham, en una gran sala con una larga mesa cubierta por un mantel blanco con tarjetas blancas que contenían nuestros nombres. Por costumbre, al empezar la noche, cada uno buscábamos nuestro sitio y nos plantábamos delante del montón de regalos. Luego todos empezábamos a abrirlos a la vez. Un todos contra todos en que los miembros de la familia se apuntaban sus tantos hablando al mismo tiempo, tirando de los lazos y rasgando el papel de regalo.

De pie frente a mi montón de regalos, decidí abrir primero el paquete más pequeño. En la tarjeta ponía: «De la tía Margo».

Levanté la cabeza para localizarla.

—¡Gracias, tía Margo! —grité.

—Espero que te guste, Harry.

Rompí el papel. Era...

¿Un bolígrafo?

—Oh, un bolígrafo. Guau —exclamé.

—Sí, un bolígrafo —respondió ella.

—Muchas gracias —le dije yo.

Pero no era un bolígrafo cualquiera, señaló. Tenía un diminuto pez de goma alrededor.

—¡Ah, un bolígrafo con un pez! Vale —repuse.

«Esto es muy cruel», me dije a mí mismo.

De vez en cuando, a medida que me hacía mayor, me asaltaba la idea de que la tía Margo y yo deberíamos haber sido amigos, ya que teníamos muchas cosas en común. Éramos dos Repuestos. Su relación con la abuela no era exactamente igual que la mía con Willy, pero se le parecía mucho. La rivalidad latente, la intensa actitud competitiva (fomentada en gran medida por el hermano mayor); todo me resultaba muy familiar. Además, la tía Margo no era muy diferente de mi madre. Las dos eran unas rebeldes, a las dos las habían catalogado de seductoras. (Pablo Picasso era uno de los muchos hombres obsesionados con Margo). De modo que cuando a principios de 2002 supe que había caído enferma, deseé haber tenido más tiempo para conocerla. Pero era demasiado tarde. Ya no podía valerse por sí misma. Después de que se quemara gravemente los pies en la bañera, quedó confinada a una silla de ruedas, y luego se decía que su estado empeoró a marchas forzadas.

Cuando murió, el 9 de febrero de 2002, mi primer pensamiento fue que sería un duro golpe para Gan-Gan, cuya salud también se estaba deteriorando.

La abuela intentó convencer a Gan-Gan para que no asistiera al funeral, pero ella se levantó a rastras de su cama de convalecencia, y pocos días después sufrió una mala caída.

Fue mi padre quien me explicó que no podía moverse de su cama de Royal Lodge, la extensa casa de campo en la que había vivido durante los últimos cincuenta años cuando no ocupaba su residencia principal, Clarence House. Royal Lodge estaba a unos cinco kilómetros al sur del castillo de Windsor, dentro de Windsor Great Park, en los límites de la finca perteneciente a la familia real; pero, igual que el castillo, tenía cierto aire de otra época. Unos techos vertiginosamente altos. Un camino empedrado que serpenteaba con serenidad entre rutilantes jardines.

La habían construido poco después de la muerte de Cromwell.

Me reconfortó saber que Gan-Gan se encontraba allí, en un lugar que sabía que adoraba. Estaba en su propia cama, según me dijo mi padre, y no sufría.

La abuela iba a verla a menudo.

Unos días más tarde, mientras estaba estudiando en Eton, recibí la llamada. Ojalá me acordara de quién era la voz del otro lado del teléfono; alguien de la Casa Real, creo. Recuerdo que fue justo antes de Pascua, en un día cálido y luminoso, con los rayos del sol colándose por la ventana y llenándola de vivos colores.

—Alteza, la Reina Madre ha muerto.

Un golpe para Willy y para mí, unos días más tarde. Gente de negro, caras afligidas, miradas llenas de *déjà vu*. Avanzábamos despacio detrás del carro de armas mientras sonaban las gaitas, cientos de gaitas. Ese sonido me hizo retroceder en el tiempo.

Empecé a temblar.

De nuevo recorrimos el horrible trecho hasta la abadía de Westminster. Luego subimos a un coche y nos unimos al cortejo fúnebre: desde el centro de la ciudad por Whitehall hasta The Mall, y de allí a la capilla de San Jorge.

Durante toda la mañana mis ojos no paraban de posarse en la parte superior del ataúd de Gan-Gan, donde habían depositado la corona. Sus tres mil diamantes y la cruz de piedras preciosas refulgían con la luz del sol de primavera. En el centro de la corona había un diamante del tamaño de una pelota de críquet. No era solo un diamante, de hecho; se trataba del gran diamante del mundo, un gigante de ciento cinco quilates llamado Koh-i-Noor. Era el diamante de mayor tamaño que un ser humano hubiera visto jamás. Fue adquirido por el Imperio británico en su época de esplendor, o más bien robado, según algunos. Había oído decir que era fascinante, y también que encerraba una maldición. Hubo hombres que lucharon por él, que murieron por él, y por eso se decía que la maldición afectaba a los varones.

Solo las mujeres estaban autorizadas a llevarlo.

36

Qué extraño, después de tanto luto, simplemente... celebrar una fiesta. Pero unos meses después llegó el Jubileo de Oro. El cincuenta aniversario del reinado de la abuela.

Durante cuatro días del verano de 2002, Willy y yo no parábamos de cambiarnos un elegante traje por otro y de subirnos a coches negros que arrancaban a toda pastilla hacia donde tenía lugar otra celebración, otro desfile, otra recepción u otra gala.

El Reino Unido estaba ebrio. La gente bailaba por las calles, cantaba en los balcones y los terrados de los edificios. Todo el mundo lucía alguna versión de la bandera británica. En una nación famosa por su reserva, era una impactante señal de entusiasmo sin límites.

Impactante para mí, al menos, porque la abuela no parecía nada impactada. Y lo que más me impactaba era lo poco impactada que estaba ella. No era que no sintiera emociones. Al contrario, siempre había pensado que la abuela sentía todas las emociones normales en un ser humano. Solo que sabía controlarlas mejor que el resto de los mortales.

Permanecí a su lado o detrás de ella durante la mayor parte de la celebración del Jubileo de Oro, y a menudo me asaltaba un pensamiento: «Si esto no consigue alterarla, verdaderamente se ha ganado su fama de gozar de una serenidad imperturbable. En cuyo caso, ¿quizá yo soy adoptado? Porque yo soy un manojo de nervios».

Tenía varias razones para estar nervioso, pero la principal era un escándalo en el punto de mira. Justo antes del Jubileo, un miembro del personal de la Casa Real me llamó a su pequeño despacho y, sin grandes rodeos, me preguntó:

—Harry, ¿está tomando cocaína?

Eso me recordó a la comida con Marko.

—¿Qué? ¿Que si estoy...? ¿Cómo podría...? ¡No!

—Hum... Bueno. ¿Puede ser que haya alguna foto? ¿Es posible que alguien tenga por ahí una foto suya tomando cocaína?

—¡No, por Dios! ¡Eso es ridículo! ¿Por qué?

Me explicó que se había topado con un periodista de prensa que afirmaba tener en su poder una foto donde se veía al príncipe Harry metiéndose una raya.

—Es un mentiroso. No es verdad.

—Ya. Imagínese que ese periodista está dispuesto a encerrar esa foto bajo llave para siempre. Pero a cambio quiere sentarse con usted y explicarle que lo que está haciendo es muy peligroso. Quiere darle un consejo vital.

—Ah, qué siniestro. Y taimado. Diabólico, de hecho, porque, si consiento en acudir a esa reunión, estoy admitiendo que soy culpable.

—Claro.

Me dije a mí mismo que, después de lo de Rehabber Kooks, todos querían echarme el guante. Ella había acertado con un golpe directo, y ahora todos sus contrincantes se habían puesto en fila para intentarlo.

¿Cuándo terminaría aquello?

Me tranquilicé pensando que ese periodista no tenía ninguna información, que solo estaba echando el anzuelo. Debía de haber oído rumores y estaba intentando seguirles la pista. «Tú aguanta», me dije a mí mismo, y luego le pedí al miembro del personal que llamara a ese periodista liante, que negara rotundamente su afirmación y que rechazara el trato. Sobre todo, que le denegara la petición de reunirse conmigo.

«No pienso ceder a ningún chantaje».

El miembro del personal asintió. De acuerdo.

Aunque... por supuesto que había estado tomando cocaína por aquella época. En casa de alguien, durante un fin de semana de caza, me ofrecieron una raya, y desde entonces había consumido algunas más. No era muy divertido, y no me hacía sentir especialmente contento tal como parecía que les pasaba a los demás, pero sí que hacía que me sintiera diferente, y ese era mi objetivo principal. Sentir. Ser diferente. Era un joven de diecisiete años dispuesto a probar casi cualquier cosa que alterara el orden preestablecido.

Al menos, eso era de lo que intentaba autoconvencerme. Por entonces, era tan capaz de mentirme a mí mismo como le había mentido a aquel miembro del personal.

Pero luego me di cuenta de que la cocaína no merecía la pena. Los riesgos superaban muy mucho a los beneficios. La amenaza de ser descubierto, la perspectiva de arruinar el Jubileo de Oro de la abuela, siempre en la cuerda floja con los locos de la prensa... Nada compensaba todo aquello.

La parte buena es que jugué bien mis cartas. Después de responder al bulo de aquel periodista, él no dijo nada. Tal como me imaginaba, no tenía ninguna foto, y, cuando el farol no le funcionó, se quitó de en medio sin hacer ruido. (Bueno, no se quitó del todo; se coló en Clarence House y se hizo muy buen amigo de Camila y de mi padre). Yo me sentía avergonzado por haber mentido. Pero también estaba orgulloso. Al verme en aquel aprieto, en una crisis que me producía auténtico pánico, no conservé la misma serenidad de la abuela, pero al menos conseguí proyectarla. Había canalizado una parte de su superpoder, de su heroico estoicismo. Lamenté haberle metido una trola al miembro del personal, pero la alternativa habría sido diez veces peor.

De modo que... ¿buen trabajo?

Tal vez no me hubieran adoptado, después de todo.

37

El martes, el día culminante del Jubileo, millones de personas vieron a la abuela dirigirse desde el palacio hasta la iglesia. Se celebraba una misa especial de acción de gracias. La abuela viajó con el abuelo en un carruaje de oro. Todo en él lo era, cada centímetro cuadrado, de deslumbrante oro. Puertas de oro, ruedas de oro, techo de oro, y encima de todo una corona de oro sostenida en alto por tres ángeles de reluciente oro fundido. El carruaje había sido construido trece años antes de la revolución de Estados Unidos, y aún rodaba perfectamente. Mientras los conducía a ella y al abuelo por las calles, en algún punto distante una magnífica formación coral entonó con fuerza el himno de la coronación. «*Rejoice! Rejoice!*». Por supuesto que nos alegrábamos. Incluso para los antimonárquicos más gruñones era difícil no sentir por lo menos un poquito de emoción.

Ese día se celebró una comida, creo, y una cena, pero todo resultó un tanto decepcionante. El acto más importante, como todo el mundo reconocía, había tenido lugar la noche anterior en los jardines del exterior del palacio de Buckingham: un concierto ofrecido por algunos de los mayores artistas musicales del siglo. Paul McCartney cantó «Her Majesty». Brian May, desde el tejado, interpretó «God Save the Queen». Qué maravilla, dijeron muchos. Y qué milagro que la abuela estuviera tan puesta al día, que fuera tan moderna como para tolerar, y ya no digamos disfrutar, ese despliegue de rock.

Sentado justamente detrás de ella, no podía evitar pensar lo mismo. Al verla seguir el ritmo con el pie y balancearse al compás de la música me entraron ganas de abrazarla, aunque por supuesto no lo hice. Estaba fuera de toda lógica. Nunca lo había hecho y no imaginaba ninguna circunstancia bajo la cual un comportamiento así pudiera ser autorizado.

Corría una famosa historia sobre mi madre intentando abrazar a la abuela. De hecho, más que abrazarla se abalanzó sobre ella, si puede darse crédito a los testigos. La abuela hizo un movimiento brusco para evitar el contacto y la cosa terminó de una forma muy extraña, entre desvíos de miradas y disculpas a medio pronunciar. Cada vez que trataba de figurarme la escena me imaginaba a un carterista pillado con las manos en la masa o a un jugador de rugby practicando un toque de tobillo. Mientras observaba a la abuela seguir el ritmo de Brian May, me preguntaba si mi padre lo habría intentado alguna vez. Seguramente no. Cuando tenía cinco o seis años la abuela lo dejó para marcharse a un viaje oficial que duró varios meses, y a su regreso lo saludó estrechándole la mano con firmeza. Claro que eso debió de ser más de lo que jamás obtuvo del abuelo. De hecho, el abuelo era tan distante y estaba tan ocupado viajando y trabajando que apenas vio a mi padre durante varios de sus primeros años de vida.

Mientras el concierto seguía y seguía, empecé a sentirme cansado. Me dolía la cabeza a causa del volumen de la música y también del estrés de las últimas semanas. La abuela, sin embargo, no daba ninguna muestra de desfallecimiento. Continuaba igual de fresca. Continuaba marcando el ritmo con el pie y balanceándose.

En un impulso, me incliné para mirarla más de cerca. Y vi algo en sus oídos. Algo... ¿de oro?

De oro como el carruaje.

De oro, como los ángeles.

Me acerqué más. Tal vez no fuera de oro.

No; más bien era amarillo.

Sí. Tapones para los oídos de color amarillo.

Bajé la vista a mi regazo y sonreí. Cuando volví a levantar la cabeza, observé con regocijo cómo la abuela seguía el ritmo de una música que no podía oír, o de una música para la que había hallado una forma sutil e inteligente de... guardar las distancias. De controlarla.

En ese momento sentí más ganas que nunca de darle un abrazo a mi abuela.

38

Ese verano me hallaba sentado junto a mi padre, posiblemente en Balmoral, aunque podría haber sido en Clarence House, donde ahora vivía más o menos a tiempo completo. Se había trasladado allí poco después de la muerte de Gan-Gan; y donde vivía él, vivía yo.

Cuando no me encontraba en Manor House.

Con el último año en Eton a la vista, mi padre quería hablar sobre cómo me planteaba mi vida de después. La mayoría de mis compañeros iban a ir a la universidad. Willy ya estudiaba en St. Andrews y le estaba yendo muy bien. Henners acababa de terminar sus exámenes de último curso en Harrow School y planeaba marcharse a Newcastle.

—¿Y tú, mi querido hijo? ¿Has pensado un poco en... el futuro?

Claro, sí. Sí que lo había pensado. Durante varios años le había hablado muy seriamente sobre trabajar en el complejo de esquí de Lech am Arlberg, adonde mi madre solía llevarnos. Qué recuerdos tan maravillosos. En concreto, quería trabajar en la caseta de *fondues* que había en el centro del pueblo y que mi madre adoraba. Esas *fondues* podían cambiarte la vida. (Sí, así de chiflado estaba yo). Pero ese día le expliqué a mi padre que había renunciado a aquella fantasía, y él suspiró aliviado.

Sin embargo, me atraía la idea de convertirme en monitor de esquí.

Mi padre volvió a ponerse tenso.

—De eso, ni hablar.

—Vale.

Hubo una larga pausa.

—¿Qué tal... guía de safaris?

—No, mi querido hijo.

No iba a resultarme fácil.

Una parte de mí deseaba de veras hacer algo totalmente fuera de lo común, algo que obligara a toda la familia y a todo el país a dar un respingo y decir: «¿Qué narices...?». Una parte de mí deseaba abandonarlo todo, desaparecer; igual que había hecho mi madre. Y otros príncipes. ¿No fue en la India, mucho tiempo atrás, donde un tío salió del palacio y se sentó debajo de un maravilloso baniano? Leímos la historia en la escuela. O se suponía que debíamos leerla.

Sin embargo, otra parte de mí sentía una ambición enorme. La gente daba por sentado que el Repuesto no tenía o no debería tener ambiciones. La gente daba por sentado que los miembros de la realeza generalmente no tenían vocación ni deseos de desarrollar una carrera. Eres de la familia real; te lo dan todo hecho. ¿Por qué preocuparte? Pero en realidad a mí me preocupaba bastante forjarme mi propio camino, encontrar mi función en este mundo. No quería convertirme en uno de esos aprovechados bebedores de cócteles y causantes de miradas de exasperación a los que todo el mundo evitaba en las reuniones familiares. En mi familia ya había muchos, y se remontaban a varios siglos atrás.

Mi padre, sin ir más lejos, podría haberse convertido en uno de ellos. Siempre le habían quitado de la cabeza el emplearse a fondo, según me explicó. Le habían advertido que no era conveniente que trabajara demasiado, no debía esforzarse en exceso, por temor a que pudiera hacerle sombra a la reina. Pero él se había rebelado, había escuchado su voz interior y había descubierto que le entusiasmaba trabajar.

Y quería lo mismo para mí.

Por eso no me presionó para que fuera a la universidad. Sabía que no lo llevaba en la sangre. En sí, no es que tuviera nada en contra de cursar estudios universitarios. De hecho, la Universidad de Bristol me parecía interesante. Me habría volcado en los estudios de literatura, incluso me habría planteado cursar historia del arte. (Muchas chicas guapas se matriculaban de esa asignatura). Pero no me imaginaba a mí mismo varios años con la cabeza metida en los libros. Y mi tutor en Eton tampoco. «La universidad no es para ti, Harry», me había dicho sin rodeos. Ahora, mi padre se sumaba a esa misma opinión. No constituía ningún secreto, según me dijo con tacto, que yo no era «el intelectual de la familia».

No pretendía herirme. Aun así, me estremecí.

Le dimos vueltas y vueltas al tema los dos juntos, y en mi cabeza lo revisé todo de cabo a rabo, y por eliminación acabamos dando con la idea del Ejército. Tenía sentido. Se correspondía con mi deseo de hacer algo distinto, de desaparecer. La carrera militar me apartaría de los ávidos ojos del pueblo y de la prensa. Y al mismo tiempo encajaba con mi deseo de marcar la diferencia.

Además, se avenía con mi personalidad. Mis juguetes más preciados de niño siempre habían sido figuras de soldaditos. Con ellas, me pasaba horas y horas planificando y llevando a cabo batallas épicas en el palacio de Kensington y en los jardines de Highgrove, diseñados por Rosemary Verey. También me tomaba cada partida de paintball como si el futuro de la Commonwealth dependiera del resultado.

Mi padre sonreía.

—Sí, mi querido hijo. El Ejército parece lo mejor. —Y añadió—: Pero antes...

Mucha gente se toma un año sabático porque es lo que toca hacer. Mi padre, sin embargo, consideraba que era uno de los periodos más formativos en la vida de una persona.

—¡Tienes que ver mundo, mi querido hijo! ¡Vivir aventuras!

De modo que me senté junto a Marko para intentar decidir cómo debían ser esas aventuras. Primero nos centramos en Australia. Pasaría medio año trabajando en una granja.

Estupendo.

Y la segunda mitad del año, la pasaría en África. Le expliqué a Marko que deseaba unirme a la lucha contra el sida. No hacía falta especificar que sería un homenaje a mi madre, la continuación directa de su labor.

Marko se marchó, llevó a cabo algunas investigaciones, y luego volvió a buscarme.

—Lesoto —me dijo.

—No he oído hablar nunca de ese sitio —le confesé.

Procedió a ilustrarme. Era un país sin salida al mar. Un país maravilloso. Enclavado dentro de Sudáfrica. Sufrían necesidades y había mucho trabajo que hacer.

Yo estaba rebosante de alegría. Un plan, por fin.

Poco después, le hice una visita a Henners. Pasé un fin de semana en Edimburgo. Era otoño de 2002. Fuimos a un restaurante y se lo conté todo. «¡Qué bien, Haz!». Él también iba a tomarse un año sabático, en África Oriental. En Uganda, según recuerdo. Iba a trabajar en una escuela rural. No obstante, de momento estaba trabajando a tiempo parcial, en Ludgrove. Hacía de ayudante, lo que en Ludgrove equivalía a ser el chico para todo. Era un trabajo muy guay, decía. Podía estar con los niños y andaba por toda la escuela arreglando cosas.

—¡Además, puedes comerte todas las fresas y las zanahorias que quieras! —bromeé.

Pero él se lo tomaba muy en serio.

—Me gusta enseñar, Haz.

Vaya.

Hablamos, emocionados, de África, hicimos planes para reunirnos allí. Después de Uganda, después de la universidad, Henners probablemente también entraría en el Ejército. Sería de los Royal Green Jackets. Aunque no era exactamente una decisión propia; su familia había lucido el uniforme militar durante generaciones. También hablamos de la posibilidad de reunirnos allí. Tal vez un día, dijo, nos encontraríamos marchando en formación hacia la batalla o ayudando a personas en la otra punta del mundo.

El futuro. Nos preguntábamos qué nos depararía. A mí me preocupaba, pero a Henners no. Él no se tomaba en serio el futuro, no se tomaba nada en serio. Hay que tomarse la vida como viene, Haz. Así era Henners, por siempre y para siempre. Yo envidiaba su serenidad.

Pero por el momento lo que pensaba hacer era dirigirse a uno de los casinos de Edimburgo. Me preguntó si quería acompañarlo.

—Ah, no puedo —repuse.

No podía arriesgarme a que me vieran en un casino. Se armaría un escándalo de miedo.

—Qué pena —dijo él.

—Adiós.

Nos despedimos, y prometimos que volveríamos a hablar pronto.

Dos meses después, un domingo por la mañana, justo antes de las Navidades de 2002... La noticia debió de llegarme en forma de llamada telefónica, aunque solo tengo un vago recuerdo del momento en que levanté el auricular y escuché las palabras. Henners y otro chico que salían de una fiesta cerca de Ludgrove se habían estrellado contra un árbol. Aunque la llamada es como una nebulosa en mi memoria, sí que recuerdo bien mi reacción. Igual que cuando mi padre me dijo lo de mi madre.

—Vale, así que Henners ha tenido un accidente. Pero está en el hospital, ¿verdad? ¿Se pondrá bien?

No, no se puso bien.

Y el otro chico, el que conducía, se hallaba en estado crítico.

Willy y yo asistimos al funeral. Fue en una pequeña iglesia

parroquial cerca de donde Henners había nacido. Recuerdo a cientos de personas apiñadas en bancos de madera que crujían al sentarse. Recuerdo, después de la misa, haber hecho cola para abrazar a los padres de Henners, Alex y Claire, y a sus hermanos, Thomas y Charlie.

Creo que, mientras esperábamos, oí comentarios sobre el accidente entre susurros.

—Había niebla, ¿sabes?

—No iban muy lejos...

—Pero ¿adónde iban?

—¿Y a esas horas de la noche?

—¡Estaban en una fiesta y el equipo de música se escacharró!

—Y fueron a buscar otro.

—¡No!

—Iban a pedirle prestado un reproductor de CD a un amigo. Vivía muy cerca... Pensaron que no valía la pena ponerse el cinturón de seguridad...

Exactamente igual que mi madre.

Y, sin embargo, a diferencia de mi madre, no había forma de disfrazar aquello de desaparición. Era una muerte, y no había forma de darle la vuelta.

También, a diferencia de mi madre, Henners no iba tan deprisa.

Porque a él no lo estaban persiguiendo.

A treinta kilómetros por hora como mucho, decía todo el mundo.

Y, sin embargo, el coche fue directo contra un árbol viejo.

Los viejos son mucho peor que los jóvenes, me explicó alguien.

39

No permitieron que me marchara de Eton hasta que hube actuado en el teatro. Lo que me dijeron fue lo siguiente: era necesario que tomara parte en una de las representaciones formales antes de que me validaran el billete y me dejaran suelto en la jungla.

Sonaba ridículo, pero en Eton se tomaban muy en serio las representaciones. El departamento de teatro ponía en escena varias obras todos los años, y la de final de curso era la más importante de todas con diferencia.

A finales de la primavera de 2003 le tocó a *Mucho ruido y pocas nueces*, de Shakespeare.

Me asignaron el papel de Conrado, un personaje secundario. Era, tal vez, un bebedor, tal vez un borracho, cosa que daba pie a la prensa para todo tipo de frases ingeniosas que me catalogaran como a un borracho a mí también.

«Vaya, ¿a quién tenemos aquí? El papel le viene que ni pintado, ¿no?».

Los artículos se escribían solos.

El profesor de teatro de Eton no dijo nada de que me hubiera elegido aposta para el papel cuando me lo asignó. Solo me dijo que sería Conrado —«Pásalo bien, Harry»—, y no le di vueltas a los motivos que pudiera tener. No le hubiera dado vueltas ni siquiera de haber sospechado que se estaba burlando de mí, porque quería marcharme de Eton, y para eso tenía que salir al escenario.

Entre otras cosas, al estudiar la obra descubrí que centrarse en el consumo de alcohol por parte de Conrado era una visión reduccionista basada en argumentos erróneos. El tío era fascinante en realidad. Leal, pero al mismo tiempo carente de moral. No dejaba de dar consejos, pero en el fondo se dejaba llevar por los demás. Por encima de todo, era un secuaz, cuya principal función, según parece, era provocar en la audiencia un par de carcajadas. Me resultó fácil meterme en un papel así, y durante las pruebas de vestuario descubrí que tenía un talento oculto. Formar parte de la realeza resultó no ser tan distinto a salir al escenario. Actuar siempre es actuar; lo de menos es el contexto.

La noche de la inauguración, mi padre estaba sentado en el mismo centro de la sala a rebosar del teatro Farrer, pasándoselo en grande. Ahí lo tenía, su sueño hecho realidad, uno de sus hijos representando a Shakespeare y demostrándole que el dinero invertido había valido la pena. Gritó, aulló y aplaudió. Lo que resulta inexplicable es que lo hiciera siempre en el momento equivocado.

Iba extrañamente fuera de tiempo. Se quedaba callado cuando todos los demás se reían. Reía cuando todos los demás guardaban silencio. Más allá de llamar la atención, me distraía un huevo. El público pensaba que lo habíamos puesto allí adrede, que formaba parte de la representación.

«¿Quién es ese que no para de reírse cuando no toca? ¡Oh! ¿Es el príncipe de Gales?».

Después, entre bastidores, se deshizo en halagos.

—Has estado maravilloso, mi querido hijo.

Pero yo no podía evitar poner mala cara.

—¿Qué te pasa, mi querido hijo?

—¡No has parado de reírte cuando no era el momento, papá!

Él estaba desconcertado. Y yo también. ¿Cómo era posible que no tuviera ni idea de a qué me refería?

Al cabo de un rato lo comprendí. Me explicó que una vez, cuando tenía mi edad y actuó en una obra de Shakespeare en su escuela, el abuelo fue a verlo e hizo exactamente lo mismo. Se rio en los momentos en que no había nada de lo que reír y montó un espectáculo tremendo. Así, ¿mi padre estaba imitando a su propio padre? ¿Porque no sabía hacer de padre de otra forma? ¿O tal vez fuese algo más subliminal, algún gen recesivo que se manifestaba? ¿Cada nueva generación está condenada a repetir los errores de la anterior sin darse cuenta? Quería saberlo, y podría habérselo preguntado, pero no era la clase de tema que pudiera tratarse con mi padre. Ni con mi abuelo. De modo que me lo quité de la cabeza e intenté centrarme en la parte buena.

«Papá está aquí —me dije—, y está orgulloso, y eso no es poco».

Era mucho más de lo que tenían algunos chicos.

Le di las gracias por haber venido, y un beso en cada mejilla.

Tal como dice Conrado: «¿No podéis sacar ningún partido de vuestro descontento?».

40

Completé mi formación en Eton en junio de 2003, gracias a horas de duro trabajo y algunas clases particulares concertadas por mi padre. Un logro nada despreciable para alguien tan poco erudito, tan limitado, tan disperso. Y, aunque no estaba precisamente orgulloso de mí mismo, porque no sabía cómo sentirme orgulloso, sí noté una clara pausa en mi imparable autocrítica interna.

Y entonces me acusaron de copiar.

Una profesora de dibujo presentó pruebas de que había copiado, que al final resultaron no ser pruebas de que había copiado. Resultaron no ser nada de nada, y, posteriormente, la junta examinadora me declaró inocente. Pero el daño ya estaba hecho. La acusación hizo mella.

Desolado, quise emitir un comunicado, dar una rueda de prensa, contar al mundo que: ¡yo hice el trabajo! ¡No copié!

La Casa Real no me lo permitió. En este caso, y en la mayoría, la Casa Real seguía a pies juntillas el lema familiar: «Nunca te quejes, nunca des explicaciones». Sobre todo, si el que se quejaba era un chico de dieciocho años.

Así que tuve que quedarme de brazos cruzados y calladito mientras la prensa me llamaba copión y tonto a diario. (¡Por un trabajo de dibujo! Es decir, ¿cómo se «copia» en un trabajo de dibujo?). Ese fue el inicio oficial del maldito apodo: el Príncipe Bobo. Del mismo modo que me adjudicaron el papel de Conrado sin consultarme y sin mi consentimiento, en este caso me adjudicaban ese otro papel. La diferencia era que representamos *Mucho ruido y pocas nueces* tres noches. El nuevo papel parecía ser para toda la vida.

«¿El príncipe Harry? Ah, sí, no es demasiado listo».

«No sabe aprobar un simple examen sin copiar, ¡eso he leído!».

Hablé con mi padre sobre ello. Estaba al borde de la desesperación.

Él me dijo lo que decía siempre: «Mi querido hijo, no lo leas y ya está».

Él nunca lo leía. Leía todo lo demás, desde Shakespeare hasta proposiciones de ley sobre el cambio climático, pero nunca las noticias. (Sí que veía la BBC, pero a menudo acababa tirando el mando a distancia contra la tele). El problema era que todos los demás sí lo leían. Todos mis familiares lo negaban, como mi padre, pero, incluso mientras te lo aseguraban a la cara, los criados de librea revoloteaban a su alrededor, ofreciéndoles todos los periódicos británicos servidos en bandeja de plata con la misma pulcritud que los *scones* y la mermelada de naranja.

41

La finca se llamaba Tooloombilla. La familia propietaria eran los Hill.

Noel y Annie. Habían sido amigos de mi madre. (Annie había sido compañera de piso de mi madre cuando ella empezó a salir con mi padre). Marko me ayudó a localizarlos y, de alguna forma, convencerlos de que me aceptaran, durante el verano, como aprendiz, sin cobrar, de trabajador de la finca.

Los Hill tenían tres hijos. Nikki, Eustie y George. El primogénito, George, tenía justo mi edad, aunque él parecía mucho mayor, tal vez por los años y años de trabajar bajo el abrasador sol australiano. En cuanto llegué supe que George sería mi mentor, mi jefe, mi tutor, en cierto sentido. Aunque Tooloombilla no se parecía en nada a Eton.

En realidad, no se parecía a ningún lugar donde yo hubiera estado.

Provengo de un lugar donde abunda el verde. La finca de los Hill era una oda al marrón. Yo venía de un sitio donde todos los movimientos se monitorizaban, catalogaban y estaban sujetos a juicio. La finca de los Hill era tan inmensa y remota que, en casi todo el día, no me veía nadie excepto George. Y algún que otro ualabí.

Sobre todo, yo provenía de un lugar que era templado, lluvioso, fresco. La finca de los Hill era un sitio caluroso.

No estaba seguro de poder soportar esa clase de calor. La zona rural del interior de Australia tenía un clima que yo no entendía y que mi cuerpo parecía no aceptar. Al igual que mi padre, languidecía con la simple mención del calor: ¿cómo se suponía que aguantaría en un horno dentro de una fragua, dentro de un reactor nuclear, situado sobre un volcán en activo?

No era un buen lugar para mí, pero peor lo llevaban mis guardaespaldas. Esos pobres tipos..., justo esa misión tenía que tocarles. Además, su alojamiento era más que espartano: una construcción anexa a las afueras de la finca. Rara vez los veía y a menudo me los imaginaba ahí fuera, sentados en calzoncillos delante de un ruidoso ventilador eléctrico mientras pulían refunfuñando sus currículos.

Los Hill me dejaban quedarme con ellos en la casa principal, un precioso y pequeño bungalow con revestimiento de tablones blancos, escalones de madera que conducían a un amplio porche, una puerta de entrada que emitía una especie de maullido cada vez que la abrías y un fuerte golpe cada vez que la soltabas para que se cerrara. La puerta tenía una tupida malla para evitar la entrada de mosquitos, que eran grandes como pájaros. Esa primera noche, sentado después de cenar, no podía oír otra cosa que los rítmicos golpes de los chupasangres contra la mosquitera.

No había mucho más que oír. Nos sentíamos todos un poco incómodos, intentando fingir que yo era un aprendiz de la finca y no un príncipe, intentando fingir que no estábamos pensando en mi madre, quien adoraba a Annie y a quien Annie también adoraba. Estaba claro que ella quería hablar de mi madre, pero, tal como me pasaba con Willy, no podía. Así que engullía la comida y la alababa y pedía repetir y me estrujaba el cerebro en busca de temas de conversación anodinos. Pero no se me ocurría ninguno. El calor ya había anulado mis habilidades cognitivas.

Mientras intentaba dormirme esas primeras noches en el interior rural de Australia, evocaba la imagen de Marko y, preocupado, le preguntaba: «¿De verdad hemos pensado esto bien, tío?».

42

La solución a todos los problemas, como siempre, fue el trabajo. El trabajo duro, agotador e imparable; eso era lo que los Hill podían ofrecer, en grandes cantidades, y yo nunca tenía suficiente. Cuanto más trabajaba, menos calor sentía y más fácil me resultaba hablar —o no hablar— sentado a la mesa de la cena.

Sin embargo, no era un trabajo cualquiera. Ser aprendiz de finca requería resistencia, sin duda, aunque también exigía cierta destreza. Había que tener mano con los animales. Había que saber predecir el tiempo observando el cielo y el terreno.

Además había que tener un nivel superior de equitación. Yo había llegado a Australia creyendo que se me daban bien los caballos, pero los Hill eran como hunos y todos habían nacido sobre una silla de montar. Noel era hijo de un jugador de polo profesional. (Había sido el antiguo profesor de polo de mi padre). Annie era capaz de acariciar el morro de un caballo y decirte lo que el animal estaba pensando. Y George montaba en la silla con más facilidad que con la que la mayoría de las personas se mete en la cama.

Un típico día de trabajo empezaba en plena noche. Horas antes del amanecer, George y yo salíamos a trompicones al exterior, para encarar las primeras tareas en un intento de acabar tantas como fuera posible antes de que saliera el sol. Con las primeras luces del alba, ensillábamos y salíamos galopando hasta las afueras de las más de dieciséis mil hectáreas de la finca de los Hill (una extensión el doble de grande que Balmoral) y empezábamos a reunir. Es decir, a mover el rebaño de reses de un lado para otro. También íbamos a buscar vacas sueltas que se habían separado del hato por la noche y las llevábamos de vuelta con las demás. O cargábamos algunas en un camión y las llevábamos a otra zona. Nunca entendía muy bien por qué movíamos a una u otra vaca, pero sí me quedé con lo importante: las vacas necesitan su espacio.

Yo las entendía.

Siempre que George y yo encontrábamos un grupo de descarriadas, una pequeña camarilla de reses rebeldes, resultaba especialmente desafiante. Era fundamental mantenerlas reunidas. Si se desperdigaban, estábamos jodidos. Nos costaría horas volverlas a reunir y perderíamos toda la jornada. Si una salía disparada hacia una arboleda, por ejemplo, George o yo salíamos al galope tendido tras ella. De tanto en tanto, en plena persecución, te caías de la silla al chocar contra una rama baja y, a veces, quedabas inconsciente. Al recuperarte, te revisabas el cuerpo por si tenías algún hueso roto o una hemorragia interna, mientras tu caballo te contemplaba taciturno desde arriba.

El truco consistía en no dejar nunca que una persecución durara demasiado. Las persecuciones agotaban a la vaca, reducían su nivel de grasa corporal y recortaban su valor en el mercado. La grasa era dinero y no había margen de error para el ganado australiano, que era muy poco graso, para empezar. El agua escaseaba, la hierba también y la poca que había solían zampársela los canguros, a los que George y su familia veían como otras personas ven a las ratas.

Yo siempre me estremecía y me reía entre dientes por la forma que George tenía de hablar con las reses errantes. Las arengaba, las humillaba y las insultaba, y tenía un insulto favorito en particular, una palabra que muchas personas pasan su vida sin usar. Él no podía pasar ni cinco minutos sin hacerlo. Muchos se meterían bajo la mesa al oírla, pero, para George, era como una navaja suiza del lenguaje: con infinitas aplicaciones y usos. (Además, con su acento australiano, casi conseguía que sonara bonito).

No era más que una de las decenas de palabras de toda la jerga de George. Por ejemplo, una «gorda» era una vaca rechoncha lista para el matadero. Un «cabestro» era un toro joven que iba a ser castrado aunque todavía no lo hubiera sido. Un «destetado» era un ternero al que acababan de separar de su madre. Un «piti» era una pausa para fumar. El «papeo» era la comida. Pasé mucho tiempo a finales de 2003 sentado en lo alto de una silla de montar, contemplando un destetado mientras me echaba un piti y soñaba con mi próximo papeo.

Algunas veces era duro, otras tedioso, pero reunir al ganado podía ser inesperadamente emotivo. Las hembras jóvenes eran más fáciles, iban adonde tú las empujaras, pero a los jóvenes machos les daba igual que les mandaras y detestaban que los separasen de sus madres. Lloraban, gemían y, algunas veces, cargaban contra ti. Una cornada violenta podía romperte una extremidad o desgarrarte una arteria. Pero yo no tenía miedo. En lugar de eso, sentía empatía. Y los jóvenes machos parecían darse cuenta.

El único trabajo del que no me ocupaba, la única tarea difícil de la que me escaqueaba era la de cortarles los huevos. Cada vez que George sacaba esa cuchilla alargada y reluciente yo levantaba las manos.

—Ni hablar, tío, yo no puedo.

—Tú mismo.

Al final del día me daba una ducha bien caliente, disfrutaba de una opípara cena y luego me sentaba con George en el porche a liarnos cigarrillos y beber cerveza helada a sorbos. Algunas veces escuchábamos música en su pequeño reproductor de CD, que me recordaba la «radio» de mi padre. O a Henners. «Iban a pedirle prestado un reproductor de CD...». A menudo nos limitábamos a permanecer sentados contemplando el horizonte. El terreno era tan plano que podías ver las tormentas anunciándose horas antes de que llegaran, los primeros rayos como telas de araña restallando en la lontananza. A medida que estos se agrandaban y se acercaban, el viento entraba soplando en la casa y mecía las cortinas. A continuación, las habitaciones parpadeaban con la luz blanca. Los primeros estallidos de los truenos hacían temblar el mobiliario. Y, al final, el diluvio. George lanzaba un suspiro. Sus padres suspiraban. La lluvia era hierba, era grasa. La lluvia era dinero.

Si no llovía, también se recibía como una bendición, porque, tras el vendaval, el cielo despejado se preñaba de estrellas. Le enseñé a George lo que la pandilla de Botsuana me había enseñado.

—¿Ves esa tan brillante junto a la luna? Es Venus. ¿Y ese grupo de allí? Es la constelación de Escorpio; el mejor lugar para contemplarla es el hemisferio sur. Y ahí están las Pléyades. Y esa es Sirio: la estrella más resplandeciente del cielo. Y allí está Orión: el Cazador. Al final todo está relacionado con la caza, ¿verdad? Cazadores, cazados...

—¿Qué quieres decir con eso, Harry?

—Nada, tío.

Lo que me parecía infinitamente hipnótico de las estrellas era lo lejos que estaban todas. La luz que vemos nació hace cientos de siglos. En otras palabras, cuando contemplas una estrella estás contemplando el pasado, una época muy anterior al momento en que cualquiera que hayas conocido o querido estuviera vivo.

O muerto.

O desaparecido.

George y yo solíamos meternos en el sobre a eso de las ocho y media. A menudo estábamos demasiado cansados incluso para desvestirnos. A mí ya no me asustaba la oscuridad, estaba deseándola. Me caía muerto de sueño y me despertaba renacido. Dolorido, pero listo para más.

No teníamos días libres. Entre el trabajo agotador, el calor agotador y las vacas agotadoras, sentía que me estaba consumiendo, cada mañana más delgado, con un kilo menos, más silencioso, con varias palabras menos. Incluso estaba suavizándose mi acento británico. Después de seis semanas ya no hablaba para nada como Willy y mi padre. Hablaba más parecido a George.

Y también me vestía un poco como él. Me acostumbré a llevar un sombrero vaquero de fieltro sin forma definida. Llevaba uno de los viejos látigos de cuero de George.

Al final, a juego con ese nuevo Harry, adopté un nuevo nombre. Spike.

Así fue como ocurrió: mi pelo nunca se recuperó del todo después de dejar que mis compañeros de Eton me lo raparan. Algunos mechones salían de punta como la hierba en verano, otros se quedaban pegados a la cabeza, como heno cubierto de laca. George solía señalarme la cabeza y decía: «¡Estás hecho un asco!». Sin embargo, en un viaje a Sídney, para ver el Mundial de rugby, había hecho una aparición oficial en el zoológico Taronga y me habían pedido que posara para una foto con un bicho llamado equidna. Un cruce entre erizo y oso hormiguero, con el pelo duro y de punta, razón por la cual los cuidadores del zoo lo llamaban Spike, pelopincho. El bicho parecía, como luego diría George, «un disparate».

Más claramente: se parecía a mí. Se me parecía mucho. Y cuando George vio mi foto posando con Spike, se partió de la risa.

«Haz..., ¡ese bicho tiene el pelo como tú!».

A partir de entonces, solo me llamaba Spike. Y luego se apuntaron mis guardaespaldas. De hecho, mi nombre en clave para hablar de mí por el walkie-talkie era Spike. Algunos de ellos incluso se hicieron camisetas que vestían cuando me protegían: «Spike 2003».

A mis colegas de casa no tardó en llegarles el rumor de mi nuevo apodo, y lo adoptaron. Me convertí en Spike, cuando no era Haz, Baz o el Príncipe Aprendiz, o Harold, o «mi querido hijo», o Flacucho, apodo que me pusieron algunas personas del personal de la Casa Real. La identidad siempre había sido un problema, pero con media docena de nombres formales y una docena de apodos, estaba convirtiéndose en un laberinto de espejos.

La mayoría de los días me daba igual cómo me llamaran. La mayoría de los días pensaba: me da igual quién sea, mientras sea alguien nuevo, alguien diferente al príncipe Harry. Pero entonces llegaba un paquete oficial de Londres, de la Casa Real, y mi antiguo yo, mi antigua vida, la vida de la realeza, volvía a toda prisa.

El paquete solía llegar por correo regular, aunque algunas veces era bajo el brazo de un nuevo guardaespaldas. (El cambio de guardias era constante, cada dos semanas, para que estuvieran descansados y pudieran visitar a su familia). El paquete contenía cartas de mi padre, papeleo oficial, además de algunos informes sobre las obras benéficas de las que me ocupaba. Todas con el siguiente sello: A LA ATENCIÓN DE SU MAJESTAD EL PRÍNCIPE HARRY DE GALES.

Un día, el paquete contenía una serie de memorandos remitidos por el gabinete de comunicación de la Casa Real sobre una cuestión delicada. El antiguo mayordomo de mi madre había escrito un libro donde lo contaba todo (donde, en realidad, no decía nada). No era más que una versión de los hechos escrita por alguien para justificarse y enfocada por completo en sí mismo. Mi madre llegó a considerarlo un querido amigo y confiaba en él de forma implícita. Nosotros también. Y ahora pasaba esto. Él estaba aprovechándose de la desaparición de mi madre para sacar dinero.

Me hizo hervir la sangre. Quise coger un avión enseguida para volver a casa y enfrentarme a él. Llamé a mi padre para anunciarle que iba a regresar. Estoy seguro de que fue la única conversación que tuvimos mientras permanecí en Australia. Mi padre —y Willy, en otra llamada por separado— me convenció para que no lo hiciera.

Ambos dijeron que lo único que podíamos hacer era publicar un comunicado conjunto expresando nuestra repulsa.

Y así lo hicimos. O ellos lo hicieron. Yo no tuve nada que ver con la redacción. (Personalmente, yo habría ido mucho más lejos). Con un tono comedido, el comunicado reprendía al mayordomo por su traición y solicitaba públicamente un encuentro con él, para dejar en evidencia su motivación y analizar las supuestas revelaciones que él alegaba.

El mayordomo nos respondió públicamente y dijo que estaba dispuesto a celebrar un encuentro. Sin embargo, no tenía intenciones constructivas. Hizo la siguiente declaración a un periódico: «Me encantaría cantarles las cuarenta».

¿Él quería cantarnos las cuarenta a nosotros?

Esperaba con ansia ese encuentro. Contaba los días.

Como era de prever, jamás se produjo.

Yo no supe por qué; supuse que la Casa Real lo había anulado.

Pensé que era una pena.

Consideraba a ese hombre como el novillo descarriado que se nos escapó ese verano.

43

No recuerdo cómo me enteré de lo del primer hombre que intentó colarse en la finca. ¿A lo mejor fue por George? ¿Mientras estábamos fuera reuniendo al ganado?

Sí que recuerdo que fue la policía local la que echó el guante al intruso y se deshizo de él.

Fue en diciembre de 2003.

La policía se sentía satisfecha. Pero yo me quedé hecho polvo.

Sabía qué ocurriría a continuación. Los paparazzi eran como hormigas. Nunca había solo uno.

Como ya había imaginado, al día siguiente, dos más se colaron en la finca.

Era hora de marcharse.

Les debía tanto a los Hill que no quería pagarles arruinándoles la vida. No quería ser la causa de que perdieran el único recurso más valioso que el agua: la privacidad. Les di las gracias por las nueve mejores semanas de mi vida y cogí un avión para volver a casa, donde llegué justo antes de Navidad.

Fui directamente a un club mi primera noche en casa. Y la siguiente. Y la siguiente. La prensa creía que seguía en Australia y decidí que su ignorancia me concedía carta blanca.

Una noche conocí a una chica, charlé con ella mientras tomábamos una copa. Yo no sabía que era una chica de la página tres. (Ese era el término misógino, aceptado y cosificador para referirse a las chicas en topless que salían cada día en la página tres del periódico sensacionalista *The Sun*, de Rupert Murdoch). No me habría importado de haberlo sabido. Parecía una chica inteligente y divertida.

Salí del club con una gorra de béisbol. Estaba plagado de paparazzi. Hasta ahí me duró la carta blanca. Intenté confundirme entre la multitud, iba caminando como si nada por la calle con mi guardaespaldas. Pasamos por St. James's Square y nos subimos a un coche de la policía secreta. Justo cuando nos alejábamos, un Mercedes con los cristales tintados invadió la calzada, se abalanzó sobre nuestro coche y estuvo a punto de estamparse de frente contra una de las puertas traseras. Lo vimos venir; el conductor no iba mirando al frente, pues estaba demasiado ocupado intentando sacarnos fotos. La noticia publicada en prensa a la mañana siguiente debería haber hablado del príncipe Harry a punto de morir en un accidente por culpa de un paparazzi temerario. En lugar de eso, la noticia hablaba del príncipe Harry, quien había conocido y, supuestamente, besado a una chica de la página tres, junto con un comentario encendido sobre las horrorosas citas del Repuesto… Mira que salir con una mujer tan descarriada…

El tercero en la línea sucesoria al trono... ¿saliendo con esa chica?

El esnobismo, el clasismo, resultaba vomitivo. Las anticuadas prioridades eran incomprensibles.

Sin embargo, todo eso potenció mi sensación de alegría y alivio a la hora de huir. Otra vez.

Año sabático, segunda parte.

Días después estaba en un avión con destino a Lesoto.

Mejor todavía, se decidió que podía llevarme a un colega.

El plan, en el pasado, había sido irme con Henners.

Como ya no podía ser, se lo pedí a George.

44

Lesoto era precioso. Aunque también es uno de los lugares más deprimentes del planeta. Fue el epicentro de la epidemia global del sida y, en 2004, el Gobierno acababa de declarar la catástrofe sanitaria. Decenas de miles de personas habían fallecido víctimas de la enfermedad y la nación estaba convirtiéndose en un gigantesco orfanato. Aquí y allá se veían pasar niños pequeños correteando, con la mirada perdida.

«¿Dónde está mi papá? ¿Dónde está mi mamá?».

George y yo nos presentamos voluntarios para ayudar en diversas obras benéficas y escuelas. Ambos quedamos impresionados por las maravillosas personas que conocimos, por su resiliencia, su elegancia, su valor y su buen ánimo ante tanto sufrimiento. Trabajamos tan duro como lo habíamos hecho en la finca de George, con alegría y muchas ganas. Construíamos escuelas. Reparábamos escuelas. Mezclábamos grava, volcábamos cemento, lo que fuera necesario.

Con ese mismo espíritu de servicio, un día accedí a hacer algo que, en otra situación, me habría resultado impensable: una entrevista. Si de verdad quería arrojar un poco de luz sobre las condiciones del país, no tenía otra opción: debía colaborar con la temida prensa.

Pero aquello era algo más que cooperar. Sería mi primera sesión a solas con un periodista.

Nos reunimos en una colina de verde hierba, a primera hora de una mañana. El periodista empezó por preguntarme: ¿por qué ese lugar, entre todos los lugares del mundo?

Respondí que los niños de Lesoto estaban en una situación problemática, que me encantaban los niños y que los entendía tan bien, de forma tan natural, que quería ayudarlos.

El reportero me presionaba. ¿Por qué me encantaban los niños?

Le respondí de la mejor forma que se me ocurrió: ¿por mi increíble inmadurez?

Estaba siendo superficial, pero el periodista rio entre dientes y pasó a la pregunta siguiente. El tema de los niños había abierto la puerta al tema de mi infancia y eso era un portal hacia el único tema sobre el que ese periodista, o cualquiera, querían preguntarme en realidad.

—¿Piensa en... ella... mucho durante una experiencia como esta?

Yo aparté la mirada, colina abajo, y respondí con una serie de palabras inconexas.

—Por desgracia ya ha pasado mucho tiempo, hum..., no para mí, sino para la mayoría, ha pasado mucho tiempo desde su fallecimiento, pero las cosas que se han sabido son malas, todas las cosas que han salido a la luz, todas esas grabaciones...

Me refería a las grabaciones que había hecho mi madre antes de morir, una especie de semiconfesión, que acababan de ser filtradas a la prensa coincidiendo con la publicación de las memorias del mayordomo. Años después de haber sido perseguida hasta tener que ocultarse, mi madre seguía siendo acosada y difamada; no tenía sentido. En 1997 se produjo un momento de reconocimiento nacional, un periodo de remordimiento y reflexión colectivos entre todos los británicos. Todos habían admitido que la prensa era una jauría de monstruos, aunque los consumidores también aceptaron su parte de culpa. La mayoría afirmaba que debíamos mejorar nuestra actitud en general. Años después, en el momento de la entrevista, todo se había olvidado. La historia se repetía a diario y yo le dije al periodista que era «una vergüenza».

No fue una declaración histórica. Sin embargo, sí representaba la primera vez que tanto Willy como yo hablábamos en público sobre nuestra madre. Me sorprendió ser yo el primero. Willy siempre era el primero, en todo, y me pregunté cómo les sentaría aquello: a él, al mundo, pero, sobre todo, a mi padre. (No muy bien, según me contó Marko más adelante. Mi padre era totalmente contrario a que yo me pronunciara sobre ese tema; no quería que ninguno de sus hijos hablara sobre nuestra madre, por miedo a causar un revuelo, a distraerlo de sus funciones y, tal vez, a que arrojara una luz poco favorecedora sobre la figura de Camila).

Al final, con una chulería totalmente impostada, me encogí de hombros y le dije al periodista:

—Las malas noticias venden. Es así de simple.

Y hablando de malas noticias..., el entrevistador pasó a referirse a mi escándalo más reciente.

La chica de la página tres, claro está.

Comentó que algunas personas empezaban a cuestionar si de verdad habría aprendido algo en mi paso por la clínica de rehabilitación. ¿De verdad me había «convertido»? No recuerdo si usó esa palabra, «convertido», pero al menos un periódico sí lo hizo.

¿Necesitaba Harry ser convertido?

¿Harry el Hereje?

Casi no podía distinguir al periodista tras la nube roja que de repente me envolvía. ¿Cómo habíamos empezado a hablar de eso? Solté de sopetón algo así como que yo no era normal, lo que provocó que el reportero quedara boquiabierto. «Allá vamos». Estaba consiguiendo su titular, su chute de noticias. ¿Estaba poniendo los ojos en blanco?

¿Y se suponía que el adicto era yo?

Le expliqué a lo que me refería con ser normal. Yo no llevaba una vida normal, porque no podía.

—Incluso mi padre me recuerda que ni Willy ni yo podemos ser normales.

Le dije que solo Willy entendía lo que era vivir en una pecera surrealista, en la que los acontecimientos normales se trataban como anormales, y que lo anormal se normalizaba de forma rutinaria.

Eso era lo que estaba intentando decir, empezando a decir, pero luego eché otro vistazo colina abajo. Pobreza, enfermedad, huérfanos..., muerte. Convirtió todo lo demás en basura. En Lesoto, sin importar por lo que estuvieras pasando, eras muy rico comparado con otras personas. De pronto me sentí avergonzado y me pregunté si el periodista tendría el sentido común suficiente para sentirse avergonzado también. Ahí sentado, con toda aquella pobreza a nuestros pies, ¿y hablando sobre las chicas de la página tres? ¡Venga ya!

Después de la entrevista, fui a buscar a George y nos tomamos una cerveza. Muchas cervezas. Litros de cerveza.

Creo que esa también fue la noche que me fumé una bolsa de supermercado llena de maría.

No lo recomiendo.

Aunque claro, podría haber sido otra noche. Es difícil de precisar cuando se trata de una bolsa llena de maría.

45

George y yo volamos desde Lesoto a Ciudad del Cabo para encontrarnos con unos amigos y con Marko.

Marzo de 2004.

Nos alojábamos en casa del cónsul general, y una noche hablamos de invitar a un grupo de personas. A cenar. Solo había un pequeño problema. No conocíamos a nadie en Ciudad del Cabo.

Pero..., un momento, eso no era del todo cierto. Hacía unos años sí que había conocido a alguien, a una chica de Sudáfrica. En el club de polo de Berkshire.

Chelsy.

Recuerdo que era...

Diferente.

Repasé la agenda del móvil y encontré su número.

—Llámala —dijo Marko.

—¿De verdad?

—¿Por qué no?

Para mi sorpresa, el número estaba operativo. Y ella respondió.

Tartamudeando, le recordé quién era, le dije que estaba en su ciudad y que me preguntaba si le apetecería venir...

Ella respondió insegura. Parecía que no creyera que fuera yo. Aturullado, le pasé el móvil a Marko, quien le juró que de verdad era yo y que la invitación era sincera, y que la velada sería muy informal, nada de que preocuparse. Indolora. A lo mejor hasta lo pasaba bien.

Ella preguntó si podía asistir con una amiga. Y con su hermano.

—¡Claro que sí! Cuantos más seamos, mejor lo pasaremos.

Horas después, allí estaba ella, pasando con gracilidad por la puerta. Resultó que el recuerdo no me había engañado. Era... diferente. Esa fue la palabra que me vino a la cabeza cuando la conocí y en la que pensé en ese encuentro más reciente, y luego, una y otra vez, durante la barbacoa. Diferente.

Al contrario que tantas personas a las que conocía, ella parecía totalmente ajena a las apariencias, a la propiedad, a mi condición de miembro de la realeza. Al contrario que tantas otras chicas que había conocido, no estaba imaginándose cómo le sentaría la corona en cuanto me estrechó la mano. Parecía inmune a esa afección tan común que a veces ha dado en llamarse «síndrome del trono». Era parecida al efecto que los actores y músicos tienen sobre la gente, salvo que en el caso de actores y músicos la causa inicial es el talento. Yo no tenía talento —eso me habían repetido hasta la saciedad—, así que todas las reacciones que provocaba no tenían nada que ver conmigo. Estaban relacionadas con mi familia, mi título y, en consecuencia, siempre me avergonzaba, porque no me las merecía. Siempre había querido saber cómo sería conocer a una mujer y no ver cómo se quedaba atónita ante la mención de mi título, sino que yo consiguiera hacerla sentir así gracias a mi inteligencia y mis sentimientos. Con Chelsy era una auténtica posibilidad. No solo se mostró desinteresada en mi título, es que parecía que le aburría. «Ah, que eres príncipe, ¡menuda lata!».

Chelsy no sabía nada sobre mi biografía y mucho menos sobre

mi familia. Mi abuela, Willy, mi padre..., ¿quiénes eran esos? Mejor todavía, su falta de curiosidad era asombrosa. Seguramente ni siquiera sabía nada sobre mi madre; o era demasiado joven para recordar los trágicos acontecimientos de agosto de 1997. No podía estar seguro de que fuera así, claro está, porque debo decir en favor de Chelsy que no hablamos de eso. Pero sí hablamos del tema más importante que teníamos en común: África. Chelsy, nacida y criada en Zimbabue, y que en ese momento residía en Ciudad del Cabo, amaba África con toda su alma. Su padre era dueño de una enorme finca con coto de caza, y ese era el eje de su mundo. Aunque había disfrutado de sus años en un internado británico, Stowe, siempre había vuelto corriendo a casa en vacaciones. Le dije que lo entendía. Le conté las experiencias en África que me habían cambiado la vida, mis primeros viajes de formación. Le conté lo de la extraña visita del leopardo. Ella asentía en silencio. Lo entendía.

—Es maravilloso. África te ofrece momentos así, si estás listo. Si te lo mereces.

En algún instante de la velada le conté que estaba a punto de entrar en el Ejército. No pude valorar su reacción. ¿A lo mejor no reaccionó para nada? Al menos no pareció motivo para dejar de vernos.

Luego le dije que George, Marko y yo íbamos a ir a Botsuana al día siguiente. Íbamos a reunirnos con Adi y con otras personas para remontar el río en barca.

—¿Te apetece venir con nosotros?

Ella sonrió tímidamente y se lo pensó un momento. Su amiga y ella tenían otros planes...

—Bueno, qué lástima.

Pero me dijo que los cancelarían y que les encantaría acompañarnos.

46

Pasamos tres días caminando, riendo, bebiendo y mezclándonos con los animales. No solo con animales salvajes. Por casualidad conocimos a un encantador de serpientes, que nos enseñó su cobra y su serpiente de cascabel. Dejó que las serpientes le subieran y bajaran por los hombros, los brazos y nos ofreció un espectáculo privado.

Esa misma noche, más tarde, Chelsy y yo nos dimos nuestro primer beso bajo las estrellas.

George, mientras tanto, se coló hasta los huesos por la amiga de Chelsy.

Cuando llegó el momento de que ellas volvieran a casa, George regresara a Australia, y Marko, a Londres, nos despedimos todos con mucha tristeza.

De pronto me encontré a solas en la sabana, con la única compañía de Adi.

¿Y ahora qué?

Nos enteramos de que había un campamento cerca. Dos cineastas estaban rodando un documental de fauna salvaje y nos habían invitado a visitarlos y conocerlos.

Nos montamos en un Land Cruiser y no tardamos en plantarnos en una estridente fiesta de la sabana. Hombres y mujeres bebiendo, bailando y todos con extrañas máscaras de animales hechas con cartulina y escobillas limpiapipas. Un carnaval a lo Okavango en toda regla.

Los cabecillas de aquel sarao eran una pareja de treintañeros: Teej y Mike. Supuse que eran los cineastas. De hecho, tenían una productora de cine, además de aquel campamento. Me presenté y les dediqué un cumplido por su habilidad de celebrar una juerga de las que hacen historia. Se rieron y dijeron que ya pagarían las consecuencias al día siguiente.

Ambos tenían que madrugar para trabajar.

Les pregunté si podía apuntarme para ayudar. Me encantaría ver cómo rodaban.

Se quedaron mirándome y se miraron el uno al otro. Sabían quién era yo, y aunque ya era bastante sorprendente conocerme en la sabana, la idea de contratarme como ayudante les parecía demasiado.

—Pues claro que puedes venir —dijo Mike—. Pero tendrás que trabajar. Levantar cajas pesadas, cargar con las cámaras.

Vi por sus expresiones que esperaban que con aquello desistiría de ayudar.

—Me parece genial —dije sonriendo.

Se quedaron en shock. Y encantados.

Sentí algo parecido al amor a primera vista. Y fue recíproco.

Teej y Mike eran africanos. Ella era de Ciudad del Cabo; él, de Nairobi. Teej había nacido en Italia, había pasado sus primeros años de vida en Milán, y se sentía especialmente orgullosa de sus raíces milanesas, que eran la causa de su apasionamiento, según dijo; eso era lo más próximo a un arrebato de presunción que pudieras contemplar en ella. Incluso se crio hablando italiano, aunque ya lo había olvidado, confesó con tristeza. Salvo que no era así. Siempre que ingresaba en un hospital, impactaba a todo el mundo hablando italiano con fluidez cuando despertaba de la anestesia.

Mike se había criado en una finca ganadera, había aprendido a montar a caballo poco después de aprender a caminar. La casualidad quiso que su vecino fuera uno de los primeros cineastas de fauna salvaje de la historia. Siempre que tenía un minuto libre, salía corriendo a la casa del vecino para sentarse con él y bombardearlo a preguntas. Mike había encontrado su verdadera vocación y el vecino supo verlo y la alentó.

Tanto Teej como Mike tenían talento, eran muy inteligentes y estaban totalmente entregados a la fauna salvaje. Yo quería pasar tanto tiempo como fuera posible con ellos, no solo en aquel viaje, sino en general. El problema era si ellos me dejarían hacerlo.

A menudo pillaba a Teej mirándome, evaluándome, con una sonrisa curiosa, como si yo fuera un ser salvaje que se hubiera presentado por sorpresa en su campamento. Pero en lugar de ahuyentarme o utilizarme, como habrían hecho muchos, ella se acercaba y... me mimaba. Décadas de observación de la vida salvaje le habían aportado sensibilidad hacia ella, reverencia por ella, la consideraba una virtud e incluso un derecho esencial. Mike y ella eran las primeras personas que valoraban lo que me quedara de espíritu salvaje, sin importar lo que se hubiera perdido a causa del dolor... y los paparazzi. Les escandalizaba que otros quisieran eliminarlo de raíz, que otros estuvieran encantados con la idea de encerrarme en una jaula.

En ese viaje, o tal vez en el siguiente, pregunté a Teej y a Mike cómo se habían conocido. Ambos sonrieron con expresión de culpabilidad.

—Por un amigo en común —masculló Mike.

—En una cita a ciegas —susurró Teej.

La escena se desarrolló en un pequeño restaurante. Cuando Mike entró, Teej ya estaba sentada a la mesa, de espaldas a la puerta. No vio a Mike, solo oyó su voz, pero incluso antes de volverse supo, por el tono, por el timbre de voz, por el cambio de la temperatura de la sala, que tenía un grave problema.

Conectaron de maravilla durante la cena y, al día siguiente, Teej fue a casa de Mike a tomar un café. Al entrar, ella estuvo a punto de desmayarse. Sobre la última balda de la librería de Mike había un libro de su mismísimo abuelo, Robert Ardrey, un famoso científico, ensayista y escritor. (Lo nominaron a un Oscar por el guion de la película *Kartum*). Además de los libros del abuelo de Teej, Mike tenía todos los demás libros favoritos de Teej «colocados en el mismo orden que ella los tenía en sus estanterías». Teej, atónita, se tapó la boca con una mano. Eso era sincronicidad. Era una señal. Ella no regresó más a su propio piso, salvo para embalar sus cosas. Ambos estaban juntos desde entonces.

Me contaron esta historia junto a la hoguera del campamento. Con Marko y aquel grupo, la hoguera era fundamental, pero con Teej y Mike era sagrada. Pasaban de mano en mano las mismas bebidas, se contaban las mismas historias fascinantes, pero tenía un carácter más de ritual. Hay pocos lugares en los que me haya sentido más próximo a la verdad, o más vivo.

Teej se dio cuenta. Entendió hasta qué punto me sentía en casa estando con ellos.

—Creo que tu cuerpo nació en Gran Bretaña, pero tu alma nació aquí, en África —me dijo.

Posiblemente, el mejor cumplido que nadie me haya hecho jamás.

Tras un par de días de caminar con ellos, comer con ellos y enamorarme de ellos, sentía una paz abrumadora.

Y una necesidad igual de abrumadora de volver a ver a Chelsy.

¿Qué hago?, me preguntaba. ¿Cómo conseguir que suceda?

¿Cómo entrar en Ciudad del Cabo sin que la prensa se entere y lo fastidie todo?

—¡Vamos en coche! —sugirió Adi.

—¿En coche? Hum... Sí. ¡Genial!

Al fin y al cabo solo eran dos días de ruta.

Nos montamos en un coche, condujimos sin parar, bebiendo whisky y engullendo chocolate para recargar pilas. Llegué a la puerta de la casa de Chelsy descalzo, despeinado, tocado con un gorro de lana mugriento y una enorme sonrisa que me arrugaba la cara sucia.

Ella ahogó un grito... y se rio.

Luego... abrió la puerta un poco más.

47

Chels y yo aprendimos una lección importante. África era África..., pero Inglaterra sería siempre Inglaterra.

Poco después de haber aterrizado en Heathrow nos hicieron un robado.

Para mí nunca resultaba agradable, pero tampoco me sorprendía. Hubo unos años, después de la desaparición de mi madre, en los que casi no me hicieron robados, pero en ese momento era una constante. Aconsejé a Chelsy que lo considerara una enfermedad crónica, algo que gestionar.

Pero ella no estaba segura de querer padecer una enfermedad crónica.

Le dije que lo entendía. Era un sentimiento totalmente válido. Sin embargo, mi vida era así y, si Chelsy quería compartir cualquier parte de ella, tendría que compartir también eso.

Le mentí diciéndole que ya se acostumbraría.

A partir de entonces, calculé que tenía un cincuenta por ciento de posibilidades, tal vez un cuarenta, de ver de nuevo a Chels. Lo más probable era que la prensa volviera a costarme perder a otra persona que me gustaba. Intenté convencerme de que estaba bien, de que en ese momento no tenía tiempo para una relación.

Tenía trabajo que hacer.

Para empezar, me enfrentaba a los exámenes de acceso requeridos para la Real Academia Militar de Sandhurst.

Duraban cuatro días y no se parecían para nada a los exámenes de Eton. Había parte de teoría, parte de prueba escrita, pero la mayoría eran test para evaluar tu fortaleza psicológica y dotes para el liderazgo.

Resultó que... yo tenía ambas cualidades. Aprobé con honores.

Estaba encantado. Mis problemas de concentración, el trauma por lo de mi madre, ninguna de esas condiciones interfirió. Ninguna de ellas jugó en mi contra en el Ejército británico. Por el contrario, descubrí que esas circunstancias me convertían en alguien más idóneo. El Ejército estaba buscando precisamente a tipos como yo.

¿Qué ha dicho, jovencito? ¿Que sus padres están divorciados? ¿Su madre muerta? ¿Un trauma psicológico por un duelo sin superar? ¡Pase por aquí!

Junto con la noticia de que había aprobado los exámenes recibí una fecha para presentarme en destino, con varios meses de antelación. Lo que significaba que tenía tiempo de hacerme a la idea y atar cabos sueltos. Incluso mejor, tenía tiempo para pasarlo con Chels... si ella quería verme.

Y sí quería. Me invitó a regresar a Ciudad del Cabo para conocer a sus padres.

Así lo hice. Y me gustaron al instante. Era imposible que no le gustaran a alguien. Disfrutaban de las anécdotas divertidas, de los gin-tonics, de la buena comida, de las salidas de caza. Su padre era grande como un oso, con la espalda ancha, achuchable, pero también un alfa innegable. Su madre era menuda, escuchaba de maravilla y daba con frecuencia unos abrazos épicos. Yo no sabía qué deparaba el futuro, no quería adelantarme a los acontecimientos, pero sí pensaba: si pudieran crearse unos suegros ideales, no serían mucho mejores que estas personas.

48

Tenía que haber algo en el aire. Justo cuando me embarcaba en mi nueva relación amorosa, mi padre anunció que se casaba. Le había pedido permiso a mi abuela, y ella se lo había concedido. A regañadientes, según se publicó.

A pesar de que Willy y yo le pedimos que no lo hiciera, mi padre seguía adelante. Le estrechamos la mano y le deseamos lo mejor. Sin rencores. Reconocimos que por fin iba a estar con la mujer a la que amaba, la mujer que siempre había amado, la mujer que el destino tenía reservada para él desde el principio. A pesar de la amargura y la tristeza que sintiéramos al cerrar otro bucle de la historia de nuestra madre, entendimos que eso era irrelevante.

Además, empatizábamos con mi padre y Camila como pareja. Habían llevado la mala suerte a niveles insospechados. Después de años de anhelo frustrado, se encontraban, en ese momento, a escasos pasos de la felicidad... y no paraban de surgir nuevos obstáculos. Primero fue la controversia sobre la naturaleza de la ceremonia. El personal de la Casa Real insistía en que debía ser una ceremonia civil, porque mi padre, como futuro jefe de la Iglesia anglicana, no podía casarse por el rito religioso con una divorciada. Eso suscitó un acalorado debate sobre la localización de la ceremonia. Si la boda civil debía celebrarse en el castillo de Windsor, que era la primera opción de la pareja, Windsor debería obtener la licencia para la celebración de bodas civiles, y, si eso ocurría, cualquier británico estaría autorizado para casarse allí por lo civil. Nadie quería eso.

Por lo tanto, la decisión fue que la boda se celebrara en el Guildhall, el salón consistorial de Windsor.

Pero, entonces, falleció el papa.

«¿Qué tiene que ver el papa con nuestro padre?», pregunté, desconcertado, a Willy.

Pues resulta que tenía mucho que ver. Mi padre y Camila no querían casarse el mismo día del fallecimiento del sumo pontífice. Mal karma. Menos cobertura mediática. Y más concretamente: mi abuela quería que mi padre la representara en el funeral.

Los planes de boda volvieron a cambiar una vez más.

Retraso tras retraso; si escuchabas con atención, podías oír, retumbando por toda la Casa Real, gritos y gemidos de desesperación. Aunque no se podía adivinar quién los profería: si los planificadores de la boda o Camila (o nuestro padre).

Además de sentir pena por ellos, no podía evitar pensar que alguna fuerza del universo (¿mi madre?) estaba impidiendo más que bendiciendo su unión. A lo mejor es que el universo retrasa aquello que no aprueba.

Cuando la boda se celebró por fin —sin mi abuela, quien decidió no asistir—, fue algo catártico para casi todo el mundo, incluso para mí. Mientras permanecía cerca del altar estuve la mayor parte del tiempo con la cabeza gacha, mirando al suelo, al igual que había hecho durante el funeral de mi madre, pero sí lancé un par de miradas furtivas al novio y la novia, y, cada vez que lo hacía, pensaba: «Bien por vosotros».

Aunque también pensaba: «Adiós».

Sabía, sin lugar a dudas, que aquel matrimonio alejaría a nuestro padre de nosotros. No en un sentido literal, ni tampoco de una forma deliberada ni maliciosa; pero aun así... lo alejaría. Mi padre entraba en un nuevo espacio, un espacio cerrado, un espacio estrictamente insular. Intuía que Willy y yo veríamos menos a nuestro padre y eso me hacía sentir emociones encontradas. No me alegraba la idea de perder a un segundo progenitor, y no sabía cómo sentirme ante la idea de tener una madrastra que, según pensaba, me había sacrificado en el altar erigido para sus relaciones públicas. Sin embargo, veía a mi padre sonreír y era difícil negarlo y más difícil todavía negar la causa: Camila. Yo quería muchas cosas, pero me sorprendí a mí mismo al descubrir, durante la boda, que lo que más deseaba, a pesar de todo, era que mi padre fuera feliz.

Por extraño que parezca, quería que Camila fuera feliz.

¿A lo mejor resultaba menos peligrosa siendo feliz?

Se publicó que Willy y yo salimos a escondidas de la iglesia y le colgamos un letrero de «Recién casados» en el coche. Para nada. En cualquier caso, si se me hubiera ocurrido, les habría colgado un cartel de «Que seáis felices».

Sí que recuerdo haberme quedado mirando cómo se alejaban en el coche y pensar: «Son felices. Son felices de verdad».

Maldita sea, yo quería que todos fuéramos felices.

49

Más o menos por esa misma época, justo antes de la boda, o tal vez justo después, me fui con Willy a realizar el entrenamiento del Servicio Especial de Embarcaciones de la Marina Real británica. No era una formación oficial. Se trataba sencillamente de un grupo de chavales con juguetes, como decíamos nosotros. La gran parte del tiempo era una juerga, aunque esa unidad especial procedía de una larga y solemne tradición.

Nuestra familia siempre había mantenido unos lazos estrechos con el entorno militar británico. A veces, ese vínculo suponía una visita oficial, o una comida informal de tanto en tanto. Otras veces, conllevaba mantener conversaciones privadas con hombres y mujeres que regresaban a casa de los distintos conflictos bélicos. Aunque, en otras ocasiones, significaba tomar parte en rigurosos ejercicios. Nada demostraba mejor el respeto hacia la labor que desempeñaban los militares que hacer, o intentar hacer, lo mismo que ellos.

Esos ejercicios siempre se mantenían en secreto para la prensa. El Ejército lo prefería así, y sabe Dios que la realeza también.

Mi madre fue quien nos llevó a Willy y a mí a nuestra primera práctica militar: una «Killing House» o instalación de entrenamiento para el combate en entornos urbanos, en Herefordshire. Nos metieron a los tres en una habitación y nos indicaron que no nos moviéramos. A continuación, la habitación quedó a oscuras. Un pelotón derribó la puerta de una patada. Luego tiraron unas bombas lumínicas de aturdimiento y nosotros nos morimos de miedo, que era su objetivo. Querían enseñarnos a reaccionar «por si» alguna vez nuestras vidas corrían peligro.

¿«Por si»? Eso nos hizo reír. ¿Es que no habían visto nuestra correspondencia?

Pero ese día con Willy fue diferente. Mucho más físico, más participativo. Menos relacionado con la formación y más con la adrenalina. Navegamos a toda pastilla por Poole Harbour en lanchas motoras, «abordamos» una fragata, trepamos por sus escalerillas de cable mientras disparábamos subfusiles MP5, calibre 9 mm, cargados con balas de pintura. En un ejercicio bajamos a toda prisa por una escalerilla metálica hasta la bodega de una fragata. Alguien cortó la luz, para hacer la maniobra más interesante, supongo. Totalmente a oscuras, a cuatro peldaños del suelo, me caí y aterricé sobre la rodilla izquierda, justo encima de un clavo que sobresalía del suelo.

Un dolor cegador me recorrió el cuerpo.

Conseguí levantarme, seguir adelante y terminar la maniobra. Pero al final del día saltamos desde el helipuerto del barco al agua y me di cuenta de que la rodilla no me respondía. No me respondía la pierna entera. Cuando salí del agua y me quité el traje seco, Willy me echó un vistazo y se quedó blanco.

La rodilla me sangraba a borbotones.

La Casa Real anunció que mi entrada en el Ejército se pospondría indefinidamente.

La prensa exigía saber por qué.

El gabinete de comunicación de la Casa Real les respondió: «El príncipe Harry se ha lesionado la rodilla jugando al rugby».

Mientras leía los periódicos con la pierna en alto, eché la cabeza hacia atrás y me reí. No podía evitar saborear una diminuta partícula de regodeo autocomplaciente al ver que la prensa, por una vez sin pretenderlo, había publicado una mentira sobre mí.

No obstante, pronto obtuvieron su venganza. Empezaron a propagar el rumor de que me daba miedo ingresar en el Ejército, de que estaba escaqueándome, poniendo como excusa una falsa lesión en la rodilla para postergarlo.

Dijeron que era un cobarde.

50

Uno de los amigos de Willy celebraba una fiesta. En el campo, cerca de Gloucestershire. Más que una fiesta de cumpleaños, era una fiesta de disfraces con una temática espeluznante. Nativos y colonos. Se requería a los invitados que vistieran de acuerdo a dicha temática.

Fue en enero de 2005.

No me gustaban para nada las fiestas de disfraces. Y no podía soportar las temáticas. En su último cumpleaños, o en el anterior, Willy había celebrado una de esas fiestas con temática: «Memorias de África». Me parecía irritante y desconcertante. Siempre que había ido a África vestía pantalones cortos y camiseta, quizá algún *kikoi*. «¿No me vale con eso, Willy?». Pero la fiesta de la que hablo ahora era muchísimo peor.

No tenía ni una sola prenda nativa ni colonial en mi armario. Estaba pasando unos días con mi padre y con Camila; algunos días estaba en St. James's, otros, en Highgrove, y básicamente vivía con una sola maleta, así que me importaba un bledo la ropa. La mayor parte de los días parecía que me había vestido en una habitación a oscuras y desordenada. Por lo tanto, una fiesta de disfraces, y con temática, era mi peor pesadilla.

Que no contaran conmigo. Para nada.

Sin embargo, Willy insistió.

—Ya encontraremos algo que ponerte, Harold.

Su nueva novia prometió ayudarme.

Ella me gustaba. Era muy natural, cariñosa y amable. Había estado de año sabático en Florencia, sabía de fotografía y arte. Y de moda. Le encantaba la moda.

Se llamaba Kate. Ya no recuerdo qué atuendo nativo o colonial llevó a la fiesta, pero, con su ayuda, Willy había escogido una especie de... traje felino. Unos leotardos ajustados con (¿lo recuerdo bien?) una cola retorcida y que rebotaba. Se lo probó para que lo viéramos y parecía un cruce entre el personaje animado de Tigger y el bailarín Barýshnikov. Kate y yo lo pasamos de maravilla señalándolo con el dedo y dando vueltas por el espacio del probador. Resultaba ridículo, sobre todo visto en un espejo de tres hojas. Pero la ridiculez, afirmaron ambos, era el tema de la inminente fiesta.

Me gustaba ver a Kate reír. Es más, me gustaba hacerla reír. Y se me daba bastante bien. Mi lado cómico totalmente transparente conectó con su lado cómico totalmente disimulado. Siempre que me preocupaba el hecho de que fuera Kate la que apartara a Willy de mí, me consolaba con la idea de los ataques de risa que disfrutaríamos en el futuro, y me decía a mí mismo lo genial que sería cuando tuviera una novia formal que pudiera reír con nosotros. A lo mejor sería Chelsy.

Pensé que quizá podía hacer reír a Kate con mi disfraz.

Pero ¿de qué me disfrazaría? «¿De qué iba a ir Harold?» se convirtió en la pregunta que nos hacíamos constantemente.

El día de la fiesta decidimos que debía ir a una población cercana, Nailsworth, donde había una tienda de disfraces muy conocida. Seguro que allí encontraba algo.

Esa parte la tengo un poco borrosa, aunque sí que hay momentos que recuerdo con total claridad. La tienda tenía un olor inolvidable. Me acuerdo de que olía a humedad, como a moho, con otro aroma subyacente, algo indefinible, algún subproducto traído por el aire desde una habitación cerrada a cal y canto, donde había cientos de pares de pantalones, compartidos durante varias décadas por miles de hombres.

Fui recorriendo todas las hileras de prendas, rebuscando entre los colgadores, sin ver nada que me gustara. Como se me agotaba el tiempo, reduje mis opciones a dos.

Un uniforme de la aviación británica.

Y un uniforme nazi color arena.

Con un brazalete de la esvástica.

Una gorra plana.

Llamé a Willy y a Kate y les pedí su opinión.

—El uniforme nazi —me dijeron.

Lo alquilé, además de un ridículo bigote, y volví a casa. Me lo probé. Willy y Kate empezaron a reír a carcajadas. ¡Era peor que el traje de leopardo de Willy! ¡Mucho más ridículo!

Lo que, insisto, era el objetivo.

Sin embargo, el bigote necesitaba un retoque: recorté las puntas largas de ambos lados y lo convertí en un bigotito a lo Hitler. Luego añadí al conjunto unos pantalones cargo.

Salimos hacia la fiesta, donde nadie se sorprendió por mi disfraz. Todos los nativos y colonos estaban más preocupados de emborracharse y enrollarse entre ellos. Nadie se fijó en mí, lo que consideré una pequeña victoria.

Alguien, no obstante, sacó unas fotos. Días después, ese alguien lo vio como una oportunidad de ganar algún dinero, o algunos problemas, y se las vendió a un periodista. «¿Cuánto por unas fotos de una fiesta reciente a la que asistieron los príncipes?». Se suponía que la joya de la corona era una de Willy con sus leotardos.

Pero el periodista localizó algo más. «Perdón, pero ¿qué ven mis ojos? ¿El Repuesto? ¿Disfrazado de nazi?».

Según las informaciones que me han llegado, se regateó un poco con el precio. Se acordó una suma de cinco mil libras y, semanas después, la foto apareció en todos los periódicos del mundo, acompañada de titulares con letras gigantescas.

«¡Heil, Harry!».

«*Herr* Aberrante».

«Ira por Heil real».

Lo que siguió fue una tormenta de fuego tal que llegué a creer que me sepultaría. Y sentí que merecía ser sepultado. Hubo momentos durante las semanas y meses que siguieron en los que pensé que moriría de vergüenza.

La primera y lógica reacción a las fotos era: «¿En qué estaría pensando?». La respuesta más sencilla: «No pensé». Cuando vi las fotos, reconocí de inmediato que tenía el cerebro apagado, que tal vez llevara tiempo así. Quería salir de viaje por todo el Reino Unido, puerta por puerta, explicando a la gente: «No estaba pensando. No quería ofender a nadie». Pero eso no habría cambiado nada. El dictamen fue rápido, implacable. O bien era un nazi en la sombra o un retrasado mental.

Busqué apoyo en Willy. Él me entendía, pero no podía decir gran cosa. Luego llamé a mi padre. Para mi sorpresa, lo encontré sereno. Al principio sospeché de su actitud. Pensé que a lo mejor consideraba mi crisis como otra oportunidad para apuntalar su imagen pública. Pero me habló con tanta ternura, con tanta compasión sincera que me dejó desarmado. Y agradecido.

No pasó por alto lo ocurrido.

—Mi querido hijo, ¿cómo has podido hacer una tontería así?

Me puse colorado.

—Ya lo sé. Ya lo sé.

Sin embargo, enseguida añadió que eran las tonterías de la juventud, que él recordaba haber sido vilipendiando en público por pecadillos de juventud y que no era justo, porque cuando eres joven es la época en que, por definición, eres inmaduro. Todavía estás creciendo, estás convirtiéndote en lo que llegarás a ser, estás aprendiendo, me dijo. No se refirió a ninguna de esas situaciones humillantes de juventud en concreto. Pero yo ya las conocía. Su conversación más íntima se había filtrado a la prensa, sus comentarios más maliciosos se habían hecho públicos. Habían entrevistado a sus exnovias y sus puntuaciones sobre las habilidades amatorias de mi padre se habían publicado en la prensa sensacionalista, incluso en libros. Él era un entendido en humillaciones.

Me prometió que la furia que había suscitado lo ocurrido amainaría, que la vergüenza desaparecería. Sentí un gran cariño por él cuando me hizo esa promesa, aunque —o tal vez precisamente por eso— sabía que no era verdad. La vergüenza nunca desaparecería. Ni debía desaparecer.

El escándalo fue creciendo con los días. Se me vituperó en los periódicos, en la radio, en la televisión. Los miembros del Parlamento pedían mi cabeza. Uno dijo que se me debía prohibir la entrada en Sandhurst.

Para que todo quedara en el olvido, por tanto, según el personal de mi padre, haría falta un poco de ayuda. Tenía que protagonizar una especie de reparación pública.

Yo dije que me parecía bien. Cuanto antes mejor.

Y mi padre me envió a ver a un hombre santo.

51

Barbudo, con gafas, con el rostro arrugado, ojos negros y mirada de sabio, ese hombre era el rabino jefe del Reino Unido, según me habían informado. Sin embargo, enseguida entendí que era mucho más. Un académico eminente, un filósofo religioso, un escritor prolífico con más de veinticuatro libros de autoría propia, que pasaba la mayoría de sus días mirando por la ventana y pensando en las causas originarias del sufrimiento, la maldad o el odio.

Me ofreció una taza de té y entonces fue directo al grano. No se anduvo con rodeos. Condenaba mis actos. No fue agradable, pero debía hacerlo. No había manera de edulcorarlo. También enfrentó mi estupidez a su contexto histórico. Me habló sobre los seis millones, los exterminados. Judíos, polacos, disidentes, intelectuales, homosexuales. Niños, bebés y ancianos, reducidos a humo y cenizas.

Hace solo unas décadas.

Llegué a su casa sintiendo vergüenza. Después de aquello, sentía algo más: un profundo asco hacia mí mismo.

Sin embargo, ese no era el objetivo del rabino. Desde luego que no era la forma en que quería que me fuera después de verle. Me urgió a no sentirme destrozado por mi error, sino a sentirme motivado. Me habló con esa cualidad que uno suele encontrarse en las personas realmente sabias: el perdón. Me aseguró que todo el mundo hace estupideces o dice estupideces, pero que no tiene por qué ser su naturaleza intrínseca. Afirmó que yo estaba demostrando mi auténtica naturaleza al buscar la reparación. Al buscar la absolución.

Hasta donde él podía, y por su cualificación, me absolvió. Me concedió su perdón. Me dijo que llevara la cabeza en alto, que siguiera adelante, que usara la experiencia para hacer del mundo un lugar mejor. Para convertirme en maestro de ese acontecimiento. Pensé que a Henners le habría gustado cómo sonaba aquello. Henners y su amor por la enseñanza.

No importaba lo que hiciera, el clamor de prohibirme el ingreso en el Ejército iba en aumento. Los mandamases, no obstante, no daban su brazo a torcer. Si el príncipe Harry hubiera estado en el Ejército cuando se disfrazó de Führer, aseguraban, habría sufrido una sanción disciplinaria.

Pero todavía no estaba en el Ejército, añadieron.

Así que yo era perfectamente libre de hacer el tonto.

52

Nuestro nuevo secretario personal se llamaba Jamie Lowther-Pinkerton. Sin embargo, no recuerdo que ni Willy ni yo lo llamáramos de otra forma que no fuera JLP.

Tendríamos que haberle llamado Marko II. O quizá Marko 2.0. Se suponía que debía ser el sustituto de Marko, pero también una versión más oficial, más específica y más permanente de nuestro querido amigo.

Todas las cosas que Marko había hecho de manera informal, el preocuparse por nosotros, guiarnos y aconsejarnos, JLP las hacía formalmente, según nos dijeron. De hecho, fue Marko quien lo encontró, se lo recomendó a nuestro padre y luego lo formó. Por eso ya confiábamos en él desde un principio. Llegaba a nuestras vidas con un sello de aprobación incuestionable. Marko afirmó que era un buen hombre.

Tremendamente tranquilo, ligeramente estirado, JLP llevaba unos gemelos de oro brillantes y un anillo grabado también de oro, símbolos de su rectitud, constancia y una creencia férrea en un estilo inalterable. JLP siempre daba la sensación de que, incluso la mañana del Armagedón, se prendería y colocaría sus amuletos antes de salir de casa.

No obstante, a pesar de su aspecto impecable, de su pulida apariencia exterior, JLP estaba muy curtido y era una fuerza de la naturaleza; el producto del mejor entrenamiento militar del Reino Unido, lo que suponía, entre otras cosas, que a él no le iban las chorradas. No las hacía, no las aceptaba, y todo el mundo, de punta a punta del país, parecía saberlo. Cuando los oficiales británicos decidieron lanzar un ataque masivo contra el cartel colombiano de la droga, escogieron a JLP para dirigirlo. Cuando el actor Ewan McGregor decidió realizar un viaje de tres meses en moto cruzando Mongolia, Siberia y Ucrania, para lo cual precisó un entrenamiento en supervivencia, recurrió a JLP.

Para mí, el mejor rasgo de JLP era la reverencia que sentía hacia la verdad, su dominio de la verdad. Era lo opuesto a tantas personas del Gobierno y del personal de la Casa Real. Por eso, poco después de que empezara a trabajar para Willy y para mí, le pedí que averiguara parte de cierta verdad: quería ver los informes confidenciales de la policía sobre el accidente de mi madre.

Él miró hacia abajo, apartó los ojos. Sí, trabajaba para Willy y para mí, pero también le preocupábamos nosotros, la tradición y la cadena de mando. Mi petición parecía poner en peligro esos tres elementos. Esbozó una mueca y frunció el ceño, que era una zona amorfa de su rostro, ya que JLP no tenía mucho pelo. Al final, se peinó hacia atrás los pelillos negros que le quedaban y me aseguró que, de conseguir los informes mencionados, resultaría muy traumático para mí.

—Muy traumático de verdad, Harry.

—Sí. Ya lo sé. De eso se trata precisamente.

Él asintió en silencio.

—Ah. Hum... Entiendo.

Pasados unos días me llevó a un pequeño despacho, situado al final de una escalera trasera del palacio de St. James, y me entregó un sobre marrón con la indicación de NO DOBLAR. Me contó que había decidido no enseñarme todos los informes policiales. Los había revisado y había retirado los más... «problemáticos».

—Por tu bien.

Me sentí decepcionado. Pero no discutí. Si JLP consideraba que yo no podía aguantarlos, seguramente tenía razón.

Le agradecí que me protegiera.

Dijo que me dejaba a solas para que los leyera y salió del despacho.

Inspiré varias veces y abrí el sobre.

Fotos de exteriores. En el exterior del túnel donde ocurrió el accidente. Una vista de la entrada del túnel.

Fotos de interiores. Unos metros en el interior del túnel.

Fotos de la parte central del túnel. Muy adentro. Hacia el final del túnel y hasta la salida por el otro extremo.

Y por fin... primeros planos del Mercedes accidentado, del que se dijo que se adentró en el túnel hacia la media noche y que nunca volvió a salir de una sola pieza.

Todas parecían fotos de la policía. Pero entonces caí en la cuenta de que muchas de ellas, si no la mayoría, eran de los paparazzi y de otros fotógrafos que se encontraban en el lugar del accidente. La policía de París les había confiscado las cámaras. Algunas imágenes se tomaron minutos después del accidente; otras, mucho más tarde. En algunas se veía a los agentes de policía recorriendo el lugar, en otras se veía a transeúntes curiosos deambulando por allí y mirando atónitos. Todas transmitían una sensación de caos, una atmósfera de vergonzoso carnaval.

Entonces pasé a las fotografías más detalladas, más claras, tomadas más de cerca en el interior del Mercedes. Se veía el cuerpo sin vida del amigo de mi madre, a quien ya conocía como su novio. Estaba el guardaespaldas de mi madre, quien sobrevivió al accidente, aunque sufrió graves lesiones. Y estaba el conductor, abatido sobre el volante. Muchos lo culparon del accidente, porque supuestamente le encontraron alcohol en sangre, y porque estaba muerto y no podía defenderse.

Al final llegué a las fotos de mi madre. La envolvían unas luces, como auras, casi halos luminosos. Qué raro. El color de las luces era el mismo que el de su pelo: dorado. No supe de dónde salían esas luces, no podía imaginarlo, aunque se me ocurrieron toda clase de explicaciones sobrenaturales.

Cuando me di cuenta de su verdadero origen, se me hizo un nudo en el estómago.

Flashes. Eran flashes. Y en el interior de esas luces había rostros fantasmales y otros que se veían a medias; eran los paparazzi y sus reflejos y refracciones en todas las superficies metálicas lisas y en los parabrisas. Esos hombres que la habían perseguido... no dejaron de fotografiarla mientras ella yacía tirada entre los asientos, inconsciente o semiinconsciente; en su frenesí, de vez en cuando, se fotografiaban los unos a los otros. Ninguno de esos paparazzi estaba ocupándose de ver cómo estaba mi madre, ni le ofrecían ayuda, ni siquiera la consolaban. Solo disparaban, disparaban y disparaban.

Yo no lo sabía. No lo habría imaginado ni en sueños. Me habían contado que los paparazzi perseguían a mi madre, que intentaban darle caza como una jauría de perros salvajes, pero jamás se me habría ocurrido que, al igual que una jauría hambrienta, también se habían dado un banquete con su cuerpo indefenso. Antes de ver las fotos, no habría imaginado que lo último que vio mi madre en esta tierra fue el flash de una cámara.

A menos que... En ese momento, la miré mucho más de cerca: no había heridas visibles. Sí, estaba desplomada en el asiento, en una postura antinatural, pero, en general..., estaba bien. Mejor que bien. Con su americana negra, su pelo reluciente, su piel radiante... Los médicos del hospital donde la llevaron no dejaban de comentar lo guapa que era. Me quedé mirando, intentando forzar el llanto, pero no podía, porque estaba tan preciosa y tan viva...

Quizá las fotos que había retirado JLP eran más explícitas. A lo mejor mostraban la muerte en términos más claros. Sin embargo, no consideré muy a fondo esa posibilidad. Cerré el sobre con decisión y me dije: «Está escondida».

Había pedido el informe porque buscaba pruebas, pero el informe no probaba nada, salvo que mi madre había estado en un accidente de coche, tras el cual parecía, en general, ilesa, mientras aquellos que la perseguían continuaban acosándola. Eso era todo. En lugar de servirme como prueba, descubrí más razones para sentir rabia. En aquel pequeño despacho, sentado ante el sobre con la inscripción NO DOBLAR, me envolvió la nube roja; aunque esta vez no era una nube, sino una tormenta torrencial.

53

Llevaba una pequeña bolsa con algunos objetos personales para pasar la noche, además de una tabla de planchar, que transportaba como si nada bajo el brazo, como si fuera una tabla de surf. El Ejército me había ordenado llevarla. Desde ese momento, mis camisas y pantalones no podían tener ni una sola arruga.

Sabía tanto de usar una tabla de planchar como de conducir un tanque; menos, en realidad. Pero eso era problema del Ejército. En ese momento, yo era el problema del Ejército.

Les deseé buena suerte.

Mi padre también lo hizo. Fue él quien me dejó en Camberley, Surrey, en la Real Academia Militar de Sandhurst.

Era mayo de 2005.

Se mantuvo a un lado y me miró mientras me colocaba la chapa identificativa roja con mi nombre, «Gales», y me registraba para entrar. Les dijo a los periodistas lo orgulloso que se sentía.

Luego me alargó la mano.

—Adelante, mi querido hijo.

Foto de rigor. Clic.

Me asignaron a un pelotón de veintinueve chicos y chicas. A primera hora del día siguiente, tras ponernos nuestro nuevo uniforme de combate, desfilamos hasta una antigua sala centenaria. Se olía la historia en el aire, como si su aroma rezumara, cual vapor, de las paredes revestidas de madera. Recitamos un juramento dedicado a la reina. «Juro lealtad a la Corona y a la patria…». El tipo que tenía a mi lado me clavó un codo en las costillas.

—¡Seguro que has dicho «a mi abuela» en lugar de «a la reina»!

Esa fue la última vez, durante las cinco semanas siguientes, que él o cualquiera se atrevió a hacer una broma. El campo de entrenamiento militar no tenía nada de chistoso.

Campo de entrenamiento militar: un nombre muy benévolo para lo que ocurría allí. Nos forzaban hasta alcanzar nuestro límite físico, mental y espiritual. Nos llevaban —o nos empujaban— hasta un punto que sobrepasaba nuestra resistencia y, luego, un poco más allá, dirigidos por un imperturbable grupo de amables sádicos: los sargentos instructores (también llamados «sargentos de color» por llevar, históricamente, los colores de sus batallones). Eran unos tipos corpulentos, chillones y extremadamente masculinos y, que a pesar de eso, tenían todos unos perritos diminutos.

Jamás he oído ni leído explicación alguna para esto y no me la imagino. Solo diré que era raro ver a esos ogros cargados de testosterona, y casi todos calvos, haciendo carantoñas a sus caniches, shih tzus y carlinos.

Diría que nos trataban como perros si no fuera porque trataban a sus perros mucho mejor que a nosotros. A nosotros nunca nos decían: «¡Buen chico!». Se nos pegaban a la cara y nos gritaban entre el vapor de la nube de loción para después del afeitado, y nunca jamás aflojaban. Nos denigraban, nos acosaban, nos chillaban y no ocultaban para nada sus intenciones. Querían destrozarnos.

Si no podían destrozarnos, genial. ¡Bienvenido al Ejército! Si lo conseguían, mejor todavía. Mejor saberlo de inmediato. Mejor que nos destrozaran ellos que no el enemigo.

Aplicaban todo un abanico de estrategias. Coacción física, intimidación psicológica y... ¿sentido del humor? Recuerdo que un sargento instructor me apartó del grupo. «Señor Gales, yo estaba de guardia un día en el palacio de Windsor, con mi gorro militar de piel de oso, cuando se me acercó un niño y me tiró grava en las botas. Y ese niño... ¡era usted!».

Bromeaba, aunque yo no estaba muy seguro de si debía reír y tampoco de que fuera verdad. No me sonaba su cara y desde luego no recordaba haber tirado grava a ningún miembro de la Guardia Real. Pero, por si era cierto, me disculpé y esperé que ambos pudiéramos olvidarlo.

Pasadas dos semanas, varios cadetes se habían rendido. Nos despertamos y vimos que sus camas estaban hechas y sus cosas habían desaparecido. A ninguno nos pareció mal. Esa mierda no era para todo el mundo. Antes de que se apagaran las luces, algunos de mis compañeros cadetes confesaron que temían ser los siguientes.

Sin embargo, yo nunca tiré la toalla. En términos generales estaba bien. El campo de entrenamiento no era una merienda en el parque, pero tenía el convencimiento de que estaba donde necesitaba estar. Sabía que no podían romperme. Me pregunté si sería porque ya estaba roto.

Además, no importaba cómo nos trataran, sucedía lejos de la prensa y, para mí, cada día era como estar de vacaciones. El centro de entrenamiento era como el club H. Daba igual qué tuvieran preparado los sargentos instructores; siempre, sin falta, estaba la bonificación de que no había paparazzi. En realidad, nada era capaz de dañarme en un lugar donde la prensa no podía localizarme.

Y entonces me encontraron. Un periodista del periódico *The Sun* se coló en el recinto y se paseó por ahí con una falsa bomba de humo para intentar demostrar... ¿el qué? Nadie lo supo. *The Sun* dijo que su reportero, el falso transeúnte solitario, intentaba dejar en evidencia la laxa seguridad del centro de entrenamiento, para demostrar que el príncipe Harry se encontraba en peligro.

La parte realmente aterradora fue que algunos lectores se creyeron esa basura.

54

Cada día, al despertarnos a las cinco de la mañana, nos obligaban a beber una botella entera de agua. El recipiente pertenecía al Ejército, era de plástico negro, un resto de la guerra de los bóers. Cualquier líquido contenido allí sabía a plástico de primera generación. Y a pis. Además, estaba caliente como la orina. Así que, después de tragar, momentos antes de salir a pegarnos la carrera de la mañana, algunos de nosotros caíamos al suelo y vomitábamos toda el agua de golpe.

Daba igual. Al día siguiente, tenías que volver a tragarte el agua con sabor a pis plástico de la misma botella y luego salir al exterior para otra carrera posvómito.

Ay, las carreras... Corríamos a todas horas. Corríamos alrededor de una pista. Corríamos por un camino. Corríamos por lo profundo del bosque. Corríamos por praderas. Algunas veces corríamos cargando cuarenta kilos a la espalda y, otras veces, un enorme tronco. Corríamos y corríamos y corríamos hasta caer desmayados, lo que, en ocasiones, ocurría cuando todavía estábamos corriendo. Nos quedábamos ahí tirados, semiconscientes, con la sangre bombeándonos en las piernas, como perros atontados persiguiendo ardillas.

Entre carrera y carrera, tirábamos de nuestro cuerpo cuerda arriba, lo retorcíamos para escalar muros o acabábamos chocándolo con los demás. Por la noche, algo más intenso que el dolor se nos metía en los huesos. Era una pulsación intensa y estremecedora. No había forma de soportar esa sensación salvo que te disociaras de ella: que le dijeras a la mente que tú no eras eso. Debías salir de ti mismo. Los sargentos instructores decían que era parte de su plan maestro. Matar al yo.

Entonces estaríamos todos en la misma onda. Entonces seríamos, de verdad, una unidad.

Cuando el protagonismo del yo desaparece, nos prometieron, la idea de servicio ocupa su lugar.

«El pelotón, la patria... será todo cuanto os importe, cadetes. Y será suficiente, joder».

No sabía qué opinarían los demás cadetes al respecto, pero yo me lo creí. ¿El yo? Estaba más que dispuesto a desprenderme de ese peso muerto. ¿La identidad? Quedáosla toda.

Podía entender que, para alguien aferrado al yo, a su identidad, esa experiencia resultara difícil. Para mí no. La disfruté con pausa y constancia; sentía que estaba siendo reducido a una esencia, que me estaban eliminando las impurezas, y que solo quedaría lo vital.

Se parecía un poco a lo experimentado en Tooloombilla. Solo que con más intensidad.

Lo veía como un inmenso regalo, hecho por los sargentos instructores, por la Commonwealth.

Les tomé mucho cariño por ese motivo. Por la noche, antes de que apagaran la luz, daba las gracias.

55

Tras esas primeras cinco semanas, tras el cierre del campo de entrenamiento, los sargentos instructores relajaron un poco el ritmo. Aunque fuera ligeramente. No nos gritaban tanto. Nos trataban como soldados.

Como tales, no obstante, había llegado la hora de que habláramos de guerra. De cómo hacerla, de cómo ganarla. Parte de esto implicaba unas clases teóricas mortalmente aburridas. Lo mejor eran los ejercicios de simulación sobre las distintas maneras de caer muerto, o no, según la instrucción.

Las siglas de estos ejercicios eran QBRN. Químicos, biológicos, radiológicos, nucleares. La práctica consistía en ponerse el equipo de protección, quitárselo, limpiarlo y retirar las toxinas y otros restos que pudieran lanzarnos, bombardearnos o rociarnos. Cavamos incontables trincheras, nos poníamos máscaras, nos enroscábamos en posición fetal y ensayábamos el Apocalipsis una y otra vez.

Un día, los sargentos instructores nos reunieron en el exterior de un edificio de ladrillo rojo, que habían transformado en una cámara de gas CS. Nos ordenaron entrar y lanzaron el gas. Nos quitamos las máscaras antigás, volvimos a ponérnoslas y a quitárnoslas. Si no eras lo bastante rápido, tragabas una bocanada y te entraba en los pulmones. Pero no siempre se podía ser rápido, y ese era el objetivo, así que, al final, todo el mundo tragaba gas. Se suponía que los ejercicios estaban relacionados con la guerra; para mí estaban relacionados con la muerte. El único leitmotiv del entrenamiento militar era la muerte. Cómo evitarla, pero también cómo encararla: de frente.

Por tanto, parecía algo natural, casi inevitable, que nos subieran en un autobús y nos llevaran al cementerio militar de Brookwood, para plantarnos ante las lápidas a escuchar a alguien recitando un poema.

«Por los caídos».

El poema era de una época previa a las más cruentas guerras del siglo XX, por lo que tenía cierto toque de inocencia.

Ellos no envejecerán,
como lo haremos los que quedamos...

Resulta impactante cuántos momentos de nuestro entrenamiento inicial se vieron intercalados, elevados, por la poesía. La gloria de morir, la belleza de morir, la necesidad de morir...; nos taladraban la cabeza con esas ideas junto con las habilidades para evitar la muerte. A veces era algo explícito, pero otras nos lo topábamos de frente. Siempre que nos llevaban en grupo al interior de la capilla, elevábamos la vista y lo veíamos grabado en piedra: *Dulce et decorum est pro patria mori.*

Dulce y apropiado es morir por la patria.

Palabras que escribió por vez primera un antiguo romano, un exiliado, y luego fueron reinterpretadas por un soldado británico que había muerto por su patria. Reinterpretadas con ironía, aunque nadie nos lo dijo. Sin duda no fueron grabadas con ironía en esa inscripción de piedra.

La poesía, para mí, era ligeramente preferible a la historia. Y a la psicología. Y a la estrategia militar. Tuerzo el gesto solo de pensar en esas largas horas, esas sillas duras de la sala Faraday y la sala Churchill, leyendo libros y memorizando fechas, analizando famosas batallas, escribiendo trabajos sobre los conceptos más ininteligibles de la estrategia militar. Para mí, esos fueron los auténticos retos de Sandhurst.

Si me hubieran dado a elegir, habría escogido cinco semanas más en el campo de entrenamiento.

Me quedé dormido en la sala Churchill más de una vez.

—¡Usted, señor Gales! ¡Está dormido!

Para cuando nos entraba el sueño nos aconsejaron dar saltos, a fin de aumentar el riego sanguíneo. Aunque era un método controvertido. Al ponerte de pie estabas informando al instructor que él o ella era un aburrimiento. ¿De qué humor estaría cuando tuviera que corregir tu próximo trabajo?

Las semanas se solapaban. La novena semana —¿o fue la décima?—, aprendimos a usar la bayoneta. Era una mañana ventosa. Fue en un campo de Castlemartin, en Gales. Los sargentos instructores ponían a todo volumen su atronadora música punk para despertar al animal que llevábamos dentro y luego nos lanzábamos a la carrera contra muñecos de arena, con las bayonetas en alto, destrozándolos y gritando: «¡Matar! ¡Matar! ¡Matar!».

Cuando soplaban los silbatos, el ejercicio había «terminado», pero algunos chavales no podían parar. Seguían clavando las bayonetas y acuchillando sus muñecos. Un rápido vistazo al lado oscuro de la naturaleza humana. Luego todos nos reíamos y fingíamos no haber visto lo que acababa de suceder.

Duodécima semana —¿o tal vez fuera la decimotercera?—, tocaban las armas y las granadas. Yo era un buen tirador. Había estado disparando a conejos, palomas y ardillas con una carabina del calibre 22 desde que tenía doce años.

Pero en ese momento mejoré.

Y mucho.

56

A finales de verano nos enviaron a Gales y nos sometieron a un severo ejercicio llamado «tramo largo». Una marcha sin descanso, consistente en caminar y correr por terreno difícil durante varios días, subiendo y bajando por zonas rurales yermas, con una carga de equipamiento atada a la espalda, equivalente al peso de un adolescente. Y lo que era peor, Europa sufría una histórica ola de calor, y nos pusimos en marcha en la cresta de la ola, el día más caluroso del año.

Un viernes. Nos dijeron que el ejercicio seguiría hasta el domingo por la noche.

A última hora del sábado, durante nuestro único descanso obligado, dormimos en sacos, en un camino de tierra. Transcurridas dos horas, nos despertó un trueno y una lluvia torrencial. Yo estaba en un equipo de cinco cadetes y nos levantamos, miramos hacia la lluvia y bebimos las gotas de agua. Fue una sensación maravillosa. Pero nos mojamos. Y era la hora de retomar la marcha.

Calados hasta los huesos, con la lluvia que caía, la marcha se transformó en algo muy distinto. Íbamos gruñendo, jadeando, rugiendo, resbalando. Poco a poco sentí que mi determinación iba esfumándose.

En una parada momentánea, en un puesto de control, sentí que me ardían los pies. Me senté en el suelo, me quité la bota y el calcetín derechos y vi que tenía en carne viva la planta del pie.

Pie de trinchera.

El soldado que tenía a mi lado sacudió la cabeza.

—Mierda, no puedes seguir.

Me quedé abatido. Aunque confieso que también aliviado.

Estábamos en un camino rural. En un campo cercano había una ambulancia. Yo caminé tambaleante en su dirección. Cuando ya estaba cerca, los técnicos sanitarios me levantaron para subirme al vehículo por la plataforma trasera. Me examinaron los pies y dijeron que la marcha había acabado para mí.

Asentí en silencio y me dejé caer, despatarrado.

Mi equipo estaba preparándose para marchar.

—Adiós, muchachos. Os veré en el campo.

Sin embargo, justo en ese momento, apareció uno de los sargentos instructores. El sargento Spence. Pidió hablar conmigo. Bajé de un salto por la plataforma trasera de la ambulancia y avancé cojeando a su lado hasta un árbol cercano.

Con la espalda apoyada en el tronco, me habló con tono sereno. Era la primera vez en meses que no me gritaba.

—Señor Gales, tiene por delante un último empujón. Le quedan literalmente unos diez o doce kilómetros, eso es todo. Lo sé, lo sé, tiene los pies hechos una mierda, pero le sugiero que no abandone. Sé que puede hacerlo. Usted sabe que puede hacerlo. Un empujón. Jamás se lo perdonará a sí mismo si no lo hace.

Y se alejó caminando.

Yo volví renqueante a la ambulancia y pedí toda la cinta de óxido de zinc que tuvieran. Me vendé los pies con fuerza y volví a embutirlos en las botas.

Colina arriba, colina abajo, yo seguí adelante, intentando pensar en cosas que me distrajeran de la agonía. Nos acercamos a un arroyo. Pensé que el agua helada sería una bendición. Pero no. Lo único que sentí fueron las piedras del lecho clavándoseme en la piel en carne viva.

Los últimos seis kilómetros están entre los pasos más difíciles que he dado en este planeta. Cuando cruzamos la línea de meta empecé a hiperventilar por el alivio.

Una hora después, de regreso en el campo de entrenamiento,

todo el mundo se puso las deportivas. Durante los días posteriores, nos movíamos por los barracones arrastrando los pies, como ancianos.

Pero éramos ancianos orgullosos.

En algún momento, me acerqué cojeando al sargento instructor Spence y le di las gracias.

Él me sonrió tímidamente y se alejó.

57

A pesar de estar agotado, a pesar de sentirme un poco solo, era feliz. Estaba más en forma que nunca, pensaba y veía con más claridad que en toda mi vida. El sentimiento era parecido al descrito por las personas que ingresan en una orden monástica. Todo parecía iluminado.

Como en el caso de los monjes, cada cadete tenía su propia celda. La estancia debía estar en perfecto estado de revista a todas horas. Nuestras pequeñas camas debían estar hechas: bien hechas. Nuestras botas negras debían estar lustradas: relucientes como pintura húmeda. La puerta de la celda debía estar abierta y apuntalada, siempre. Aunque estaba permitido cerrarla de noche, los sargentos instructores podían entrar en cualquier momento, y a menudo lo hacían.

Algunos cadetes se quejaban con amargura: «¡No tenemos privacidad!».

Eso me hacía reír. ¿Privacidad? ¿Qué es eso?

Al final de cada jornada, me sentaba en mi celda, pulía las botas, escupiendo en ellas, frotándolas y consiguiendo que fueran espejos en los que se reflejara mi cabeza rapada. No importaba en qué institución cayera: al parecer, un corte de pelo trágicamente feo era lo primero que me tocaba. Luego escribía un mensaje de texto a Chels. (Me permitieron conservar el móvil por razones de seguridad). Algunas veces le contaba cómo iban las cosas, o le decía que la echaba de menos. A continuación prestaba el móvil a cualquier otro cadete que quisiera mandar un mensaje a su novia o novio.

Después apagaban las luces.

Ningún problema. Ya no me daba miedo, ni por asomo, la oscuridad.

58

Ya era oficial. Ya no era el príncipe Harry. Era el segundo teniente Gales del Regimiento Blues and Royals, segundo regimiento más antiguo del Ejército británico, perteneciente a la caballería de la Guardia Real y Guardia del monarca.

La ceremonia de «graduación», como la llamaban, tuvo lugar el 12 de abril de 2006.

Cerca de mí estaban mi padre y Camila, mi abuelo, Tiggy y Marko.

Y mi abuela, claro.

Hacía décadas que ella no asistía a una ceremonia de tales características, por eso su aparición fue todo un honor. Sonrió, para que todo el mundo lo viera, cuando pasé marchando ante ella.

Y Willy me dedicó un saludo militar. En ese momento, él también estaba en Sandhurst. Era un compañero cadete. (Había empezado después que yo, porque, antes, había ido a la universidad). No podía recurrir a su típica actitud cuando estábamos compartiendo una institución, no podía fingir no conocerme, o habría sido un insubordinado.

Durante un breve instante, el Repuesto superó en rango al Heredero.

Mi abuela pasó revista a las tropas. Cuando llegó a mi altura, me dijo: «Ah, hola».

Yo sonreí y me sonrojé.

La ceremonia de graduación fue seguida por la interpretación de «Auld Lang Syne», y luego el general adjunto subió con su caballo blanco las escalinatas del Old College.

Al final se ofreció un almuerzo en el Old College. Mi abuela pronunció un bonito discurso. A medida que el día iba apagándose, los adultos se marcharon y empezó la fiesta de verdad. Una noche de mucha bebida y risas desternillantes. Mi acompañante era Chels. Al final, de hecho, celebramos una segunda graduación, la del alcohol. Me desperté a la mañana siguiente con una sonrisa de oreja a oreja y un ligero dolor de cabeza.

Siguiente parada, me dije mientras me afeitaba frente al espejo, Irak.

Más específicamente: el sur de Irak. Mi unidad iba a relevar a otra unidad que había pasado meses realizando un reconocimiento avanzado de la zona. Era una misión peligrosa, ya que había que esquivar constantemente a los francotiradores y los artefactos explosivos improvisados colocados en la carretera. En ese mismo mes habían sido abatidos diez soldados británicos. En los seis meses anteriores, cuarenta.

Sopesé cómo me sentía. No estaba asustado. Estaba comprometido. Estaba impaciente. Pero, además, la guerra, la muerte, cualquier cosa era mejor que quedarme en el Reino Unido, que era, en sí mismo, otro tipo de batalla. Hacía poco tiempo, los periódicos habían difundido una historia sobre un mensaje de voz que me había enviado Willy fingiendo ser Chels. También habían publicado una noticia diciendo que yo le había pedido ayuda a JLP para un trabajo de investigación de Sandhurst. Ambas noticias, por una vez, eran ciertas. La cuestión era: ¿cómo podía conocer la prensa detalles tan privados de mi vida?

Eso me ponía paranoico. Y a Willy también. Nos hacía pensar en la supuesta locura de mi madre desde una perspectiva muy distinta.

Empezamos a analizar de cerca a nuestro círculo más cercano, a cuestionar a los amigos en quienes más confiábamos y en sus amigos. ¿Con quién habían hablado? ¿A quién le habían hecho confidencias? Nadie estaba fuera de sospecha porque nadie podía estarlo. Dudábamos incluso de nuestros guardaespaldas, y siempre los habíamos adorado. (Joder, en ese momento, yo mismo era un guardaespaldas, el guardián de la reina). Siempre habían sido como hermanos para nosotros. Pero, así las cosas, también eran sospechosos.

Durante una fracción de segundo llegamos a dudar incluso de

Marko. Así de tóxicas se habían vuelto las sospechas. Nadie se libraba. Alguna persona, o personas, muy próxima a mí y a Willy, estaba filtrando información a los periódicos, por eso debía tenerse en cuenta a todo el mundo.

Pensé que sería un alivio estar en una auténtica zona de guerra, donde nada de todo eso fuera parte de mis cálculos diarios.

Pedía, por favor, que me llevaran a un campo de batalla con normas claras de combate.

Donde existiera cierto sentido del honor.

SEGUNDA PARTE

Ensangrentado, pero no postrado

1

El ministro de Defensa británico anunció al mundo en febrero de 2007 mi participación en un despliegue militar; iba a capitanear un escuadrón de tanques ligeros a lo largo de la frontera iraquí, cerca de Basora. Era oficial. Partía a la guerra.

La reacción pública fue peculiar. La mitad de los británicos estaba furiosa y consideraba una locura poner en riesgo la vida del nieto menor de la reina. Sin importar que fuera el Repuesto, no era inteligente enviar a un miembro de la realeza a una zona de guerra. (Era la primera vez en veinticinco años que se hacía algo así).

La otra mitad, no obstante, se alegró muchísimo. ¿Por qué iba a recibir Harry un trato especial? Qué gasto del dinero de los contribuyentes sería entrenar al chico como soldado y no sacarle provecho.

Si muere, pues que muera, decían.

Desde luego ese era el sentir del enemigo. Por supuesto que sí, que nos envíen al chico, fue la respuesta de los insurgentes, que intentaban fomentar una guerra civil en Irak.

Uno de los líderes de la insurgencia presentó una invitación formal digna de una elegante cita para tomar el té.

«Esperamos la llegada del joven príncipe malcriado conteniendo el aliento por la emoción».

El líder de la insurgencia aseguró que había un plan para mí. Habían pensado secuestrarme, y luego decidirían qué hacer conmigo: torturarme, pedir un rescate, matarme...

En aparente contradicción directa con ese plan, concluía su mensaje con la promesa de que el bello príncipe regresaría junto a su abuela «sin orejas».

Recuerdo que, al oírlo, sentí las puntas de las orejas calientes. Retrocedí a la infancia, cuando un amigo sugirió que me operasen las orejas para retraerlas, y así prevenir o corregir la maldición familiar. Me negué en redondo.

Días después, otro líder de la insurgencia invocó a mi madre. Dijo que yo debía aprender de su ejemplo y romper con mi familia. «Rebélate contra los imperialistas, Harry».

O, de no ser así, advirtió, «la sangre de un príncipe se derramará en nuestro desierto».

Me habría preocupado que Chels oyera cualquiera de esas amenazas, pero, como desde que habíamos empezado a salir, ella había sufrido tanto acoso de la prensa, ya había desconectado por completo. Para Chels no existían los periódicos. Y tenía prohibido internet.

El Ejército británico, no obstante, estaba totalmente conectado. Dos meses después de anunciar mi despliegue, el jefe del Ejército, el general Dannatt, lo canceló de golpe. Además de las amenazas públicas de los líderes de la insurgencia, la inteligencia británica averiguó que mi foto había sido distribuida entre un grupo de francotiradores iraquíes, con instrucciones que indicaban que yo era «la madre de todos los objetivos». Esos francotiradores eran la élite: hacía poco que habían abatido a seis soldados británicos. La misión se había vuelto demasiado peligrosa para mí y para cualquiera que tuviera la mala suerte de estar a mi lado. Me había convertido, según la valoración de Dannatt y de otras personas, en un «imán para las balas». Y la razón principal, según argumentó el general, era la prensa. En la declaración pública que hizo anunciando la cancelación de mi despliegue, reprendió a los periodistas por su exagerada cobertura de la noticia, sus desquiciadas especulaciones, que habían «exacerbado» el nivel de amenaza.

El personal de mi padre también emitió un comunicado público, en el que decía que yo estaba «muy disgustado», lo cual era cierto. Estaba destrozado. Cuando me llegó la noticia, me encontraba en el cuartel de Windsor, sentado con mis colegas. Me tomé un rato para recomponerme, y luego les conté las malas noticias. Aunque apenas habíamos pasado unos meses viajando y entrenando juntos, nos habíamos convertido en hermanos de armas, y en ese momento los dejaba solos.

No lo lamentaba solo por mí. Me preocupaba por mi equipo. Algún otro tendría que hacer mi trabajo y yo viviría para siempre con la duda, con la culpa. ¿Y si no les iba bien?

La semana siguiente, varios periódicos informaron de que yo sufría una depresión grave. Uno o dos, no obstante, publicaron que la repentina cancelación de mi despliegue había sido cosa mía. Una vez más, la cantinela del cobarde. Dijeron que, entre bambalinas, había presionado a mis superiores para que echaran el cierre.

2

Me planteé dejar el Ejército. ¿Qué sentido tenía seguir perteneciendo a él si no podía ser un soldado de verdad?

Lo hablé con Chels. Ella tenía sentimientos encontrados. Por una parte no podía ocultar su alivio. Por otra, sabía lo mucho que yo quería estar ahí por mi equipo. Sabía que hacía tiempo que sufría el acoso de la prensa y que el Ejército había sido la única salida saludable que había encontrado.

También sabía que yo creía en la misión.

Lo hablé con Willy. Él también estaba dividido. Empatizaba conmigo como soldado. Pero ¿como hermano? ¿Como hermano mayor altamente competitivo? No podía lamentar del todo el giro de los acontecimientos.

La mayor parte del tiempo, Willy yo no queríamos tener nada que ver con la tontería esa del Heredero y el Repuesto. Sin embargo, de vez en cuando, me sorprendía ver que para él sí tenía importancia en cierto sentido. En lo profesional y lo personal le preocupaba el lugar que yo ocupaba, lo que estaba haciendo.

Como no obtuve consuelo por ningún lado, lo busqué en el vodka con Red Bull. Y en el gin-tonic. En esa época me fotografiaron entrando y saliendo de numerosos pubs, clubes y fiestas privadas, a altas horas de la madrugada.

No me gustaba nada despertarme y encontrar una foto mía en la primera plana de un periódico sensacionalista. Pero lo que de verdad no podía soportar era el sonido de una foto siendo disparada. Ese clic, ese ruido horrible por encima del hombro, a mis espaldas o en mi perímetro visual, siempre me había hecho saltar, siempre me había puesto el corazón a mil. Tras mi paso por Sandhurst, me sonaba al amartillamiento de un arma o al despliegue de una navaja. Y entonces, incluso un poco peor, un poco más traumático, llegó ese flash cegador.

Genial, pensé. El Ejército me había capacitado para reconocer mejor las amenazas, para intuirlas, para cargarme de adrenalina ante ellas, y en ese momento me había dejado en la cuneta.

Estaba en una situación nefasta.

De alguna forma, los paparazzi lo sabían. Fue en esa época en la que empecé a pegarme con sus cámaras, que me provocaban deliberadamente. Me rozaban, palmoteaban, empujaban o directamente me sacudían con la esperanza de que reaccionara, esperando que atacara, porque eso les daría una foto mejor y así se embolsarían más dinero. Una foto mía en 2007 podía alcanzar un valor de hasta treinta mil libras. El anticipo de compra de un piso. Pero ¿una foto mía haciendo algo agresivo? Eso podía suponer el anticipo de una casa de campo.

Me metí en una pelea que se convirtió en primicia. Yo acabé con la nariz hinchada, y mi guardaespaldas estaba furioso.

—¡Has hecho ricos a esos paparazzi, Harry! ¿Estás contento?

—¿Contento? —dije yo—. No, no estoy contento.

Los paparazzi siempre habían sido unos personajes grotescos, pero, cuando alcancé la madurez, empeoraron. Podías verlo en sus ojos, en su lenguaje corporal. Eran más obstinados, estaban más radicalizados, tal como se habían radicalizado los hombres jóvenes en Irak. Sus mulás eran los editores, los mismos que habían jurado hacerlo mejor tras la muerte de mi madre. Los editores prometieron públicamente no volver a enviar jamás a sus fotógrafos a perseguir a la gente y, en ese momento, diez años después, volvían a las andadas. Lo justificaban no enviando más a sus propios fotógrafos directamente; en lugar de hacerlo, contrataban a agencias de paparazzi que enviaban a los fotógrafos, que era exactamente lo mismo. Los editores seguían incitando a matones y buscavidas con cuantiosas recompensas por acosar a la familia real, o a cualquiera con el infortunio de ser considerado famoso o carne de noticia.

Y a nadie parecía importarle una mierda. Recuerdo salir de un club de Londres y verme rodeado por un enjambre de veinte paparazzi. Me rodearon, luego rodearon el coche de policía en el que me subí: se abalanzaban sobre el capó, todos tapándose la cara con bufandas de equipos de fútbol y con la capucha puesta, el uniforme internacional de los terroristas. Fue uno de los momentos más aterradores de mi vida, y sabía que a nadie le importaba. «Es el precio que hay que pagar», decía la gente, aunque yo nunca entendí a qué se referían.

¿El precio de qué?

Tenía una relación muy estrecha con uno de mis guardaespaldas. Billy. Lo llamaba Billy la Roca, porque era duro y sólido como una piedra. Una vez apartó de un golpe una granada que alguien me lanzó desde la multitud. Por suerte, resultó ser un artefacto falso. Le prometí a Billy que no volvería a arremeter contra ningún otro paparazzi. Pero tampoco podía limitarme a pasar como si nada junto a sus emboscadas. Así que, cuando salíamos de un club, dije:

—Vas a tener que meterme en el maletero del coche, Billy.

Me miró atónito.

—¿En serio?

—Es la única forma de no sentir la tentación de abalanzarme sobre ellos y tampoco podrán sacar dinero conmigo.

En ambos casos, salía ganando.

No le conté a Billy que era algo que mi madre solía hacer.

Aquello fue el principio de una curiosa rutina entre nosotros. Cuando salíamos de un pub o de un club en 2007, yo hacía que el coche estacionara en un callejón trasero o en algún aparcamiento, me metía en el maletero y dejaba que Billy lo cerrara. Me quedaba ahí tumbado, en la oscuridad, con las manos cruzadas sobre el pecho, mientras Billy y otro guardaespaldas me trasladaban a casa. Me sentía como en un ataúd. Y me daba igual.

3

Para conmemorar el décimo aniversario del fallecimiento de nuestra madre, Willy y yo organizamos un concierto en su honor. La recaudación sería destinada a sus obras de beneficencia favoritas y a una causa benéfica que yo acababa de emprender: Sentebale. Su misión: la lucha contra el VIH en Lesoto, especialmente entre los niños. (*Sentebale* es la palabra en lengua sesoto para «nomeolvides», la flor favorita de mi madre).

Mientras planificábamos el concierto, Willy y yo mantuvimos las emociones a raya. Nos centramos en el trabajo. «Es por el aniversario, tenemos que hacerlo, hay un millón de detalles que solucionar y punto». El recinto debía ser lo bastante grande (el estadio de Wembley), las entradas debían tener un precio adecuado (cuarenta y cinco libras) y los intérpretes debían ser de primera (Elton John, Duran Duran, P. Diddy). Pero la noche del evento, mientras estábamos entre bambalinas, contemplando todos esos rostros, sintiendo la energía pulsante, esa acumulación de amor y nostalgia por nuestra madre, nos desmoronamos.

Entonces Elton salió a escena. Se sentó en un piano de cola y el público enloqueció. Le pedí que cantara «Candle in the Wind», pero él dijo que no, que no quería ponerse macabro. En lugar de esa escogió «Your Song».

I hope you don't mind
That I put down in words
*How wonderful life is while you're in the world.**

* «Espero que no te importe / que exprese con palabras / lo maravillosa que es la vida si tú estás en el mundo». *(N. de los T.).*

La cantó con un brillo en la mirada y sonriendo, radiante gracias a los buenos recuerdos. Willy y yo intentamos mantener el mismo ánimo, pero entonces empezaron a aparecer fotos de nuestra madre en la pantalla. En cada una de ellas estaba más espectacular. Pasamos de desmoronarnos a dejarnos llevar por la emoción.

Cuando acabó la canción, Elton se levantó de un salto y nos presentó.

—¡Sus altezas reales, el príncipe William y el príncipe Harry!

El aplauso fue ensordecedor como nunca lo habíamos oído. Nos habían aplaudido en la calle, en los partidos de polo, en desfiles y óperas, pero jamás en un lugar con tanta resonancia ni en un contexto tan cargado de emotividad. Willy salió a escena y yo lo seguí; ambos llevábamos americana y el cuello de la camisa desabrochado, como si fuéramos al baile del colegio. Ambos estábamos terriblemente nerviosos. No estábamos acostumbrados a hablar en público de ningún tema, pero menos todavía de nuestra madre. (De hecho, no estábamos acostumbrados ni siquiera a hablar en privado sobre ella). Sin embargo, al encontrarnos frente a sesenta y cinco mil personas y a otros quinientos millones viéndonos en directo desde ciento cuarenta países, nos quedamos paralizados.

A lo mejor esa fue la razón por la que en realidad... ¿no dijimos nada? Ahora veo el vídeo y resulta impactante. Ese era el momento, quizá el único, para describirla, para ahondar en nuestros sentimientos y encontrar las palabras para recordar al mundo sus admirables cualidades, esa magia que solo se da una vez en un milenio, su desaparición... Pero no lo hicimos. No estoy sugiriendo que hubiéramos debido hacerle un homenaje formal, aunque quizá sí un pequeño tributo personal.

No hicimos nada de eso.

Todavía nos sobrepasaba, todavía nos dolía demasiado.

Lo único que dije que fue auténtico, que me salió del alma, fue un reconocimiento público a los muchachos de mi equipo.

—También me gustaría aprovechar la oportunidad para saludar a los chicos del escuadrón A, de la caballería de la Guardia Real, que están sirviendo en Irak en este momento. Me gustaría estar allí con vosotros. ¡Siento no poder estar! Pero, a vosotros, y a todos los destinados a operaciones en este momento, ambos os queremos decir: ¡manteneos a salvo!

4

Días después me encontraba en Botsuana, con Chels. Habíamos ido a ver a Teej y a Mike. Adi también estaba allí, la primera vez que coincidían en un mismo lugar aquellas cuatro personas tan especiales para mí. Era como si hubiera llevado a Chels a casa para presentarle a mis padres y a mi hermano. Todos sabíamos que se trataba de un paso muy importante.

Por suerte, Teej, Mike y Adi se quedaron prendados de ella, y Chels fue testigo de lo mucho que ellos significaban para mí.

Una tarde, estábamos preparándonos para salir a dar un paseo cuando Teej empezó a atosigarme.

—¡Llévate un gorro!

—Que sí.

—¡Y crema solar! ¡Mucha crema solar! ¡Con lo blanco que eres vas a quemarte, Spike!

—Vale, vale.

—Spike...

—Que sí, mami.

Se me escapó, sin más. Lo oí y me quedé callado. Teej lo oyó y se quedó callada. Pero no me corregí. Teej parecía sorprendida, pero también emocionada. Igual que yo. Y empecé a llamarla «mami» a partir de entonces. Me encontraba cómodo haciéndolo. Y ella lo agradecía. Aunque siempre me dirigía a Teej como «mami», nunca como «mamá».

Mamá solo había una.

En general, la visita estuvo muy bien. Aunque el estrés nunca me abandonaba, lo cual se hacía evidente en lo mucho que bebía.

Durante aquellos días, Chels y yo alquilamos un barco para navegar por el río y lo que más recuerdo son el Southern Comfort y la sambuca. (Sambuca Gold por el día, Sambuca Black por la noche). Por las mañanas me despertaba con la cara pegada a la almohada y la sensación de no tener la cabeza unida al cuello. Estaba disfrutando, sí, pero también sobrellevaba a mi manera una mezcla de rabia y culpabilidad por no estar en la guerra, por no estar al frente de mis muchachos. Y no lo llevaba bien. Ninguno dijo nada, ni Chels, ni Adi, ni Teej, ni Mike. Quizá no lo vieran. Es probable que se me diera bien disimular. Visto desde fuera, quizá todo aquel exceso con la bebida se confundiera con estar de fiesta. En realidad, era lo que me decía a mí mismo, pero en el fondo sabía que no era cierto.

Tenía que hacer algo. No podía seguir de aquella manera.

Así que tan pronto como regresé a Gran Bretaña solicité reunirme con mi superior, el coronel Ed Smyth-Osbourne.

Admiraba al coronel Ed. Me fascinaba. Estaba hecho de otra pasta. Pensándolo bien, nunca había conocido a nadie hecho de una pasta que siquiera se le pareciera. Los ingredientes básicos eran distintos: hierro viejo, lana de acero, el coraje de un león. Igual que su aspecto. Tenía el rostro alargado, caballuno, pero sin la delicadeza equina, y unas ostensibles patillas. De ojos grandes y mirada serena cargada de sabiduría y estoicismo. Los míos, por el contrario, seguían enrojecidos por el desenfreno de Okavango y los dirigía a todas partes con nerviosismo mientras le lanzaba mi discurso.

—Coronel, necesito volver a estar operativo como sea o tendré que dejar el Ejército.

No sé si el coronel Ed se tomó en serio mi amenaza. Ni siquiera sé si yo mismo lo decía en serio. Aun así, el coronel Ed no podía permitirse pasarla por alto ni política, ni diplomática ni estratégicamente. Contar con un príncipe entre las filas era una gran ventaja desde el punto de vista de las relaciones públicas, una herramienta de reclutamiento poderosa. El coronel Ed era muy consciente de que, si me iba, era probable que sus superiores hicieran recaer la culpa sobre él, y los superiores de estos también, y así hasta llegar arriba.

En cualquier caso, ese día, lo que vi en él fue verdadera humanidad. El hombre lo entendió. Me comprendía como soldado. No quería ni pensar en la idea de que le impidieran pisar el campo de batalla. Cuando se prestó a ayudarme, lo hizo de corazón.

—Harry, quizá haya un modo...

Dijo que Irak quedaba completamente descartado. Por desgracia.

—Me temo que en eso no hay nada que hacer.

Pero añadió que tal vez podía probarse con Afganistán.

Fruncí el ceño.

—¿Afganistán?

Creí entender que mascullaba que era la «opción más segura».

—Vaaale..., más segura...

¿De qué narices hablaba? Afganistán era quinientas mil veces más peligroso que Irak. En aquellos momentos, el Reino Unido tenía desplegados siete mil soldados en Afganistán, donde participaban en uno de los combates más encarnizados desde la Segunda Guerra Mundial.

Pero ¿quién era yo para llevarle la contraria? Si el coronel Ed creía que Afganistán era más seguro y, además, estaba dispuesto a enviarme allí, genial.

—¿Qué haré en Afganistán, coronel?

—Labores de FAC. Serás controlador aéreo avanzado.

Parpadeé.

Me explicó que era un puesto muy solicitado. Los FAC se encargaban de la coordinación del apoyo aéreo para dar cobertura a los muchachos que estaban sobre el terreno, así como de los ataques aéreos, por no hablar de rescates, evacuaciones médicas, etcétera. No era nada nuevo, desde luego, pero últimamente se había demostrado vital en aquel nuevo estilo de guerra.

—¿Y eso por qué, señor?

—¡Porque los malditos talibanes están en todas partes! ¡Y en ninguna!

Era imposible encontrarlos, se explicó. El terreno era muy accidentado y estaba alejado de todo. Las montañas y los desiertos estaban llenos de túneles y cuevas, era como cazar cabras. O fantasmas. Se necesitaba una vista de pájaro.

Dado que los talibanes carecían de fuerza aérea, ni siquiera de un mísero avión, resultaba sencillo. Nosotros, los británicos, junto con los yanquis, éramos los amos del aire. Y los FAC ayudaban a que esa ventaja fuera aún mayor. Pongamos que un escuadrón estuviera de patrulla y quisiera conocer cuáles eran las amenazas más cercanas. Los FAC recababan la información que les proporcionaban los drones, los pilotos de cazas, los helicópteros y sus portátiles de alta tecnología y componían una imagen de trescientos sesenta grados del campo de batalla.

Pongamos que el mismo escuadrón de pronto cayera bajo fuego enemigo. Los FAC consultaban un menú —Apache, Tornado, Mirage, F-15, F-16, A-10—, solicitaban la aeronave más adecuada para la situación, o la mejor de las que hubiera disponibles, y la guiaban hacia el enemigo. Gracias a un *hardware* de vanguardia, los FAC no solo hacían llover bombas sobre el enemigo, sino que las colocaban sobre sus cabezas, como una corona.

A continuación, me explicó que todos los FAC tenían oportunidad de subir a un Hawk y vivir la experiencia de estar en el aire.

Cuando el coronel Ed terminó de hablar yo estaba salivando.

—Pues FAC, señor. ¿Cuándo parto?

—No tan rápido.

El puesto de controlador aéreo avanzado era un chollo, todo el mundo iba detrás de él, de manera que sería necesario mover algunos hilos. Además, no se trataba de un trabajo sencillo. Tanto la tecnología como la responsabilidad exigían una formación adecuada.

Lo primero es lo primero, dijo. Tendría que pasar por un duro proceso de habilitación.

—¿Dónde, señor?

—En la base aérea de la RAF en Leeming.

—¿En... los valles de Yorkshire?

5

Principios de otoño. Paredes de piedra, campos de cultivo, ovejas paciendo en verdes laderas. Espectaculares acantilados de caliza, peñascos y pedregales. Preciosos brezales salpicados de morado por todas partes. El paisaje no era tan famoso como el del Distrito de los Lagos, más al oeste, pero aun así resultaba imponente y había inspirado a algunos de los más grandes artistas de la historia de Gran Bretaña. Wordsworth, por nombrar a uno. Había conseguido librarme de leer a ese viejo caballero en la escuela, pero en esos momentos pensé que debía de ser condenadamente bueno si pasó algún tiempo por la zona.

Parecía un sacrilegio contemplar este lugar desde los riscos con intención de arrasarlo.

Por descontado se trataba de una aniquilación simulada. No volé ni un solo valle. Aun así, al final del día tenía la sensación de haberlo hecho. Estudiaba el Arte de la Destrucción, y lo primero que aprendí fue que la destrucción tiene una parte creativa. Empieza con la imaginación. Antes de destruir algo hay que visualizarlo destruido, y se me daba bastante bien imaginar los valles como un infierno humeante.

La rutina durante la instrucción era siempre la misma. Levantarse al alba. Un zumo de naranja, un bol de cereales, un desayuno inglés completo y luego directo a los campos. Cuando los primeros rayos de luz asomaban en el horizonte, yo empezaba a hablar con una aeronave, por lo general un Hawk. La aeronave alcanzaba su punto inicial, de cinco a ocho millas náuticas, y luego yo le proporcionaba el objetivo y le indicaba la ruta. La aeronave viraba y comenzaba. Yo la guiaba a través del aire, sobre los campos, usando distintas posiciones de referencia. Bosque en ele. Dique en te. Establo plateado. Me habían aconsejado que, a la hora de elegir dichas referencias, empezara con las grandes, que pasara luego a las medianas y que por fin fuera a por las pequeñas. Imagina el mundo como si fuera una jerarquía, decían. «¿Como una jerarquía dices? Creo que sabré apañármelas».

Cada vez que indicaba una posición de referencia, el piloto respondía: «Conforme».

O: «A la vista». Me gustaba.

Me encantaban la rítmica, la poesía, la salmodia de todo el proceso. Y encontraba significados más profundos en los ejercicios. A menudo pensaba: «Todo se reduce a lo mismo, ¿no? A conseguir que la gente vea el mundo igual que tú. Y que lo repita».

Por lo general, el piloto volaba bajo, a unos ciento cincuenta metros del suelo, a la misma altura del sol en esos primeros momentos de la mañana, pero a veces lo hacía descender tanto que lo obligaba a subir y volver a bajar sobre el perfil del vuelo trazado. Se dirigía hacia mí a la velocidad del sonido, frenaba y ascendía de manera pronunciada en un ángulo de cuarenta y cinco grados. Después de aquello, yo empezaba con una nueva tanda de descripciones y detalles. Cuando el piloto alcanzaba su techo de vuelo y ejecutaba un tonel, cuando se estabilizaba y comenzaba a notar las fuerzas g negativas, veía el mundo exactamente como yo se lo dibujaba y luego descendía en picado.

De pronto él gritaba:

—¡Blanco a la vista! —Y luego—: ¡Atacando!

Y entonces yo contestaba:

—Objetivo eliminado.

Lo cual solo significaba que sus bombas eran fantasmas desvaneciéndose en el aire.

A continuación, imaginaba el estruendo de las explosiones.

Las semanas pasaron volando.

6

Una vez que recibí la instrucción necesaria como FAC, tuve que formarme para el combate, lo cual implicaba dominar veintiocho «controles» de combate distintos.

Un control es básicamente una interacción con una aeronave. Cada control era una representación, una pequeña puesta en escena. Por ejemplo, imaginemos que dos aeronaves entran en tu espacio aéreo. «Buenos días, aquí Dude Cero Uno y Dude Cero Dos. Somos dos F-15 con dos PGM a bordo, además de un JDAM, con noventa minutos en el puesto de patrulla y nos encontramos a dos millas náuticas al este de su posición a nivel de vuelo 150 listos para misión y control…».

Yo tenía que saber de manera precisa qué estaban diciendo y cómo contestarles con la misma precisión en su propio argot.

Por desgracia, no podía hacerlo en una zona de instrucción habitual. Las zonas habituales, como la llanura de Salisbury, estaban demasiado a la vista de todos. Alguien se percataría de mi presencia, avisaría a la prensa, mi tapadera se iría al traste y volveríamos a estar en las mismas. Por ese motivo, el coronel Ed y yo decidimos que tendría que aprender los controles en un lugar alejado de todo, en un lugar como...

Sandringham.

Los dos sonreímos ante la idea. Y luego nos echamos a reír.

El último sitio en el que nadie imaginaría que el príncipe Harry se prepararía para el combate. En la propiedad campestre de mi abuela.

Me alojaba en un pequeño hotel cerca de Sandringham, el Knights Hill. Lo conocía de toda la vida, había pasado en coche por delante un millón de veces. Cada vez que íbamos a ver a la abuela por Navidad, nuestros guardaespaldas dormían allí. Habitación individual: cien libras.

En verano, el Knights Hill solía estar lleno gracias a los observadores de aves y las bodas. Pero en aquellos momentos, en otoño, apenas había nadie.

Adoraba aquella privacidad, que habría sido completa de no ser por la señora mayor del pub del hotel, que me miraba con ojos desorbitados cada vez que me veía pasar por allí.

Solo, casi anónimo, mi existencia se reducía a una única tarea y, además, me resultaba interesante, estaba que no cabía en mí de dicha. Intentaba que no se me notara cuando llamaba a Chelsy por las noches, pero ese tipo de felicidad es difícil de ocultar.

Recuerdo una conversación difícil. ¿Qué estábamos haciendo? ¿Hacia dónde iba lo nuestro?

Ella sabía que la quería mucho. Pero se sentía invisible. «No soy un blanco a la vista».

Chelsy sabía lo desesperado que estaba por ir a la guerra. ¿De verdad no podía perdonarme que estuviera un poco distante? No supe qué contestar.

Le expliqué que aquello era lo que necesitaba hacer, lo que había deseado toda mi vida, y que quería volcarme en ello en cuerpo y alma. Si eso significaba que quedaba menos cuerpo y menos alma para otras cosas u otras personas, bueno... Lo sentía.

7

Mi padre sabía que estaba en el Knights Hill y lo que pretendía. Y además se encontraba a dos pasos de allí, en Sandringham, pasando una temporada. Aun así, nunca se había dejado caer por el hotel. Supongo que quería darme espacio.

Además, continuaba disfrutando de su nuevo estado de recién casado, a pesar de que hacía más de dos años de la boda.

Un día, alzó la vista hacia el cielo, vio una aeronave Typhoon haciendo pases rasantes sobre el rompeolas y se imaginó que se trataba de mí. Se montó en su Audi y vino a verme.

Me encontró en las marismas, en un quad, hablando con un Typhoon a varios kilómetros de distancia. Mientras esperaba a que la aeronave apareciera sobre nuestras cabezas, estuvimos charlando un rato. Dijo que se notaba que se me daba bien, pero, sobre todo, que se veía que estaba trabajando duro y que eso le gustaba mucho.

Mi padre siempre había sido un trabajador nato. Creía en el trabajo. Solía decir que todo el mundo debía trabajar. Aunque su trabajo también era una especie de religión, estaba completamente volcado en salvar el planeta. Llevaba décadas luchando para concienciar a todo el mundo sobre el cambio climático, infatigable, a pesar de las burlas crueles de la prensa, que lo tildaban de exagerado y catastrofista. No sé cuántas veces, ya entrada la noche, Willy y yo lo encontrábamos sentado a su escritorio entre montañas de sacas azules de correos, su correspondencia. En más de una ocasión lo habíamos descubierto con la cara apoyada en la mesa, profundamente dormido. Lo zarandeábamos con suavidad y él levantaba de pronto la cabeza, con un trozo de papel pegado en la frente.

Además de la importancia del trabajo, también creía en la magia de volar. Al fin y al cabo, era piloto de helicóptero, por lo que disfrutaba viendo cómo dirigía esos reactores sobre las marismas a velocidades de vértigo. Comenté que los pobres habitantes de Wolferton no compartían su entusiasmo. Un reactor de diez toneladas rugiendo por encima de sus tejados no levantaba pasiones precisamente. La base aérea de la RAF en Marham había recibido docenas de quejas. Se suponía que Sandringham era una zona de exclusión aérea.

Todas las quejas recibían respuesta: la guerra es así.

Me encantaba ver a mi padre, sentir lo orgulloso que estaba de mí, y sus elogios me levantaron el ánimo, pero tenía que seguir trabajando. Me encontraba en medio de un control, no podía decirle al Typhoon que por favor esperara un momento.

—Claro, claro, mi querido hijo, a trabajar se ha dicho.

Se alejó en el coche. Mientras avanzaba por la carretera, le dije al Typhoon:

—Nuevo objetivo. Audi gris. Se dirige al sudeste desde mi posición. Hacia un establo grande y plateado orientado este-oeste.

El Typhoon siguió a mi padre, pasó por encima de él en vuelo rasante, a punto de hacer añicos las ventanillas del Audi.

Pero le perdoné la vida en el último momento. A mi orden.

El caza prosiguió para reducir a cenizas un establo plateado.

8

Inglaterra se había metido en la semifinal de la Copa Mundial de Rugby de 2007. Nadie lo hubiera imaginado. Nadie había apostado por que Inglaterra llegara a ninguna parte y de pronto estaban a las puertas de ganarlo todo. La fiebre del rugby se propagó entre millones de ciudadanos británicos, yo entre ellos.

De ahí que, cuando ese octubre me invitaron a la semifinal, no lo dudé. Acepté de inmediato.

Además, ese año, la semifinal se celebraba en París, una ciudad en la que nunca había estado.

La Copa Mundial puso un chófer a mi disposición y, la primera noche en la Ciudad de la Luz, le pregunté si conocía el túnel donde mi madre...

Vi cómo abría los ojos en el retrovisor.

Era irlandés, con cara de buena persona, y no me resultó difícil adivinar sus pensamientos: «Pero ¿qué cojones? No me han contratado para esto».

Le dije que el túnel se llamaba Pont de l'Alma.

Sí, sí. Lo conocía.

—Quiero atravesarlo.

—¿Quiere atravesar el túnel?

—A ciento cinco kilómetros por hora, para ser precisos.

—¿Ciento cinco?

—Sí.

La velocidad exacta a la que supuestamente iba el coche de mi madre, según la policía, en el momento del accidente. No a más de ciento noventa kilómetros por hora, como en un principio había informado la prensa.

El conductor miró hacia el asiento del acompañante. La Roca asintió muy serio.

—Adelante.

Billy añadió que, si alguna vez revelaba a cualquier otro ser humano lo que le habíamos pedido que hiciera, lo encontraríamos y entonces tendría que hacer frente a las consecuencias.

El chófer asintió con solemnidad.

Y hacia allí nos dirigimos, sorteando el tráfico, pasando por delante del Ritz, donde mi madre cenó por última vez aquella noche de agosto con su novio. Llegamos a la boca del túnel y continuamos embalados, salvamos el resalto a la entrada del túnel, el bache que supuestamente hizo que el Mercedes de mi madre se desviara de su rumbo.

Pero el resalto no fue nada. Apenas lo notamos.

Cuando el coche entró en el túnel, me incliné hacia delante, vi que la luz adoptaba un tono anaranjado desvaído, vi las columnas de cemento desfilar por mi lado a toda velocidad. Las conté, conté mis latidos, y en cuestión de segundos salimos por el otro lado.

Me recosté en el asiento.

—¿Ya está? —dije en voz baja—. No es... nada. Un túnel recto, nada más.

Siempre había imaginado que se trataría de un paso peligroso en el que había que prestar mucha atención, pero era un simple túnel, corto y sin mayores complejidades.

—No se explica que alguien pueda morir ahí dentro.

El conductor y la Roca no contestaron.

Me volví hacia la ventanilla.

—Otra vez.

El conductor me miró fijamente por el retrovisor.

—¿Otra vez?

—Sí. Por favor.

Volvimos a atravesarlo.

—Es suficiente. Gracias.

Había sido una pésima idea. Había tenido malas ideas a lo largo de mis veintitrés años, muchas, pero aquella se llevaba la palma. Me dije que solo lo hacía para cerrar aquel capítulo, pero no era cierto. En el fondo, lo que esperaba sentir en aquel túnel era lo que había sentido cuando JLP me había dado los informes policiales: desconfianza. Duda. Sin embargo, aquella fue la noche en que todas las dudas se disiparon.

«Está muerta —pensé—. Dios mío, se ha ido para siempre de verdad».

Desde luego encontré el cierre que supuestamente buscaba. Eso y mucho más. Y ya no habría vuelta atrás.

Esperaba que atravesar el túnel en coche acabara con el dolor, con aquella década de dolor constante, o que al menos me proporcionara un respiro. En cambio, dio paso al inicio del Dolor, segunda parte.

Era cerca de la una de la mañana. El chófer nos dejó a Billy y a mí en un bar, donde bebí sin parar. Conocí a unos tipos con los que estuve bebiendo y metiéndome, buscando pelea. Cuando nos echaron del pub y la Roca me llevó de vuelta al hotel, también intenté pelearme con él. Le grité en la cara, quise pegarle, le di palmetazos en la cabeza.

Apenas se inmutó. Simplemente frunció el ceño, como un padre con una paciencia de santo.

Le pegué de nuevo. Le tenía aprecio, pero quería hacerle daño.

Ya me había visto antes de aquella manera. Una vez, tal vez dos. Oí que le decía a otro guardaespaldas que menuda nochecita les estaba dando el niño.

Vaya, conque el niño. Ya te daré yo a ti el niño.

No sé cómo, Billy y el otro guardaespaldas me subieron a mi habitación y me metieron en la cama. Pero después de que se fueran, volví a levantarme.

Miré a mi alrededor. El sol empezaba a salir. Me asomé al pasillo. Había un guardaespaldas en una silla, junto a la puerta, pero estaba profundamente dormido. Pasé por su lado de puntillas, me metí en el ascensor y salí del hotel.

De todas las normas que regían mi vida, aquella se consideraba la más inviolable. Nunca te separes de tus guardaespaldas. Nunca te aventures tú solo, en ninguna parte, y menos aún en una ciudad extrajera.

Paseé junto al Sena. Entreví los Campos Elíseos a lo lejos. Estuve junto a una noria gigante. Pasé frente a pequeños puestos de libros, frente a gente que tomaba café y comía *croissants*. Fumaba, con la mirada perdida. Tengo el leve recuerdo de que hubo quien me reconoció y se me quedó mirando, pero por suerte aquello fue antes de la era de los smartphones. Nadie se detuvo a sacarme una foto.

Más tarde, después de haber dormido, llamé a Willy y le conté lo de la noche anterior.

No le sorprendió nada de lo ocurrido. Por lo visto, él también había cruzado el túnel.

Iba a ir a París para la final de rugby, así que decidimos repetirlo juntos.

Después, hablamos del accidente por primera vez. De la reciente investigación. Los dos estábamos de acuerdo en que dejaba bastante que desear. El informe final era un insulto. Un despropósito plagado de errores de hecho básicos donde la lógica brillaba por su ausencia. Planteaba más preguntas de las que contestaba.

¿Cómo era posible, nos preguntamos, después de los años que habían pasado, de tanto dinero invertido…?

Especialmente la conclusión del sumario, que el chófer de nuestra madre estaba borracho y, por consiguiente, esa era la única causa del accidente, resultaba simplista y absurda. Aunque el hombre hubiera bebido, aunque hubiera estado como una cuba, no habría tenido ningún problema para conducir por aquel túnel tan corto.

Salvo que lo siguieran unos paparazzi y lo deslumbraran.

¿Por qué se habían ido de rositas aquellos paparazzi?

¿Por qué no estaban en la cárcel?

¿Quién los había enviado? ¿Y por qué esas personas tampoco estaban en la cárcel?

¿Qué otro motivo podía haber salvo que la corrupción y los encubrimientos estuvieran a la orden del día?

Coincidíamos en todas aquellas cuestiones, y también en lo que debíamos hacer a continuación. Emitiríamos un comunicado, solicitaríamos de manera conjunta que se reabriera la investigación. Puede que convocáramos una rueda de prensa.

Quienes deciden nos disuadieron.

9

Un mes después fui a la base aérea de la RAF en Brize Norton y subí a bordo de un C-17. El avión transportaba a docenas de soldados, pero yo era el único polizón. Con ayuda del coronel Ed y JLP, embarqué en secreto y me colé en un pequeño cuarto que había detrás de la cabina de mando sin que nadie me viera.

El cuarto contaba con literas para la tripulación durante los vuelos nocturnos. Cuando se encendieron los grandes motores y la aeronave empezó a deslizarse por la pista de despegue con un rugido, me tumbé en la litera inferior y usé mi pequeña mochila a modo de almohada. En algún lugar de la bodega de carga se encontraba mi macuto, en el que había metido cuidadosamente tres pares de pantalones de camuflaje, tres camisetas limpias, unas gafas de esquí, un colchón hinchable, un pequeño cuaderno y un tubo de crema solar. Más que suficiente. Puedo decir con total sinceridad que no me había dejado nada que necesitara o me importase, salvo unas cuantas joyas de mi madre, la cajita azul con el mechón de pelo y la foto enmarcada en plata que solía tener en mi mesa de Eton, todo lo cual estaba a buen recaudo. Y, por descontado, mis armas. Había entregado mi 9 mm y mi SA80A a un empleado de gesto serio que los había guardado en una maleta metálica que también iba en la bodega. Aquello era lo que más echaba en falta ya que, por primera vez en mi vida, a excepción del tambaleante paseo matutino por París, me aventuraba en el ancho mundo sin guardaespaldas armados.

El vuelo se me hizo eterno. ¿Siete horas? ¿Nueve? No podría precisarlo. Me pareció una semana. Intenté dormir, pero no dejaba de darle vueltas a la cabeza. Me pasé casi todo el viaje con la mirada fija. En la litera de arriba. En mis pies. Escuchaba el ruido de los motores, las conversaciones de los demás soldados que iban a bordo. Repasaba mi vida. Pensaba en mi padre y en Willy. Y en Chels.

La prensa publicó que habíamos roto. (Uno de los titulares rezaba: HAN DEJADO AL SEÑORITO). La distancia y nuestros distintos objetivos vitales habían podido con nosotros. Si mantener una relación en el mismo país era complicado, mi partida hacia la guerra lo convertía en algo inviable. Por supuesto, no era cierto. No habíamos roto. La despedida de Chels había sido tierna y emotiva y me había prometido que me esperaría.

Por eso mismo Chels sabía que no debía prestar atención a lo que dijo la prensa acerca de cómo había reaccionado yo ante la ruptura. Según publicaron, había ido de bar en bar poniéndome fino a vodkas antes de meterme con paso tambaleante en el coche que estaba esperándome. De hecho, un periódico incluso llegó a preguntar a la madre de un soldado que había muerto en combate recientemente qué pensaba acerca de que yo apareciera en público en estado de embriaguez.

(No le parecía bien).

«Si muero en Afganistán —me dije—, al menos no tendré que volver a ver más titulares falsos ni leer más mentiras flagrantes sobre mí».

Reflexioné mucho sobre la muerte durante ese vuelo. ¿Qué

significaría? ¿Me importaba? Me imaginé mi funeral. ¿Sería un funeral de Estado? ¿Privado? Imaginé los titulares: «Chao, Harry».

¿Cómo me recordaría la historia? ¿Por los titulares? ¿O por quien era en realidad?

¿Caminaría Willy tras mi ataúd? ¿Y el abuelo? ¿Y mi padre?

Antes de que embarcara, JLP me hizo tomar asiento y me dijo que debía actualizar el testamento. «¿El testamento? ¿En serio?».

Si ocurría algo, dijo, la Casa Real necesitaba saber qué quería que se hiciera con mis pertenencias y dónde deseaba que... se me enterrara. Me lo planteó de manera directa y con absoluta tranquilidad, como cuando le preguntas a alguien dónde le gustaría ir a comer. Tenía un don especial para esas cosas. La realidad era la que era, ¿para qué andarse con rodeos?

Aparté la mirada. No se me ocurría ningún sitio donde quisiera pasar lo que hubiera después. No se me ocurría ningún sitio que considerara sagrado, aparte de Althorp, tal vez, y eso quedaba descartado por completo. Así que dije: «¿Frogmore?».

Era bonito, y estaba ligeramente apartado del mundo. Tranquilo.

JLP asintió. Se ocuparía de todo.

En medio de esos pensamientos y recuerdos conseguí echar una cabezada y cuando volví a abrir los ojos descendíamos hacia la base aérea de Kandahar.

Había llegado el momento de ponerse el equipo de protección. El momento de ponerse el kevlar.

Esperé a que desembarcara todo el mundo, momento en el que unos tipos de las Fuerzas Especiales aparecieron en el cuarto. Me devolvieron mis armas y me entregaron un vial de morfina, que debía llevar siempre conmigo. Estábamos en un lugar donde el dolor, las heridas y los traumatismos estaban a la orden del día. Me hicieron descender del avión sin perder tiempo para subir a un 4×4 con ventanillas tintadas y asientos polvorientos en el que nos dirigimos a otra parte de la base, a un barracón en el que entramos apresuradamente.

Vacío. No había ni un alma. «¿Dónde se ha metido la gente? Joder, ¿se ha declarado la paz mientras estaba en el aire?».

No, toda la base estaba fuera en una misión.

Miré a mi alrededor. Por lo visto estaban a mitad de comer cuando habían tenido que irse. Las mesas estaban cubiertas de cajas de pizza medio vacías. Intenté recordar lo que había comido en el vuelo. Nada. Empecé a engullir trozos de pizza fría.

Hice mi examen en simulador, la última barrera previa a conseguir mi habilitación en el puesto de trabajo. Poco después, subí a un Chinook y me trasladaron a un puesto avanzado mucho más pequeño, a unos ochenta kilómetros de allí. La base de operaciones avanzada Dwyer. Un nombre largo y rimbombante para algo que a duras penas era más que un castillo de arena hecho con sacos.

Vino a buscarme un soldado cubierto de polvo que había recibido órdenes de enseñarme las instalaciones.

—Bienvenido a Dwyer.

—Gracias.

Le pregunté por qué se llamaba así la base.

—Por uno de nuestros chicos. Muerto en combate. El vehículo topó con una mina terrestre.

El breve paseo dejó claro que Dwyer era incluso más espartano de lo que parecía desde el Chinook. No había calefacción, muy poca luz y el agua escaseaba. Tenía hecha la instalación, más o menos, pero las cañerías solían atascarse o helarse. También había un edificio que pretendía ser el «pabellón de las duchas», pero me avisaron de que lo usara por mi cuenta y riesgo.

—Básicamente —me dijo mi guía durante la visita—, renuncias a ir limpio y te centras en no pasar frío.

—¿Tanto frío hace aquí?

Intentó no reírse.

Dwyer daba cabida a unos cincuenta soldados, casi todos del regimiento de artillería y de la caballería de la Guardia Real. Los fui conociendo de dos en dos o de tres en tres. Todos tenían el pelo de color arena, con lo cual me refiero a que lo llevaban apelmazado de arena. El rostro, el cuello y las pestañas, todo estaba incrustado de arena. Parecían filetes de pescado empanados antes de freír.

Al cabo de una hora yo también tenía el mismo aspecto.

Todos y todo en Dwyer estaba o cubierto de arena o salpicado de arena o pintado de color arena. Y más allá de las tiendas de color arena, de los sacos de arena y de los terraplenes de arena, había un mar infinito de... arena. Fina, muy fina, como polvo de talco. Los muchachos pasaban gran parte del día con la mirada fija en ella. Así que, tras acabar la visita, después de que me asignaran un catre y me dieran algo de comer, me uní a ellos.

Nos decíamos que vigilábamos por si aparecía el enemigo, y supongo que era lo que hacíamos, pero es imposible contemplar toda esa arena sin pensar también en la eternidad. Era como si aquel océano cambiante, aquellos remolinos y tolvaneras te hablaran del lugar minúsculo que ocupabas en el universo. Polvo eres y en polvo te convertirás. Incluso cuando me retiraba para irme a tumbar a mi catre y empezaba a dormirme, la arena ocupaba todos mis pensamientos. La oía allí fuera, manteniendo conversaciones entre susurros con ella misma. La notaba en la boca. En los ojos. Soñaba con ella.

Y, cuando me despertaba, podía masticarla.

10

En mitad de Dwyer habían colocado un poste altísimo, una especie de columna de Nelson improvisada, en el que había clavadas docenas de flechas que apuntaban en todas direcciones. Cada flecha llevaba pintado el nombre del lugar que los soldados de Dwyer consideraban su hogar.

Sídney, Australia 11.624 km

Glasgow 5.880 km

Bridgwater Somerset 5.809 km

Esa primera mañana, al pasar junto al poste, se me ocurrió que quizá también debería añadir el mío.

Clarence House 5.561 km

Seguro que arrancaría algunas risas.

Pero no. De la misma manera que nadie tenía ganas de atraer la atención de los talibanes, yo tampoco tenía ganas de atraer la de mis compañeros reclutas. Mi objetivo principal era pasar desapercibido.

Una de las flechas apuntaba hacia «los Cañones», dos cañones de 105 mm situados en la parte trasera del inútil pabellón de las duchas. Casi a diario, varias veces al día, Dwyer disparaba aquellos cañones, lanzaba proyectiles gigantescos en una parábola humeante hacia las posiciones talibanes. El ruido te helaba la sangre, te freía el cerebro. (Un día los dispararon al menos un centenar de veces). Supe que continuaría oyendo ecos de aquel sonido el resto de mi vida, que resonaría para siempre en alguna parte de mi ser. Y que tampoco olvidaría el silencio abrumador que se instalaba cuando los cañones dejaban de disparar definitivamente.

11

La sala de operaciones era un cuchitril envuelto en camuflaje de desierto. El suelo era de un plástico grueso y negro formado por piezas que encajaban entre ellas, como un puzle, que producía un ruido raro al pisarlo. Lo más interesante de la habitación, del campamento entero en realidad, era la pared principal, en la que había un mapa gigante de la provincia de Helmand salpicado de chinchetas (amarillas, naranjas, verdes, azules) que representaban las unidades del grupo de batalla.

El cabo Baxter me dio la bienvenida. Mayor que yo, pero con el mismo color de pelo. Intercambiamos algunas bromas y una sonrisa resignada ante nuestra pertenencia involuntaria a la Liga de los Caballeros Pelirrojos. Y también a la Hermandad de la Calva Incipiente. Igual que yo, Baxter estaba perdiendo cobertura superior a marchas forzadas.

Le pregunté de dónde era.

—Del condado de Antrim.

—Irlandés, ¿eh?

—Así es.

Su tono cantarín me hizo pensar que encajaba bien las bromas. Me metí con los irlandeses y él me devolvió el fuego, riendo, aunque en su mirada de ojos azules se leía un inseguro: «Caramba, estoy tomándole el pelo a un príncipe».

Nos pusimos manos a la obra. Me enseñó varias radios colocadas en fila encima de la mesa que había debajo del mapa. Me enseñó el terminal Rover, un portátil diminuto y robusto con puntos cardinales dibujados en los laterales. «Las radios son tus oídos y el Rover, tus ojos». Ayudándome de ellos, tendría que componer una imagen del campo de batalla para tratar de controlar lo que ocurría tanto en tierra como en el aire. En cierto sentido, me dedicaría a lo mismo que cualquier controlador de tráfico aéreo de Heathrow: me pasaría el tiempo guiando reactores arriba y abajo. Sin embargo, a menudo el trabajo no tenía tanto glamour, me recordaba más al de un guardia de seguridad repasando con ojos somnolientos las imágenes que recogían docenas de cámaras montadas tanto en aeronaves en misiones de reconocimiento como en drones. La única batalla que libraba era contra el sueño.

—Adelante. Tome asiento, teniente Gales.

Me aclaré la garganta y me senté. Miré el Rover. Y seguí mirándolo.

Pasaron los minutos. Subí el volumen de las radios. Lo bajé.

Baxter se rio entre dientes.

—En eso consiste el trabajo. Bienvenido a la guerra.

12

El Rover tenía un nombre alternativo porque en el Ejército todo necesitaba un nombre alternativo.

Kill TV.

Tipo:

—¿Qué haces?

—Estoy viendo qué ponen en Kill TV.

Supuse que se lo habrían puesto de manera irónica. Si no, se trataba de publicidad descaradamente engañosa porque lo único que allí se mataba era el tiempo.

Vigilabas unas instalaciones abandonadas sospechosas de haber sido utilizadas por los talibanes.

No ocurría nada.

Vigilabas un entramado de túneles sospechoso de haber sido utilizado por los talibanes.

No ocurría nada.

Vigilabas una duna. Y otra duna.

Si hay algo más aburrido que ver cómo se seca la pintura es mirar un desierto... desierto. No me explicaba cómo Baxter no se había vuelto loco.

Así que se lo pregunté.

Dijo que, a pesar de las muchas horas en las que no ocurría nada, siempre acababa ocurriendo algo. El truco estaba en permanecer alerta a la espera de ese momento.

Si Kill TV era aburrida, Kill Radio era una locura. Todos los auriculares de la mesa emitían una cháchara constante en una docena de acentos (británico, estadounidense, neerlandés, francés), eso por no hablar de las diferentes personalidades.

Intenté emparejar los acentos con los indicativos. Los pilotos estadounidenses eran Dude. Los neerlandeses, Rammit. Los franceses, Mirage o Rage. Los británicos, Vapor.

A los helicópteros Apache los llamaban Ugly, esto es, Feos.

Mi indicativo personal era Viuda Seis Siete.

Baxter me dijo que cogiera unos auriculares y que saludara.

—Preséntate.

Cuando lo hice, las voces se animaron, volvieron su atención hacia mí. Eran como polluelos exigiendo comida. Y su alimento era información.

—¿Quién eres?

—¿Qué pasa por allí abajo?

—¿Adónde voy?

Además de información, lo que solían pedir era permiso. Para entrar en mi espacio aéreo o salir de él. La normativa les prohibía pasar por encima de ti sin asegurarse de que era seguro, de que no estaba librándose un combate en tierra, de que Dwyer no estaba disparando su artillería pesada. En otras palabras, debían asegurarse de si se trataba de una ROZ (zona de operaciones restringida) caliente o fría. Todo lo relativo a la guerra giraba en torno a esa cuestión binaria. Las hostilidades, el tiempo, el agua, la comida... ¿Frío o caliente?

Me gustaba ese papel, el del guardián de la ROZ. Me gustaba la idea de trabajar codo con codo con pilotos de cazas, de ser los ojos y los oídos de hombres y mujeres altamente cualificados, su último vínculo con tierra firme, su alfa y omega. Yo era... el suelo.

Su dependencia de mí, la necesidad de tenerme ahí, creaba lazos instantáneos. Fluían emociones extrañas, se creaba una curiosa intimidad.

—Ey, hola, Viuda Seis Siete.

—Ey, Dude.

—¿Cómo va el día?

—Tranquilo de momento, Dude.

Éramos compañeros al momento. Camaradas. Lo sentías.

Después de que se comunicaran conmigo, se los pasaba al FAC de Garmsir, una pequeña población cercana, junto al río Helmand.

—Gracias, Viuda Seis Siete. Buenas noches.

—Recibido, Dude. Cuídate.

13

Tras obtener permiso para atravesar mi espacio aéreo, el piloto no siempre lo cruzaba sin más y seguía su camino, a veces debía hacerlo como una flecha y necesitaba conocer de inmediato las condiciones en tierra. Cada segundo era vital. Tenía la vida y la muerte en mis manos. Yo estaba sentado tranquilamente a mi mesa, con una bebida gaseosa y un boli («Oh, un bolígrafo. Guau»), pero también en medio de la acción. La tarea para la que me había formado era emocionante, pero también aterradora. Poco antes de mi llegada, un FAC se había equivocado en un número cuando estaba leyéndole las coordenadas a un F-15 estadounidense; como resultado, una bomba errante había caído sobre las fuerzas británicas en lugar de sobre el enemigo. Habían muerto tres soldados y otros dos habían sufrido mutilaciones importantes. Así que todo lo que dijera, palabras y cifras, tendría consecuencias. Nosotros «proporcionábamos apoyo», esa era la frase que se usaba constantemente, pero aprendí que solo se trataba de un eufemismo. A veces también infligíamos la muerte en la misma medida que los pilotos, y, cuando lo que estaba en juego eran vidas, había que ser preciso.

Lo confieso: estaba contento. Realizaba un trabajo importante, patriótico. Ponía en práctica conocimientos y habilidades que había adquirido en los valles de Yorkshire, y en Sandringham, incluso podría remontarme a mi infancia. Y a Balmoral. Una línea clara conectaba mis salidas de caza acompañado de Sandy con el trabajo que llevaba a cabo allí. Era un soldado británico, en un campo de batalla, por fin, un papel para el que había estado preparándome toda la vida.

También era Viuda Seis Siete. Había tenido multitud de apodos a lo largo de mi existencia, pero aquel fue el primero que casi consideraba un alias. Podía esconderme detrás de él por completo. Por primera vez, solo era un nombre, un nombre y un número aleatorios. Sin títulos. Y sin guardaespaldas. «¿Esto es lo que los demás sienten a diario?». Paladeé la normalidad, me regodeé en ella, y también reflexioné sobre lo lejos que había tenido que irme para encontrarla. En el centro de Afganistán, en pleno invierno, en mitad de la noche, en medio de una guerra, hablando con un hombre que se encontraba a cuatro kilómetros y medio por encima de mí... ¿Hasta qué punto es anormal tu vida para que ese sea el primer lugar en el que te sientes normal?

Después de cada acción se instalaba la calma durante un tiempo, una calma que, psicológicamente, a veces resultaba más difícil de sobrellevar. El aburrimiento era el enemigo y lo combatíamos jugando al rugby utilizando como balón un rollo de papel higiénico bien envuelto en cinta adhesiva, o corriendo sin movernos del sitio. También hacíamos miles de flexiones y levantábamos peso con un equipo rudimentario que confeccionábamos asegurando cajones de madera a unas barras metálicas. Hacíamos sacos de boxeo con talegos. Leíamos, organizábamos campeonatos de ajedrez, parecíamos marmotas. Vi adultos dormir como troncos doce horas diarias.

También comíamos sin parar. La cocina de Dwyer estaba bien provista. Pasta. Patatas fritas. Judías. Disponíamos de treinta minutos semanales para hablar por el teléfono satelital. La tarjeta del teléfono se llamaba Paradigm y tenía un código en la parte de atrás que había que introducir en el teclado. A continuación, un robot, una bonita voz femenina, te informaba de cuántos minutos te quedaban. Y acto seguido...

—Spike, ¿eres tú?

Chels.

Tu antigua vida, al otro lado de la línea. Aquello siempre te cortaba la respiración. Pensar en casa nunca me resultaba fácil por una compleja serie de motivos. Pero que me llegara su eco era como recibir una puñalada en el pecho.

Si no llamaba a Chels, llamaba a mi padre.

—¿Cómo estás, mi querido hijo?

—Tirando. Ya sabes.

Me pidió que le escribiera en lugar de llamarlo. Le encantaban mis cartas.

Prefería la correspondencia.

14

A veces me preocupaba estar perdiéndome la verdadera guerra. ¿Estaría sentado en realidad en la sala de espera de la guerra? Temía que la verdadera guerra estaba librándose al otro lado del valle, donde veía las gruesas columnas de humo que acompañaban a las explosiones, casi siempre en Garmsir y alrededores. Un lugar de gran importancia estratégica. Se trataba de una vía de entrada crítica, un puerto fluvial a través del cual se abastecían los talibanes, sobre todo de armamento. Además de una puerta de entrada de nuevos combatientes, a quienes les entregaban un AK-47 y un puñado de balas y los dirigían hacia nosotros a través de su laberinto de trincheras. Era su prueba de iniciación, a la que los talibanes llamaban su «bautismo de sangre».

«¿Sandy y Tiggy trabajaban para los talibanes?».

Sucedía a menudo. Aparecía un recluta talibán, nos disparaba y nosotros respondíamos con una potencia veinte veces mayor. El recluta talibán que sobreviviera a aquella cortina de fuego era ascendido y enviado a combatir y a morir a una población de mayor importancia, como Gereshk o Lashkar Gah, a la que algunos llamaban Lash Vegas. Sin embargo, la mayoría no sobrevivía. Los talibanes dejaban que sus cadáveres se pudrieran. Vi perros del tamaño de lobos royendo los huesos de más de un recluta en el campo de batalla.

Empecé a rogarles a mis superiores que me sacaran de allí. No era el único que lo pedía, pero por motivos distintos. Yo solicitaba que me trasladaran más cerca del frente. «Envíenme a Garmsir».

Finalmente, en la Nochebuena de 2007, aprobaron mi solicitud. Debía sustituir a un FAC que volvía a casa de la base de operaciones avanzada Delhi, la cual se encontraba en una escuela abandonada de Garmsir.

Tenía un pequeño patio de gravilla y el tejado era de chapa ondulada. Unos decían que la escuela había sido una escuela de agronomía. Otros que una madrasa. En cualquier caso, en aquellos momentos pertenecía a la Commonwealth. Y era mi nuevo hogar.

Así como el de una compañía de gurkas.

Reclutados en Nepal, procedentes de los pueblos más remotos que salpicaban las estribaciones de la cordillera del Himalaya, los gurkas habían combatido en todas las guerras británicas de los últimos dos siglos y se habían distinguido en todas ellas. Peleaban como tigres, no se rendían nunca, lo cual les garantizaba un lugar especial en el Ejército británico… y en mi corazón. Había oído hablar de los gurkas desde que era niño; de hecho, fue uno de los primeros uniformes que llevé. En Sandhurst, los gurkas siempre interpretaban el papel de enemigo durante los ejercicios militares, lo cual resultaba bastante ridículo porque todos los tenían en alta estima.

Tras los ejercicios, siempre había un gurka que se acercaba a mí y me ofrecía una taza de chocolate caliente. Mostraban una gran reverencia por la realeza. Un rey, para ellos, era un ser divino. (De hecho, consideraban que su propio rey era la reencarnación del dios hindú Visnú). Así que un príncipe debía de andarle cerca. Era lo que había vivido desde pequeño y de pronto ocurría de nuevo. Cuando paseaba por Delhi, los gurkas me saludaban con una reverencia. Me llamaban *saab*.

«Sí, *saab*». «No, *saab*».

Yo les rogaba que no lo hicieran, que solo era el teniente Gales, Viuda Seis Siete.

Ellos reían. «Ni en broma, *saab*».

Y tampoco concebían que pudiera ir solo a ningún sitio. Los miembros de la realeza precisaban una escolta real. A menudo me dirigía a la cantina, o al baño, y de pronto me percataba de una sombra a mi derecha. Y a continuación de otra a mi izquierda. «Hola, *saab*». Era violento, aunque entrañable. Los adoraba, igual que los afganos del lugar, quienes les vendían todos los pollos y corderos que quisieran y con quienes incluso intercambiaban recetas. El Ejército siempre repetía que había que ganarse los «corazones y las mentes» de los afganos, refiriéndose a conseguir que la gente del lugar abrazara la democracia y la libertad, pero los únicos que parecían hacerlo de verdad eran los gurkas.

Cuando no me escoltaban, se dedicaban a cebarme. Los gurkas expresaban su amor a través de la comida. Y aunque todos se consideraban un chef de cinco estrellas, parecía que solo tuvieran una especialidad: el curri de cordero.

Recuerdo que un día oí unos rotores por encima de mí. Levanté la cabeza. Toda la base levantó la cabeza. Un helicóptero descendía lentamente. Y colgando de los patines, envuelta en una red, había una cabra. Un regalo de Navidad para los gurkas.

El helicóptero se posó en medio de una gran polvareda. Un tipo bajó de un salto, calvo, medio rubio, la viva imagen de un oficial británico.

También tenía un aire vagamente familiar.

—Conozco a ese tío —dije en voz alta. Y chasqué los dedos—. ¡Pero si es el bueno de Bevan!

Había trabajado para mi padre unos cuantos años. Incluso había pasado un invierno con nosotros en Klosters. (Me vino a la cabeza la imagen de él esquiando con una chaqueta Barbour, la quintaesencia de la aristocracia). Por lo visto, en aquellos momentos era el segundo del general de brigada. Y, por consiguiente, el encargado de llevarles cabras a los apreciados gurkas en nombre de su superior.

Yo estaba estupefacto, jamás habría esperado encontrármelo allí, pero él solo parecía ligeramente sorprendido... o interesado. Estaba más preocupado por las cabras. Además de la que iba en la red, Bevan había llevado otra acurrucada entre las rodillas durante todo el vuelo, la misma de la que iba tirando en aquellos momentos, como si fuera un cocker spaniel, para entregársela a los gurka.

Pobre Bevan. Era evidente que se había encariñado con el animalito y lo poco preparado que estaba para lo que vendría a continuación.

El gurka sacó su kukri y le cortó la cabeza a la cabra.

La cara parda y con barbas cayó al suelo como uno de aquellos rollos de papel higiénico envueltos en cinta adhesiva que utilizábamos a modo de balones de rugby.

De inmediato, el gurka recogió la sangre en una taza con la eficiencia de una mano experta. No se desperdiciaba nada.

En cuanto a la segunda cabra, el gurka me tendió el kukri y me preguntó si quería hacer los honores.

En casa tenía varios kukris que me habían regalado unos gurkas. Sabía manejarlos. Pero no, dije, no, gracias, aquí no, no es el momento.

No sabía muy bien por qué me había negado. Quizá porque ya había suficientes muertes a mi alrededor sin necesidad de contribuir a una más. De pronto me recordé diciéndole a George que me negaba en redondo a cortar huevos. ¿Dónde dibujaba la línea?

En el sufrimiento, ahí la dibujaba. Lo último que necesitaba aquella cabra era que yo me creyera Enrique VIII. Principalmente porque no dominaba la técnica y, si fallaba o calculaba mal, el pobre animal sufriría.

El gurka asintió.

—Como desee, *saab*.

Blandió el kukri.

Recuerdo que los ojos amarillentos de la cabra continuaron parpadeando incluso después de que la cabeza cayera al suelo.

15

El puesto de Delhi era similar al que tenía en Dwyer. Lo único que cambiaba era el tiempo que le dedicaba. Todas las horas del día. En Delhi siempre estaba de guardia.

La sala de operaciones era una antigua aula. Como aparentemente todo en Afganistán, la escuela que albergaba la base había sido bombardeada —vigas de madera colgando del techo, mesas volcadas, papeles y libros esparcidos por el suelo—, pero la sala de operaciones parecía haber sido la principal zona de impacto. Una zona catastrófica. Mirando el lado positivo, durante los turnos de noche, las paredes acribilladas ofrecían una vista imponente de las estrellas a través de los agujeros.

Recuerdo uno de esos turnos. Sería sobre la una de la madrugada cuando le pedí su código al piloto que nos sobrevolaba para poder introducirlo en mi Rover y ver su transmisión.

El piloto contestó con sequedad que estaba haciéndolo mal.

—¿El qué?

—No es el Rover, es el Longhorn.

—¿El Long qué?

—Eres nuevo, ¿verdad?

Me describió el Longhorn, una máquina de la que nadie se había molestado en hablarme. La busqué a mi alrededor y la encontré. Un maletín grande y negro cubierto de polvo. Lo limpié y lo encendí. El piloto me ayudó a ponerlo en funcionamiento. No sabía por qué motivo debía utilizar el Longhorn en lugar del Rover en su caso particular, pero no tenía ninguna intención de preguntarle e irritarlo aún más.

Y menos después de que aquella experiencia creara ciertos lazos. Desde entonces el trato fue de colegas.

Su indicativo era Magic.

Muchas veces me pasaba la noche entera charlando con Magic. A su tripulación y a él les gustaba hablar, reír, comer. (Creo recordar que una noche se pusieron morados de cangrejos frescos). Pero sobre todo les gustaba gastar bromas. Después de una incursión, Magic alejó la cámara y me dijo que mirara. Me acerqué a la pantalla. A seis mil metros, sus vistas de la curvatura de la Tierra eran impresionantes.

Despacio, la giró.

Unos pechos llenaron mi pantalla.

Una revista porno.

—Me la has colado, Magic.

Algunos pilotos eran mujeres. Los diálogos con ellas eran muy distintos. Una noche, estuve hablando con una piloto británica que mencionó lo bonita que estaba la luna.

—Está llena —dijo—. Deberías verla, Viuda Seis Siete.

—La veo. A través de uno de los agujeros de la pared. Está preciosa.

De pronto la radio cobró vida: un coro estridente de protestas. Los chicos de Dwyer nos dijeron que nos buscáramos un hotel. Noté que me sonrojaba. Esperaba que la piloto no hubiera creído que estaba ligando. Esperaba que tampoco lo creyera después de oír a los otros. Y, sobre todo, esperaba que ni ella ni los demás pilotos se enteraran de quién era y le contaran a la prensa británica que estaba aprovechando la guerra para conocer mujeres y que la prensa entonces la tratara como había tratado a todas las chicas que habían tenido algo que ver conmigo.

A pesar de todo, antes de que acabara el turno, la piloto y yo superamos aquel breve momento incómodo e hicimos un buen trabajo juntos. Me ayudó a controlar un búnker talibán, justo en mitad de tierra de nadie, cerca de los muros de Delhi. Captamos imágenes térmicas alrededor del búnker, formas humanas. Una docena, calculé. Puede que quince.

Talibanes, seguro, dijimos. ¿Quién si no iba a pulular por aquellas trincheras?

Repasé la lista de comprobación por si acaso. Patrón de vida, lo llaman en el Ejército. ¿Se ven mujeres? ¿Se ven niños? ¿Se ven perros? ¿Gatos? ¿Hay algo que indique que el objetivo pudiera encontrarse junto a un hospital? ¿Un colegio?

¿Algún civil?

No. Un no tras otro.

Todo apuntaba a que se trataba de talibanes y nada más que talibanes.

Planifiqué un ataque para el día siguiente y me asignaron dos pilotos estadounidenses para llevarlo a cabo: Dude Cero Uno y Dude Cero Dos. Les informé del objetivo y les dije que quería un JDAM (Munición de Ataque Directo Conjunto) de novecientos diez kilos. No sabía por qué nos complicábamos tanto usando un nombre tan farragoso. ¿Por qué no lo llamábamos bomba y listo? Quizá porque no se trataba de una bomba cualquiera; esta llevaba incorporado un sistema de guiado por radar. Y era pesada. Pesaba lo mismo que un rinoceronte blanco.

Por lo general, cuando se trataba de un grupúsculo de combatientes talibanes, se solía solicitar un JDAM de doscientos veinticinco kilos, pero consideré que no sería suficiente para penetrar en los búnkeres fortificados que veía en la pantalla.

De acuerdo, los FAC nunca teníamos suficiente con doscientos kilos. Siempre queríamos las de novecientos. O todo o nada, ese era nuestro lema. Sin embargo, en aquel caso en concreto estaba completamente convencido de que solo lograríamos algo si íbamos con todo. El entramado de búnkeres resistiría cualquier bomba de peso inferior. Y no solo quería un JDAM de novecientos diez kilos sobre el búnker, también quería que la segunda aeronave le siguiera con un cañón de 20 mm con que ametrallar las trincheras que partían del búnker y abatir a quienes fueran asomando.

Negativo, dijo Dude Cero Uno.

Los estadounidenses no vieron la necesidad de usar una bomba de novecientos kilos.

—Preferimos lanzar dos bombas de doscientos, Viuda Seis Siete.

Qué poco estadounidense.

Estaba absolutamente convencido de que yo tenía razón y habría querido defender mi postura, pero era nuevo y me faltaba seguridad en mí mismo. Se trataba de mi primer ataque aéreo. Así que me limité a decir:

—Recibido.

Nochevieja. Mantuve los F-15 listos y preparados, a unos ochos kilómetros, para que el ruido de los motores no ahuyentara al objetivo. Cuando consideré que las condiciones eran las adecuadas y todo estaba tranquilo, los llamé.

—Viuda Seis Siete, estamos en posición final, armamento preparado para atacar.

—Formación Dude, autorizados para atacar.

—Autorizados para atacar.

Se dirigieron disparados hacia el objetivo.

En mi pantalla, vi la mira del piloto sobre el búnker.

Un segundo.

Dos.

Destello blanco. Una explosión estruendosa. Las paredes de la sala de operaciones se estremecieron. Cayeron trozos y polvo del techo.

Oí la voz de Dude Cero Uno.

—Delta Hotel (impacto dentro del área letal), espere evaluación de daños.

Unas columnas de humo se alzaron en el desierto.

Como me temía, poco después varios talibanes salieron corriendo de la trinchera. Gruñí frente a la pantalla del Rover y salí de allí con paso airado.

Hacía frío y el cielo estaba teñido de un azul reverberante. Oí a Dude Cero Uno y Dude Cero Dos por encima de mi cabeza, cada vez más lejos. Oí el eco de las bombas. Y luego todo quedó en silencio.

No han escapado todos, me dije a modo de consuelo. Como mínimo hay diez que no han logrado salir de la trinchera.

Aun así..., con una grande no habrían tenido nada que hacer.

La próxima vez, me dije. La próxima vez confiaré en mi instinto.

16

Me ascendieron, por decirlo de alguna manera. Me destinaron a un puesto de observación en una posición elevada que llevaba bastante tiempo trayendo a los talibanes por la calle de la amargura. Era nuestro y ellos lo querían. Si no podían hacerse con él entonces lo destruirían. Lo habían atacado decenas de veces durante los meses anteriores a mi traslado.

Unas horas después de mi llegada al puesto de observación, volvieron a intentarlo.

El tableteo de los AK-47, balas silbando por todas partes. Era como si alguien estuviera lanzándonos avisperos por la ventana. Estaba con cuatro gurkas, quienes dispararon un misil Javelin en la dirección de la que procedía el fuego.

Luego me dijeron que me sentara detrás de la ametralladora de calibre 50.

—¡Adelante, *saab*!

Me metí en el nido. Así las grandes agarraderas, me coloqué los tapones para los oídos y apunté a través de la red que colgaba delante de la ventana. Apreté el gatillo con fuerza. Fue como si un tren me atravesara el pecho. Y hacía el mismo ruido que una locomotora. Chu-chu-chu-chu-chu-chu. La ametralladora escupía balas al otro lado del desierto mientras los casquillos volaban por el puesto como palomitas de maíz. Era la primera vez que disparaba un arma de calibre 50. Tenía una potencia increíble.

En mi línea de visión directa había tierras de cultivo abandonadas, acequias y árboles. Arrasé con todo. También un edificio viejo con dos cúpulas que parecían unos ojos de rana. Las acribillé.

Mientras tanto, Dwyer empezó a disparar sus cañones.

Aquello era un caos.

No recuerdo muy bien qué sucedió después, aunque tampoco hace falta porque ha quedado registrado. La prensa estaba allí, a mi lado, grabando. Odiaba que estuvieran en aquel lugar, pero me habían ordenado que los llevara a dar una vuelta. A cambio, ellos habían acordado que no publicarían ninguna imagen ni información que estuviera relacionada conmigo hasta que me encontrara fuera del país.

La prensa quiso saber cuántos talibanes habíamos matado.

¿Cómo íbamos a saberlo?

Unos cuantos, dijimos.

Creía que iba a estar en ese puesto de observación bastante tiempo, pero poco después de ese día me trasladaron al norte, a la base de operaciones avanzada Edinburgh. Me subí a un Chinook lleno de sacas de correos y me tumbé entre ellas para esconderme. Cuarenta minutos después desembarqué de un salto y acabé hundido en el barro hasta las rodillas. ¿Cuándo narices había llovido? Me llevaron a mi cuartel, una casa protegida con sacos de arena. Un catre diminuto.

Y un compañero de habitación. Un oficial de transmisiones estonio.

Hicimos buenas migas. Me dio una de sus insignias como regalo de bienvenida.

A ocho kilómetros de allí estaba Musa Qala, una población que anteriormente había sido una fortaleza talibán. Nos habíamos hecho con ella en 2006, tras uno de los combates más duros en los últimos cincuenta años en el que hubieran participado los soldados británicos. Fueron sometidos más de un millar de talibanes. Sin embargo, a pesar del precio que hubo que pagar, poco después perdimos la población. Habíamos vuelto a conquistarla por segunda vez y estábamos decididos a conservarla.

Aunque estaba costando. Un IED (artefacto explosivo improvisado) había hecho volar por los aires a uno de nuestros muchachos.

Además, no éramos bien recibidos ni entre la población ni en sus alrededores. La gente del lugar que había cooperado con nosotros había sido torturada y habían clavado sus cabezas en estacas a lo largo de las murallas de la ciudad.

No había ni corazones ni mentes que ganar.

17

Había salido de patrulla. Atravesamos Musa Qala en un convoy de tanques Scimitar de la base de operaciones avanzada Edinburgh y continuamos adelante. La carretera nos llevó hasta un uadi donde no tardamos en encontrar un IED.

El primero con el que me topaba.

Llamar a los artificieros formaba parte de mi trabajo. Una hora después llegó el Chinook. Busqué un lugar seguro donde pudiera aterrizar, lancé una granada de humo para indicarle el sitio idóneo y para que comprobaran la dirección del viento.

Un equipo bajó al instante del helicóptero y se acercó al IED. Una tarea lenta y cuidadosa. Tardaron siglos. Mientras tanto, estábamos totalmente expuestos. Éramos conscientes de que el contacto con los talibanes podía producirse en cualquier momento. Oímos el zumbido de unas motos a nuestro alrededor. Exploradores talibanes, sin ninguna duda, tratando de determinar nuestra posición. Cuando las motos se acercaron demasiado, disparamos bengalas a modo de advertencia.

Los campos de amapolas se extendían a lo lejos. Me los quedé mirando, pensativo, recordando el famoso poema: «En los campos de Flandes se mecen las amapolas...». En el Reino Unido, la amapola simboliza el recuerdo, pero allí solo era la moneda de cambio. Aquellas plantas no tardarían en convertirse en heroína, y su venta financiaría las balas que los talibanes nos dispararían y los IED que nos dejarían en las carreteras y los uadis.

Como aquel.

Finalmente los artificieros volaron el IED. Una nube en forma de hongo se alzó en el aire, tan saturado de arena que costaba imaginar que pudiera contener un grano más.

Los artificieros recogieron y se fueron, y nosotros continuamos hacia el norte, adentrándonos en el desierto.

18

Formamos un cuadrado con los vehículos al que llamábamos puerto. Al día siguiente, y al otro, y así todos los días salíamos a patrullar alrededor de la población.

Una demostración de fuerza a través de nuestra presencia, nos habían dicho.

No permanezcáis siempre en el mismo sitio, nos habían dicho.

Que los talibanes no sepan a qué atenerse, nos habían dicho. Desconcertadlos.

Aunque, en términos generales, la misión de la base consistía en proporcionar apoyo a la ofensiva estadounidense en curso. El rugido de los reactores estadounidenses sobre nuestras cabezas y las explosiones en un pueblo cercano eran constantes. Trabajábamos en estrecha colaboración con ellos entrando en combate con los talibanes con frecuencia.

Hacía un par de días que habíamos establecido el puerto en terreno elevado cuando divisamos a unos pastores a lo lejos. Lo único que se veía en kilómetros a la redonda era a aquellos hombres y sus ovejas. La escena parecía la mar de inocente. Sin embargo, los pastores empezaron a acercarse demasiado a los estadounidenses y estos se pusieron nerviosos. Hicieron varios disparos de advertencia e, inevitablemente, alcanzaron a uno de los pastores, que iba en moto. Desde nuestra posición era imposible determinar si había sido accidental o deliberado. Las ovejas se desperdigaron y vimos que los estadounidenses salían de inmediato en busca de los pastores.

Cuando se fueron, me acerqué con unos cuantos soldados fiyianos y recogimos la moto. Le pasé un trapo y la dejé a un lado. La cuidé. Después de que los estadounidenses interrogaran al pastor, lo vendaran y lo soltaran, el hombre acudió a nosotros.

Le sorprendió que hubiéramos recuperado la moto.

Y aún más que la hubiéramos limpiado.

Y casi le dio un síncope cuando se la devolvimos.

19

Al día siguiente, o quizá al otro, tres periodistas se sumaron a nuestro convoy. Me ordenaron que los llevara al campo de batalla y les diera una vuelta, incidiendo de manera explícita en que la prohibición de publicar cualquier noticia seguía vigente.

Yo iba en un Spartan, al frente del convoy, acompañado por los periodistas, que no hacían más que estorbar, asomándose cada dos por tres. Querían salir, hacer fotos, grabar algo. Sin embargo, no era seguro. Los estadounidenses todavía estaban limpiando la zona.

Estaba en la torreta cuando un periodista me dio unos golpecitos en la pierna y, por enésima vez, volvió a pedir permiso para salir.

Suspiré.

—Vale. Pero tengan cuidado con las minas. Y no se alejen.

Salieron del Spartan en tropel y empezaron a preparar la cámara.

Poco después, atacaron a los chicos que iban por delante. Las balas silbaban sobre nuestras cabezas.

Los periodistas se quedaron paralizados y me miraron con gesto desvalido.

—¡No se queden ahí parados! ¡Adentro!

Si ya de entrada no los quería allí, aún menos me apetecía que les sucediera algo bajo mi custodia. Solo me faltaba la muerte de un periodista sobre mi conciencia. Lo cual no dejaba de ser irónico.

No sé si fue al cabo de unas horas o de unos días que nos enteramos de que los estadounidenses habían lanzado un misil Hellfire sobre el pueblo que teníamos más cerca. Hubo muchos heridos. Sacaron a un niño del pueblo en una carretilla, colina arriba, con las piernas colgando por el borde. Las tenía hechas polvo.

La empujaban dos hombres, que se dirigían derechos hacia nosotros. No sabía qué relación tenían con el niño. ¿Eran familiares? ¿Amigos? Cuando llegaron junto a nosotros, no conseguimos entendernos. Ninguno hablaba inglés. Pero era evidente que el niño estaba muy mal, y vi que nuestros médicos se disponían a tratarlo de inmediato.

Un intérprete intentaba tranquilizar al niño mientras hablaba con los hombres que lo habían llevado hasta allí para tratar de averiguar qué había sucedido.

—¿Cómo ha ocurrido?

—Estadounidenses.

Quise acercarme, pero me detuvo un sargento en su sexto periodo de servicio.

—No, jefe, mejor que no lo vea o no podrá quitárselo de la cabeza.

Retrocedí.

Minutos después, oí un silbido y luego algo que pasaba volando. A continuación, hubo una explosión atronadora a nuestra espalda.

La sentí en el cerebro.

Miré a mi alrededor. Todo el mundo se había echado al suelo salvo otras dos personas y yo.

—¿De dónde ha venido?

Varios muchachos señalaron a lo lejos. Estaban desesperados por devolver el fuego y me pidieron permiso.

—¡Sí!

Pero los talibanes que habían disparado ya no estaban. Habíamos perdido nuestra oportunidad.

Esperamos a que bajara la adrenalina, a que cesara el pitido de los oídos. Costó. Recuerdo que uno de nuestros muchachos no dejaba de susurrar: «Joder, por un pelo».

Estuvimos horas tratando de entender qué había ocurrido. Algunos creíamos que los estadounidenses eran los responsables de las heridas del niño; otros, que el niño no era más que un peón sacrificable de la típica treta que empleaban los talibanes. Que la carretilla solo había sido una pequeña farsa para que permaneciéramos en la colina, distraídos, quietos, y así poder fijar nuestra posición. El enemigo le había destrozado las piernas al crío de la carretilla y luego lo había utilizado como cebo.

—¿Y por qué el niño y los hombres iban a prestarse a algo así?

—Porque, de no hacerlo, se los habrían cargado.

—Junto con todos sus seres queridos.

20

Las luces de Musa Qala se veían a lo lejos. Era febrero de 2008.

Los tanques formaban un puerto y cenábamos nuestras raciones de combate, hablando en voz baja.

Tras la cena, sobre la medianoche, me puse con el turno de radio. Había desplegado la mesa de la parte trasera del Spartan y estaba sentado a ella, con la puerta grande abierta, mientras tomaba notas frente a la radio. La única luz procedía de una bombilla envuelta en una rejilla protectora que proyectaba un resplandor tenue sobre mi cabeza. Las estrellas del desierto alumbraban más que la bombilla, y parecían más próximas.

La radio estaba conectada a la batería del Spartan por lo que de vez en cuando tenía que encender el motor para cargar la batería. No me gustaba hacer ruido por miedo a atraer la atención de los talibanes, pero no quedaba más remedio.

Pasado un rato, me puse a ordenar el Spartan y me serví una taza de chocolate de un termo, aunque no logré entrar en calor. Era imposible. El desierto puede llegar a ser muy frío. Llevaba el uniforme especial de desierto, botas de desierto, una chaqueta acolchada verde, un gorro de lana... y seguía temblando.

Subí ligeramente el volumen de la radio intentando distinguir las voces entre las interferencias y el ruido de fondo. Informes de misiones. Información sobre entregas de correos. Estaban transmitiendo mensajes a través de la red del grupo de batalla, ninguno relacionado con mi escuadrón.

Creo que sería alrededor de la una de la madrugada cuando oí que varias personas hablaban sobre Zorro Rojo.

Cero Alfa, el oficial al mando, le contaba a alguien que si Zorro Rojo esto, que si Zorro Rojo aquello... Tomé algunas notas, pero dejé de escribir y levanté la cabeza hacia las estrellas cuando oí que mencionaban al escuadrón C.

Según las voces, el tal Zorro Rojo estaba metido en un buen lío, de eso no cabía duda.

Deduje que Zorro Rojo era una persona. ¿Había hecho algo mal?

No.

¿Alguien quería hacerle algo?

Sí.

A juzgar por el tono de las voces, estaban a punto de cargarse a Zorro Rojo. Bebí un trago de chocolate caliente, miré la radio con incredulidad y supe con total certeza que el tal Zorro Rojo era yo.

A continuación, las voces dijeron de manera más explícita que la tapadera de Zorro Rojo había saltado por los aires, que había quedado expuesto ante el enemigo y que había que extraerlo de inmediato.

Joder, dije. Joder, joder, ¡joder!

De pronto pensé en Eton. En el zorro que había visto por la ventana del cuarto de baño, yendo colocado. Así que al final sí que se trataba de un mensajero del futuro. «Un día te encontrarás solo, en plena noche, rodeado de oscuridad, perseguido como yo... A ver si te gusta».

A la mañana siguiente salimos de patrulla y yo estaba completamente paranoico, preocupado por si alguien me reconocía. Llevaba la cabeza envuelta en una kufiya, gafas de esquí oscuras y no dejaba de mirar a ambos lados mientras mantenía el dedo tenso sobre el gatillo de mi ametralladora.

Cuando hubo anochecido, las Fuerzas Especiales fueron a recogerme en un Chinook escoltado por dos Apaches con los que yo charlaba por radio. Crucé el valle, de vuelta a la base de operaciones avanzada Edinburgh. Aterrizamos en medio de la oscuridad, no veía nada. Entré corriendo en la base y a continuación en una tienda de lona verde, aún más oscura.

Oí un chirrido.

Se encendió una luz débil.

Delante de mí había un hombre enroscando una bombillita en un casquillo que colgaba del techo.

El coronel Ed.

El rostro me pareció más alargado que nunca, y llevaba un abrigo largo y verde que parecía sacado de la Primera Guerra Mundial. Me puso al corriente de lo que había ocurrido. Una revista australiana había levantado la liebre y le había contado a todo el mundo que yo estaba en Afganistán. La revista era intrascendente, así que al principio nadie había reparado en la noticia, hasta que un capullo de Estados Unidos leyó el artículo, lo publicó en su página web de pacotilla y los rastreadores dieron con él. La noticia estaba en todas partes. El secreto peor guardado del universo era que el príncipe Harry se encontraba en la provincia de Helmand.

—Así que... Se acabó.

El coronel Ed se disculpó. Sabía que no era la manera ni el momento en que me hubiera gustado acabar mi periodo de servicio. Por otro lado, el coronel Ed quería que supiera que sus superiores llevaban semanas presionándolo para que me sacara de allí, así que podía dar gracias de que no hubiera sido más corto. Había eludido a quienes deciden, y a los talibanes, y había cumplido un periodo de servicio nada despreciable con un magnífico expediente. Bravo, dijo.

Estuve a punto de rogarle que me dejara quedarme, pero comprendí que era imposible. Mi presencia pondría en grave peligro a quienes me rodearan. Incluido el coronel Ed. Ahora que los talibanes sabían que me encontraba en el país, y aproximadamente dónde, volcarían todos sus esfuerzos en eliminarme. El Ejército no deseaba que muriera, pero volvía a ocurrir lo mismo que el año anterior: al Ejército sobre todo le interesaba que otros no murieran por mi culpa.

Y estaba de acuerdo.

Salí de la tienda tras estrecharle la mano, recogí mis escasas pertenencias, me despedí rápidamente de unas cuantas personas y volví a subir al Chinook, cuyo rotor seguía girando.

Una hora después me encontraba en Kandahar.

Me duché, me afeité y me preparé para subir a un avión con destino a Gran Bretaña. Había más soldados pululando por allí a la espera de embarcar, igual que yo, aunque de un ánimo muy distinto. Se sentían exultantes. Volvían a casa.

Era incapaz de apartar la mirada del suelo.

Pasado un tiempo, nos dimos cuenta de que estábamos tardando en embarcar más de lo habitual.

¿A qué se debe el retraso?, preguntamos, impacientes.

Un miembro de la tripulación nos informó de que estábamos esperando a un último pasajero.

¿A quién?

Tenían que cargar el ataúd de un soldado danés en la bodega.

Todos guardamos silencio.

Cuando por fin embarcamos, y despegamos, la cortina de la parte delantera del avión se abrió unos segundos. Vi a tres personas en camillas. Me desabroché el cinturón, crucé el pasillo y vi que se trataba de tres soldados británicos gravemente heridos. Uno, recuerdo, tenía heridas espantosas producidas por un IED. Otro iba envuelto en plástico de los pies a la cabeza. A pesar de estar inconsciente, asía con fuerza una probeta que contenía fragmentos de metralla que le habían extraído del cuello y la cabeza.

Hablé con el médico que los atendía y le pregunté si sobrevivirían. No lo sabía. Y si lo hacían, dijo, les esperaba un camino muy duro por delante.

Me reproché no haber prestado más atención a lo que ocurría a mi alrededor. Me pasé el resto del vuelo pensando en la cantidad de jóvenes, hombres y mujeres, que volvían a casa en circunstancias similares, y en los que ni siquiera volvían. Pensé en toda aquella gente que prefería no saber absolutamente nada de aquella guerra. Muchos se oponían a ella, pero pocos sabían apenas nada acerca del conflicto. Me pregunté por qué. ¿A quién correspondía informar al respecto?

Ah, sí, pensé. A la prensa.

21

Aterricé el 1 de marzo de 2008. La rueda de prensa obligatoria se interponía entre mi estómago y una comida en condiciones. Tomé aire, me presenté ante el periodista escogido y contesté a sus preguntas. Utilizó la palabra «héroe», algo que no me representaba.

—Los héroes son quienes iban en el avión. Por no hablar de los que aún siguen en Delhi, Dwyer y Edinburgh.

Salí de la habitación y me tropecé con Willy y mi padre. Creo que Willy me abrazó. Creo que le di dos besos a mi padre. ¿Es posible que él… me apretara el hombro? Visto de lejos, cualquiera habría pensado que se trataba de una familia saludándose e interactuando de manera normal y corriente, pero para nosotros se trataba de una demostración física de afecto descomedida y sin precedentes.

Los dos se quedaron mirándome, con los ojos muy abiertos. Estaba exhausto. Agobiado.

—Pareces mayor —comentó mi padre.

—Lo soy.

Nos subimos al Audi de mi padre y salimos disparados hacia Highgrove. Por el camino hablamos como si estuviéramos en una biblioteca. Casi entre susurros.

—¿Qué tal estás, Harold?

—Bueno, no sé. ¿Y tú?

—Tirando.

—¿Qué tal Kate?

—Bien.

—¿Me he perdido algo?

—No. Lo de siempre.

Bajé la ventanilla para contemplar el paisaje que desfilaba ante mis ojos, incapaz de asimilar tantos colores, tanto verde. Inspiré una bocanada de aire fresco y me pregunté cuál de aquellas dos realidades era un sueño: ¿los meses que había pasado en Afganistán o aquel viaje en coche? Los cañones de Dwyer, las cabras decapitadas, el niño de la carretilla… ¿Había sido real? ¿O lo real eran aquellos suaves asientos de cuero y la colonia de mi padre?

22

Me concedieron un mes de permiso. Los primeros días los pasé con amigos. Se enteraron de que había vuelto a casa, me llamaron y me invitaron a salir a tomar una copa.

—Vale, pero solo una.

A un lugar llamado el Cat and Custard Pot. Yo, sentado en un rincón oscuro con un gin-tonic en la mano. Ellos, riendo, charlando y planeando viajes, proyectos y vacaciones.

Todo el mundo hablaba muy alto. ¿Era algo nuevo o siempre había sido así?

Y decían que estaba muy callado.

—Sí, ya, supongo.

—¿Y eso?

—No sé.

Me apetecía estar callado, nada más.

Me sentía fuera de lugar, un poco con la cabeza en otra parte. A veces me entraba una especie de agobio. Otras me enfadaba. «¿Es que no sabéis lo que está ocurriendo en la otra punta del mundo ahora mismo?».

Llamé a Chels al cabo de un par de días y le pregunté si podíamos quedar. Se lo supliqué. Ella estaba en Ciudad del Cabo.

Me invitó a ir allí.

«Sí, eso es lo que necesito —pensé—. Un par de días con Chels y los suyos».

Más tarde, ella y yo nos escapamos a Botsuana para ver a la pandilla. Empezamos en casa de Teej y Mike. Nos recibieron con besos y abrazos sentidos; habían estado muertos de preocupación por mí. Y a partir de ahí no dejaron de atiborrarme de comida mientras Mike me pasaba una copa tras otra. Me sentía en el lugar y bajo el cielo que más adoraba del mundo, tan feliz que en cierto momento me pregunté si no estaría llorando.

Un par de días después, Chels y yo alquilamos una casa flotante para navegar por el río. La Kubu Queen. Nos apañábamos con cualquier cosa para comer y dormíamos en la cubierta superior del barco, a la luz de las estrellas. Trataba de relajarme bajo el cinturón de Orión y la Osa Menor, pero no me lo ponían fácil. La prensa se enteró de nuestro viaje y no hacíamos más que encontrarnos paparazzi cada vez que el barco se acercaba a la orilla.

Casi una semana después volvimos a Maun y celebramos una cena de despedida con Teej y Mike. Todos se fueron a dormir pronto, menos Teej, con quien estuve charlando un poco sobre la guerra. Muy poco. Era la primera vez que hablaba del tema desde que había vuelto a casa.

Willy y mi padre me habían preguntado, pero no como Teej.

Y Chelsy tampoco. ¿Pasaba de puntillas sobre el tema porque seguía resentida por que me hubiera ido? ¿O porque era consciente de que me costaba hablar de ello? No lo sabía, y tenía la sensación de que ella tampoco, de que ninguno de los dos estábamos seguros de nada.

Teej y yo también hablamos de eso.

—Le gusto —dije—. Me quiere, creo. Pero no le gusta lo que comporta estar conmigo, no le gusta todo lo que conlleva pertenecer a la realeza, lo de la prensa y demás, y eso va a estar siempre ahí. ¿Qué futuro tenemos?

Teej me preguntó a bocajarro si me veía casado con Chels.

Intenté explicarme. Me encantaba el desenfado de Chels, que fuera tan desacomplejada. Le daba igual lo que pensaran los demás. Llevaba minifaldas y botas de tacón alto, bailaba como quería, bebía tanto tequila como yo, y todo eso me gustaba mucho... pero no podía evitar que me preocupara lo que mi abuela pensara al respecto. O la gente. Y lo último que quería era que Chels cambiara para complacerlos.

Quería casarme y ser padre..., pero no estaba seguro.

—No todo el mundo está hecho para aguantar el escrutinio constante, Teej, y no sé si Chels lo soportaría. Ni si quiero pedirle que lo haga.

23

La prensa nos persiguió sin descanso desde que volvimos a Gran Bretaña: que si habíamos ido directos al apartamento que Chelsy tenía en Leeds, fuera del campus, que compartía con dos chicas, en quienes yo confiaba y, más importante aún, que confiaban en mí; que si había entrado en el apartamento a hurtadillas, oculto bajo una capucha y una gorra, y las había hecho reír; que si me gustaba hacerme pasar por estudiante universitario e iba a buscar pizza y salía por los pubs, incluso que me replanteaba si habría hecho bien no yendo a la universidad. Nada de todo aquello era cierto, ni una palabra.

Había ido dos veces al apartamento que Chels tenía en Leeds.

Apenas conocía a sus compañeras de piso.

Y nunca jamás me había arrepentido de no ir a la universidad.

Pero la prensa iba cada vez a más. Ahora ya incluso vendían fantasías, fantasmas, mientras me seguían y me acosaban, a mí y a mi círculo íntimo. Chels me dijo que los paparazzi la perseguían cada vez que iba o volvía de clase y me pidió que hiciera algo.

Le dije que lo intentaría, que lo sentía mucho.

Cuando volvió a Ciudad del Cabo, me llamó y me contó que continuaban siguiéndola a todas partes y que estaba volviéndose loca. No se explicaba cómo era posible que supieran siempre dónde estaba o dónde iba a estar. No podía más. Lo hablé con Marko, quien me aconsejó que le pidiera al hermano de Chels que revisara los bajos del coche.

Cómo no, le habían colocado un dispositivo de rastreo.

Marko y yo supimos indicarle a su hermano qué debía buscar exactamente, y dónde, porque le había ocurrido a mucha gente a mi alrededor.

Chels insistió en que no estaba segura de si estaba preparada para aquello. ¿La vida entera con alguien pegado a sus talones?

¿Qué podía decirle?

La echaría mucho de menos, muchísimo. Pero entendía muy bien que antepusiera su libertad.

Si yo tuviera elección, tampoco querría vivir así.

24

La llamaban Flack.

Era divertida. Cariñosa. Y caía muy bien. La conocí en un restaurante al que había acudido con unos amigos, meses después de que mi relación con Chels hubiera terminado.

—Spike, esta es Flack.

—Hola. ¿A qué te dedicas, Flack?

Trabajaba en la televisión, dijo. Era presentadora.

—Lo siento, no veo mucho la tele —me disculpé.

No pareció sorprenderle que no la conociera, lo cual me gustó. Carecía del ego desmedido de muchos famosos.

Aun después de que me explicara quién era y lo que hacía, continué dudando de que la hubiera visto alguna vez.

—¿Cómo dices que te llamas?

—Caroline Flack.

Días después, quedamos una noche para cenar y jugar al póquer en el piso de Marko, en Bramham Gardens. Al cabo de un rato, me ausenté un momento, disfrazado con uno de los sombreros de vaquero de Marko, para ir a hablar con la Roca. Cuando salí del edificio, me encendí un cigarrillo, miré a la derecha y... allí, detrás de un coche aparcado, vi dos pares de pies.

Y dos cabezas que se asomaban y se agachaban.

Quienes fueran, no me reconocieron con el sombrero de Marko, así que pude acercarme con toda tranquilidad al coche de policía de Billy, inclinarme hacia él y susurrarle:

—Aeronave no identificada a las tres.

—¿Qué? ¡No!

—Billy, ¿cómo lo han sabido?

—A mí que me registren.

—Nadie sabe que estoy aquí. ¿Me han puesto un localizador? ¿Han conseguido entrar en mi móvil? ¿O en el de Flack?

Billy salió disparado del coche, rodeó la manzana y sorprendió a los dos paparazzi. Les gritó. Pero ellos le contestaron de la misma manera. Creyéndose con derecho a hacer lo que hacían. Envalentonados.

Esa noche no consiguieron la foto que perseguían, una pequeña victoria. Sin embargo, muy poco después nos pillaron a Flack y a mí, y esas sí desataron la locura. En cuestión de horas, una horda de periodistas se instaló delante de la casa de los padres de Flack, y de sus amigos, y de su abuela. En una publicación describían a Flack como mi «caprichito proletario», porque una vez había trabajado en una fábrica o algo por el estilo.

«Joder, ¿de verdad somos tan insufriblemente esnobs en este país?», pensé.

Seguimos viéndonos de vez en cuando, pero nunca más volvimos a sentirnos libres. Continuamos, creo, porque nos lo pasábamos bien juntos, y porque no queríamos reconocer la derrota a manos de aquellos imbéciles. Pero la relación estaba tocada de manera irremediable y al final decidimos que no valía la pena seguir aguantando aquel nivel de cansancio y acoso.

Sobre todo por su familia.

Nos dijimos adiós. Adiós y buena suerte.

25

Acudí a un cóctel en el palacio de Kensington con el general Dannatt, acompañado de JLP. Cuando llamamos a la puerta del apartamento del general, estaba más nervioso que cuando me fui a la guerra.

El general y su mujer, Pippa, nos recibieron con suma cordialidad y me felicitaron por mi trabajo en el Ejército.

Sonreí, pero enseguida fruncí el ceño. Ya, dijeron, lamentaban que hubiera tenido que interrumpirlo.

—La prensa… Lo echan todo a perder, ¿verdad?

—Y que usted lo diga.

El general me sirvió un gin-tonic. Tomamos asiento en la zona de sillones mientras bebía un buen trago y sentía cómo la ginebra bajaba por la garganta, tras lo que solté que necesitaba volver. Necesitaba completar mi periodo de servicio como era debido.

El general se quedó mirándome.

—Ya. Entiendo. Bien, en ese caso...

Empezó a pensar en voz alta, sopesando las distintas alternativas al tiempo que analizaba las derivaciones políticas y las ramificaciones de cada una de ellas.

—¿Y qué le parece... piloto de helicóptero?

Vaya. Eché la espalda hacia atrás. Nunca me lo había planteado. Tal vez porque Willy y mi padre —y el abuelo, y el tío Andrés— eran pilotos. Siempre había querido seguir mi propio camino, hacer lo que me gustara a mí, pero el general Dannatt dijo que era la mejor opción. La única. Estaría más seguro, por decirlo de alguna manera, por encima del campo de batalla, entre las nubes. Igual que quienes me rodearan. Aunque la prensa averiguara que había regresado a Afganistán, aunque volvieran a cometer una estupidez —y la cometerían, de eso no me cabía ninguna duda—, no importaría. Tal vez los talibanes averiguaran dónde estaba, pero ya podían intentar localizarme en el aire si querían.

—¿Cuánto se tarda en obtener la habilitación de piloto, general?

—Unos dos años.

Negué con la cabeza.

—Demasiado tiempo, señor.

El hombre se encogió de hombros.

—Se tarda lo que se tarda. Y con motivo.

Había que estudiar bastante, se explicó.

Maldición. La vida se empeñaba en arrastrarme de vuelta a clase a cada paso que daba.

Le di las gracias y le dije que lo pensaría.

26

Sin embargo, ese verano de 2008 apenas le dediqué un pensamiento.

No pensé mucho en nada, salvo en aquellos tres soldados heridos que iban en el mismo avión que yo de vuelta a casa. Y quería que los demás también lo hicieran, y que se hablara de ellos. Era necesario que se reflexionara y se prestara más atención a los soldados británicos que volvían a casa del campo de batalla.

Dediqué todo mi tiempo a tratar de encontrar la manera de cambiar aquella situación.

Mientras tanto, la Casa Real me mantenía ocupado. Me enviaron a Estados Unidos, mi primer viaje de trabajo oficial a aquel país. (Había estado una vez en Colorado, haciendo rafting y visitando Disney World con mi madre). JLP participó en el diseño del itinerario y estaba al tanto de mis preferencias. Quería visitar a soldados heridos y dejar una corona en el World Trade Center. Y también deseaba conocer a las familias de quienes murieron el 11 de septiembre de 2001. Logró que todo aquello se hiciera realidad.

A excepción de esas ocasiones en concreto, apenas conservo ningún otro recuerdo de aquel viaje. Sí que leía noticias sobre el revuelo que se producía en los lugares que visitaba y los debates exaltados sobre mi madre, motivados en gran parte por el amor que profesaba por Estados Unidos y por los viajes históricos que había realizado al país, pero lo que más recuerdo es acompañar a soldados heridos, visitar cementerios militares y hablar con familias sumidas en el dolor.

Les sostenía la mano, asentía y les decía: «Te comprendo». Creo que era un consuelo mutuo. Siempre es mejor compartir el dolor.

Regresé a Gran Bretaña reafirmado en el convencimiento de que no estaba haciéndose lo suficiente por los afectados por la guerra contra el terrorismo. Decidí volcar en ello todos mis esfuerzos, hasta la extenuación. Estaba agotado, pero no me daba cuenta, y muchas mañanas me levantaba sintiéndome cansado y sin fuerzas. Sin embargo, ¿cómo iba a parar cuando tanta gente necesitaba ayuda? Cuando tanta gente sufría.

Por aquella época me enteré de que existía Help for Heroes, una organización benéfica nacional de reciente creación. Me gustó mucho lo que hacían, el empeño que ponían en concienciar a la población acerca de la difícil situación de los soldados. Willy y yo nos pusimos en contacto con ellos.

—¿Qué podemos hacer?

Los fundadores, padres de un soldado, dijeron que quizá había algo.

—¿Les importaría llevar nuestra pulsera?

¡Por supuesto! Las lucimos durante un partido de fútbol, con Kate, y tuvo una repercusión asombrosa. La demanda de pulseras se disparó y empezaron a llegar donaciones. Fue el inicio de una larga y trascendente relación. Y un recordatorio indiscutible del poder que teníamos como plataforma.

Aun así, la mayor parte de mi trabajo se desarrollaba alejado de los focos. Pasé muchos días en el hospital Selly Oak, y en Headly Court, hablando con soldados, escuchando sus historias, tratando de proporcionarles un momento de paz o unas risas. Nunca avisé a la prensa y creo que solo dejé que lo hiciera la Casa Real una vez. No quería ver a un periodista a un kilómetro de distancia durante aquellos encuentros, que, aunque superficiales a simple vista, eran desgarradoramente íntimos.

—¿También estuviste en la provincia de Helmand?

—Ya te digo.

—¿Perdiste a algún compañero?

—Desde luego.

—¿Hay algo que pueda hacer?

—Ya lo estás haciendo, compañero.

Acompañaba a aquellos hombres y mujeres destrozados junto a sus camas, a menudo rodeados de sus familias. Recuerdo a un chico joven, vendado de pies a cabeza, en coma inducido. Sus padres estaban allí. Me contaron que estaban escribiendo un diario de su recuperación y me pidieron que lo leyera. Lo hice. Luego, con su permiso, yo también le escribí algo para que lo leyera cuando despertara. Después, nos abrazamos, y a la hora de despedirnos fue como si lo hiciera de mi familia.

En cierta ocasión, visité un centro de medicina física y rehabilitación por un compromiso oficial y me encontré con uno de los soldados del vuelo de vuelta a casa. Ben. Me contó que un IED le había arrancado el brazo izquierdo y la pierna derecha. Dijo que aquel día hacía un calor de mil demonios. Estaba corriendo, oyó una explosión y de pronto se encontraba a seis metros del suelo.

Recordaba haber visto cómo su pierna se separaba del cuerpo.

Me lo contó con una leve y encomiable sonrisa.

El día anterior a mi visita había recibido la pierna ortopédica. Le eché un vistazo.

—Muy bonita, compañero. ¡Y parece bastante resistente!

—Pronto lo veremos —contestó.

Según el programa de rehabilitación que estaba siguiendo, ese día tenía que subir y bajar un muro de escalada.

Me quedé por allí para verlo.

Se colocó un arnés, agarró una cuerda y trepó por la pared. Entusiasmado, lanzó un grito de júbilo al llegar arriba, saludó y descendió de nuevo.

Yo estaba boquiabierto. Nunca me había sentido tan orgulloso... de ser británico, de ser soldado, de ser su hermano de armas. Se lo dije. Le dije que quería invitarlo a una cerveza por haber llegado a lo alto de la pared. No, no, a una caja de cervezas.

Se echó a reír.

—¡A eso no te diré que no, compañero!

Comentó que quería correr una maratón.

Le dije que si alguna vez lo hacía, cuando lo hiciera, me encontraría esperando en la línea de meta.

27

Hacia finales de ese verano, fui a Botsuana a ver a Teej y a Mike. Hacía poco habían hecho un trabajo excepcional con la serie *Planeta Tierra* de David Attenborough, y otros documentales para la BBC, y en aquellos momentos estaban rodando uno nuevo, de gran importancia, sobre elefantes. Varias manadas, estresadas por la sequía y la reducción de su hábitat, estaban huyendo de manera precipitada a Namibia en busca de comida y se abalanzaban a los brazos de los cazadores furtivos, centenares de ellos, que los esperaban armados con AK-47. Teej y Mike esperaban que el documental llamara la atención sobre aquellas matanzas cada vez más frecuentes.

Les pregunté si podía ayudar en algo. No lo dudaron.

—Pues claro, Spike.

De hecho, se ofrecieron a contratarme como cámara. Aparecería en los títulos de crédito, pero, eso sí, sin cobrar.

No habían dejado de alabar lo cambiado que estaba desde el primer día. Siempre había sido un trabajador nato, pero era evidente que el Ejército me había enseñado a recibir órdenes. Nunca tenían que repetirme las cosas dos veces.

A menudo, mientras rodábamos por aquellos parajes subidos al camión plataforma, miraba a lo lejos y pensaba: «Qué curioso, toda la vida quejándome de los fotógrafos que se especializan en robarte la libertad y aquí me tienes, trabajando de fotógrafo, luchando por preservar la libertad de estos animales majestuosos. Sintiéndome cada vez más libre».

Y, por si aquello no fuera suficientemente irónico, además grababa cómo los veterinarios les colocaban dispositivos de rastreo a los animales. (Los localizadores ayudarían a los investigadores a estudiar las pautas de migración de las manadas). Hasta ese momento, no podía decir que aquellos dispositivos me trajeran los mejores recuerdos.

Un día grabamos cómo un veterinario le disparaba un dardo a un elefante macho y luego le colocaba un collar con un localizador. Sin embargo, el dardo solo había raspado la dura piel del animal, que se recuperó y salió disparado.

—¡Coge la cámara, Spike! ¡Corre! —gritó Mike.

El elefante se alejaba muy deprisa a través de la maleza siguiendo un camino de tierra que desaparecía en algunas partes. El veterinario y yo intentamos no perderlo de vista. No podía creer lo rápido que era aquel animal. Recorrió ocho kilómetros antes de empezar a reducir la velocidad y acabar deteniéndose. Me quedé a cierta distancia y, cuando el veterinario llegó a mi altura, vi que le disparaba otro dardo. Finalmente, el pobre animal se desplomó.

Momentos después, oímos el rugido del camión en el que iba Mike.

—¡Buen trabajo, Spike!

Yo estaba jadeando, con las manos en las rodillas, bañado en sudor.

Mike miró al suelo, espantado.

—Spike, ¿y los zapatos?

—Ah, ya. Los dejé en el camión. No me ha dado tiempo de cogerlos.

—¿Has corrido ocho kilómetros... a través del bosque... descalzo?

Me eché a reír.

—Me dijiste que corriera. Como decís, el Ejército me ha enseñado a recibir órdenes.

28

Con la llegada del nuevo año, 2009, un vídeo se hizo viral.

Era de hacía tres años y aparecía yo junto a otros compañeros, cadetes como yo.

Estábamos en un aeropuerto. ¿Chipre, quizá? ¿O esperando para embarcar con destino a Chipre?

El vídeo lo grabé yo. Estaba matando el tiempo antes de subir al avión, haciendo el tonto, y tomé una panorámica del grupo mientras iba comentando algo sobre cada uno de ellos. Cuando llegué a mi compañero y buen amigo Ahmed Raza Kahn, un paquistaní, dije: «Ah, nuestro pequeño amigo paqui...».

No sabía que paqui era un insulto. De pequeño, había oído a mucha gente usar esa palabra y no había visto que nadie torciera el gesto o se molestara, nunca había considerado racistas a esas personas. Y tampoco sabía nada sobre los prejuicios inconscientes. Tenía veintiún años, había crecido aislado del mundo real y envuelto en privilegios, y creía que aquella palabra era igual que «yanqui». Inocua.

Se lo envié a otro cadete, que estaba preparando un vídeo de fin de año, y a partir de ahí comenzó a circular, pasando de un ordenador a otro, hasta que acabó en manos de alguien que se lo vendió al *News of the World*.

Empezaron a llegar las críticas iracundas.

La gente decía que no había aprendido nada.

La gente decía que no había madurado ni una pizca después de la debacle nazi.

El príncipe Harry es peor que bobo, decían, peor que un fiestero, es racista.

El líder de los tories me criticó públicamente. Un ministro de gabinete me puso a caldo por televisión. El tío de Ahmed expresó su repulsa en la BBC.

Yo estaba en Highgrove, viendo el escándalo que se había montado, incapaz de procesarlo.

La oficina de mi padre publicó una disculpa en mi nombre. Yo también quise emitir otra, pero el personal de la Casa Real me aconsejó que no lo hiciera.

—No es la mejor estrategia, señor.

—A la mierda la estrategia.

Me daba igual la estrategia. Lo que no me daba igual era que la gente creyera que era racista. Lo que no me daba igual era ser racista.

En cualquier caso, allí quien importaba era Ahmed. Me puse en contacto con él directamente y le pedí disculpas. Dijo que le constaba que yo no era racista. Que no pasaba nada.

Pero sí pasaba. Y su perdón, su deferencia natural, solo me hizo sentir peor.

29

Mientras la controversia continuaba, me mandaron a la base aérea de la RAF en Barkston Heath. Un momento raro para empezar la instrucción de vuelo, para empezar cualquier tipo de formación. Mi legendariamente escasa capacidad de concentración nunca había sido tan escasa. Aunque quizá también fuera el mejor momento, me dije. Quería esconderme del resto de mis congéneres, huir del planeta, pero, ya que no había cohetes disponibles, tendría que conformarme con un avión.

No obstante, antes de subirme a uno, el Ejército debía asegurarse de que estaba capacitado para ello. Exploraron mi cuerpo y mi mente durante semanas.

Limpio, ni rastro de drogas, concluyeron. Pareció sorprenderles.

Y, a pesar de los vídeos que venían a mostrar lo contrario, no era bobo del todo.

Así que... vía libre.

Dijeron que mi primera aeronave sería una Firefly. De un amarillo vivo, ala fija, una sola hélice.

Una máquina normal y corriente, sin complicaciones, según mi primer instructor de vuelo, el sargento mayor Booley.

Me subí a ella y pensé: «¿En serio?». Me pareció de todo menos corriente.

Me volví hacia Booley, lo estudié. Él tampoco era un hombre corriente. Bajo, fornido, duro. Había combatido en Irak y en los Balcanes y, a tenor de lo que había visto y vivido, podría haber sido una persona difícil de tratar, pero lo cierto era que sus años en servicio activo no parecían haberle afectado de manera negativa. Al contrario, era todo amabilidad.

Por su propio bien. Yo tenía tantas cosas en la cabeza que me presentaba a nuestras clases completamente ensimismado, lo cual repercutía en mi rendimiento. Siempre esperaba que Booley perdiera la paciencia en algún momento y empezara a gritarme, pero nunca lo hizo. De hecho, después de una de aquellas clases, me invitó a salir en moto por el campo. «Vamos a despejar la cabeza, teniente Gales».

Y funcionó. Mano de santo. La moto, una preciosa Triumph 675, resultó ser el recordatorio ideal de lo que buscaba en aquellas clases de vuelo. Velocidad y sensación de poder.

Y libertad.

Poco después descubrí que no éramos libres: la prensa nos había seguido desde el principio y nos había hecho fotos frente a la casa de Booley.

Tras un periodo de aclimatación a la cabina de la Firefly, de familiarizarme con el panel de control, por fin despegamos. En uno de nuestros primeros vuelos juntos, Booley hizo que la avioneta entrara en pérdida de manera intencionada y sin avisar. Noté que el ala izquierda se inclinaba, una sensación inquietante de desorden, de entropía, y luego, tras varios segundos que me parecieron décadas, Booley recuperó la aeronave y niveló las alas.

Lo miré con los ojos abiertos.

—Pero ¿qué co...?

¿Había sido un intento de suicidio abortado a la mitad?

No, contestó con suma tranquilidad, había sido el paso a la fase siguiente de mi adiestramiento. Me explicó que había un sinfín de cosas que podían torcerse en el aire y que tenía que enseñarme lo que había que hacer, pero también cómo hacerlo.

Permanece. Tranquilo.

Durante el siguiente vuelo, hizo lo mismo. Sin embargo, en esa ocasión no recuperó la aeronave. Nos precipitábamos hacia el suelo en medio de giros y tirabuzones cuando dijo:

—Le toca.

—¿El qué?

—Hacerlo a usted.

Miró los controles. Me hice con ellos, agravé la situación y recuperé la aeronave justo a tiempo.

Miré a Booley, esperando sus felicitaciones.

Nada. Ni la menor reacción.

A partir de entonces, Booley repitió aquella maniobra una y otra vez: apagaba el motor y entrábamos en caída libre. Al tiempo que el metal chirriante y el ruido blanco que producía el motor apagado se hacían ensordecedores, él se volvía hacia la izquierda con toda calma:

—Le toca.

—¿Me toca?

—El control es suyo.

—El control es mío.

Después de encender el motor de nuevo, después de regresar a la base sanos y salvos, nunca había celebraciones. Ni tampoco se hablaba demasiado. En la cabina de Booley no se daban medallas solo por hacer lo que había que hacer.

Finalmente, una mañana de cielos despejados, después de haber dado varias vueltas rutinarias sobre el aeródromo, aterrizamos con suavidad y Booley se bajó como si la Firefly estuviera en llamas.

—¿Qué pasa?

—Le toca, teniente Gales.

—¿El qué?

—Volar solo.

—Ah. De acuerdo.

Y despegué. (Después de asegurarme de que llevaba bien puesto el paracaídas). Di un par de vueltas sobre el aeródromo mientras hablaba conmigo mismo.

—Motor a fondo. Rueda sobre la línea blanca. Levanta suelo…, ¡despacio! Baja el morro. ¡No lo cales! Vira en el ascenso. Nivela. Vale, ahora estás a favor del viento. Comunícate con la torre. Comprueba la señalización terrestre.

»Chequeos previos al aterrizaje.

»¡Reduce potencia!

»Empieza a descender en el viraje.

»Ahí está; ahora, tranquilo.

»Sal del viraje, endereza, enderézala.

»Trayectoria de vuelo de tres grados, morro en la cabecera.

»Solicita permiso para aterrizar.

»Apunta la aeronave hacia donde quieres posarla…

Hice un aterrizaje con un solo rebote, sin incidentes, y rodé por la pista. A una persona normal y corriente, le habría parecido el vuelo más anodino de la historia de la aviación. Para mí fue uno de los momentos más maravillosos de mi vida.

¿Ya podía considerar que sabía pilotar? En absoluto. Pero estaba en camino.

Me bajé y me acerqué a Booley a grandes zancadas. Cómo me habría gustado chocar los cinco con él y llevármelo de copas, pero aquello quedaba totalmente descartado.

Lo que no deseaba de ninguna de las maneras era despedirme de él y, sin embargo, era lo que debía hacer. Después de volar solo, debía emprender la nueva etapa de mi instrucción.

Como le gustaba decir a Booley, me tocaba.

30

Me enviaron a la base aérea de la RAF en Shawbury, donde descubrí que los helicópteros eran mucho más complicados que las Firefly.

Incluso las comprobaciones previas al vuelo eran más exhaustivas.

Contemplé la miríada de interruptores y conmutadores y pensé: «¿Cómo voy a memorizar todo esto?».

No sé cómo, pero lo hice. Poco a poco, bajo la atenta mirada de mis dos nuevos instructores, los sargentos mayores Lazel y Mitchell, me los aprendí todos.

No tardamos en empezar a practicar el despegue, con los rotores batiendo las nubes espumosas, una de las mejores sensaciones que puedan experimentarse. La forma más auténtica de volar, en muchos sentidos. La primera vez que ascendimos, en vertical, pensé: «He nacido para esto».

Sin embargo, también aprendí que hacer volar el helicóptero no era lo difícil. Lo difícil era el vuelo estacionario. Se dedicaban seis clases como mínimo a esa única maniobra, que si bien al principio parecía sencilla, enseguida resultaba ser imposible. De hecho, cuanto más la practicabas, más imposible parecía.

Principalmente se debía a un fenómeno al que llamábamos «monos basculantes». Nada más despegar, el helicóptero es víctima de una diabólica confluencia de factores: el flujo de aire, la corriente descendente, la gravedad. Primero se tambalea, luego se balancea, luego cabecea y da bandazos... como si unos monos invisibles estuvieran colgados de los patines y les dieran tirones. Para aterrizar el helicóptero, hay que quitarse de encima a esos monos basculantes y la única manera de hacerlo es... olvidándote de ellos.

Lo cual es más fácil decirlo que hacerlo. No había modo de vencerlos, y tampoco era un gran consuelo que los demás pilotos que se formaban conmigo se encontraran en la misma situación que yo. No había día que aquellos pequeños cabrones, aquellos diablillos invisibles no aparecieran en nuestras conversaciones. Acabamos odiándolos y teniéndole pavor a la vergüenza y la rabia de que nos pusieran a prueba una y otra vez. Ninguno de nosotros era capaz de dar con el modo de recuperar el equilibrio de la aeronave y dejarla en el suelo sin abollar el fuselaje. O hacerle un arañazo a los patines. Abandonar la pista de aterrizaje dejando tras de ti una marca larga y sinuosa, esa era la humillación suprema.

Cuando llegó el día de nuestro primer vuelo a solas, todos estábamos desquiciados. «Los monos voladores», «los monos voladores», era lo único de lo que se hablaba en el comedor. Cuando me llegó el turno, subí al helicóptero, recé y pedí autorización a la torre para despegar. «Vía libre». Encendí el motor, alcé el vuelo, di varias vueltas alrededor del campo, sin problemas, a pesar del viento, que soplaba con fuerza.

Y llegó la hora H.

Había ocho círculos dibujados en el área de estacionamiento. Tenía que aterrizar en uno de ellos. A la izquierda del área se alzaba un edificio naranja de ladrillos y enormes ventanales en el que los demás pilotos y estudiantes esperaban su turno. Sabía que todos estaban pegados a aquellas ventanas, mirando, cuando sentí que los monos basculantes hacían acto de presencia. La aeronave empezó a mecerse.

—¡Largo! —grité—. ¡Dejadme en paz!

Me peleé con los controles y conseguí dejar el helicóptero dentro de un círculo.

Al entrar en el edificio naranja, saqué pecho, orgulloso de mí mismo, y ocupé mi puesto delante de las ventanas para ver qué tal les iba a los demás. Sudoroso, pero sonriente.

Ese día, varios aspirantes a piloto se vieron obligados a abortar sus aterrizajes. Uno tuvo que posarse en una zona de hierba que había al lado. Otro aterrizó con tantos bamboleos y el motor tan caliente que la ambulancia y los camiones de bomberos acudieron de inmediato.

Cuando entró en el edificio naranja, supe por su mirada que se sentía igual que me habría sentido yo en su lugar.

Una parte de él deseaba con toda su alma haberse estrellado y haber muerto entre las llamas.

31

Yo por entonces vivía en Shropshire con Willy, que también estaba formándose para ser piloto. Había encontrado una casa de campo en una finca a diez minutos de la base y me propuso vivir con él. O puede que me invitara yo.

Era acogedora y tenía encanto. Estaba detrás de una arboleda muy frondosa, cerca de un senderito rural. En la nevera nunca faltaba comida envasada al vacío que nos mandaban los chefs de mi padre: pollo cremoso con arroz, curri de ternera... En la parte de atrás había una caballeriza maravillosa, lo cual explicaba el olor a caballo que inundaba toda la casa.

No vivíamos juntos desde Eton, así que ambos estábamos a gusto con el arreglo, nos lo pasábamos bien. Es más, estábamos juntos cuando tuvo lugar la caída triunfal del imperio mediático de Murdoch; qué gran momento. Después de varios meses de investigaciones, por fin habían identificado al grupo de periodistas y editores de su peor periódico. Los esposaron, los detuvieron y los acusaron de acosar a políticos, a famosos y... a la familia real. La corrupción por fin salía a la luz y se avecinaban sanciones.

Uno de los villanos que estaba a punto de ser desenmascarado era el Pulgar, el mismo periodista que hacía mucho se había inventado una historia absurda sobre la lesión en el pulgar que me hice en Eton. Yo me curé bien, pero él nunca ha tenido remedio. De hecho, fue a mucho peor. Ascendió en la jerarquía del mundo de la prensa y llegó a jefe. Tenía un equipo de clones comiendo de su mano (¿o de su pulgar?), y muchos accedieron ilegalmente a teléfonos ajenos a troche y moche, lo cual es un delito flagrante. Lo más gracioso es que el Pulgar decía que él no sabía nada del tema.

Otra que cayó fue... ¡Rehabber Kooks! La misma periodista asquerosa que cocinó la farsa de mi rehabilitación. Había «renunciado». La policía la detuvo dos días después.

Uf, qué alivio cuando nos enteramos.

Al resto de los conspiradores, acosadores y mentirosos les esperaba el mismo destino. Más pronto que tarde se iban a quedar sin trabajo y sin la fortuna que habían amasado de forma ilícita durante el festival de delitos más desenfrenado de la historia del Reino Unido.

Justicia.

No cabía en mí de gozo. Y Willy estaba igual. Fue increíble. Por fin se confirmaban nuestras sospechas y se resarcía a nuestro círculo de amigos más cercanos; no estábamos locos ni paranoicos. Algo pasaba realmente. Nos habían traicionado, como siempre habíamos sospechado, pero no los guardaespaldas ni nuestros mejores amigos, sino, una vez más, las ratas del periodismo británico de Fleet Street. Y la policía metropolitana, que no entiendo por qué no hizo su trabajo; se negaron en varias ocasiones a investigar y detener a esa gente que era obvio que había infringido la ley.

La cuestión es por qué. ¿Estaban comprados? ¿Era un complot? ¿Tenían miedo?

En breve íbamos a averiguarlo.

La gente estaba escandalizada. El hecho de que la prensa usara la enorme influencia que se le otorgaba para hacer el mal denotaba que la democracia se hallaba en un estado lamentable. Es más, que rastrearan y desbarataran a su antojo las medidas de seguridad necesarias para proteger a figuras destacadas y funcionarios públicos era como abrirle la puerta a los terroristas. Y eso sería el caos. No se salvaría nadie.

Los británicos llevaban generaciones riéndose irónicamente de que la prensa nacional fuera una basura, pero «qué le vamos a hacer», decían. Sin embargo, ahora ya a nadie le hacía gracia. Todo el mundo pensaba que era necesario hacer algo al respecto.

Incluso el diario dominical más conocido, el *News of the World* de Murdoch, empezó a agonizar. Ni siquiera estaba claro si iba a sobrevivir el principal responsable del escándalo de las escuchas. Los anunciantes estaban planteándose largarse y los lectores, boicotearlos. ¿Estaba pasando de verdad? ¿Había expirado por fin esa criatura circense grotesca y bicéfala que Murdoch había engendrado?

¿Era el comienzo de una nueva era?

Curiosamente, aunque esto nos puso de muy buen humor a los dos, apenas hablamos del tema de manera explícita. Nos reímos mucho cuando vivimos en la casa de campo, pasamos ratos muy buenos hablando de cualquier cosa, pero ese asunto apenas lo tocamos. Supongo que era demasiado doloroso. O que aún no estaba todo zanjado. Puede que no quisiéramos gafarlo, que no nos atreviéramos a descorchar el champán hasta que no viéramos a Rehabber Kooks y el Pulgar compartiendo celda.

O a lo mejor había cierta tensión latente entre nosotros que yo no acababa de entender. Cuando vivíamos juntos en la casa de campo, accedimos excepcionalmente a hacer una entrevista conjunta en un hangar de Shawbury, y Willy no hizo más que quejarse de mí: que si Harry es un guarro, que si Harry ronca...

Me giré y le eché una mirada. ¿Estaba de broma?

Yo limpio lo que ensucio y no ronco. Además, la pared que separaba nuestras respectivas habitaciones era gruesa, así que habría sido imposible que me oyera incluso aunque hubiera roncado. A los periodistas les dio un ataque de risa, así que metí baza.

—¡Qué mentiroso!

Lo único que conseguí es que se rieran más fuerte, Willy incluido.

Yo también me reí, porque normalmente estábamos de guasa, pero cuando vuelvo la vista atrás no puedo evitar preguntarme si había algo más. Yo estaba preparándome para ir al frente, que era para lo que Willy se había formado, pero la Casa Real echó por tierra sus planes. El Repuesto que se vaya a corretear al campo de batalla como pollo sin cabeza si quiere, pero el Heredero ni hablar.

Así que ahora Willy estaba preparándose para ser piloto de rescate, y a lo mejor en su fuero interno estaba frustrado. Si fuera así, estaba muy equivocado. Según yo lo veía, hacía una labor crucial y extraordinaria: salvaba vidas todas las semanas. Estaba orgulloso de él y tenía toda mi admiración, porque estaba dedicándose en cuerpo y alma a su preparación.

Aun así, tendría que haberme imaginado cómo se sentía. Yo mismo sabía de primera mano lo desesperanzador que era que no te dejaran participar en algo para lo que llevabas años preparándote.

32

Después de Shawbury estuve en Middle Wallop. Según el Ejército, ya había aprendido a pilotar un helicóptero, pero ahora tenía que aprender a hacerlo en términos tácticos mientras desempeñaba otras tareas. Muchas: interpretar un mapa, localizar un objetivo, lanzar misiles, comunicarme por radio y mear en una bolsa. Lo de hacer mil cosas a la vez a ciento cuarenta nudos de altura no está hecho para todo el mundo. Para conseguir ese truco mental Jedi primero tenía que reconfigurar el cerebro y renovar las sinapsis, y mi Yoda en ese proceso descomunal de neuroingeniería fue Nigel.

Alias Nige.

En él recayó la misión nada envidiable de convertirse en mi cuarto instructor de vuelo, y posiblemente el más importante.

Las sesiones las llevábamos a cabo en una aeronave conocida como Ardilla. Así se denomina de forma coloquial el helicóptero monomotor francés que usaban los estudiantes ingleses en su preparación. Pero Nige estaba más pendiente de las ardillas que correteaban por mi cabeza cuando me iba por las ramas que de la «ardilla» en la que estábamos sentados. Me aseguró que eran enemigas ancestrales de la concentración humana. Sin darme cuenta, se habían instalado en mi conciencia. También me dijo que eran más taimadas que los monos basculantes, incluso mucho más peligrosas.

Nige me recalcó que la única forma de librarse de ellas era tener una disciplina férrea. Es fácil controlar un helicóptero, pero controlar la mente requiere más tiempo y paciencia.

Tiempo y paciencia, pensé con impaciencia. No voy sobrado de ninguna de las dos cosas, Nige, así que manos a la obra...

Según él, también hacía falta cierto amor propio, y eso se manifestaba como seguridad en uno mismo.

—Seguridad, teniente Gales. Lo más importante es creer en uno mismo.

Sabía que tenía razón, pero me costaba visualizarme poniéndolo en práctica. La verdad era que yo no creía en mí mismo; no creía prácticamente en nada, y mucho menos en mi persona. Siempre que cometía un error, lo cual era muy habitual, era muy duro con Harry. Sentía que se me gripaba la mente, como cuando se sobrecalienta un motor. La nube roja me envolvía y era incapaz de pensar, dejaba de funcionar.

Cuando me pasaba eso, Nige me decía:

—Teniente Gales, no se cargue este vuelo por un simple error.

Pero al final me cargué muchos vuelos por un simple error.

A veces ese desprecio hacia mí mismo le salpicaba a él, y, cuando me leía la cartilla, luego yo se la devolvía.

—A tomar por culo, pilótelo usted.

Él meneaba la cabeza y contestaba:

—Yo no voy a tocar los controles, teniente Gales. Es usted el que nos va a llevar a tierra. Y ya cuando estemos abajo lo hablamos.

Tenía una voluntad hercúlea, aunque a primera vista no lo pareciera. Era de estatura y complexión medias y llevaba el pelo acerado perfectamente peinado con la raya a un lado, con el mono verde y las gafas de ver siempre impolutos. Era un civil metido a marine, un abuelo bondadoso al que le encantaba navegar, un tío guay. Pero tenía corazón de ninja.

Y en ese momento yo necesitaba un puto ninja.

33

Durante varios meses, Nige el Ninja se las apañó para enseñarme a pilotar un helicóptero mientras hacía miles de cosas a la vez, y además con cierto amor propio. Aunque eran clases de vuelo, las recuerdo como lecciones de vida, y con el paso del tiempo las buenas superaron a las malas.

Ya fueran bien o mal, las pasaba canutas en las sesiones de noventa minutos con Nige y la Ardilla. Después de aterrizar pensaba: «Necesito una siesta».

Pero antes, la sesión de evaluación.

Ahí Nige el Ninja sí que me lo hacía pasar mal de verdad, porque no era de los que te doraban la píldora. No se andaba con rodeos y te ofendía alegremente. Me cantaba las cuarenta cuando hacía falta y no reparaba en el tono que usaba.

Yo me ponía a la defensiva.

Él me presionaba.

Yo lo miraba con cara de odio.

Él me presionaba de nuevo.

Yo decía: «Sí, sí, ya lo pillo».

Él volvía a presionarme.

Yo dejaba de escucharlo.

Y el pobre Nige... seguía presionándome.

Ahora me doy cuenta de que era una de las personas más honradas que he conocido en la vida, y oír verdades, un secreto que él conocía y que mucha gente se niega a aceptar, suele doler. Él quería que yo creyera en mí mismo, pero no podía basar esa creencia en promesas y cumplidos falsos. El camino real hacia el control estaba empedrado de hechos.

No era que se opusiera rotundamente a hacer cumplidos. Un día, casi de pasada, me dijo que parecía que no tenía... miedo.

—Si me lo permite, teniente Gales, he de decir que no parece preocuparle mucho la idea de morir.

—Así es.

Le conté que dejé de temer a la muerte cuando tenía doce años.

Él lo entendió y asintió. Ambos pasamos página.

34

Llegó el día en que Nige me soltó y me dejó en libertad cual pájaro herido tras recuperarse, y gracias a su certificación el Ejército me declaró apto para pilotar Apaches.

Pero en realidad no... Era una engañifa. En vez de pilotar Apaches, tocaba sentarse en un aula sin ventanas y leer sobre ellos.

Me pareció muy cruel. Me prometieron que iba a manejar helicópteros y en vez de eso me dieron una pila de deberes.

El curso duró tres meses y yo estuve a punto de volverme loco.

Al final de la jornada, me arrastraba hasta el cuartel, me metía en mi cuarto (que parecía una celda) y me desahogaba por teléfono con algún amigo o con mi guardaespaldas. Me planteé seriamente tirar la toalla. Le decía a todo el mundo con irritación que yo nunca había querido pilotar Apaches. Lo que quería pilotar era el Lynx. Era más fácil de aprender, lo cual significaba volver antes a la guerra. Pero mi superior, el coronel David Meyer, desestimó la idea.

—Ni en broma, Harry.

—¿Por qué, coronel?

—Porque tiene experiencia práctica reconociendo terrenos, se desempeñó muy bien como FAC y es muy buen piloto, así que va a volar con el Apache.

—Pero...

—Sé por su forma de pilotar y de interpretar el terreno que está usted donde le corresponde.

¿Donde me corresponde? ¡El curso era una tortura!

Y aun así todos los días llegaba puntualmente con mis archivadores de anillas llenitos de datos sobre los motores del Apache, atendía en clase y me dejaba la piel para no perder el ritmo. Intentaba aprovechar todo lo que me habían enseñado mis instructores de vuelo, desde Booley hasta Nige, y me tomaba las clases como si fueran una aeronave cayendo en picado y yo tuviera la misión de recuperar el control.

Y un día... se acabó. Me dijeron que por fin iba a abrocharme el cinturón de un Apache de verdad...

... para rodar en pista.

—¿Están de coña?

Me dijeron que eran cuatro clases.

—¿Cuatro clases para aprender a... rodar en pista?

Al final resultó que cuatro clases no eran suficientes para asimilar todo lo que había que saber sobre rodar en pista con ese pájaro descomunal. Cuando estaba en faena era como si la aeronave tuviera zancos y estuviera sobre una cama de gelatina. Había momentos en los que realmente dudaba que fuera a conseguirlo, como si aquel fuera el final de un viaje que ni siquiera había empezado.

En parte yo achacaba mis dificultades a la disposición de los asientos. Tanto en el Firefly como en la Ardilla el instructor estaba siempre a mi lado, de tal forma que podía acercarse y enmendar mis errores en el acto o mostrarme cómo hacerlo. Booley, por ejemplo, se hacía con los mandos y Nige se encargaba de los pedales, y yo los imitaba. Me di cuenta de que muchas de las cosas que había aprendido en la vida las sabía gracias a esta especie de proceso de imitación. A diferencia de mucha gente, yo necesitaba un guía, un gurú, un compañero.

Pero en el Apache el instructor estaba delante o detrás, es decir, no lo veía.

Estaba totalmente solo.

35

La disposición de los asientos pasó a ser un problema menor. Me fui acostumbrando poco a poco al Apache, y había días que incluso estaba a gusto.

Aprendí a estar solo, a pensar solo y a funcionar solo. Aprendí a comunicarme con esa bestia tan grande, veloz, agresiva y maravillosa, a hablar su mismo idioma y escucharla cuando quería decirme algo. Aprendí a llevar a cabo varias técnicas usando las manos y los pies a la vez. Aprendí a apreciar aquella máquina prodigiosa que, aun pesando una barbaridad, era tan ágil como una bailarina de ballet. Es el helicóptero más complejo del mundo en términos tecnológicos y a la vez el más veloz. Entendí por qué había tan poca gente capaz de pilotar el Apache y por qué costaba millones de dólares formar a cada una de esas personas.

Ahora tocaba hacerlo todo… de noche.

Empezamos con un ejercicio que se llamaba «la bolsa», que consistía en lo que su propio nombre indica: tapaban las ventabas del Apache y era como estar dentro de una bolsa de papel marrón. Luego tenías que recopilar información sobre las condiciones fuera del aparato usando los instrumentos y los indicadores. Era inquietante y desconcertante, pero eficaz. Te veías obligado a desarrollar una especie de segundo sentido de la vista.

Luego volamos de noche de verdad. Rodeamos la base y fuimos más allá gradualmente. Temblé un poco cuando navegamos por encima de la llanura de Salisbury, los valles y bosques inhóspitos por los que me arrastré y gateé cuando hicimos los primeros ejercicios. Después sobrevolamos zonas más pobladas. Y luego, Londres, con su Támesis reluciente bajo el cielo nocturno, el London Eye haciéndole un guiño a las estrellas, el Parlamento, el Big Ben, los palacios... Pensé en mi abuela. ¿Estaría despierta? ¿Estarían los corgis poniéndose cómodos mientras yo daba vueltas grácilmente sobre su cabeza mullida?

¿Estaría izada la bandera?

En la oscuridad aprendí a dominar la mira monocular, la tecnología más increíble y emblemática del Apache. Un sensor del morro enviaba imágenes a través de un cable que pasaba por la cabina hasta la mira, pinzada al casco justo delante del ojo derecho. Gracias a ella sabía lo que había en el exterior. Mis sentidos se reducían a ese portalito. Al principio era como escribir con el dedo gordo del pie o respirar por la oreja, pero luego se convirtió en algo instintivo y hasta místico.

Una noche estaba volando en círculos sobre Londres y me quedé ciego momentáneamente. Por una milésima de segundo pensé que iba a caer en el Támesis. Veía colores brillantes, sobre todo verde esmeralda, y tras unos segundos caí en la cuenta: alguien desde tierra nos había apuntado con un puntero láser. Estaba desorientado. Y cabreado. Pero me dije que tenía que dar las gracias por la experiencia y por tener la oportunidad de practicar. Y también, contra toda lógica, por el recuerdo pasajero que se me vino a la cabeza de repente: cuando Mohammed Fayed, el padre del novio de nuestra madre, nos regaló a Willy y a mí sendos punteros láser de los almacenes Harrods, que eran de su propiedad. A lo mejor quería engatusarnos. En caso afirmativo, lo consiguió. Nos encantaron.

Los movíamos por todas partes como si fueran sables de luz.

36

Tuve un último instructor hacia el final de mi formación con el Apache, en el aeródromo de Wattisham, en Suffolk.

Su misión era darme los retoques finales.

Cuando nos conocimos, al darnos la mano, me sonrió con complicidad.

Yo le devolví la sonrisa.

Él siguió sonriendo.

Yo volví a sonreír, pero empecé a preguntarme si pasaba algo.

Pensaba que iba a hacerme un cumplido... o a pedirme un favor, pero me preguntó que si reconocía su voz.

—No.

Me dijo que era del equipo que me extrajo.

—Ah, ¿en 2008?

—Sí.

Me acordé de que esa noche hablamos brevemente por radio.

—Recuerdo que se quedó muy chafado.

—Ya lo creo.

—Se lo noté en la voz.

—Pues sí, me quedé hecho polvo.

—Y mírese ahora —dijo con una sonrisa más ancha.

37

En unos días iba a cumplir veinticinco años, pero para mí era un cumpleaños más. Mis amigos me decían que los veinticinco eran una edad clave, ese momento en el que mucha gente joven se encontraba con una bifurcación en el camino de su vida. A los veinticinco toca dar un paso concreto al frente o... empezar a recular. Yo estaba listo para seguir adelante. En muchos sentidos, era como si llevara años volando a ciegas, como en «la bolsa».

Me acordé de que los veinticinco eran una edad importante en mi familia. Mi abuela, por ejemplo, a esa edad se convirtió en la sexagesimoprimera monarca de la historia de Inglaterra.

Así que decidí conmemorar ese hito haciendo un viaje.

Volví a Botsuana.

Estábamos todos allí y entre la tarta y los cócteles me dijeron que estaba muy diferente... otra vez. Después de mi primer periodo de servicio, parecía más mayor, más serio, pero, según me dijeron, ahora me veían... con los pies en la tierra.

Pensé que era extraño que aprender a volar me hubiera ayudado a poner los pies en la tierra.

Las personas que más me han querido y alabado son Teej y Mike. Sin embargo, una noche de madrugada, Mike me pidió que me sentara y me habló seriamente con el corazón en la mano. Estábamos en su cocina y se explayó sobre mi relación con África. Me dijo que ya era hora de que ese vínculo cambiara. Hasta ese momento se había basado en una dinámica muy representativa de los británicos en dicho continente: arramblar con todo. Pero ya era hora de dar algo a cambio. Llevaba años escuchándolos a él y a Teej lamentarse de las crisis que azotan el lugar: cambio climático, caza furtiva, sequía, incendios... Yo era la única persona de su entorno que tenía cierta influencia, una especie de altavoz internacional; la única persona que podía hacer algo de verdad.

—¿Y qué hago, Mike?

—Arrojar luz.

38

Nos subimos unos cuantos a varias barcas y navegamos río arriba.

Estuvimos unos días de acampada y exploramos islas remotas. No había nadie en varios kilómetros a la redonda.

Una tarde paramos en la isla de Kingfisher, nos servimos unas copas y vimos el atardecer. Estaba lloviendo y la luz se veía rosa. Pusimos música suave y onírica y perdimos la noción del tiempo. Cuando llegó el momento de volver al agua, mientras desatracábamos, nos dimos cuenta de que teníamos dos problemas serios.

La oscuridad.

Y una tormenta muy fuerte.

Ya es complicado enfrentarse a cualquiera de las dos cosas en un río como el Okavango, pero a ambas a la vez... Mal asunto.

Y entonces se levantó aire.

Entre la oscuridad y el torbellino era imposible navegar. El río estaba embravecido y el encargado de llevarnos estaba ebrio. Nos chocábamos todo el rato con bancos de arena.

Pensé que posiblemente nos tocara pasar la noche en el río.

Dije gritando que iba a ponerme al timón.

Había rayos y relámpagos, los truenos lo sacudían todo... Éramos doce repartidos en dos barcas y nos quedamos todos mudos. Hasta los más acostumbrados al continente africano estaban tensos, aunque intentamos aparentar que lo teníamos todo controlado, con la música a todo volumen.

De repente el río era más estrecho y viramos bruscamente en un recodo. No veíamos el momento de retroceder, pero hicimos acopio de paciencia y obedecimos al río, nos dejamos llevar por él.

Y, entonces, un relámpago descomunal lo iluminó todo como si fuera de día. Fueron dos segundos, pero nos dio tiempo a ver en medio del río, justo delante de nosotros, una manada de elefantes enormes.

En el fulgor miré fijamente a uno. Vislumbré sus colmillos níveos alzados, su piel mojada y arrugada, la marca del agua a la altura de los hombros, sus orejas gigantes, que parecían alas de ángel.

—Hostia puta —susurró alguien.

Quitamos la música.

Ambos pilotos apagaron el motor.

Seguimos navegando por el río desbordado totalmente callados, a la espera del siguiente relámpago. Cuando llegó, vimos de nuevo a esas criaturas majestuosas. Esta vez, me quedé mirando al elefante que tenía más cerca y me adentré en uno de sus ojos. El animal me devolvió la mirada y entonces se me vino a la mente el ojo omnividente del Apache, y el Koh-i-Noor, y también una lente de cámara, convexa y vítrea como ese ojo. Delante de él me sentía seguro, no como con la lente, que siempre me ponía nervioso. No me juzgaba, no me captaba..., estaba ahí sin más. Como mucho vi... lágrimas. ¿Era eso posible?

Se sabe que los elefantes lloran. Celebran funerales por sus seres queridos y cuando se topan con un semejante muerto paran para presentar sus respetos. Me pregunté si al adentrarnos con las barcas habíamos interrumpido alguna ceremonia, alguna especie de reunión o de ensayo; hay una historia antigua que cuenta que alguien descubrió a un elefante practicando en privado unos pasos de baile muy complicados para un desfile en el que iba a participar.

La tormenta fue a peor. Teníamos que salir de allí. Arrancamos las barcas y nos alejamos. Nos despedimos de los elefantes en un susurro. Me adentré con cuidado en la corriente, me encendí un cigarro y le dije a mi memoria que retuviera ese encuentro, ese momento increíble en el que la frontera entre mi persona y todo lo que me rodeaba se difuminó e incluso directamente desapareció.

Durante una milésima de segundo, me sentí parte de un todo y todo cobró sentido.

Me dije que no debía olvidar lo que había percibido estando tan cerca de la verdad, la auténtica verdad: no todo es bueno en la vida, pero tampoco malo.

Que no debía olvidar lo que había sentido al entender por fin a qué se refería Mike cuando me dijo: «Arrojar luz».

39

Conseguí la insignia de las alas. Fue mi padre, en su papel de coronel jefe del Ejército del Aire, quien me la puso en el pecho.

Era mayo de 2010.

Fue un buen día. Él, con su boina azul, me hizo entrega oficialmente de la mía. Me la puse y ambos hicimos el saludo. Fue casi más íntimo que un abrazo.

Camila estaba por allí. Y las hermanas de mi madre. Y Chels. Habíamos vuelto.

Lo dejamos poco después.

Una vez más, no nos quedó más remedio. Seguíamos teniendo los mismos problemas, no se habían solucionado. Además, ella quería viajar, pasárselo bien y disfrutar de su juventud, pero yo, una vez más, estaba a las puertas de la guerra. Me quedaba poco para irme. Si seguíamos juntos, casi no íbamos a vernos en los dos años siguientes, y eso de relación tenía poco. A ninguno de los dos nos sorprendió acabar estancados emocionalmente, como siempre.

—Adiós, Chels.

—Adiós, Hazza.

Supongo que el día que me dieron las alas ella también consiguió las suyas.

Hicimos nuestro último viaje a Botsuana. El último paseo río arriba. La última visita a Teej y Mike.

Nos lo pasamos genial y, como es normal, tuvimos dudas sobre la decisión que habíamos tomado. Yo a veces probaba o proponía ideas para que lo nuestro funcionara, y Chels me seguía la corriente. Obviamente, nos estábamos engañando y lo sabíamos, así que Teej acabó interviniendo.

—Chicos, se acabó. Estáis posponiendo algo inevitable y además os estáis volviendo locos.

Nos alojábamos en una tienda plantada en su jardín. Se sentó con nosotros y nos soltó verdades como puños mientras nos agarraba la mano a ambos. Nos miró a los ojos y nos instó a dejarlo definitivamente.

—No podéis seguir perdiendo el tiempo. Es lo más valioso del mundo.

Yo sabía que tenía razón. Ya me lo dijo una vez el sargento mayor Booley: «Le toca».

Así que me esforcé por sacarme la relación de la cabeza; cualquier relación, de hecho. En el vuelo de vuelta de Botsuana, me dije que tenía que mantenerme ocupado el poco tiempo que me quedaba antes de partir a Afganistán.

Para conseguirlo fui a Lesoto con Willy. Visitamos varias escuelas creadas por Sentebale. El príncipe Seeiso vino con nosotros; él y yo cofundamos la organización benéfica en 2006, poco después de que muriera su madre (que también participó activamente en la lucha contra el VIH). Nos llevó a ver a un montón de chavales con historias a cual más desgarradora. En Lesoto, la esperanza de vida media por entonces estaba en los cuarenta y pico años, mientras que en el Reino Unido era de setenta y nueve para los hombres y de ochenta y dos para las mujeres. Es decir, ser niño en Lesoto era como ser alguien de mediana edad en Manchester, y si bien las razones eran varias y complejas la más relevante era el VIH.

Una cuarta parte de los adultos lesotenses estaban infectados.

Dos o tres días después fuimos con el príncipe Seeiso a visitar más escuelas remotas, sin ninguna conexión a la red nacional. Nos regaló ponis salvajes para hacer parte del viaje y mantas con motivos tribales para no pasar frío que nos pusimos a modo de capa.

La primera parada fue en una aldea gélida en las nubes: Semonkong. Está a algo más de dos mil metros por encima del nivel del mar, rodeada de montañas cubiertas de nieve. Los ponis exhalaban vaho caliente por la nariz mientras los obligábamos a subir y subir, pero llegó un momento en el que la pendiente era tan pronunciada que tuvimos que pasarnos a las camionetas.

Nada más llegar fuimos directamente a la escuela. Los niños que se dedicaban al pastoreo iban dos veces a la semana; allí asistían a clase y comían caliente. Nos sentamos en la penumbra, al lado de una lámpara de parafina, y observamos cómo se desarrollaba la clase. Luego nos acomodamos en el suelo con unos cuantos chavales; los más jóvenes tenían ocho años. Nos contaron el recorrido que hacían a diario para llegar a esa escuela que habíamos creado. Me pareció increíble: después de tirarse doce horas cuidando del ganado, andaban otras dos por puertos de montaña para estudiar matemáticas y aprender a leer y escribir. Hasta ese punto llegaban sus ganas de aprender. Se enfrentaban al dolor de pies, al frío extremo y a cosas peores. Durante su marcha estaban indefensos, totalmente a merced de la intemperie; algunos habían muerto por culpa de un rayo, y a muchos los habían atacado perros callejeros. Bajaron la voz y nos contaron que otros tantos habían sufrido abusos sexuales por parte de vagabundos, ladrones de ganado, nómadas y otros chicos.

Me dio vergüenza pensar en la de veces que me había quejado de tener que ir a clase. De cualquier cosa en general.

A pesar de lo mucho que habían sufrido, no dejaban de ser niños con una alegría incontenible. Estaban entusiasmados con los regalos que les habíamos llevado: abrigos y gorros de lana. Se los pusieron y empezaron a bailar y a cantar. Nos unimos a ellos.

Un chaval se quedó a un lado. Tenía la cara redonda, amplia y sincera. Era evidente que algo le oprimía el corazón. No quise ser indiscreto, pero tenía otro regalo en la mochila y se lo di. Era una linterna.

Le dije que esperaba que le sirviera para iluminar el camino todos los días cuando fuera al colegio.

Él sonrió.

Quise decirle que su sonrisa me ayudaría a iluminar el mío, y lo intenté.

Por desgracia, no hablaba bien su idioma.

40

Poco después de volver al Reino Unido, la Casa Real anunció que Willy iba a casarse.

Era noviembre de 2010.

Primera noticia que tenía. En todo el tiempo que habíamos estado juntos en Lesoto ni siquiera lo había mencionado.

La prensa publicó floridos artículos sobre el momento en que me di cuenta de que Willy y Kate estaban hechos el uno para el otro, cuando percibí que su amor era muy fuerte y decidí regalarle el anillo que mi madre me había dejado en herencia, el mítico zafiro; un momento fraternal lleno de ternura, un momento de unión entre los tres... Sandeces. Nada de eso había pasado. Yo no le di el anillo a mi hermano porque yo no tenía ningún anillo. Lo tenía él. Lo pidió después de que muriese mi madre y yo no tuve ningún problema en que se lo quedara.

A partir de entonces Willy se centró en los preparativos de la boda. Yo le deseé lo mejor y me encerré en mí mismo. Reflexioné largo y tendido sobre mi soltería. Siempre había dado por hecho que yo sería el primero en casarme, me moría de ganas. Me veía siendo un marido joven, un padre joven, porque no quería convertirme en mi progenitor. Él tuvo hijos ya siendo mayor, y a mí siempre me ha parecido que eso era problemático, una barrera entre nosotros. Cuando llegó a la mediana edad, se volvió más sedentario, más predecible. Le gustaba su rutina. No era el típico padre que juega al pillapilla incansablemente o que te lanza la pelota hasta que se hace de noche. Lo fue en algún momento. Cuando íbamos a Sandringham nos perseguía por todas partes para atraparnos, se inventaba juegos chulísimos, como cuando nos envolvía en una manta como si fuéramos perritos calientes hasta que gritábamos de impotencia muertos de risa y luego tiraba de un extremo y salíamos disparados por el otro. Creo que Willy y yo nunca nos hemos reído tanto. Sin embargo, dejó de involucrarse en ese tipo de juegos físicos mucho antes de lo que nosotros hubiéramos necesitado. Ya no tenía ganas y le faltaba el aire.

Pero yo me había jurado que a mí no iba a pasarme eso. Ni hablar.

Aunque estaba empezando a dudar.

¿Era yo realmente esa persona que se había propuesto ser padre joven? ¿O mi verdadero yo era el que se afanaba en encontrar a la persona ideal, a la pareja perfecta, mientras intentaba averiguar quién era?

¿Por qué no había conseguido todavía eso que tanto anhelaba?

¿Y si nunca lo conseguía? ¿Qué sentido tendría la vida? ¿Cuál sería mi meta?

La guerra, pensé. Si todo lo demás iba mal, como solía pasarme, siempre me quedaría ser soldado (si es que me daban una fecha de despliegue).

Y después de una guerra siempre hay labores benéficas que hacer. Desde el viaje a Lesoto, cada vez me atraía más la idea de trabajar por la causa de mi madre. Y estaba dispuesto a apoyar la causa que me había encomendado Mike en su cocina. Eso bastaba para tener una vida plena, pensé.

Como por arte de serendipia, mis pensamientos tomaron forma cuando supe de un grupo de soldados lesionados que estaba planeando hacer una expedición por el Polo Norte. Querían recaudar varios millones para la asociación Walking With The Wounded y ser las primeras personas amputadas en llegar allí por sus propios medios. Me invitaron a ir con ellos.

Yo me moría de ganas por unirme, pero había un problema. El viaje estaba previsto para principios de abril, peligrosamente cerca de la fecha de la boda de Willy. Si iba, más me valía no tener complicaciones y llegar a tiempo para la ceremonia.

Pero quién te garantiza ir al Polo Norte y volver sin ninguna complicación. Allí todo son obstáculos. La inestabilidad es una constante, sobre todo en lo relativo al clima. Así que solo de pensarlo me ponía nervioso, y la Casa Real el doble.

Le pedí consejo a JLP.

—Es una oportunidad única —dijo sonriendo.

—Sí que lo es.

—Ve.

Pero añadió que antes tenía que ir a otro sitio.

A raíz de varias conversaciones que habíamos empezado cinco años antes, después de mi debacle nazi, había organizado un viaje a Berlín.

Y fuimos para allá. Era diciembre de 2010. Un día de mucho frío, palpé las marcas de bala en los muros de la ciudad, cicatrices recientes consecuencia de la descabellada promesa de Hitler de luchar hasta el último aliento. Visité el antiguo emplazamiento del Muro, que también albergó las cámaras de tortura de las SS, y estoy seguro de que oí los gritos de agonía mezclados con el viento. Conocí a una mujer que había estado en Auschwitz. Me contó cómo fue su confinamiento, los horrores que vio, lo que oía, los olores… Me contó cosas durísimas, tan duras como necesario es escucharlas. Pero no voy a reproducirlas. No me corresponde a mí hacerlo.

Yo ya me había dado cuenta de que la foto en la que salía vestido de nazi había sido fruto de varias carencias; de pensamiento, de personalidad y educativas, pero no solo a nivel académico, sino también personal. No sabía mucho sobre los nazis, no me había molestado en aprender ni había preguntado a profesores, familiares o supervivientes.

Me propuse cambiar eso.

No podía ser quien pretendía ser si no lo cambiaba.

41

El avión aterrizó en el archipiélago de Svalbard. Era marzo de 2011. Al bajarme, miré alrededor despacio para asimilar lo que estaba viendo. Blanco por todas partes. Hasta donde me llegaba la vista, solo se veía una blancura nívea y marfileña. Montañas blancas, colinas blancas y bancos de nieve blancos atravesados por carreteras estrechas también blancas, además de escasas. La mayoría de los dos mil habitantes que vivían allí tenía moto de nieve en vez de coche. Era un paisaje totalmente minimalista y sobrio. «¿Y si me mudo aquí?», pensé.

A lo mejor esa era mi meta.

Pero luego me enteré de que estaba prohibido por ley salir del pueblo sin arma porque en las colinas cercanas rondaban osos polares muertos de hambre, así que a lo mejor no era buena idea.

Fuimos por carretera a Longyearbyen, el pueblo más septentrional del mundo, a tan solo unos mil doscientos kilómetros del vértice del planeta. Allí conocí a mis compañeros de expedición: el capitán Guy Disney, un soldado de caballería que había perdido la parte inferior de la pierna derecha por culpa de un lanzacohetes RPG; el capitán Martin Hewitt, un paracaidista con un brazo paralizado por un disparo; el soldado raso Jaco Van Gass, también paracaidista, que tenía gran parte de la pierna izquierda desfigurada y solo medio brazo izquierdo por culpa de otro lanzacohetes (llamaba desenfadadamente «Nemo» al muñón del brazo, y siempre que lo decía nos desternillábamos); y el sargento Steve Young, un galés con la columna partida por culpa de un IED. Los médicos le dijeron que no volvería a andar, pero allí estaba, a punto de arrastrar un trineo de noventa kilos por el Polo Norte.

Un grupo muy inspirador. Les dije que para mí era un honor ir con ellos, el mero hecho de estar en su compañía, y que daba igual que hiciera treinta grados bajo cero. En realidad hacía tan mal tiempo que tuvimos que posponer la partida.

Uf, la boda de Willy... Me tapé la cara con las manos.

Nos tiramos varios días esperando, preparándonos y comiendo pizza y bolsas de patatas en el pub del pueblo. Hicimos ejercicios para aclimatarnos a las temperaturas extremas. Probamos los trajes de inmersión naranjas y nos sumergimos en el océano Ártico. Me impactó que el agua estuviera mucho más caliente en comparación con el aire helador del exterior.

Pero, sobre todo, nos fuimos conociendo poco a poco y creando un vínculo.

El mal tiempo por fin amainó y nos subimos a un avión Antonov para ir a un campamento polar provisional, desde donde fuimos en helicóptero hasta más o menos trescientos kilómetros del Polo. Era alrededor de la una de la madrugada cuando aterrizamos, pero había tanta luz que parecía que estábamos en un desierto a mediodía. La oscuridad brillaba por su ausencia, había desaparecido por completo. Nos despedimos con la mano de los helicópteros y nos pusimos en marcha.

Unos técnicos expertos en las condiciones árticas habían instado al equipo a no sudar, porque en el Polo Norte cualquier clase de humedad se congela al instante, y eso puede causar problemas de todo tipo. Pero a mí nadie me había informado. No estuve presente en las sesiones de entrenamiento con los técnicos. Así que al finalizar la expedición el primer día, después de acarrear esos trineos tan pesados y de sudar a chorros, estaba convencido de que se me había congelado la ropa. Y lo más preocupante era que estaba empezando a notar los primeros problemas en los dedos y las orejas.

Quemaduras leves.

No me quejé. No se me habría ocurrido teniendo en cuenta la gente con la que me encontraba. Pero tampoco sentí la necesidad de hacerlo. A pesar del malestar, me sentía afortunado de estar con aquellos héroes apoyando una buena causa en un sitio al que muy pocos tenían acceso. De hecho, cuando llegó el momento de irme al cuarto día, no quería. Además, aún no habíamos llegado al Polo.

Por desgracia, no me quedaba más remedio. O me iba ya o no llegaría a la boda de mi hermano.

Me subí a un helicóptero que me llevaría al aeródromo de Barneo, desde donde salía mi avión.

El piloto dudó. Me insistió en que no podía irme sin ver el Polo.

—Después de venir hasta aquí, no puedes irte sin verlo.

Así que me llevó él. Bajamos de un salto y lo único que vimos fue una blancura absoluta. Entre los dos localizamos el punto exacto con el GPS.

La cima del mundo.

Yo solo.

Con la bandera del Reino Unido.

Volví al helicóptero para ir a Barneo. Pero entonces se desató una tormenta muy fuerte en la cima del mundo y hubo que cancelar el vuelo, todos los vuelos. Vientos huracanados empezaron a azotar la zona; eran tan intensos que hasta agrietaron la pista.

Había que repararla.

Mientras la arreglaba, me junté con varios ingenieros. Bebimos vodka, estuvimos en su sauna improvisada y nos metimos en el agua, que estaba helada. No pocas veces echaba la cabeza hacia atrás, me tomaba otro chupito de aquel vodka tan rico y me obligaba a no estresarme ni por la pista, ni por la boda ni por nada.

La tormenta paró y reconstruyeron la pista (o la rehicieron en otro sitio, no me acuerdo). El avión se deslizó por el hielo entre retumbos y me llevó hasta el cielo azul. Saludé por la ventana. Adiós, hermanos.

42

La víspera de la boda, Willy y yo cenamos con mi padre en Clarence House. También estaban los padrinos de mi hermano, James y Thomas.

Se había contado que el padrino iba a ser yo, pero era una mentira descarada; no obstante, como eso era lo que la gente esperaba, a la Casa Real no le quedó más remedio que decir que así era. Lo cierto es que Willy no quería que fuera yo quien diera el discurso que correspondía al padrino. Pensaba que era peligroso darme un micrófono y correr el riesgo de que me saliera del guion y dijera algo totalmente fuera de lugar.

No se equivocaba.

Al margen de eso, la mentira servía para amparar a James y a Thomas, dos ciudadanos de a pie inocentes. Si se hubiera hecho público que iban a ser ellos los padrinos de Willy, la prensa rabiosa se habría encargado de perseguirlos, vigilarlos, pincharles el teléfono, investigarlos y destrozar la vida a sus familias. Ambos eran tímidos y tranquilos. No aguantarían un ataque de ese calibre, y tampoco cabía esperar que lo hicieran.

Willy me lo explicó bien y yo ni me inmuté. Lo entendía. Incluso nos reímos y especulamos sobre las barbaridades que podría haber soltado en el discurso. Así que fue una cena de preboda agradable y divertida, a pesar de que mi hermano estaba de los nervios, como es normal en una situación así. Thomas y James lo obligaron a tomarse un par de copas de ron con Coca-Cola que al parecer lo ayudaron a calmarse. Yo, mientras tanto, entretuve al personal con anécdotas sobre el Polo Norte. Mi padre mostró interés y se solidarizó conmigo cuando mencioné que se me habían quemado las orejas y las mejillas por el frío. Me costó contenerme para no hablar de más y contarle que también se había visto afectado mi pene; de vuelta en casa, descubrí con horror que me había pasado lo mismo en las partes bajas; las orejas y las mejillas ya se me estaban curando, pero la verga no.

La cosa fue de mal en peor según pasaron los días.

No sé por qué era tan reacio a hablar de mi pene con mi padre o cualquiera de los caballeros allí presentes. Mi miembro era un asunto de dominio (e interés) público. La prensa había escrito largo y tendido sobre él. Libros y periódicos, incluido *The New York Times*, recogían cientos de historias sobre el hecho de que Willy y yo no estábamos circuncidados. Según todas ellas, mi madre lo impidió; si bien es totalmente cierto que es más probable que se te congele el pene si no estás circuncidado, era todo mentira. Me dieron el tijeretazo de bebé.

Después de cenar nos mudamos a la sala de estar y vimos las noticias. Los reporteros estaban entrevistando a la gente que había acampado delante de Clarence House con la esperanza de conseguir sitio en primera fila para la boda. Nos acercamos a la ventana y vimos a miles de personas con tiendas y sacos de dormir en el

Mall, la alameda que va desde el palacio de Buckingham hasta Trafalgar Square. Había mucha gente bebiendo y cantando. Algunos estaban cocinando en hornillos portátiles. Otros deambulaban, coreaban y celebraban. Parecía que eran ellos los que iban a casarse al día siguiente.

Willy, ya achispado por el ron, gritó:

—¡Vamos a bajar a verlos!

Le escribió un mensaje al equipo de seguridad para decírselo y le contestaron: «Lo desaconsejamos encarecidamente».

Él replicó: «No, es lo que corresponde. Quiero salir. ¡Necesito ver a la gente!».

Me pidió que fuera con él. Me lo suplicó.

Vi en sus ojos que estaba muy perjudicado por el ron. Necesitaba un compinche.

Aquel papel me era dolorosamente familiar, pero vale.

Salimos a la calle y bordeamos la multitud dándole la mano a la gente, que le deseaba lo mejor a Willy y le decía que lo querían y que querían a Kate. Todo el mundo nos sonreía con la cara llorosa y nos miraba con el mismo cariño y la misma lástima que aquel día de agosto de 1997. Empecé a negar con la cabeza inevitablemente. Era la víspera del gran día de Willy, uno de los mejores de su vida, y fue imposible no oír el eco del peor, tanto para él como para mí.

Lo miré varias veces. Tenía las mejillas muy rojas, como si fuera él quien sufría de congelación. Puede que justo por eso nos despidiéramos de la gente y nos recogiéramos pronto. Estaba piripi. Pero es que además estábamos agotados física y emocionalmente. Necesitábamos descansar.

Por eso me quedé de piedra cuando fui a recogerlo por la mañana y le vi la cara demacrada y los ojos rojos; parecía que no había dormido nada.

—¿Todo bien?

—Sí, sí, todo bien.

Pero no era verdad.

Se había puesto el uniforme rojo vivo de la Guardia Irlandesa en vez del uniforme y la levita de la caballería de la Guardia Real. ¿Sería ese el problema? Le había preguntado a la abuela si podía ponerse lo segundo y ella había desestimado la idea con una sentencia: era el Heredero y debía llevar el uniforme de gala principal. Willy estaba mustio porque prácticamente no había tenido ni voz ni voto en la elección de la vestimenta para el día de su boda; lo habían atado de pies y manos a pesar de ser una ocasión tan especial. Me había dicho varias veces que se sentía frustrado.

Le aseguré que estaba elegantísimo con el arpa irlandesa, la co rona imperial y la gorra de forraje con el lema del regimiento: *Quis Separabit?*, «¿Quién nos separará?».

Al parecer no se conmovió.

Yo, sin embargo, no iba elegante ni me sentía cómodo con el uniforme de los Blues and Royals, que era lo que debía llevar según el protocolo. Era la primera vez que me lo ponía y esperaba tardar mucho tiempo en repetir. Tenía unas hombreras y unos puños enormes, y me imaginaba a la gente diciendo: «¿Y ese idiota quién es?». Me sentía como si fuera una versión kitsch de Johnny Bravo.

Nos subimos al Bentley de color ciruela. Ambos esperamos callados a que el conductor arrancara.

El coche empezó a moverse por fin y yo rompí el silencio.

—Hueles a alcohol.

Eran las secuelas del ron de la noche anterior.

A modo de mofa, abrí un poco la ventanilla, me tapé la nariz y le ofrecí pastillas de menta.

Estiró la comisura de los labios ligeramente hacia arriba.

El Bentley paró a los dos minutos.

—Qué rápido —dije.

Me asomé a la ventana: la abadía de Westminster.

Se me revolvió el estómago, como siempre. «Qué mejor lugar para casarse que el mismo sitio donde se celebró el funeral de tu madre».

Le eché una mirada a Willy. ¿Estaría él pensando lo mismo?

Entramos con paso vacilante, hombro con hombro. Miré otra vez su uniforme, la gorra. «¿Quién nos separará?». Éramos soldados, hombres hechos y derechos, pero avanzábamos con el mismo andar incierto e infantil que cuando íbamos detrás del féretro de nuestra madre. «¿Por qué nos obligaron a hacer eso los mayores?». Nos adentramos en la iglesia, recorrimos el pasillo y nos dirigimos a una sala que había en un lateral del altar: la cripta. Aquel edificio rezumaba muerte por todas partes.

No me refiero solo a los recuerdos del funeral de mi madre. Estábamos rodeados de más de tres mil cuerpos, enterrados debajo de los bancos y encajonados en los muros. Héroes de guerra, poetas, científicos y santos, la flor y nata de la Commonwealth: Isaac Newton, Charles Dickens y Chaucer estaban allí sepultados junto con trece reyes y dieciocho reinas.

Aún se me hacía muy duro imaginarme a mi madre en el reino de los muertos. ¿Estaba de verdad ella, que había bailado con Travolta, se había peleado con Elton y había encandilado a los Reagan, en el más allá con Newton y Chaucer?

Entre aquellos pensamientos sobre mi madre y la muerte y mi pene maltrecho, me dio miedo la posibilidad de ponerme tan nervioso como el novio, así que empecé a dar vueltas y a sacudir los brazos; de fondo oía el murmullo de la gente en los bancos. Llevaban dos horas allí sentados.

—Seguro que muchos se están meando —le dije a Willy para aliviar la tensión.

Él ni se inmutó. Se levantó y se puso también a dar vueltas.

Volví a intentarlo.

—¡El anillo! ¡No! ¿Dónde lo he metido? Joder, ¿dónde está? —Lo saqué y añadí—: ¡Ufff!

Me sonrió levemente y siguió dando vueltas.

No lo habría perdido ni aunque hubiese querido. Habían añadido un bolsillo interior especial a mi guerrera para meterlo. Fue idea mía; me tomé muy en serio la honrosa y solemne tarea de portar el anillo.

Lo sostuve bajo la luz. Era una alianza finita de oro galés hecha a partir de un fragmento obsequiado a la familia real hacía casi un siglo. El anillo de boda de mi abuela y el de la princesa Margarita también habían salido de ahí, pero tenía entendido que ya casi se había consumido. Para cuando yo me casara, si es que llegaba a suceder, puede que ya no quedara nada.

No tengo recuerdo de salir de la cripta e ir hacia el altar; tampoco de las lecturas ni del momento en que saqué el anillo y se lo di a mi hermano. No me acuerdo de casi nada de la ceremonia. Pero sí recuerdo a Kate recorriendo el pasillo (estaba impresionante) y a Willy y a ella volviendo por él y franqueando la puerta para subirse al carruaje que los llevaría al palacio de Buckingham, camino de la relación eterna que habían prometido mantener. Recuerdo que pensé: «Adiós».

Adoraba a mi cuñada. Es más, para mí era como la hermana que nunca había tenido, y me alegraba saber que siempre iba a estar al lado de Willy. Era la pareja ideal para mi hermano mayor. Se percibía que eran felices juntos, y yo me alegraba por ellos. Pero, debajo de aquel techo tan detestable, no pude evitar pensar instintivamente que aquello era otra despedida. Otro desgarro. Mi hermano, al que había escoltado esa mañana a través de la abadía de Westminster, acababa de irse... para no volver. Era evidente. Ya nunca más iba a ser Willy y solo Willy. Ya nunca más íbamos a cabalgar campo a través en Lesoto con la capa al viento. Ya nunca más íbamos a compartir una casa de campo con olor a caballo mientras aprendíamos a pilotar. «¿Quién nos separará?».

La vida, hermano.

Sentí lo mismo cuando se casó mi padre, tuve el mismo presentimiento, y ¿acaso no se cumplió? Cuando comenzó la era Camila, como ya había pronosticado, empecé a verlo cada vez menos. No hay duda de que las bodas son momentos felices, pero también son funerales velados, porque lo normal es que la gente desaparezca después de decir los votos.

Entonces se me pasó por la cabeza que la identidad es una jerarquía. Nuestra esencia es una, y luego pasa a ser otra, y luego otra, y así sucesivamente hasta la muerte..., una detrás de otra. Cada identidad nueva asume el trono del yo, pero te aleja un poco de tu verdadero ser, el que quizá sea tu esencia, el niño que fuiste. Sí, es lógico y razonable evolucionar, madurar y seguir el camino de la sabiduría, pero con cada iteración esa pureza infantil se diluye, como el fragmento de oro mermado.

Al menos eso fue lo que pensé ese día. Mi hermano mayor

había avanzado, había ascendido en la línea, y a partir de ese momento primero sería marido, luego padre, después abuelo y así sucesivamente. Otra persona, muchas distintas, y ninguna sería Willy, sino el duque de Cambridge, título elegido por mi abuela. Bien por él, pensé. Genial. Pero yo iba a perderlo igual.

Creo que reaccioné de forma parecida a cuando me subí a un Apache por primera vez. Estaba acostumbrado a tener a alguien al lado, un modelo, y ahora me sentía totalmente desamparado.

Y además eunuco.

¿Qué pretendía decirme el universo privándome a la vez de mi pene y de mi hermano?

Horas después, en el convite, dije unas palabras breves. No fue un discurso; me limité a presentar en un par de minutos a los verdaderos padrinos. Willy me dijo que tenía que hacer de *compère*.

Tuve que buscar qué significaba esa palabra: maestro de ceremonias.

La prensa se explayó sobre los preparativos de mi presentación; dijeron que llamé a Chels para ensayar varias líneas con ella, que al principio se resistió y que luego cedió y me recomendó encarecidamente que no mencionara las «piernas de infarto de Kate». Gilipolleces. Yo no llamé a Chels para comentar nada; no estábamos en contacto, y justo por eso Willy me preguntó si podía invitarla a la boda. No quería que ninguno de los dos se sintiera incómodo.

En realidad ensayé con JLP, pero la mayoría lo improvisé. Conté alguna gracieta sobre nuestra infancia, una anécdota tonta de la época en la que Willy jugaba al waterpolo, y luego leí varios fragmentos hilarantes rescatados de las cartas de apoyo que enviaba la gente. Un tío de Estados Unidos escribió diciendo que, como quería hacer algo especial por la nueva duquesa de Cambridge, se había propuesto atrapar muchos armiños, cuya piel es tradicional entre la realeza. Este yanqui tan apasionado explicaba que su intención era capturar ni más ni menos que mil armiños para fabricar la prenda que tenía en mente (Dios, ¿sería una tienda de campaña?), pero que por desgracia solo había conseguido coger... dos.

Había sido un mal año, decía.

Seguí contando que el yanqui improvisó e hizo lo mejor que pudo, como suelen hacer ellos, y alcé la prenda en cuestión.

La sala entera se quedó boquiabierta.

Era un tanga.

Un trozo suave y peludo de piel de armiño en forma de «V», no mucho más grande que el bolsillo de la guerrera donde guardaba el anillo, con varios cordeles de seda.

El asombro dio paso a una oleada de carcajadas cálidas y gratificantes.

Cuando se extinguieron las risas, concluí con un tono más serio hablando sobre mi madre.

—Le habría encantado estar hoy aquí. Le habría encantado Kate y le habría encantado ser testigo de vuestro amor.

Lo dije sin levantar la vista. No quería encontrarme con la mirada de mi padre ni con la de Camila, y menos aún con la de Willy. No lloraba desde el funeral de mi madre y no quería romper la racha en ese momento.

Tampoco quería verle la cara a nadie más, solo a ella: la visualicé perfectamente aquel día, el más importante de la vida de Willy, rebosante de alegría y riéndose sin reparos del armiño inerte.

43

Cuando alcanzaron la cima del mundo, los cuatro soldados lesionados abrieron una botella de champán y brindaron por mi abuela. Tuvieron el bonito detalle de llamarme por teléfono para hacerme partícipe de su alegría.

Habían batido un récord mundial: recaudar una cantidad ingente de dinero para los veteranos de guerra lesionados y llegar al mismísimo Polo Norte. Menudo logro. Los felicité y les dije que los echaba de menos y que ojalá hubiera estado presente.

Era una mentira piadosa. Mi pene fluctuaba entre la sensibilidad extrema y la antesala del trauma. El último sitio en el que quería estar era Congelistán.

Había probado varios remedios caseros, entre ellos uno que me dijo una amiga, que me recomendó encarecidamente que me pusiera crema Elizabeth Arden.

—Mi madre se ponía esa crema en los labios. ¿Me estás diciendo que me la ponga en la verga?

—Hazme caso, Harry. Funciona.

Me hice con un tubo y nada más abrirlo me teletransporté en el tiempo. Fue como si mi madre estuviera ahí mismo conmigo.

Cogí un poquitín y lo apliqué... ahí abajo.

Decir que fue raro creo que sería quedarse corto.

Tenía que ir al médico ya. Pero no podía pedirle a la Casa Real que me buscara uno. Si alguien del personal se enteraba de lo que me pasaba, se lo filtraría a la prensa y mi verga acabaría en todas las portadas. Tampoco podía llamar por mi cuenta a alguien al azar. Si eso ya era imposible en circunstancias normales, ahora el doble. «Hola, soy el príncipe Harry. Verá, resulta que tengo un problemilla en las partes bajas y me gustaría saber si puedo pasarme para...».

Le pedí a un colega que me buscara muy discretamente un dermatólogo especializado en ciertos apéndices y en... figuras públicas. Toda una hazaña.

Pero él me contestó y me dijo que su padre conocía al tío perfecto. Me dio el nombre y la dirección, me subí al coche con los guardaespaldas y fuimos volando. Era un edificio normal y corriente en Harley Street, una calle donde vivían muchos médicos. Uno de los guardaespaldas me coló por una puerta trasera que daba a una consulta. El médico estaba sentado en una mesa de madera grande anotando algo, supongo que relacionado con el paciente anterior. Sin levantar la vista de sus notas, dijo:

—Sí, sí, adelante.

Entré y me quedé mirándolo mientras escribía largo y tendido, a mi parecer desmesuradamente. Al pobre de antes debía de haberle pasado de todo.

De nuevo sin mirarme, me dijo que me quitara la ropa detrás de la cortina y que enseguida estaba conmigo.

Me desvestí, me tumbé en la camilla y estuve esperando cinco minutos.

El médico por fin abrió la cortina.

Me miró, parpadeó una vez y dijo:

—Uy, no sabía que era usted.

—Ya. Pensé que se lo habrían dicho, pero tengo la impresión de que no es el caso.

—Bueno, pues aquí está. Eeeh, vale, es usted. Hum... ¿Me recuerda qué era lo que le pasaba?

Le enseñé la verga, bien suave gracias a Elizabeth Arden.

Pero no vio nada.

Le expliqué que no había nada que ver, que era una lacra invisible. Por alguna razón que desconocía, en mi caso particular, la dolencia se había manifestado en forma de hipersensibilidad aumentada...

Me preguntó qué me había pasado.

Le conté que había ido al Polo Norte y que ahora yo tenía el Polo Sur congelado.

Su cara, como Alicia en el país de las maravillas, decía: «Curiorífico y rarífico».

Le describí de corrido las disfunciones.

—Todo me cuesta. Sentarme, andar... Y del sexo mejor ni hablar.

Es más, era como si estuviera en plena faena todo el rato, o a punto de. Le dije que me estaba volviendo loco. Había cometido el error de buscar lo que me pasaba en Google y había leído cosas horribles sobre «penectomías parciales»; nadie quiere leer esa expresión cuando busca en internet los síntomas de una enfermedad.

El médico me aseguró que era poco probable que hubiera que hacerme eso.

«¿Poco probable?».

Me dijo que iba a intentar descartar otras cosas. Me hizo un reconocimiento exhaustivo bastante invasivo. Se podría decir que no le quedó piedra por mover.

Al final declaró que la cura más factible era el tiempo.

—¿Qué quiere decir?

—El tiempo lo cura todo —sentenció.

¿En serio, doctor? En mi caso no ha sido así.

44

Fue duro ver a Chels en la boda de Willy. Todavía sentía muchas cosas por ella; cosas que había reprimido y que ni me había imaginado. También noté ciertos sentimientos cuando vi la ristra de tíos ansiosos que la seguían, rodeándola y atosigándola para que bailara con ellos.

Esa noche me dejé llevar por los celos. Se lo dije y luego me sentí peor. Y un poco ridículo.

Tenía que pasar página, conocer gente nueva. El tiempo, como había pronosticado el médico, me curó la verga. ¿A qué esperaba para obrar su magia con mi corazón?

Mis amigos me ayudaron. Me hablaron de gente y me organizaron citas y encuentros.

Todo en vano. Así que no estaba prestando mucha atención cuando me mencionaron otro nombre en el verano de 2011. Me hablaron un poco de ella (fantástica, guapísima, guay...) y de su situación sentimental. Me dijeron que acababa de quedarse soltera, ¡y seguro que no por mucho tiempo!

—Tío, está libre. Y tú también.

—¿Yo también?

—¡Y os parecéis mucho! Estoy convencido de que os vais a llevar bien.

Puse los ojos en blanco. ¿Desde cuándo se cumplen esa clase de predicciones?

Pero, maravillas del destino, se cumplió. Sí que nos llevábamos bien. Estuvimos en la barra charlando y riéndonos, y fue como si no existiera nada más: ni nuestros amigos, ni las paredes, ni las copas, ni el camarero. Luego propuse volver a Clarence House para tomar la última.

Estuvimos sentados hablando y escuchando música. Estábamos animados, con el puntillo. Cuando la fiesta se acabó y la gente se marchó, acompañé a Florence a casa. Así se llamaba, Florence. Aunque todo el mundo la llamaba Flea.

Me dijo que vivía en Notting Hill. Era una calle tranquila. Cuando aparcamos delante de su casa, me preguntó si me apetecía entrar a tomar un té. Yo acepté.

Le dije al guardaespaldas que fuera a darse una vuelta a la manzana y acabó dando como ochocientas.

Creo que fue esa noche cuando Flea me contó lo de aquel antepasado lejano suyo. ¿O no? De hecho, creo que fue otro día. Me parece que me lo contó un amigo después. Sea como fuere, esa persona lideró la carga de la Brigada Ligera, el fatídico avance de la artillería rusa en Crimea. Por culpa de ese incompetente, además de seguramente chalado, murieron cientos de hombres. Un capítulo vergonzoso, el polo opuesto a la batalla de Rorke's Drift, pero ahí estaba yo, todo optimista, siguiendo su ejemplo, adelante a toda máquina. Mientras me tomaba ese primer té, me pregunté si ella sería la elegida.

Teníamos una conexión muy fuerte.

Pero yo también estaba chalado. Y me di cuenta de que ella lo sabía; me lo había leído en la cara, que de póquer no tenía nada. «Ojalá le parezca adorable», pensé.

Y así pasó. Las semanas siguientes fueron idílicas. Nos veíamos con frecuencia, nos reíamos mucho y nadie sabía nada.

Me dejé llevar por la esperanza.

Entonces la prensa se enteró y se bajó el telón de nuestro idilio.

Flea me llamó llorando. Había ocho paparazzi delante de su casa. La habían seguido por medio Londres.

Acababa de leer en un periódico una descripción de ella que decía que era «modelo de ropa interior», ¡solo por una imagen de una sesión de fotos de hacía muchísimos años! Su vida se reducía a una foto, me dijo. Qué simplista y degradante.

—Ya —musité—. Sé de qué me hablas.

Estaban indagando, rebuscando, llamando a toda persona que la conociera. Ya habían dado con su familia. Le estaban haciendo exactamente lo mismo que a Caroline Flack, que aún seguía en el punto de mira.

Flea no paraba de decirme que no podía seguir así.

Estaba vigilada las veinticuatro horas del día, como si fuera un criminal. Se oían sirenas de fondo.

Estaba disgustada y lloraba; yo también quería llorar, pero no lo hice, claro.

—No puedo seguir así, Harry —me dijo una vez más.

Tenía el teléfono en altavoz. Estaba en la segunda planta de Clarence House, apostado en la ventana, rodeado de muebles maravillosos. Era una habitación agradable, con luz tenue. La alfombra era una obra de arte. Apoyé la cara en el cristal frío y pulido y le pedí a Flea que quedáramos una última vez, para hablarlo.

Los soldados pasaron por delante de casa. Era el cambio de guardia.

—No —contestó con firmeza.

Semanas después me llamó uno de los amigos que habían organizado la encerrona en el bar.

—¿Te has enterado? ¡Flea ha vuelto con su ex!

—¿Sí?

—Se ve que no podía ser.

—Ya.

Me dijo que al parecer había sido la madre quien le había dicho a Flea que cortara la relación y quien la había advertido de que la prensa iba a destrozarle la vida. «Te van a seguir hasta las puertas del infierno».

—Sí —repuse yo—. Hay que hacer caso a las madres.

45

No podía dormir.

No dormía, vaya. Estaba tan frustrado y tan sumamente desanimado que me pasaba las noches despierto, dando vueltas y pensando, echando mucho de menos la televisión.

Pero estaba viviendo en una base militar; mi cuarto parecía una celda.

Y por las mañanas, después de no haber dormido nada, me tocaba pilotar un Apache.

La fórmula perfecta para el desastre.

Probé varias hierbas medicinales. Algo hicieron; me ayudaron a dormir una o dos horas, pero muchas mañanas me levantaba con el cerebro fundido.

Un día el Ejército me informó de que había llegado la hora de ponerse en marcha; íbamos a hacer una serie de maniobras y ejercicios.

Pensé que quizá era justo lo que necesitaba para levantarme el ánimo.

O a lo mejor era la gota que colmaría el vaso.

Primero me mandaron al sudoeste de Estados Unidos. Estuve alrededor de una semana sobrevolando Gila Bend, un pueblo inhóspito con unas condiciones que por lo visto eran similares a las de Afganistán. Cada vez me manejaba mejor con el Apache y mis misiles eran más letales; me sentía como en casa rodeado de polvo. Reventé muchos cactus. Ojalá pudiera decir que no me lo pasé bien.

Luego estuve en Cornualles, en un lugar desolado que se llama Bodmin Moor.

Era enero de 2012.

Pasé de un calor infernal a un frío extremo. En enero hace frío siempre en cualquier páramo, pero justo cuando llegué había una tormenta invernal descomunal.

Estaba en un barracón con veinte soldados más. Los primeros días fueron de aclimatamiento. Nos levantábamos a las cinco de la mañana y estimulábamos el flujo sanguíneo con una carrera y una vomitona; luego nos apiñábamos en clase y nos enseñaban los novedosos métodos que habían ideado los malos para secuestrar gente. Muchos iban a ponerlos en práctica con nosotros en los días siguientes, durante una expedición por el páramo helado mientras intentábamos orientarnos. Este ejercicio se llamaba «evasión y huida», y era uno de los últimos escollos a los que se enfrentaban pilotos y tripulantes de vuelo antes de cualquier despliegue.

Nos llevaron en camión a un lugar remoto y allí practicamos varias tareas de campo y aprendimos técnicas de supervivencia. Cogimos una gallina, la matamos, la desplumamos y nos la comimos. Luego empezó a llover y nos empapamos enseguida. Estábamos derrengados. A los superiores parecía que les hacía gracia.

Me cogieron junto con otros dos, nos montaron en un camión y nos llevaron a un sitio mucho más remoto.

—Fuera.

Observamos el terreno y el cielo con los ojos entornados.

—¿En serio? ¿Aquí?

La lluvia arreciaba y era más fría. Los instructores nos dijeron a gritos que nos imagináramos que nuestro helicóptero acababa de estrellarse tras las líneas enemigas y que la única forma de sobrevivir era ir a pie de una punta del páramo a la otra, un recorrido de dieciséis kilómetros. Entonces nos acordamos del metarrelato que nos habían contado: éramos un ejército cristiano que se enfrentaba a una milicia simpatizante con los musulmanes.

Nuestra misión era eludir al enemigo y huir de aquel terreno inhóspito.

A por ello.

El camión se alejó retumbando.

Mojados y ateridos, miramos alrededor y luego nos miramos nosotros.

—Vaya mierda.

Teníamos un mapa y una brújula para todos y una tienda de campaña unipersonal cada uno que básicamente era un calcetín impermeable de tamaño humano. La comida estaba prohibida.

—¿Por dónde vamos?

—¿Por allí?

—Vale.

Bodmin estaba desierto y se suponía que no vivía nadie allí, pero a lo lejos se veía alguna que otra granja con las ventanas iluminadas y humo saliendo de la chimenea de ladrillo. Nos moríamos de ganas por llamar a alguna puerta. En tiempos mejores la gente ayudaba a los soldados en ejercicio, pero las cosas habían cambiado. El Ejército había reprendido muchas veces a los vecinos por abrirles la puerta a desconocidos pertrechados con una tienda unipersonal; sabían que no podían hacerlo.

Uno de los dos tíos de mi equipo era mi colega Phil. Me caía bien, pero empecé a adorar al otro cuando nos dijo que un verano estuvo haciendo una ruta en Bodmin Moor y que sabía dónde estábamos. De hecho, sabía cómo sacarnos de allí.

Él nos guio y nosotros lo seguimos como niños, a lo largo de la noche hasta el nuevo día.

Al amanecer llegamos a un bosque de abetos. La temperatura

se acercó a bajo cero y llovía más fuerte. Mandamos a la mierda las tiendas individuales y nos acurrucamos juntos, incluso hicimos la cucharita, peleándonos por estar en medio, que se estaba más calentito. Como yo ya conocía a Phil, hacer la cucharita con él fue menos embarazoso, aunque en realidad no. Y lo mismo con el otro tío. «Oye, ¿eso es tu mano?». Después de dormir unas horas, si es que a eso se lo puede llamar dormir, nos despegamos y reanudamos la larga marcha.

Parte del ejercicio consistía en parar en varios puestos de control y llevar a cabo una tarea. Conseguimos pasar por todos y hacer la tarea, y en el último puesto, una especie de refugio, nos dijeron que habíamos terminado.

Era plena noche y estaba totalmente oscuro. Aparecieron los encargados y nos dijeron:

—¡Buen trabajo! Lo han conseguido.

Casi me quedo en el sitio.

Nos montaron en un camión y nos dijeron que volvíamos a la base. De repente apareció un grupo de tíos con cazadora de camuflaje y pasamontañas negro. Lo primero que pensé fue que era una emboscada del IRA para llevarse a lord Mountbatten; no sé por qué, a lo mejor por un vestigio del terrorismo arraigado en mi ADN, a pesar de ser circunstancias totalmente distintas.

Oímos explosiones y disparos; asaltaron el camión y nos gritaron que agacháramos la cabeza. Nos taparon los ojos, nos esposaron con bridas y nos sacaron a rastras.

Nos metieron a empujones en lo que parecía un búnker subterráneo. Había eco y las paredes estaban húmedas, mojadas. Nos llevaron de sala en sala. Nos quitaban la bolsa de la cabeza y luego nos la ponían otra vez. En algunas salas nos trataban bien y en otras como si fuéramos mierda. Era un carrusel de emociones. Nos ofrecían agua y acto seguido nos ponían de rodillas y nos ordenaban que pusiéramos las manos detrás de la cabeza. Media hora... Una... Y así de tensión en tensión.

Llevábamos sin dormir casi setenta y dos horas.

Muchas de las cosas que nos hicieron eran ilegales según la Convención de Ginebra, pero ese era el objetivo.

En un momento dado me vendaron los ojos y me llevaron a una sala; me di cuenta de que no estaba solo, y tuve la sensación de que la otra persona era Phil, pero a lo mejor era el otro tío. O alguien de otro equipo. No me atreví a preguntar.

Entonces oímos voces a lo lejos, arriba o abajo, dentro del edificio. Y luego un ruido raro, como agua corriendo.

Querían confundirnos y desorientarnos.

Yo estaba congelado. Creo que nunca he pasado tanto frío, muchísimo peor que en el Polo Norte. Empecé a sentirme entumecido y aletargado. La puerta se abrió de golpe y me puse en guardia. Los captores irrumpieron y nos quitaron la venda de los ojos. Estaba en lo cierto: era Phil. También estaba el otro tío. Nos obligaron a desnudarnos. Nos señalaban el cuerpo, la polla flácida, y hablaban sin parar de lo pequeña que la teníamos. Me entraron ganas de decir: «No sabéis ni la mitad del mal que padece este apéndice».

Nos interrogaron, pero no abrimos la boca.

Nos pusieron en salas separadas y siguieron interrogándonos.

Me dijeron que me arrodillara. Entraron dos hombres y se pusieron a gritarme.

Luego se fueron.

Empezó a sonar música de fondo, sonidos atonales, como si un crío de dos años estuviera maltratando un violín.

—¿Qué es eso?

—¡A callar! —contestó alguien.

Estaba convencido de que no era una grabación, sino un niño que a lo mejor también estaba cautivo. Por Dios de mi vida, qué le estaría haciendo al violín; es más, qué le estarían haciendo al crío.

Los tíos volvieron y se centraron en Phil. Lo habían estudiado y habían rebuscado en sus redes sociales, y empezaron a hablar de su familia y de su novia y él se asustó. Era increíble la de cosas que sabían. ¿Cómo era posible que unas personas totalmente desconocidas supieran todo eso?

Sonreí. Bienvenido a la fiesta, colega.

No me lo estaba tomando muy en serio. Uno de los hombres me agarró y me empujó contra la pared. Llevaba un pasamontañas.

Me presionó el cuello con el antebrazo mientras me escupía las palabras. Luego me presionó los hombros contra el hormigón. Me ordenó que me pusiera a un metro de la pared con las manos por encima de la cabeza y que apoyara los diez dedos sobre el muro.

Una postura muy tensa.

Pasaron dos minutos.

Diez.

Se me agarrotaron los hombros.

Me costaba respirar.

Apareció una mujer con una kufiya. No paraba de decir no sé qué. No la entendía, me costaba seguirla.

Entonces me percaté. Estaba hablando de mi madre.

—Tu madre estaba embarazada cuando murió, ¿eh? ¡De un hermano tuyo! ¡Un bebé musulmán!

Me las vi y me las deseé para volver la cabeza y mirarla. No dije nada, pero le grité con los ojos: «¿Esto lo haces por mi bien o por el tuyo? ¿Es parte del ejercicio o es que te da morbo?».

Se fue hecha una fiera. Uno de los captores me escupió en la cara.

Se oían disparos.

Un helicóptero.

Nos llevaron a rastras a otra sala y alguien dijo:

—Vale, ya. ¡Se acabó el ejercicio!

Luego hubo una sesión de evaluación. Un instructor medio se disculpó por lo que habían dicho sobre mi madre.

—Nos ha costado dar con algo que le sorprendiera que supiéramos.

Yo no dije nada.

—Pensamos que había que ponerlo a prueba.

No contesté.

—Pero se nos ha ido un poco de las manos.

—Vale.

Con el tiempo me enteré de que otros dos soldados que habían hecho el mismo ejercicio habían enloquecido.

46

Todavía no me había recuperado de lo de Bodmin Moor cuando mi abuela me dijo que quería que fuera al Caribe. Una visita de dos semanas para conmemorar sus sesenta años en el trono y mi primer viaje oficial en su nombre.

Me pareció raro que me apartaran de mis deberes militares tan de repente, de la noche a la mañana, sobre todo teniendo en cuenta que quedaba muy poco para mi despliegue.

Pero luego me di cuenta de que no era tan raro.

Al fin y al cabo, ella era mi comandante.

Era marzo de 2012. Volé a Belice y fui directamente del aeropuerto al primer acto; la gente se apiñaba en las carreteras y agitaba pancartas y banderas. En la primera parada y en las sucesivas, mis anfitriones y yo brindamos por mi abuela con alcohol casero, y yo bailé varias veces un baile popular llamado «punta».

También probé la sopa de pata por primera vez, mucho más potente que el alcohol casero.

En una de las paradas me dirigí en criollo a un grupo: *Unu come, mek we goo paati*, es decir, «¡Venga, fiesta!». La gente se volvió loca.

Me aclamaban y coreaban mi nombre, pero también el de mi madre. En una parada una señora me abrazo y gritó: «¡El hijo de Diana!», y luego se desmayó.

Visité la ciudad perdida de Xunantunich, que siglos atrás fue una boyante metrópoli maya, según me contó el guía. Subí al Castillo, un templo de piedra con intricados grabados de jeroglíficos, frisos y rostros. Una vez en la cúspide me dijeron que aquel sitio era el punto más alto del país. Las vistas eran impresionantes, pero miré hacia abajo inevitablemente, donde yacían los huesos de infinidad de miembros de la realeza maya. Era una especie de abadía de Westminster maya.

En las Bahamas traté con ministros, músicos, periodistas, deportistas y curas. Estuve en servicios religiosos, en festivales callejeros y en una cena oficial. Más brindis. Fui a la isla Harbour en una lancha motora que se averió y empezó a hundirse. Mientras el barco hacía agua, apareció la prensa. Ojalá pudiera haberles dicho: «Muchas gracias, pero no, en la vida»; lo que pasaba era que, o nos íbamos con ellos, o nos íbamos nadando.

Estuve con India Hicks, la ahijada de mi padre y una de las damas de honor de mi madre, y me enseñó la playa de la isla Harbour. La arena era de un rosa vivo. «¿Arena rosa?». Era como estar colocado, no del todo desagradable. Me dio una explicación científica de a qué se debía, pero no la entendí.

En algún momento estuve en un estadio lleno de niños. A pesar de vivir en la miseria más deplorable y de afrontar dificultades a diario, me recibieron con risas y vítores de alegría. Estuvimos jugando y bailando y hasta boxeé un poco. Siempre me han encantado los niños, pero con este grupo sentí una conexión más fuerte porque acababa de apadrinar a Jasper, el hijo de Marko. Un gran honor, además de una señal de mi evolución como hombre, o al menos eso esperaba.

Hacia el final de la visita los niños bahameños me rodearon y me dieron un regalo: una corona de plata enorme y una capa roja.

—Para Su Majestad —dijo uno.

—Se la entregaré personalmente.

Di muchos abrazos de camino a la salida del estadio, y en el vuelo hacia la siguiente parada porté la corona con orgullo. Parecía una cesta de Pascua de lo grande que era y al personal le dio un ataque de risa.

—Parece usted idiota, señor.

—Puede ser, pero la voy a llevar puesta en la siguiente parada.

—¡No, señor, por favor!

Sigo sin saber cómo consiguieron quitarme la idea de la cabeza.

En Jamaica intimé con el primer ministro, participé en una carrera con Usain Bolt (gané, aunque hice trampa) y bailé con una mujer al ritmo de «One Love», la canción de Bob Marley.

*Let's get together to fight this holy Armagiddyon (one love).**

* «Unámonos para luchar contra este santo Armagedón (un amor)». *(N. de los T.).*

En cada parada planté un árbol o varios. Es una tradición real, aunque yo le di mi toque. Normalmente, al llegar a este tipo de actos, el árbol ya está en el suelo y tú te limitas a echar tierra en el agujero, como dicta el protocolo; pero insistí en hacerlo yo. Cubrí las raíces y lo regué con mis propias manos. A la gente le sorprendió que rompiera el protocolo, les pareció radical.

—Quiero estar seguro de que este árbol crezca —repuse yo.

47

Cuando volví a casa, todo fueron elogios. Según el personal de la Casa Real, había representado muy bien a la Corona. Acudí a informar a mi abuela, le hablé del viaje.

—Magnífico. Bien hecho —me dijo.

Pensaba que me merecía celebrarlo y lo celebré. Además, ante la perspectiva de la guerra, o lo celebraba en ese momento, o quizá ya no pudiera.

Fiestas, clubes, pubs... Esa primavera salí mucho, pero intentaba no pensar en que, fuera donde fuese, siempre había dos paparazzi, dos seres muy malos y miserables: Taratontín y Taratontón.

Durante la mayor parte de mi vida adulta, siempre he visto paparazzi esperándome a la salida de lugares públicos; a veces una turba y otras solo algunos. Siempre eran caras distintas, aunque casi nunca llegaba a verlas. Pero últimamente estos dos estaban ahí en todo momento, bien visibles. Si los periodistas eran multitud, estaban justo en el medio; si no había nadie más, allí estaban ellos solitos.

Pero no solo en espacios públicos. A lo mejor decidía espontáneamente meterme por una calle secundaria y de repente salían de una cabina o de debajo de un coche aparcado. O si un día me marchaba de casa de un amigo convencido de que nadie sabía que había estado allí, me los encontraba plantados delante del edificio, en mitad de la calle.

Aparte de estar en todas partes, eran implacables, mucho más agresivos que los otros. Me bloqueaban el paso. Me perseguían hasta el coche de policía y no me dejaban entrar. Luego nos seguían por toda la calle.

¿Quiénes eran? ¿Cómo lo hacían? Dudo que tuvieran un sexto sentido o percepción extrasensorial. Más bien lo contrario: parecía que ni juntos sumaban un cerebro. ¿Qué clase de ardid estaban utilizando? ¿Un rastreador oculto? ¿Una fuente en la policía?

También seguían a Willy. Hablamos mucho de este asunto ese año, de sus inquietantes apariciones, de su implacabilidad y su idiotez, que iban de la mano, y de ese acercamiento tan descarado. Pero sobre todo de su omnipresencia.

—¿Cómo lo saben? ¿Cómo es posible que siempre se enteren?

Willy no tenía ni idea, pero yo estaba dispuesto a averiguarlo.

La Roca también. Se acercó a ellos varias veces y los interrogó mirándolos fijamente a los ojos. Consiguió hacerse una idea de ellos. Según contó, el más mayor, Taratontín, era rechoncho, tenía el pelo moreno y rapado y cuando sonreía se te helaba la sangre. Taratontón, sin embargo, nunca sonreía y rara vez hablaba. Al parecer estaba de prácticas y básicamente se limitaba a observar.

Pero Billy no averiguó qué estaban planeando.

Me seguían a todas partes, me molestaban y ganaban dinero a mi costa, pero no se conformaban con eso. También lo hacían delante de mis narices. Iban corriendo a mi lado y me provocaban, con los dedos en los botones de la cámara, echando doscientas fotos cada diez segundos. Muchos paparazzi buscaban una reacción, una trifulca, pero era como si Taratontín y Taratontón quisieran pelear a muerte. Me cegaba y fantaseaba con pegarles un puñetazo, pero luego respiraba profundamente y me decía: «No lo hagas». Eso era justo lo que querían, para demandarme y hacerse famosos.

Porque llegué a la conclusión de que ese era su plan. De eso se trataba: dos tíos que no son famosos que piensan en lo maravilloso que sería ser famosos y que intentan hacerse famosos asaltando y destrozándole la vida a los famosos.

¿Por qué querían fama? Eso nunca llegué a entenderlo. ¿Porque ser célebre significa tener libertad absoluta? Me da la risa. A veces la fama te da más libertad, supongo, pero ser de la realeza es como vivir encerrado en una jaula de oro.

Eso los gemelos no alcanzaban a entenderlo. Eran críos incapaces de percibir matices. Según su cosmología simplificada, yo era de la realeza y aquel era el precio que tenía que pagar por vivir en un castillo.

A veces me preguntaba qué habría pasado si hubiera podido hablar con ellos tranquilamente y explicarles que yo no vivía en ningún castillo, que esa era mi abuela; es más, Taratontín y Taratontón llevaban un estilo de vida mucho más lujoso que el mío. Lo sabía porque Billy había investigado en profundidad sus finanzas. Ambos tenían varias casas y coches de lujo pagados con las ganancias que sacaban vendiendo fotos mías y de mi familia. (También tenían cuentas bancarias en el extranjero, como sus patrocinadores, los magnates de la prensa que los financiaban, principalmente Murdoch y el cuarto vizconde de Rothermere, cuyo nombre no podría ser más dickensiano: Jonathan Harmsworth).

Fue por esa época cuando empecé a pensar que Murdoch era malvado. No, rectifico: empecé a saber que lo era. De primera mano. Cuando has vivido que los secuaces de un tercero te sigan por las calles de una ciudad grande y moderna, no te queda ninguna duda del lugar que ocupan en el continuo de la gran moral. Llevo toda la vida escuchando chistes sobre la relación de la mala conducta de la realeza con los siglos de endogamia a sus espaldas, pero entonces me di cuenta de que el maltrato psicológico de los medios no tenía nada que envidiarle a la ausencia de diversidad genética. Casarte con un primo es mucho menos arriesgado que convertirte en una fuente de beneficios para Murdoch Inc.

Por descontado, a mí no me gustaban las ideas políticas de Murdoch, que poco distaban de las de los talibanes. Y tampoco me agradaba que día tras día tergiversara la verdad y profanara gratuitamente hechos objetivos. En efecto, no se me ocurría nadie en los trescientos mil años de historia del ser humano que hubiera perjudicado hasta ese punto el sentido colectivo de la realidad. Pero, allá por 2012, lo que me ponía malo y a la vez me daba miedo era que el círculo de lacayos de Murdoch, tíos jóvenes, derrotados y desesperados dispuestos a hacer lo que fuera por conseguir que el Grinch les dedicara una sonrisa, no paraba de crecer.

Y justo en el centro de ese círculo estaban estos dos gemelos amargados...

He tenido miles de encontronazos desagradables con Taratontín y Taratontón, pero hay uno que se lleva la palma. Fue en la boda de un amigo. Estábamos en un jardín vallado totalmente apartado. Yo estaba charlando con los invitados y de fondo se oían los pájaros cantando y el viento silbando entre las hojas. De repente, entre esos sonidos relajantes percibí un... clic.

Me di la vuelta y ahí estaban: un ojo y una lente cristalina en el seto vivo.

Y una cara rechoncha.

Y su rictus demoniaco.

Taratontín.

48

Lo único bueno de los gemelos era que me ayudaban a prepararme para la guerra. Me generaban una rabia asfixiante, que siempre viene bien antes de la batalla. Por su culpa también anhelaba estar en cualquier sitio menos en Inglaterra. «¿Cuándo llega la puñetera orden? Por favor, que llegue ya».

Y entonces, cómo no, como pasa casi siempre...

Estaba en un festival de música y mi prima me tocó el hombro.

—Harry, te presento a mi amiga Cressida.

—Eh, hola.

Estábamos en un ambiente poco favorable: mucha gente y cero privacidad. Además, yo seguía con el corazón roto. Sin embargo, el paisaje era precioso, sonaba buena música y hacía buen tiempo.

La conexión fue inmediata.

Poco después de ese día cenamos juntos. Me habló de su vida, de su familia, de sus ilusiones... Quería ser actriz. Tenía la voz suave y era tímida, así que jamás me habría imaginado que quisiera dedicarse a la interpretación. Se lo dije y ella me confesó que gracias a eso se sentía viva y libre. Me recordó al pilotaje.

Unas semanas después, tras una cita, la llevé a casa.

—Estoy justo al lado de King's Road.

Aparcamos delante de una casa grande en una calle cuidada.

—¿Vives aquí? ¿Es tu casa?

—No.

Me explicó que había venido a pasar unos días con su tía.

La acompañé a las escaleras. No me invitó a entrar, pero yo no esperaba que lo hiciera; no quería, de hecho. Prefería tomármelo con calma. Me acerqué a ella, pero me falló la puntería. Podía aniquilar un cactus con un misil Hellfire a casi cinco kilómetros de distancia pero fui incapaz de acertar en sus labios. Se volvió, lo intenté otra vez mientras se giraba y nos salió algo parecido a un pico. Fue extremadamente embarazoso.

Llamé a mi prima a la mañana siguiente. Le dije sin mucho ánimo que la cita había ido bien, pero que el final había dejado mucho que desear. Ella no me lo negó. Ya había hablado con Cressida. Suspiró. Qué embarazoso.

Pero luego la buena noticia: su amiga estaba dispuesta a intentarlo.

Quedamos unos días después para cenar.

Cosas de la casualidad, su compañera de piso estaba saliendo con Charlie, un colega de toda la vida y hermano de mi difunto amigo Henners.

—Evidentemente es cosa del destino —dije en broma—. Seguro que nos lo pasaríamos genial los cuatro.

Pero no lo decía tan en broma.

Volvimos a intentar lo del beso. Fue menos embarazoso.

Espero.

La siguiente cita fue en casa de ella con su compañera de piso y Charlie. Copas, risas... Cuando me quise dar cuenta ya había algo entre nosotros.

Por desgracia, solo veía a Cress los fines de semana. Yo estaba ocupadísimo ultimando los preparativos para mi despliegue. Y luego me llegó la orden oficial, la fecha exacta del despliegue, y el tiempo empezó a pasar más rápido. Era la segunda vez en mi vida que tenía que decirle a una chica a la que acababa de conocer que en breve tendría que irme a la guerra.

—Te espero —repuso—. Pero no eternamente —añadió acto seguido—. A saber qué pasa.

—Cierto. A saber qué pasa.

—Para mí es más fácil decir que no estamos juntos.

—Sí, supongo que sí.

—Pero cuando vuelvas...

«Cuando». Eso dijo, no «Si».

Di las gracias.

Hay gente que dice «Si».

49

Mis amigos me recordaron lo del plan.

—¿Qué plan?

—Spike, ya sabes, el plan.

—Ah, sí... El plan.

Lo habíamos hablado hacía varios meses, pero ahora no estaba seguro.

Me presionaron sobremanera.

—Te vas a la guerra. Vas a mirar a la muerte de frente.

—Ya, gracias...

—Tienes que vivir. Ya. Aprovecha el momento.

—¿Cómo...?

—*Carpe diem.*

—Eh..., ¿qué?

—*Carpe diem.* Aprovecha el momento.

—Ah, lo mismo dicho de otra forma, ¿no?

—¡Las Vegas, Spike! ¿No te acuerdas? El plan.

—Ya, ya, el plan, pero... me parece arriesgado.

—¡Aprovecha...!

—... el momento, sí. Ya me he enterado.

Me había pasado una cosa hacía poco que me hizo pensar que en parte tenían razón, que eso del *carpe diem* no era solo palabrería. Esa primavera, de visita en Brasil, estaba jugando al polo para recaudar dinero para Sentebale y un jugador se cayó del caballo.

Cuando yo era pequeño a mi padre le pasó lo mismo; el animal se desplomó y él se estampó y se lo tragó la tierra. Recuerdo que me llamó la atención que empezara a roncar. Entonces alguien gritó: «¡Se ha tragado la lengua!». Un jugador con muy buenos reflejos saltó del caballo y le salvó la vida a mi padre. Yo me acordé de ese momento e, inconscientemente, hice lo mismo: me bajé del caballo de un salto, fui corriendo hacia él y le saqué la lengua.

Se puso a toser y recuperó la respiración.

Estoy bastante seguro de que ese mismo día extendió un cheque por una cantidad considerable para Sentebale.

Yo aprendí una lección igual de valiosa: *carpe* tus *diems* mientras puedas.

Así que les dije a mis amigos: «Vale, vamos a Las Vegas».

Un año antes, después de las maniobras de Gila Bend, mis colegas y yo alquilamos varias Harleys y fuimos desde Phoenix hasta Las Vegas. La prensa no se enteró. Así que, tras pasar un finde de despedida con Cressida, fui a Nevada otra vez para repetirlo.

Incluso fuimos al mismo hotel y compartimos la misma suite.

Tenía dos plantas que se comunicaban a través de unas escaleras enormes de mármol blanco por las que parecía que en cualquier momento iban a aparecer Elvis y Wayne Newton cogidos del brazo. Pero no hacía falta usarlas, porque había ascensor. Y también mesa de billar.

Lo mejor era el salón. Tenía seis ventanales enormes que daban al Strip y un sofá en forma de L justo delante, desde donde se veía dicha avenida y las montañas a lo lejos; también había un televisor de plasma en la pared. Mucha opulencia. Yo había estado en varios palacios en su día y puedo decir que aquel sitio parecía uno.

La primera o la segunda noche (lo tengo todo un poco borroso con tanto neón), pedimos comida y cócteles y estuvimos charlando animadamente y poniéndonos al día. ¿Cómo nos había ido todo desde la última vez en Las Vegas?

—Bueno, teniente Gales, ¿ansioso por volver a la guerra?

—Sí, la verdad es que sí.

Todo el mundo se quedó atónito.

Cenamos en un asador y comimos como reyes. Solomillo a la

neoyorquina, tres tipos de pasta y un vino tinto muy bueno. Luego fuimos a un casino, jugamos al *blackjack* y a la ruleta, y perdimos. Estaba cansado, así que me excusé y me fui a la suite.

«Sí —me dije suspirando al meterme bajo las sábanas—. Soy esa clase de persona que se retira pronto y le pide al resto que por favor no haga mucho ruido».

Por la mañana pedimos el desayuno y bloody marys al servicio de habitaciones y luego fuimos a la piscina. Allí en Las Vegas era temporada de fiestas piscineras y en ese momento había una en pleno apogeo. Compramos cincuenta pelotas hinchables y las repartimos por allí para romper el hielo.

Así de frikis éramos, además de necesitados.

No yo, mis amigos. Mi intención no era conocer gente nueva. Tenía novia y pretendía que así siguiera siendo. Le escribí varias veces desde la piscina para que estuviera tranquila.

Pero no dejaban de darme de beber, así que cuando el sol empezó a esconderse detrás de las montañas yo ya estaba perjudicado y con muchas ideas en la cabeza...

Llegué a la conclusión de que quería un recuerdo de aquel viaje. Algo que simbolizase mi sentido de la libertad y del *carpe diem*.

¿Un tatuaje, por ejemplo...?

¡Sí, justo eso!

¿En el hombro?

No, se ve mucho.

¿En la parte baja de la espalda?

No, demasiado... atrevido.

¿En el pie?

Sí. ¡En la planta! Donde antaño me había quedado sin piel, ¡ahora tendría varias capas de simbolismo!

Bueno, ¿y qué iba a tatuarme?

Estuve dándole muchas vueltas. ¿Qué era importante para mí? ¿Sagrado?

Claro: Botsuana.

Había visto un estudio de tatuajes un poco más abajo. Pensé que ojalá tuvieran un buen atlas donde se viera bien Botsuana.

Fui a buscar a la Roca y le dije que nos íbamos y adónde. Él sonrió.

—Ni hablar.

Mis amigos lo respaldaron.

—Ni de coña.

De hecho, juraron que me lo impedirían físicamente. Me dijeron que no iba a hacerme ningún tatuaje, no bajo su tutela, y menos aún el mapa de Botsuana en el pie. Me juraron que me retendrían y que me dejarían inconsciente, lo que hiciera falta.

—¡Los tatuajes no se borran, Spike! ¡Son para toda la vida!

Lo último que recuerdo con claridad de aquella tarde son sus argumentos y sus amenazas.

Me di por vencido. Lo del tatuaje podía esperar al día siguiente.

En su lugar nos fuimos en tropel a un club. Yo me acurruqué en un extremo de un banco de piel y observe la procesión de chicas que iban y venían y hablaban con mis colegas. Yo charlé con una o dos y las animé a que se centraran en mis amigos. Pero el resto del tiempo me lo pasé mirando a la nada y pensando en que me habían obligado a renunciar a mi ilusión de hacerme un tatuaje.

A eso de las dos de la mañana volvimos a la suite. Mis colegas invitaron a cuatro o cinco empleadas del hotel, y también a dos chicas que habían conocido en las mesas de *blackjack*. Poco después alguien propuso jugar al billar, y la verdad es que me pareció buena idea. Coloqué las bolas y jugué con los guardaespaldas.

Me percaté de que las chicas del *blackjack* estaban por ahí merodeando. Me daban mala espina, pero no quise ser maleducado cuando preguntaron si podían jugar. Nos fuimos turnando, pero a nadie se le daba muy bien.

Se me ocurrió subir la apuesta: una partida de billar erótico.

Gritos de entusiasmo.

A los diez minutos yo ya iba perdiendo y estaba en paños menores, los cuales acabé quitándome también. Fue algo inocente, una tontería, o eso pensé yo. Hasta el día siguiente. Vi a uno de mis amigos fuera del hotel, bajo el sol cegador del desierto, mirando el teléfono con la boca abierta.

—Spike —me dijo—, una de las chicas del *blackjack* te hizo fotos y... las ha vendido. Estás por todas partes, tío.

En concreto, era mi culo lo que estaba en todas partes. El mundo entero me estaba viendo desnudo... aprovechando el «diem».

La Roca, con el teléfono en la mano, no paraba de decir: «Esto pinta fatal, H».

Billy sabía que aquello iba a ser un mal trago para mí, pero también sabía que para él y los otros guardaespaldas tampoco iba a ser plato de buen gusto. No era descabellado que los despidieran por culpa de lo que había pasado.

Me reprendí a mí mismo: ¿cómo se me ocurría?, ¿cómo podía ser tan tonto?, ¿por qué me había fiado? Había dado por supuesto que la gente tiene buena fe y que esas tías chungas tendrían un mínimo de decencia, pero iba a estar pagando las consecuencias de por vida. Esas fotos no iban a desaparecer nunca. Eran indelebles. Al lado de esto, el tatuaje de Botsuana en el pie era una mancha de tinta china.

Me sentía tan culpable y avergonzado que a veces me costaba respirar. Mientras tanto, en casa, la prensa ya había empezado a despellejarme vivo.

Me imaginé a Cress leyendo los artículos. Pensé en mis superiores del Ejército.

¿Quién me daría la patada primero?

A la espera de averiguarlo, cogí un avión a Escocia para reunirme con mi familia en Balmoral. Era agosto, así que estaban todos allí. «Venga, genial —pensé—. Lo que le faltaba a esta pesadilla kafkiana es Balmoral, con sus recuerdos difíciles y el aniversario de la muerte de mi madre a la vuelta de la esquina».

Al poco de llegar estuve con mi padre en Birkhall. Para mi sorpresa y alivio, fue amable. Incluso estaba perplejo. Me dijo que me compadecía, que había estado en mi lugar, aunque nunca desnudo en primera plana. En realidad, eso no era cierto. Cuando yo tenía alrededor de ocho años salieron unas imágenes de él desnudo en un periódico alemán; las habían hecho con un teleobjetivo mientras estaba de vacaciones en Francia.

Pero ambos corrimos un tupido velo.

Lo que sí era verdad es que él se había sentido desnudo delante del mundo entero, y eso era algo que ambos teníamos en común. Estuvimos hablando largo y tendido sobre lo rara que era la vida, sentados al lado de una ventana mientras observábamos a las ardillas rojas de Birkhall brincando por la hierba.

Carpe diem, ardillas.

50

Mis superiores en el Ejército, igual que mi padre, estaban perplejos. A ellos les daba lo mismo que jugara al billar en la intimidad de una habitación de hotel, desnudo o no. Mi posición no había cambiado, afirmaron. Los preparativos seguían en marcha.

Mis compañeros en el Ejército también me defendieron. Hombres y mujeres de uniforme de todo el mundo posaron desnudos, o casi, cubriéndose las partes íntimas con cascos, armas o boinas, y colgaron las fotos en internet como gesto de solidaridad con el príncipe Harry.

Por lo que respecta a Cress, después de oír mi minuciosa y abochornada explicación, concluyó lo mismo: había sido un memo, no un libertino.

Me disculpé por avergonzarla.

Lo mejor de todo fue que no despidieron, ni castigaron siquiera, a ninguno de mis guardaespaldas, más que nada porque mantuve en secreto que se encontraban conmigo en aquel momento.

Sin embargo, la prensa británica, aun sabiendo que partía a la guerra, siguió rasgándose las vestiduras como si hubiese cometido un crimen imperdonable.

Era un buen momento para marcharse.

Septiembre de 2012. El mismo vuelo eterno, pero en aquella ocasión no viajaba de polizón. No hubo cuarto escondido ni litera secreta. En aquella ocasión, se me permitió sentarme con el resto de los soldados, sentirme parte de un equipo.

Cuando tomamos tierra en Camp Bastion, sin embargo, comprendí que en realidad no era uno más de los muchachos. Algunos parecían nerviosos, como si les apretara el cuello del uniforme o tuvieran la nuez más grande. Yo recordaba esa sensación, pero para mí aquello era una vuelta a casa. Después de más de cuatro años, y contra todo pronóstico, por fin había regresado. Como capitán. (Me habían ascendido desde mi primer periodo de servicio).

Mi alojamiento era mejor que la vez anterior. A decir verdad, comparado con el de mi periodo de servicio previo, resultaba digno de Las Vegas. A los pilotos nos trataban como si fuéramos —la palabra era inevitable, todo el mundo la empleaba— la realeza. Camas blandas, habitaciones limpias. Y por «habitaciones» me refiero a habitaciones de verdad, nada de trincheras o tiendas de campaña. Cada una iba equipada incluso con un aparato de aire acondicionado.

Nos dieron una semana para familiarizarnos con Bastion y recuperarnos del desfase horario. El resto de los habitantes de la base nos enseñaron con mucha amabilidad cómo funcionaba todo.

—¡Capitán Gales, aquí están las letrinas!

—¡Capitán Gales, aquí es donde encontrará pizza caliente!

Aquello recordaba un poco a una acampada hasta que, en la víspera de mi vigésimo octavo cumpleaños, mientras estaba sentado en mi habitación organizando mis trastos, las sirenas empezaron a sonar. Me asomé al pasillo y vi que se abrían de golpe muchas otras puertas por las que brotaban otras tantas cabezas.

En ese momento llegaron corriendo mis dos guardaespaldas (a diferencia de lo que había pasado en mi anterior periodo de servicio, en esa ocasión me habían acompañado, más que nada porque había alojamiento adecuado para ellos y porque podían pasar desapercibidos: vivíamos con millares de personas más).

—¡Nos atacan! —exclamó uno.

Oímos explosiones a lo lejos, cerca de los hangares donde estaban las aeronaves. Salí corriendo hacia mi Apache, pero los guardaespaldas me detuvieron. Demasiado peligroso.

Oímos gritos en el exterior.

—¡Preparaos! ¡PREPARAOS!

Todos nos pusimos el equipo de protección y nos plantamos ante la puerta a la espera de más instrucciones. Mientras comprobaba por segunda vez que llevaba bien sujetos el chaleco y el casco, un guardaespaldas parloteaba sin parar:

—Sabía que iba a ocurrir esto, es que lo sabía, se lo advertí a todo el mundo, pero nadie me hizo caso. «Calla», me respondían, pero yo se lo advertí, se lo advertí, a Harry va a acabar pasándole algo. Me mandaron a la mierda, y ahora mira.

Era un escocés cuyo marcado acento a menudo me recordaba a Sean Connery, lo cual resultaba encantador en circunstancias normales, pero en esos momentos era como si Sean Connery sufriera un ataque de pánico. Atajé su perorata sobre que era una Casandra en un mundo ingrato y le dije que cerrara el pico.

Me sentía desnudo. Tenía mi 9 mm, pero el SA80A estaba bajo llave. Tenía a mis guardaespaldas, pero necesitaba mi Apache. Ese era el único lugar en el que me sentiría seguro... y útil. Necesitaba descargar una lluvia de fuego sobre nuestros atacantes, fueran quienes fuesen.

Más explosiones, y más fuertes. Las ventanas retemblaron y empezamos a ver llamas. Los Cobras estadounidenses pasaron con estruendo sobre nuestras cabezas y el edificio entero se estremeció. Los Cobras dispararon. Luego abrieron fuego los Apaches. Un rugido sobrecogedor inundó la habitación. Todos sentíamos pavor y los efectos de la adrenalina, pero los pilotos de Apache estábamos especialmente inquietos, ansiosos por subir a nuestras cabinas.

Alguien me recordó que Bastion tenía el tamaño aproximado de la ciudad de Reading. ¿Cómo íbamos a encontrar el camino desde allí hasta los helicópteros, sin un mapa y bajo fuego enemigo?

Fue entonces cuando oímos la sirena que indicaba el final del ataque.

Después cesó, y también enmudecieron los rotores de los helicópteros.

Bastion volvía a estar a salvo.

Sin embargo, se había pagado por ello un precio terrible: dos soldados estadounidenses habían muerto. Había diecisiete soldados británicos y norteamericanos heridos.

A lo largo de todo aquel día y el siguiente reconstruimos lo que había pasado. Unos combatientes talibanes se habían procurado uniformes estadounidenses, habían cortado un agujero en la valla y se habían colado.

—¿Cortaron un agujero en la valla?

—Eso es.

—¿Por qué?

En pocas palabras, por mí.

Buscaban al príncipe Harry, dijeron.

Los talibanes lo confirmaron mediante un comunicado: «El príncipe Harry era nuestro objetivo». Y la fecha del ataque tampoco se había dejado al azar. Lo habían organizado, proclamaban, para que coincidiera con mi cumpleaños.

No sabía si creérmelo.

No quería creérmelo.

Sin embargo, una cosa quedaba clara más allá de toda duda: los talibanes estaban al corriente de mi presencia en la base y de los detalles más nimios de mi periodo de servicio gracias a la cobertura ininterrumpida que la prensa británica les había dedicado esa semana.

51

Después del ataque se contempló la posibilidad de retirarme del campo de batalla. Una vez más.

No soportaba ni pensarlo; la idea misma me parecía inconcebible.

Para distraerme y no dar vueltas a aquella posibilidad, me refugié en el trabajo hasta pillarle el ritmo a mis tareas.

Me ayudó lo rígido que era mi horario: dos días de operaciones planificadas, tres de VHR (muy alta disponibilidad). En otras palabras, esperar sentado en una tienda de campaña a que te llamaran.

La tienda de VHR, por su aspecto y su ambiente, recordaba a un dormitorio de residencia universitaria. El compañerismo, el aburrimiento..., el desorden. Había unos cuantos sofás de cuero agrietado, una bandera británica en la pared y aperitivos por todas partes. Pasábamos el rato jugando al *FIFA*, bebiendo café a litros y hojeando revistas para tíos (la *Loaded* era muy popular). Pero entonces sonaba la alarma y mis días de estudiante, junto con toda otra etapa de mi vida, de pronto quedaban a un millón de kilómetros de distancia.

Uno de los muchachos decía que éramos bomberos venidos a más, y no andaba desencaminado. Nunca alcanzábamos un sueño profundo ni nos relajábamos por completo, porque había que estar siempre listos para actuar. Ya nos encontráramos tomando una taza de té, comiendo un helado, llorando por una chica o charlando de fútbol, nuestros sentidos permanecían alerta y nuestros músculos, tensos, siempre a la espera de esa alarma.

La alarma en sí era un teléfono. Rojo, liso, sin botones ni rosca, solo una base y un auricular. Su timbre sonaba anticuado, y británico a rabiar. Brrrang. El sonido me resultaba vagamente familiar, aunque al principio no sabía ubicarlo. Al final caí en la cuenta: era exactamente como el teléfono que la abuela tenía en su gran escritorio de Sandringham, en el enorme salón donde cogía las llamadas entre partida y partida de bridge.

En la tienda de VHR siempre éramos cuatro. Dos tripulaciones de dos hombres cada una, piloto y artillero. Yo era artillero y mi piloto era Dave: un chico alto y desgarbado, con constitución de maratoniano, como resultó que, en verdad, era. Tenía el pelo corto y moreno y un épico bronceado cortesía del desierto.

Su rasgo más llamativo era un sentido del humor profundamente enigmático. Varias veces al día, yo me preguntaba: «¿Habla Dave en serio? ¿Lo dice con sarcasmo?». Nunca sabía distinguirlo. «Voy a tardar en calar a este tipo», pensaba, pero nunca lo logré.

Al oír el timbrazo del teléfono rojo, tres de nosotros lo soltábamos todo y salíamos disparados hacia el Apache, mientras el cuarto levantaba el auricular para que una voz desde el otro extremo le proporcionase los detalles de la operación. ¿Era una *medevac* (evacuación médica)? ¿Una TIC (tropas en contacto)? En el segundo caso, ¿a qué distancia estaban las tropas y cuánto tardaríamos en llegar hasta ellas?

Una vez dentro del Apache, encendíamos el aire acondicionado y nos poníamos el arnés y la protección personal. Yo encendía una de las cuatro radios, recibía más detalles sobre la misión e introducía las coordenadas de GPS en el ordenador de a bordo. La primera vez que se arranca un Apache, realizar las comprobaciones previas lleva una hora, si no más. Al cabo de unas semanas en Bastion, Dave y yo lo habíamos rebajado a ocho minutos, y aun así se antojaba una eternidad.

Siempre íbamos cargados. Llenos a rebosar de combustible y armados hasta los dientes con una dotación completa de misiles, además de suficientes proyectiles de 30 mm para dejar un bloque de pisos de hormigón hecho un queso gruyer; se notaba cómo todo aquel peso te lastraba, te ataba a la Tierra. En mi primera misión, una TIC, me irritó aquella sensación, el contraste entre nuestra urgencia y la gravedad terrestre.

Recuerdo superar las murallas de sacos terreros de Bastion con un margen de apenas unos centímetros, sin inmutarme, sin pararme a pensar un instante en aquella pared. Había trabajo que hacer, vidas que salvar. Después, al cabo de unos segundos, empezó a parpadear una luz de advertencia en la cabina. ENG CHIPS.

Lo que significaba: Aterrizar. Ahora mismo.

Mierda. Íbamos a tener que posarnos en territorio talibán. Empecé a pensar en los páramos de Bodmin Moor.

Luego pensé... ¿y si no hacíamos caso de la luz de advertencia?

No, Dave ya estaba dando media vuelta hacia Bastion.

Él tenía más experiencia de vuelo. Ya había cumplido tres periodos de servicio y conocía al dedillo aquellas señales de aviso. De algunas podías desentenderte —parpadeaban todo el rato y había que arrancar el fusible para que te dejaran en paz—, pero de esa, no.

Me sentía timado, quería pasar a la acción, a toda costa. Estaba dispuesto a arriesgarme a estrellarme, a que me tomaran prisionero, lo que fuera. «No estábamos allí para razonar», como dijo el bisabuelo de Flea; o Tennyson, da lo mismo. De lo que se trataba era de acudir «a la brecha».*

52

Nunca llegué a acostumbrarme a lo rápido que era el Apache.

Por lo general sobrevolábamos la zona designada como objetivo a una civilizada velocidad de setenta nudos pero, a menudo, cuando nos dirigíamos a toda prisa hacia ella, le metíamos caña y forzábamos la máquina hasta alcanzar los ciento cuarenta y cinco. Además, como íbamos casi a ras de suelo, se antojaba tres veces más rápido. Qué privilegio, pensaba yo, experimentar esa clase de potencia en estado puro, y ponerla al servicio de nuestro bando.

Volar a muy baja cota era el procedimiento habitual en cualquier operación, porque dificultaba que los talibanes nos vieran llegar. Por desgracia, facilitaba que los niños del lugar nos lanzaran piedras, cosa que hacían a todas horas. La capacidad antiaérea de los talibanes, más allá de un puñado de misiles rusos, venía a reducirse a las piedras que tiraban esos críos.

El problema no era esquivar a los talibanes sino encontrarlos. En los cuatro años transcurridos desde mi periodo de servicio anterior, habían mejorado mucho en lo tocante a escaparse. Los humanos saben adaptarse, pero nunca más que en tiempos de guerra. Los talibanes habían calculado los minutos exactos que tenían desde el primer contacto con nuestras tropas hasta que asomaba la caballería por el horizonte, y sus relojes internos eran muy precisos: disparaban a tantos de nuestros muchachos como podían y luego se largaban.

También se escondían mejor. Podían desaparecer sin esfuerzo en una aldea, mezclarse entre la población civil o esfumarse en su

* La primera cita proviene de «La carga de la Brigada Ligera», poema de lord Alfred Tennyson. La segunda, de la obra *Enrique V*, de William Shakespeare. *(N. de los T.)*.

red de túneles. No huían corriendo sin más: era algo mucho más difuso, más místico.

Nosotros no renunciábamos a la búsqueda a las primeras de cambio. Trazábamos círculos y hacíamos barridos de un lado a otro, a veces durante dos horas (el Apache se quedaba sin combustible pasado ese periodo). En algunas ocasiones, al final de esos ciento veinte minutos seguíamos reacios a rendirnos, de modo que repostábamos y volvíamos a la carga.

Hubo un día en que repostamos tres veces y pasamos un total de ocho horas en el aire.

Cuando por fin regresamos a la base, la situación era crítica: se me habían acabado las bolsas para mear.

53

Fui el primero de mi escuadrón que apretó el gatillo con rabia.

Recuerdo aquella noche como si fuera ayer. Estábamos en la tienda de VHR, sonó el teléfono rojo y todos corrimos a las aeronaves. Dave y yo cumplimos a toda prisa con el chequeo prevuelo y recibí los detalles de la misión: uno de los puntos de control más cercanos a Bastion estaba bajo ataque con fuego de armas cortas. Teníamos que llegar hasta allí lo antes posible y descubrir de dónde provenían los disparos. Despegamos, superamos la muralla y ascendimos en vertical hasta los quinientos metros. Al cabo de unos instantes pude pasear la mira nocturna por la zona designada.

—¡Allí!

Ocho puntos calientes a ocho kilómetros de distancia: borrones térmicos que se alejaban a pie de la zona donde se había producido el contacto.

—¡Tienen que ser ellos! —dijo Dave.

—¡Sí, aquí no hay fuerzas amigas de patrulla! Sobre todo a esta hora.

—Vamos a asegurarnos. Confirma que no hay patrullas fuera del recinto.

Llamé al J-TAC, el controlador de ataque terminal conjunto. Confirmado: no había patrullas.

Sobrevolamos los ocho puntos calientes, que enseguida se dividieron en dos grupos de cuatro. Manteniendo una distancia regular, avanzaron poco a poco por un camino. Esa era nuestra técnica de patrulla; ¿nos estaban imitando?

Acto seguido se subieron a unos ciclomotores, algunos en pareja, otros solos. Informé a Control de que teníamos a la vista a los ocho objetivos y solicité autorización, permiso para disparar. Era una condición indispensable antes de entablar combate, siempre, a menos que se tratase de un caso de defensa propia o peligro inminente.

Bajo mi asiento tenía un cañón de 30 mm, más dos Hellfires en el ala, misiles guiados de cincuenta kilos que podían equiparse con diferentes ojivas, una de las cuales era excelente para desintegrar objetivos de alto valor. Aparte de los Hellfires, llevábamos unos cuantos cohetes aire-tierra sin sistema de guiado, que en nuestro Apache en concreto eran de tipo *flechette*. Para disparar esos proyectiles había que inclinar el helicóptero bajando el morro en un ángulo muy preciso; solo entonces salían disparados como una nube de dardos. Eso era la *flechette*, en pocas palabras: una descarga letal de ochenta dardos de tungsteno de trece centímetros. Recordaba que en Garmsir había oído que nuestras fuerzas habían tenido que recoger de los árboles pedazos de talibanes después de un impacto directo de esa arma.

Dave y yo estábamos preparados para dispararla, pero aún no había llegado el permiso.

Esperamos. Y esperamos. Y vimos cómo los talibanes se alejaban a toda velocidad en distintas direcciones.

—Si me entero —le dije a Dave— de que uno de estos tíos ha herido o matado a uno de los nuestros después de que les dejemos escapar...

Escogimos dos motocicletas y las seguimos por una calzada serpenteante.

En un momento dado, se separaron.

Elegimos una y la seguimos.

Por fin llegó la respuesta de Control.

—Las personas a las que seguís…, ¿cuál es su situación?

Sacudí la cabeza y pensé: «Pues la mayoría de ellas ya no están, porque habéis sido demasiado lentos».

—Se han separado y solo tenemos una moto —dije.

—Permiso para disparar.

Dave dijo que usáramos el Hellfire. A mí la idea de usarlo me ponía nervioso, sin embargo; en lugar de eso, disparé con el cañón de 30 mm.

Un error. Le di a la motocicleta. Un hombre cayó, presumiblemente muerto, pero el otro saltó y se metió corriendo en un edificio.

Empezamos a rodearlo y avisamos a las tropas de tierra.

—Tenías razón —le dije a Dave—. Debería haber usado el Hellfire.

—No te preocupes —respondió el—. Era tu primera vez.

Mucho después de regresar a la base, hice una especie de repaso mental. Había entrado en combate antes, había matado antes, pero ese había sido mi contacto más directo con el enemigo, en toda mi vida. Los otros encuentros se me habían antojado más impersonales, mientras que en este último caso había sido blanco a la vista, dedo en el gatillo, fuego.

Me pregunté a mí mismo cómo me sentía.

¿Traumatizado?

No.

¿Triste?

No.

¿Sorprendido?

No. Preparado en todos los sentidos. Había hecho mi trabajo, aquel para el que me habían adiestrado.

Me pregunté si estaba siendo cruel, si no me habría insensibilizado. Me pregunté si mi ausencia de reacción estaba relacionada con mi arraigada ambivalencia hacia la muerte.

No lo creía.

En realidad, era una simple cuestión de cálculo. Aquellas eran malas personas que hacían cosas malas a nuestros muchachos. Hacían cosas malas al mundo. Si el tipo al que acababa de retirar del campo de batalla no había matado ya a soldados británicos, pronto lo habría hecho. Quitarlo de en medio significaba salvar vidas británicas, ahorrarle sufrimiento a familias británicas. Quitarlo de en medio significaba menos jóvenes vendados como momias y despachados a casa en camas de hospital, como los muchachos con los que había compartido avión cuatro años antes, los heridos y heridas a los que había visitado en Selly Oak y otros hospitales o los valientes con los que había viajado al Polo Norte.

Y así, la idea que más me rondaba por la cabeza aquel día, mi único pensamiento, era que ojalá Control nos hubiera contestado antes y nos hubiese dado permiso para disparar enseguida, para que hubiéramos pillado a los otros siete.

Y aun así, aun así... Mucho más tarde, hablando del tema con un amigo, este me preguntó si no habría influido en mis sentimientos el hecho de que aquellos asesinos fueran en moto, el vehículo favorito de los paparazzi de todo el mundo. ¿Podía afirmar con el corazón en la mano que, mientras perseguía a aquella cuadrilla de ciclomotores, ni una sola partícula de mi ser estaba pensando en la jauría de motoristas que persiguió a un Mercedes hasta un túnel parisino?

¿O las manadas de motoristas que me habían perseguido un millar de veces?

No hubiese sabido decirlo.

54

Uno de nuestros drones había observado cómo los talibanes adiestraban a sus combatientes.

A pesar de lo que solía creerse, los talibanes tenían buen equipo. No estaba ni por asomo a la altura del nuestro, pero era bueno y eficaz... cuando se usaba correctamente. Por lo tanto, a menudo tenían que poner al día a sus soldados. Había frecuentes cursillos en el desierto, en los que los instructores hacían demostraciones del último material llegado de Rusia e Irán. En eso parecía consistir la lección que grabaron los drones: una clase de tiro.

Sonó el teléfono rojo. Olvidadas quedaron las tazas de café y los mandos de la PlayStation. Corrimos a los Apaches y volamos rumbo norte a toda pastilla, a ocho metros del suelo.

Empezaba a oscurecer. Los controladores nos ordenaron que esperásemos a unos ocho kilómetros.

Cada vez era más de noche y apenas distinguíamos la zona designada. Solo veíamos sombras que se movían de un lado a otro.

Ciclomotores apoyados en una pared.

—Esperad —nos dijeron.

Dimos vueltas y vueltas.

—Esperad.

Respiración superficial.

Entonces llegó la señal: se acabó la lección de tiro. A la carga; vamos, vamos, vamos.

El instructor, que era el objetivo de alto valor, se había subido a una moto y llevaba a uno de sus alumnos de paquete. Volamos como flechas hacia ellos y comprobamos que circulaban a cuarenta kilómetros por hora y que uno de ellos llevaba una ametralladora PKM con el cañón caliente. Coloqué el pulgar sobre el cursor, contemplé la pantalla y esperé. «¡Ahí!». Apreté un gatillo para disparar el designador láser y otro para lanzar el misil.

La palanca con la que acababa de disparar era sorprendentemente parecida a la del mando de la PlayStation con el que había estado jugando hacía nada.

El misil impactó justo al lado de los radios de la moto. De manual: era exactamente donde me habían enseñado a apuntar. Si tirabas más arriba, te arriesgabas a que le pasara por encima de la cabeza. Si tirabas demasiado bajo, no alcanzarías sino tierra y arena.

«Delta Hotel». Impacto directo.

Lo completé con una ráfaga del 30 mm.

Donde antes estaba la motocicleta había una nube de humo y llamas.

—Bien hecho —dijo Dave.

Volvimos al campamento y evaluamos el vídeo.

Un blanco perfecto.

Jugamos un rato más a la PlayStation.

Nos acostamos temprano.

55

Puede resultar difícil ser preciso con los Hellfires. Los Apaches vuelan a unas velocidades tan tremebundas que cuesta apuntar con el pulso firme. Es decir, a algunos les cuesta. Yo desarrollé una puntería finísima, como si lanzara dardos en un pub.

Y eso que mis objetivos se movían deprisa. La moto más veloz a la que disparé viajaba a unos cincuenta kilómetros por hora. El conductor, un comandante talibán que llevaba todo el día dirigiendo el fuego contra nuestras fuerzas, iba encorvado sobre el manillar, mirando hacia atrás mientras lo perseguíamos. Viajaba intencionadamente de una aldea a otra, usando de escudo a los civiles. Ancianos y niños para él no eran más que accesorios.

Nuestras ventanas de oportunidad eran esos intervalos de un minuto en los que circulaba entre aldeas.

Recuerdo que Dave me informó:

—Tienes doscientos metros hasta que llegue a una zona prohibida.

En otras palabras, doscientos metros hasta que aquel comandante talibán se escondiera detrás de otro niño. Volví a oír a Dave:

—Te vienen árboles por la izquierda, una pared por la derecha.

—Recibido.

Dave orientó la aeronave a las cinco del objetivo y bajó a ciento ochenta metros.

—Ahora...

Disparé. El Hellfire se estrelló contra la moto y la mandó volando a una arboleda. Dave sobrevoló la zona y, a través de las columnas de humo, vimos una bola de fuego. Y la moto. Pero no un cadáver.

Yo estaba dispuesto a asegurarme ametrallando la zona con el 30 mm, pero no veía nada que ametrallar.

Trazamos círculos y más círculos. Me estaba poniendo nervioso.

—¿Se ha escapado, tío?

—¡Allí está!

Quince metros a la derecha de la moto: un cuerpo en el suelo.

Confirmado.

Volamos a casa.

56

Tres veces nos mandaron al mismo dichoso lugar: una hilera de búnkeres que daban a una transitada carretera. Nos había llegado información de que allí se congregaban de forma habitual grupos de combatientes talibanes. Llegaban en tres coches hechos polvo, armados con lanzacohetes y ametralladoras, se apostaban y esperaban a que pasaran camiones por la carretera.

Los controladores les habían visto reventar por lo menos un convoy.

En ocasiones había media docena de hombres, otras veces hasta treinta. Talibanes, sin sombra de duda.

Sin embargo, tres veces que habíamos volado hasta allí para entablar combate, tres veces que nos habían negado el permiso para disparar. Nunca supimos por qué.

En esa ocasión estábamos decididos a que no pasara lo mismo.

Llegamos enseguida y vimos que se acercaba un camión por la carretera y que los hombres apuntaban. Estaba a punto de suceder algo malo. Ese camión está perdido, dijimos, a menos que hagamos algo.

Solicitamos permiso para entablar combate.

Permiso denegado.

Volvimos a preguntar.

—¡Control de tierra, solicito permiso para atacar a un objetivo hostil...!

—Esperen.

Bum. Un fogonazo enorme y una explosión en la calzada.

Pedimos permiso a gritos.

—Esperen..., estamos pendientes de la autorización del comandante de tierra.

Nos acercamos a toda velocidad y vimos cómo el camión saltaba en pedazos y los hombres se subían corriendo a sus desvencijados coches y motocicletas. Seguimos a dos de estas últimas. Suplicamos que nos dieran permiso para disparar. Se trataba ya de una clase distinta de autorización: no para impedir un acto, sino para responder a uno que acabábamos de presenciar.

Esa clase de permiso se denominaba 429 Alfa.

—¿Tenemos cuatro dos nueve alfa para entablar combate?

—Esperen.

Seguimos a aquellas dos motocicletas en su recorrido por varias aldeas, mientras despotricábamos contra la burocracia de la guerra y la renuencia de nuestros superiores a dejarnos hacer aquello para lo que nos habían adiestrado. A lo mejor, en nuestras quejas, no diferíamos de los soldados de cualquier otra guerra. Queríamos combatir: no entendíamos las cuestiones de fondo, la geopolítica subyacente; el panorama general. Algunos mandos decían a menudo, en público y en privado, que temían que cada talibán muerto crease tres más, de modo que actuaban con mucha cautela. A veces nos daba la impresión de que el alto mando tenía razón: estábamos creando más talibanes. Pero tenía que haber una respuesta mejor que quedarse flotando al margen mientras masacraban a inocentes.

Pasaron cinco minutos, que se convirtieron en diez y luego veinte.

Nunca recibimos ese permiso.

57

Cada vez que matábamos un objetivo, quedaba grabado en vídeo.

Al Apache no se le escapaba nada. La cámara del morro lo grababa todo. En consecuencia, después de todas las misiones, se revisaba a fondo ese vídeo.

Al regresar a Bastion, nos metíamos en la sala donde se guardaban las cintas de los artilleros y metíamos la nuestra en un reproductor, que proyectaba la operación en unos televisores de plasma montados en la pared. El comandante de nuestro escuadrón pegaba la cara a la pantalla, escudriñando y mascullando con la nariz fruncida. Aquel tipo no se limitaba a buscar errores, los ansiaba. Deseaba pillarnos en un desliz.

Lo poníamos de vuelta y media cuando no estaba delante. A punto estuvimos de soltarle alguno de esos epítetos a la cara. «Oye, ¿tú de qué lado estás?».

Pero eso era lo que él quería; intentaba provocarnos, inducirnos a decir algo impensable.

¿Por qué?

Envidia, decidimos.

Le reconcomía no haber apretado nunca un gatillo en la batalla. Nunca había atacado al enemigo.

De forma que nos atacaba a nosotros.

Por mucho que se esforzara, jamás encontró nada irregular en ninguna de nuestras muertes. Participé en seis misiones que terminaron con el cobro de vidas humanas, y todas ellas las consideró justificadas un hombre que quería crucificarnos. A mí también me lo parecieron.

Lo que hacía que la actitud del comandante del escuadrón resultara tan execrable era que explotaba un temor real y legítimo, un miedo que todos compartíamos. La de Afganistán fue una guerra de errores, de enormes daños colaterales: miles de inocentes muertos y mutilados; era algo que nos quitaba el sueño. De manera que mi propósito, desde el primer día, fue nunca acostarme con la duda de si había hecho lo correcto, de si mis objetivos habían sido los adecuados, de si había disparado a talibanes y solo a talibanes, sin civiles en las inmediaciones. Quería regresar a Gran Bretaña con todas las extremidades, pero más aún deseaba llegar a casa con la conciencia intacta, y eso conllevaba ser consciente de lo que hacía y por qué lo hacía en todo momento.

La mayoría de los soldados no saben con precisión cuántas muertes tienen en su haber. En condiciones de batalla a menudo se dispara de forma indiscriminada. Sin embargo, en la era de los Apaches y los ordenadores portátiles, todo lo que hice yo en el transcurso de dos periodos de servicio quedó grabado con su correspondiente sello de tiempo. Siempre podía decir con exactitud a cuántos combatientes enemigos había matado. Y me parecía esencial no tener miedo a esa cifra. Entre las muchas cosas que aprendí en las Fuerzas Armadas, una de las más importantes fue a rendir cuentas de mis propios actos.

Así pues, mi número: veinticinco. No era un dato que me colmara de satisfacción, pero tampoco me daba vergüenza. Como es natural, hubiese preferido no tener esa cifra en mi currículum militar, ni en mi cabeza, pero por las mismas hubiera preferido vivir en un mundo en el que no hubiese talibanes, un mundo sin guerra. Sin embargo, hasta para un practicante ocasional del pensamiento mágico como yo, hay realidades que no pueden cambiarse.

Cuando me hallaba sumido en el fragor y la confusión del combate, no pensaba en aquellos veinticinco como en personas. No se puede matar a personas si las ves como personas. En verdad, no se puede hacer daño a personas si las ves como personas. Eran piezas de ajedrez retiradas del tablero, Malos eliminados antes de que pudieran matar a Buenos. Me habían entrenado para «alterizarlos», y me habían entrenado bien. En cierto nivel, reconocía que este distanciamiento adquirido era problemático, pero también lo veía como una parte inevitable del oficio del soldado.

Otra realidad que no podía cambiarse.

Eso no quiere decir que fuese una especie de autómata. Jamás olvidé aquella sala de la tele de Eton, la de las puertas azules, en la que vi derretirse las Torres Gemelas mientras la gente saltaba de las azoteas y las ventanas altas. Jamás olvidé a los progenitores, cónyuges e hijos que conocí en Nueva York, agarrados a fotos de madres y padres que habían muerto aplastados, vaporizados o quemados vivos. El 11 de septiembre fue abominable e indeleble, y todos los responsables, junto con sus simpatizantes y colaboradores, sus aliados y sucesores, eran enemigos no solo nuestros, sino de la humanidad. Combatir contra ellos significaba vengar uno de los crímenes más atroces de la historia mundial y evitar que se repitiera.

Para cuando mi periodo de servicio se acercaba a su fin, alrededor de la Navidad de 2012, tenía algunas preguntas y reservas acerca de la guerra, pero ninguna de ellas era de índole moral. Seguía creyendo en la Misión, y los únicos disparos que me daban que pensar eran los que no había realizado. Por ejemplo, la noche que nos llamaron para ayudar a unos gurkas. Un nido de combatientes talibanes los tenía inmovilizados y, cuando llegamos, se cayeron las comunicaciones, de modo que no hubo manera de que les auxiliáramos. Todavía me reconcome: oír a mis hermanos gurkas pidiendo ayuda por radio, recordar a todos los gurkas a los que había conocido y querido y no poder hacer nada.

Mientras cerraba las bolsas y me despedía, fui sincero conmigo mismo: lamentaba bastantes cosas, pero eran sanas. Lamentaba lo que no había hecho, los británicos y estadounidenses a los que no había podido ayudar.

Lamentaba que no hubiésemos rematado la faena.

Por encima de todo, lamentaba que hubiese llegado la hora de marcharme.

58

Llené el macuto de ropa polvorienta, además de dos recuerdos: una alfombra comprada en un bazar y un casquillo de 30 mm del Apache.

La primera semana de 2013.

Antes de poder subir al avión con mis camaradas, entré en una tienda de campaña y me senté en la única silla vacía.

La obligatoria entrevista de despedida.

El periodista al que habían escogido me preguntó qué había hecho en Afganistán.

Se lo conté.

Me preguntó si había disparado contra el enemigo.

—¿Qué? Sí.

Echó la cabeza hacia atrás, sorprendido.

¿Qué se creía que hacíamos allí? ¿Vender suscripciones a revistas?

Me preguntó si había matado a alguien.

—Sí...

Una vez más, sorpresa.

Intenté explicárselo.

—Es una guerra, tío, ¿no lo sabes?

La conversación derivó hacia la prensa. Le expliqué al reportero que en mi opinión la prensa británica era una mierda, sobre todo en lo relativo a mi hermano y mi cuñada, que acababan de anunciar que estaban embarazados para, a renglón seguido, ser asediados.

—Merecen tener al bebé en paz —dije.

Reconocí que mi padre me había rogado que dejara de pensar en la prensa, que no leyera los periódicos. Reconocí que me sentía culpable cada vez que lo hacía, porque eso me volvía cómplice.

—Todo el mundo es culpable por comprar periódicos, pero esperemos que nadie se crea de verdad lo que aparece en ellos.

Sin embargo, lo creían, claro. Ese era el problema. El británico, uno de los pueblos más alfabetizados del planeta, era también el más crédulo. Aunque no se lo creyeran todo a pies juntillas, siempre quedaba ese poso de duda: «Hum, cuando el río suena...». Aunque se desmintiera una falsedad y quedara desacreditada más allá de toda duda, aquel residuo de credulidad inicial persistía.

Sobre todo si la falsedad era negativa. De todos los sesgos humanos, el de la «negatividad» es el más indeleble. Lo llevamos integrado en el cerebro. Prioriza lo negativo, prioriza lo negativo; así sobrevivieron nuestros antepasados. Con eso cuentan nuestros malditos periódicos, me daban ganas de decir.

Pero no lo dije. No era esa clase de conversación; de hecho, no era ni una conversación. El periodista estaba ansioso por seguir adelante, preguntar por Las Vegas.

Harry el Díscolo, ¿eh? El Señorito.

Despedirme de Afganistán me inspiraba una mezcla de emociones complejas, pero no veía la hora de decirle adiós a aquel sujeto.

Primero volé con mi escuadrón hasta Chipre, para efectuar lo que las Fuerzas Armadas llamaban «descompresión». No me habían mandado a descomprimirme después de mi periodo de servicio anterior, de manera que estaba emocionado, aunque no tanto como mis guardaespaldas. «¡Por fin! ¡Podremos tomar cerveza fría!».

Cada uno de nosotros recibió exactamente dos latas. Ni una más. No me gusta la cerveza, de manera que entregué las mías a un soldado que tenía pinta de necesitarlas más que yo. Reaccionó como si le hubiera regalado un Rolex.

Después nos llevaron a ver una comedia. La asistencia era casi obligatoria. Quienquiera que lo organizara lo había hecho con buenas intenciones: algo ameno y ligero después de una temporada en el infierno. Y para ser sincero, algunos de nosotros nos reímos; pero la mayoría, no. Lo estábamos pasando mal sin saber que lo estábamos pasando mal. Teníamos recuerdos que procesar, heridas mentales que sanar, dudas existenciales que rumiar. (Nos habían explicado que había un capellán a nuestra disposición si necesitábamos hablar, pero no recuerdo que nadie se le acercase). De modo que presenciamos aquella comedia sentados con la misma actitud que en la tienda de VHR, en un estado de animación suspendida; en compás de espera.

Me sentí mal por aquellos cómicos. Un bolo complicado.

Antes de partir de Chipre, alguien me informó de que salía en todos los periódicos.

Ah, ¿sí?

La entrevista.

Mierda. La había olvidado por completo.

Al parecer, había causado mucho revuelo al reconocer que había matado gente. En una guerra.

Me ponían a caer de un burro por... ¿matar?

Y tomármelo a la ligera.

Había mencionado, de pasada, que los controles del Apache recordaban a los mandos de un videojuego. Y por tanto:

«¡Harry compara matar con un videojuego!».

Tiré el periódico al suelo. ¿Dónde estaba ese capellán?

59

Le mandé un mensaje de texto a Cress para decirle que había llegado a casa.

Me respondió que se sentía aliviada, lo que a su vez me alivió a mí, porque de antemano no sabía qué esperar.

Quería verla y, aun así, en aquel primer cruce de mensajes, no concretamos ningún plan. Se apreciaba cierta distancia, cierta rigidez.

«Te noto diferente, Harry».

«Bueno, yo no me siento diferente».

No quería que pensase que había cambiado.

Una semana más tarde, unos amigos montaron una cena. ¡Bienvenido a casa, Spike! En casa de mi colega Arthur. Cress se presentó con mi prima Eugenie, alias Euge. Las abracé a las dos y vi sus caras de sorpresa.

Las dos dijeron que parecía otra persona.

¿Más fornido? ¿Más grande? ¿Más viejo?

Sí, sí, todo eso; pero también algo que no sabían identificar.

Fuera lo que fuese, en apariencia a Cressida la asustaba o le causaba rechazo.

Decidimos, en consecuencia, que aquello no era un reencuentro. No podía serlo, porque no puedes reencontrarte con alguien a quien no conoces. Si queríamos seguir viéndonos —y yo tenía claro que sí— había que empezar de cero.

—Hola, soy Cress.

—Hola, soy Haz. Encantado de conocerte.

60

Cada día me levantaba, iba a la base y hacía mi trabajo sin obtener de él ninguna satisfacción. Me parecía inútil.

Y aburrido. Me moría de aburrimiento.

Peor aún: por primera vez en años, sentía que no tenía un propósito, una meta.

Ahora, ¿qué?, me preguntaba todas las noches.

Les supliqué a mis superiores que me mandaran de vuelta.

—¿De vuelta adónde?

—A la guerra.

—Ah —dijeron—; ja, ja, no.

En marzo de 2013 se me hizo saber que la Casa Real quería mandarme a otra gira real, la primera desde el Caribe. En esa ocasión: Estados Unidos.

Me alegré de interrumpir la monotonía. Por otro lado, me preocupaba volver al escenario del crimen. Me veía venir días y días de preguntas sobre Las Vegas.

No, me aseguró el personal de la Casa Real. Imposible. El tiempo y la guerra habían eclipsado lo de Las Vegas. Aquella iba a ser una visita de estricto interés humano, para fomentar la rehabilitación de los soldados británicos y estadounidenses heridos. «Nadie mencionará Las Vegas, señor». La escena salta a mayo de 2013 y mi visita a la devastación que había dejado a su paso el huracán Sandy, acompañado por el gobernador de New Jersey, Chris Christie. El gobernador me regaló un forro polar azul, algo que la prensa reinterpretó como... su manera de mantenerme vestido. En realidad, Christie también lo presentó así. Un periodista le preguntó qué pensaba de mi estancia en Las Vegas, y el gobernador juró que, si pasaba el día entero con él, «nadie va a acabar desnudo». La ocurrencia arrancó muchas risas, porque Christie es famoso por estar rollizo.

Antes de Jersey había pasado por Washington D. C., donde me había encontrado con el presidente Barack Obama y la primera dama Michelle Obama y había visitado el Cementerio Nacional de Arlington, donde había depositado una corona en la Tumba del Soldado Desconocido. Ya había colocado docenas de coronas, pero el ritual era diferente en Estados Unidos. En vez de ponerla sobre la tumba tú mismo, un soldado de guantes blancos lo hacía por ti. Después posabas una mano, durante un segundo, sobre la corona. Ese paso adicional, esa asociación con otro soldado vivo, me conmovió. Al llevar la mano a la corona durante ese segundo extra, me temblaron un poco las piernas, pues me asaltaron imágenes de todos los hombres y las mujeres con los que había servido. Pensé en la muerte, las heridas, el dolor, desde la provincia de Helmand hasta el huracán Sandy y el túnel de Alma, y me pregunté cómo se las ingeniaban los demás para seguir adelante con sus vidas, cuando yo sentía tantas dudas y confusión... y algo más.

¿Qué?, me pregunté.

¿Tristeza?

¿Apatía?

No sabía ponerle nombre. Y, sin ser capaz de nombrarlo, sentí una especie de vértigo.

¿Qué me estaba pasando?

La visita a Estados Unidos duró en total solo cinco días; fue una verdadera vorágine. Tantas escenas, caras y momentos memorables. Sin embargo, en el vuelo de regreso a casa, solo pensaba en una parte.

Una parada en Colorado. Un evento llamado los Warrior Games, una especie de Juegos Olímpicos para soldados heridos en los que participaron doscientos hombres y mujeres, cada uno de los cuales me pareció una fuente de inspiración.

Los observé con detenimiento, les vi pasárselo en grande y competir sin cuartel, y les pregunté... ¿cómo?

«Es el deporte», me dijeron. La ruta más directa a la curación.

La mayoría eran deportistas natos, y me explicaron que aquellos juegos les habían proporcionado una poco común oportunidad de redescubrir y expresar sus talentos físicos, a pesar de sus lesiones. La competición había hecho que sus heridas, tanto físicas como mentales, desaparecieran. Quizá solo por un momento, o un día, pero eso era suficiente. Más que suficiente. Una vez que se hace desaparecer una herida aunque sea por un instante, deja de tener el control y pasas a tenerlo tú.

«Sí —pensé—. Lo entiendo».

Por lo tanto, en el vuelo de regreso a Gran Bretaña, no me quitaba de la cabeza esos juegos, y me pregunté si podríamos organizar algo parecido en mi país. Una versión de esos Warrior Games pero quizá con más soldados, más visibilidad, más beneficios para los participantes. Garabateé unas notas en una hoja de papel y, para cuando el avión aterrizó, ya tenía perfilada la idea esencial.

¡Unos Juegos Paralímpicos para soldados de todo el mundo! ¡En el Olympic Park de Londres! ¡Donde acababa de celebrarse la Olimpiada!

Con todo el apoyo y la cooperación de la Casa Real. ¿Quizá?

Era mucho pedir, pero me parecía que había acumulado algo de capital político. A pesar de Las Vegas, a pesar de que al menos un artículo me presentaba como una especie de criminal de guerra, a pesar de las luces y sombras de mi historial como el díscolo, los británicos parecían tener una opinión a grandes rasgos positiva sobre el Repuesto. Cundía cierta sensación de que estaba madurando. Además, la mayoría de los británicos veían con buenos ojos a la comunidad militar en su conjunto, a pesar de lo impopular que era la guerra. Sin duda apoyarían un proyecto para ayudar a los soldados y sus familias.

El primer paso sería vendérselo a la junta de la Fundación Real, que supervisaba mis proyectos benéficos y los de Willy y Kate. Se trataba de nuestra fundación, de modo que me dije que no habría problema.

Además, el calendario obraba a mi favor. Estábamos a principios de verano de 2013. Willy y Kate, que se encontraban a unas semanas de tener a su primer hijo, iban a estar fuera de servicio durante una temporada. En consecuencia, la fundación no tenía ningún proyecto programado. Sus siete millones de libras, en números redondos, estaban ahí parados, sin hacer nada. Y si aquellos Warrior Games internacionales funcionaban, darían más visibilidad a la fundación, lo cual animaría a los donantes y cubriría con creces sus gastos. Habría muchos más fondos cuando Willy y Kate volvieran al trabajo a jornada completa. Por todo ello, rebosaba confianza en los días previos a aquella primera reunión.

Sin embargo, cuando llegó el día fijado, la cosa cambió. Me di cuenta de lo mucho que ansiaba aquello, para los soldados y sus familias pero también, siendo franco, para mí. Y aquel repentino ataque de nervios me impidió ofrecer mi mejor versión. Aun así, superé el trago y la junta dio el visto bueno.

Emocionado, me puse en contacto con Willy, esperando que él compartiera mi ilusión.

Se mostró profundamente irritado. Hubiese preferido que se lo consultara antes.

Yo había dado por sentado, le dije, que otros lo habían hecho.

Se quejó de que iba a gastar todos los fondos de la Fundación Real.

Farfullé que eso era absurdo. Me habían dicho que solo haría falta una contribución de medio millón de libras para poner en marcha los juegos, lo cual suponía una mera fracción del dinero de la fundación. Además, procedería del Endeavour Fund, una rama de la fundación que yo había creado específicamente para la recuperación de los veteranos. El resto saldría de donantes y patrocinadores.

¿Qué estaba pasando allí?, me pregunté.

Entonces caí en la cuenta: Dios mío, rivalidad entre hermanos.

Me tapé los ojos con la mano. ¿No habíamos superado aquello? ¿Todo ese rollo del Heredero contra el Repuesto? ¿No estábamos un poco mayorcitos para esa cansina dinámica infantil?

Pero aunque no lo estuviéramos, aunque Willy se empeñara en mostrarse competitivo, en convertir nuestra relación de hermanos en una especie de olimpiada particular, ¿no me llevaba ya él una ventaja insuperable? Estaba casado y tenía un bebé en camino, mientras que yo engullía comida para llevar, a solas y de pie ante el fregadero.

¡El fregadero de nuestro padre! ¡Seguía viviendo con papá!

La partida ha terminado, tío. Tú ganas.

61

Esperaba magia. Pensaba que aquella tarea complicada pero ennoblecedora de crear los International Warrior Games me propulsaría a la etapa siguiente de mi vida tras la guerra. No fue el caso. En lugar de eso, día a día, me sentía más apático. Más desesperanzado. Más perdido.

Para finales de verano de 2013, pasaba por un mal momento, alternando entre rachas de letargo debilitante y ataques de pánico terroríficos.

Mi vida oficial consistía en dar la cara en público, comparecer ante gente, pronunciar discursos y charlas y conceder entrevistas, y de pronto me veía casi incapaz de cumplir esas funciones básicas. Horas antes de un discurso o una aparición pública se me empapaba el cuerpo en sudor. Después, durante el acto en sí, me veía incapaz de pensar, con la cabeza tomada por el miedo y las fantasías de fuga.

Una y otra vez logré por los pelos contener el impulso de escapar, pero veía venir el día en que no sería capaz, en que realmente huiría corriendo de un estrado o una sala. En verdad, ese día parecía acercarse a gran velocidad, y ya me figuraba los titulares a toda página, lo que siempre hacía que mi ansiedad se triplicara.

El pánico a menudo comenzaba cuando me ponía el traje a primera hora de la mañana. Parece extraño, pero ese era mi desencadenante: El Traje. Al abotonarme la camisa sentía que se me disparaba la tensión. Al hacerme el nudo de la corbata sentía que se me formaba otro en la garganta. Para cuando me ponía la americana y me ataba los zapatos, me corría el sudor por las mejillas y la espalda.

Siempre había sido sensible al calor. Como mi padre. Él y yo bromeábamos sobre el tema. No estamos hechos para este mundo, decíamos. Un par de condenados muñecos de nieve. El comedor de Sandringham, por ejemplo, era nuestra versión del Infierno de Dante. El aire de Sandringham en general era templado, pero el comedor rozaba lo subtropical. Mi padre y yo siempre esperábamos a que la abuela mirara para otro lado, y entonces uno de los dos saltaba, corría hasta una ventana y la abría unos centímetros. «Ah, bendito aire fresco». Pero los corgis siempre nos delataban. El aire fresco les hacía gimotear, y entonces la abuela preguntaba: «¿Hay corriente?», momento en el cual un criado se aprestaba a cerrar la ventana. (Ese golpe seco, inevitable porque las ventanas eran muy antiguas, siempre tenía algo de puerta de celda al cerrarse). Sin embargo, en el momento del que hablo, cada vez que estaba a punto de hacer una aparición en público, con independencia de dónde fuera, me sentía como si estuviese en el comedor de Sandringham. Durante un discurso me entró tanto calor que me convencí de que todo el mundo se había dado cuenta y lo estaba comentando. En un cóctel busqué desesperadamente a alguien que también sufriera un golpe de calor, porque necesitaba persuadirme de que no era el único.

Pero lo era.

Como suele pasar con el miedo, el mío hizo metástasis. Pronto no fueron solo las apariciones públicas, sino todos los lugares concurridos. Todas las aglomeraciones. Llegué a temer estar rodeado, sin más, de otros seres humanos.

Por encima de todo, temía a las cámaras. Nunca me habían gustado, por supuesto, pero empecé a no soportarlas. El inconfundible chasquido del obturador que se abría y se cerraba... podía dejarme fuera de combate durante un día entero.

No tenía elección: empecé a quedarme en casa. Día tras día, noche tras noche, me apoltronaba, pedía comida y veía *24*. O *Friends*. Creo que es posible que en 2013 viera todos los episodios de *Friends*.

Decidí que era un Chandler.

Mis amigos de verdad, y no de ficción, dejaban caer que no parecía el mismo. Como si tuviera la gripe. A veces me daba por pensar que quizá, en efecto, no era el mismo. Tal vez fuera eso lo que pasaba. Tal vez se tratase de una suerte de metamorfosis. «Está aflorando una nueva personalidad y voy a tener que resignarme a ser esa nueva persona, esa persona asustada, durante el resto de mis días».

O quizá siempre había sido así y lo que sucedía era que empezaba a volverse evidente. Mi psique, como el agua, había encontrado su nivel.

Busqué y rebusqué explicaciones en Google. Introduje mis síntomas en diversos motores de búsqueda médicos. No paré de intentar hacerme un autodiagnóstico, ponerle nombre a lo que me pasaba... cuando la respuesta la tenía ante las narices. Había conocido a muchos soldados, muchos jóvenes hombres y mujeres que padecían estrés postraumático, y les había oído describir cuánto les costaba salir de casa, lo incómodos que se sentían entre otras personas, lo que sufrían para entrar en lugares públicos, sobre todo si había ruido. Me habían contado que programaban sus visitas a una tienda o supermercado con mucho cuidado, para asegurarse de llegar minutos antes de la hora del cierre y así evitar las aglomeraciones y el jaleo. Yo había sentido una profunda empatía hacia ellos, y aun así nunca había atado cabos. Jamás se me había ocurrido que yo también sufría estrés postraumático. A pesar de todo mi trabajo con soldados heridos, todos mis esfuerzos por ayudarles, toda mi lucha por crear unos juegos que pusieran de relieve su situación, nunca caí en la cuenta de que yo era un soldado herido.

Y mi guerra no había empezado en Afganistán.

Empezó en agosto de 1997.

62

Una noche, llamé por teléfono a mi amigo Thomas, el hermano de mi querido compañero Henners. Thomas, tan divertido e ingenioso. Thomas, el de la risa contagiosa.

Thomas, recordatorio vivo de tiempos mejores.

Estaba en Clarence House, sentado en el suelo de la sala de la tele. Probablemente viendo *Friends.*

—Hola, Boose, ¿qué haces?

Se rio. Nadie más lo llamaba Boose.

—¡Harrí-is! ¡Hola!

Sonreí. Nadie más me llamaba «Harrí-is».

Me contó que lo pillaba saliendo de una cena de negocios. Estaba encantado de tener a alguien con quien charlar de camino a casa.

Su voz, tan parecida a la de su hermano, me reconfortó al instante. Me hizo sentir feliz, aunque Thomas no lo estaba. Él también lo estaba pasando mal, me contó. Andaba metido en un divorcio, y había sufrido otros reveses.

La conversación fue a parar inexorablemente a aquel revés original, el manantial de todos los reveses: Henners. Thomas echaba muchísimo de menos a su hermano. Yo también, le dije. Yo también, tío.

Me dio las gracias por haber hablado en un acto de recaudación de fondos para la obra benéfica de Henners.

—No me la hubiese perdido por nada del mundo. Para eso están los amigos.

Pensé en aquella gala. Y en el ataque de pánico que había sufrido antes.

Luego rememoramos momentos pasados, al azar. Thomas y Henners, Willy y yo, mañanas de sábado, holgazaneando con mi madre, viendo la tele, haciendo concursos de eructos.

—¡Tu madre era como otro adolescente más!

—Sí que lo era, tío.

Ir con mi madre a ver a Andrew Lloyd Webber.

Henners y yo haciéndole un calvo a las cámaras de seguridad de Ludgrove.

Los dos nos echamos a reír.

Él me recordó que Henners y yo pasábamos juntos tanto tiempo que la gente nos llamaba Jack y Russell. ¿A lo mejor era porque Willy y yo teníamos perros de raza Jack Russell? Ay, me preguntaba dónde estaría Henners. ¿Estaba con mi madre? ¿Estaba con los muertos de Afganistán? ¿Estaba allí también Gan-Gan? Me sacó de golpe de esas cavilaciones oír a Thomas gritando.

—Boose, tío, ¿estás bien?

Voces furiosas, empujones, una pelea. Puse el móvil en manos libres, crucé el pasillo a la carrera, subí las escaleras e irrumpí en la habitación de la policía, gritando que mi amigo tenía problemas. Nos inclinamos alrededor del teléfono, atentos, pero ya habían colgado.

Era evidente: estaban atracando a Thomas. Por suerte, acababa de mencionar el nombre del restaurante en el que había cenado, que se encontraba en Battersea. Además, yo sabía dónde vivía. Miramos un mapa: solo había una ruta lógica ente los dos puntos. Varios guardaespaldas y yo fuimos hasta allí a toda velocidad y encontramos a Thomas en un lado de la calzada, cerca de Albert Bridge. Le habían pegado y estaba alterado. Lo acompañamos a la comisaría más cercana, donde puso una denuncia. Después lo llevamos en coche a casa.

Por el camino, no paró de darme las gracias por acudir a su rescate.

Lo abracé con fuerza. «Para eso están los amigos».

63

Me asignaron un escritorio en el aeródromo de Wattisham, para mi horror. Nunca había querido un escritorio. No soportaba estar sentado ante uno. A mi padre le encantaba el suyo, parecía clavado a él, enamorado de él, rodeado de sus libros y sacos de correo. Yo nunca fui así.

También se me asignó un nuevo cometido: refinar mi conocimiento del Apache. Quizá con miras a convertirme en instructor. Ese sí que era un trabajo que en mi opinión podía, tal vez, resultar divertido. Enseñar a otros a volar.

Pero no lo fue. No me sentía llamado a ello.

Una vez más, planteé la idea de volver a la guerra. Una vez más, la respuesta fue un «no» rotundo. Aunque las Fuerzas Armadas estuvieran dispuestas a enviarme, lo de Afganistán iba a menos.

Libia se estaba calentando, sin embargo. «¿Qué hay de eso?».

No, dijo el Ejército, que denegó mi petición de todas las maneras que supo, oficiales y extraoficiales.

«Todo el mundo se ha cansado ya de ver a Harry en una zona de guerra».

Al final de una habitual jornada de trabajo, me marchaba de Wattisham y volvía en coche al palacio de Kensington. Ya no vivía con mi padre y Camila: me habían asignado un espacio para mí solo, un apartamento en el «semisótano» del palacio; en otras palabras, medio enterrado.

El piso tenía tres ventanas altas, pero dejaban pasar poca luz, de manera que la diferencia entre el amanecer, el ocaso y el mediodía era simbólica, por decir algo. A veces no tenía sentido ni plantearse la diferencia gracias al señor R., que vivía en el piso de arriba y era aficionado a aparcar su gigantesco Discovery gris pegado a las ventanas, con lo que tapaba por completo toda la luz.

Le escribí una nota en la que le pedía con educación que adelantase unos centímetros la posición de su coche. Contraatacó con una respuesta en la que me mandaba a freír espárragos. Después fue a ver a la abuela y le solicitó que me dijera lo mismo.

Ella nunca me habló del tema, pero el hecho de que el señor R., que era uno de los secretarios privados de la abuela, se sintiera lo bastante seguro y respaldado para quejarse de mí a la monarca me demostró mi verdadero lugar en el escalafón.

Tendría que luchar, me dije. Tendría que aclararle cuatro cosas a la cara a aquella persona. Pero pensé que mejor no. El apartamento, en realidad, casaba con mi estado de ánimo. La penumbra al mediodía casaba con mi estado de ánimo.

Además, era la primera vez que vivía solo, en un sitio que no fuera la casa de mi padre, de modo que, si hacía un balance general, en realidad no podía quejarme.

Un día invité a un amigo, que me comentó que el apartamento le recordaba a una tejonera. O a lo mejor se lo comenté yo a él. Sea como fuere, era verdad, y no me importó.

Estábamos charlando, mi amigo y yo, tomando una copa, cuando de pronto una sábana cayó delante de mis ventanas y luego empezó a sacudirse. Mi amigo se levantó, se acercó a la ventana y dijo:

—Spike..., ¿qué narices...?

De la sábana caía una catarata de lo que parecía ser... ¿confeti marrón?

No.

¿Purpurina?

No.

—Spike, ¿esto es pelo? —preguntó mi amigo.

Lo era. La señora R. estaba rapando a uno de sus hijos y sacudía la sábana en la que había recogido los cabellos cortados. El auténtico problema estribaba en que yo tenía las tres ventanas abiertas y aquel día corría brisa. En el apartamento entraron ráfagas de pelo fino. Mi amigo y yo tosimos, nos reímos y nos quitamos pelusa de la lengua.

Lo que no se metió en el piso aterrizó como lluvia de verano en el jardín compartido, en el que florecían justo entonces la menta y el romero.

Me pasé días redactando una contundente misiva para la señora R. en mi cabeza. Nunca la mandé. Era consciente de que estaba siendo injusto: ella no sabía que me estaba llenando la casa de pelo. Es más, tampoco sabía el auténtico origen de mi antipatía hacia ella. Era culpable de una infracción de tráfico incluso más imperdonable que la de su marido. Todos los días, la señora R. aparcaba en el antiguo sitio de mi madre.

Todavía la veo estacionando como si tal cosa en esa plaza, justo donde mi madre dejaba su BMW verde. Estaba mal por mi parte, no me cabía duda, pero en cierta medida eso era algo que no le perdonaba a la señora R.

64

Era tío. Willy y Kate habían tenido a su primer hijo, George, y era precioso. No veía la hora de hablarle de rugby y de la batalla de Rorke's Drift, de cómo era volar y del críquet de pasillo... y a lo mejor darle uno o dos consejillos sobre cómo sobrevivir en la pecera.

Los periodistas, sin embargo, vieron la buena nueva como una oportunidad para preguntarme... si estaba hundido en la miseria.

¿Qué?

El bebé me había hecho bajar un escalón en la línea sucesoria, por lo que había pasado a ser el cuarto heredero al trono en vez del tercero. Así que los periodistas me decían que vaya jugarreta, ¿no?

—Estarás de broma.

—Tiene que haber un poco de resquemor.

—No podría ser más feliz.

Una verdad a medias.

Estaba encantado por Willy y por Kate, y me resultaba indiferente mi puesto en la línea sucesoria.

Sin embargo, aunque no fuera por ninguno de aquellos dos motivos, no era ni mucho menos feliz.

65

Angola. Viajé a aquel país devastado por la guerra, en visita oficial, y pasé específicamente por varios lugares donde la vida cotidiana se había visto emponzoñada por las minas terrestres, entre ellos una localidad que se tenía por el punto más minado de toda África.

Agosto de 2013.

Me puse el mismo equipo de protección que había llevado mi madre en su histórica visita a Angola. Hasta trabajé con la misma entidad sin ánimo de lucro que la había invitado a ella: Halo Trust. Sentí una profunda frustración al enterarme, por boca de los ejecutivos y trabajadores de campo de la organización, de que la labor sobre la que mi madre había puesto el foco, y en verdad la cruzada global entera que ella había contribuido a lanzar, se encontraban en esos momentos en un callejón sin salida. Falta de recursos, falta de voluntad.

Aquella había sido la causa que mi madre había defendido con más pasión al final. (Había visitado Bosnia tres semanas antes de viajar a París en agosto de 1997). Muchos todavía la recordaban metiéndose a pie, sola, en un campo de minas activo, detonando una por control remoto mientras anunciaba con valentía: «Una menos, faltan diecisiete millones». Su visión de un mundo libre de minas terrestres había parecido al alcance de la mano en aquel entonces. Años después, daba la impresión de que el mundo estuviera retrocediendo.

Retomar su causa y detonar yo mismo una mina hizo que me sintiera más cercano a ella y me confirió fuerzas y esperanza. Por unos breves momentos. Sin embargo, en líneas generales me sentía como si a diario cruzase un campo de minas psicológico y emocional. Nunca sabía cuándo iba a producirse la siguiente explosión de pánico.

Al regresar a Gran Bretaña, volví a enfrascarme en la investigación. Estaba desesperado por encontrar una causa, un tratamiento. Incluso hablé con mi padre, me sinceré con él. «Papá, lo estoy pasando muy mal, con ataques de pánico y ansiedad». Él me mandó a un médico, lo cual fue un gesto amable por su parte, pero era un doctor de medicina general sin conocimientos ni ideas nuevas. Quería recetarme pastillas.

Yo no quería tomar pastillas.

No hasta haber agotado otros remedios, incluidos los homeopáticos. En mis indagaciones había encontrado a muchas personas que recomendaban el magnesio, al que atribuían propiedades calmantes. Era cierto, pero en grandes cantidades también tenía efectos secundarios desagradables —de tipo laxante— que descubrí por las malas en la boda de un amigo.

Cenando una noche en Highgrove, mi padre y yo hablamos largo y tendido sobre lo que estaba sufriendo. Le di los detalles y le conté una anécdota tras otra. Hacia el final de la comida, bajó la vista a su plato y dijo con voz queda:

—Supongo que es culpa mía. Tendría que haberte procurado la ayuda que necesitabas hace años.

Le aseguré que no era culpa suya, pero que agradecía la disculpa.

A medida que se acercaba el otoño mi ansiedad fue a peor, creo que por la proximidad de mi cumpleaños, el postrero de la veintena. Los últimos coletazos de mi juventud, pensé. Me asaltaban todas las dudas y temores tradicionales, y me hacía las mismas preguntas básicas que se planteaba la gente al hacerse mayor. ¿Quién soy? ¿Adónde voy? Normal, me dije; la única diferencia era que la prensa se hacía un muy anormal eco de esos interrogantes internos.

«¿Por qué no se casa el príncipe Harry?».

Sacaron a la luz todas y cada una de las relaciones que había tenido en mi vida, todas las chicas con las que había salido, las metieron en una batidora y contrataron a «expertos», también conocidos como charlatanes, para intentar obtener la respuesta. Salieron libros sobre mí que se zambullían en mi vida amorosa y hacían hincapié en todos los fracasos y desencuentros románticos. Creo recordar que uno detallaba mi coqueteo con Cameron Diaz. Sencillamente, Harry no se veía saliendo con ella, informaba el autor. Y no le faltaba razón, dado que no habíamos coincidido nunca. Nunca había estado a menos de cincuenta metros de la señorita Diaz, por si faltaba alguna prueba de que las biografías sobre la realeza están hechas para aquellos a quienes les gusta leer auténticas patrañas.

Detrás de toda esta farisea preocupación por mí había algo más sustancial que el cotilleo, algo que entroncaba con los pilares mismos de la monarquía, una institución basada en el matrimonio. Las grandes controversias que habían rodeado a reyes y reinas, desde tiempos inmemoriales, solían centrarse en con quién se casaban y con quién no, y en los hijos que eran el resultado de esos enlaces. Nadie era miembro de pleno derecho de la familia real, ni siquiera un auténtico ser humano, hasta que no se casaba. No era ninguna coincidencia que la abuela, jefa de Estado de dieciséis países, comenzara cada discurso diciendo: «Mi marido y yo…». Cuando Willy y Kate se casaron, pasaron a ser los duques de Cambridge, pero más importante fue que se convirtieron en una Casa, y como tal tenían derecho a más personal, más coches, una residencia más grande, un despacho más imponente, recursos extra y membrete grabado. A mí esas ventajas no me molestaban, pero sí me importaba el respeto. Como solterón irredento, era un extraño, una no persona dentro de mi propia familia. Si quería que eso cambiara, tenía que pasar por el altar. Así de fácil.

Todo lo cual convertía mi vigesimonoveno cumpleaños en un hito complejo y, según qué días, una compleja migraña.

Me echaba a temblar con solo pensar en lo que podría sentir en mi siguiente cumpleaños, el de los treinta. Eso sí que marcaría un antes y un después. Por no hablar de la herencia que activaría. Al cumplir la treintena recibiría una abultada suma de dinero que me había dejado mi madre. Me reñí por tomarme eso a la tremenda: la mayoría de las personas matarían por heredar dinero. Para mí, sin embargo, era otro recordatorio de su ausencia, otra señal del vacío que había dejado y que libras y euros jamás podrían llenar.

Lo mejor, decidí, era alejarme de los cumpleaños, alejarme de todo. Decidí conmemorar el aniversario de mi llegada a la Tierra viajando a su fin. Ya había estado en el Polo Norte; caminaría hasta el Polo Sur.

Otra expedición en compañía de Walking With The Wounded.

La gente me advirtió de que en el Polo Sur hacía más frío todavía que en el Norte. Me reí. Resultaba inconcebible. Ya se me había congelado el pene, tío; ¿no era eso la definición misma de «peor, imposible»?

Además, en esa ocasión sabría cómo tomar las precauciones adecuadas: ropa interior más ajustada, más acolchamiento, etcétera. Mejor aún, un amigo muy cercano contrató a una costurera para que me hiciera un forro a medida para el rabo. Cuadrado, mullido, estaba elaborado con vellón de finísimo borrego y...

Dejémoslo correr.

66

En mitad de los preparativos para el asalto al Polo, me reuní con mi nuevo secretario privado, Ed Lane Fox, a quien todos llamábamos Elf.

Noviembre de 2013.

Excapitán de caballería de la Guardia Real, Elf era esbelto, elegante y pulcro. A muchas personas les recordaba a Willy, pero eso se debía más a sus entradas que a su personalidad. A mí, más que a mi hermano mayor, me recordaba a un perro de carreras. Como un galgo, no paraba nunca. Perseguía al conejo hasta las últimas consecuencias. En otras palabras, estaba dedicado en cuerpo y alma a la Causa, fuera esta la que fuese en cualquier momento dado.

Su mayor don, con todo, quizá fuera su talento para ir al meollo de las cosas, para calibrar y simplificar situaciones y problemas, lo cual lo convertía en el hombre perfecto para ayudarme a poner en práctica la ambiciosa idea de unos International Warrior Games.

Desde el momento en que ya teníamos a nuestra disposición parte del dinero, aconsejó Elf, el siguiente punto del orden del día era encontrar a alguien con la extraordinaria capacidad organizativa y los contactos sociales y políticos necesarios para asumir un trabajo de esa envergadura. Él conocía al hombre ideal.

Sir Keith Mills.

Por supuesto, dije yo. Sir Keith había organizado los Juegos Olímpicos de 2012 en Londres, que tanto éxito habían tenido.

En efecto, ¿quién sino él?

—Invitemos a sir Keith a tomar una taza de té en el palacio de Kensington.

67

Podría construir una réplica a escala de aquella sala. Dos ventanales, un sofá rojo pequeño y una lámpara de araña que proyectaba una suave luz sobre un óleo de un caballo. Ya había celebrado reuniones allí pero, cuando entré en la habitación aquel día, sentí que sería el enclave de uno de los encuentros más cruciales de mi vida, por lo que se me quedó grabado hasta el último detalle de la escena.

Intenté mantener la calma mientras le indicaba a sir Keith que se sentara en una silla y le preguntaba cómo tomaba el té.

Tras unos minutos de charla para romper el hielo, le expliqué mi propuesta.

Sir Keith me escuchó con respeto y mirada de ave rapaz, pero, cuando terminé, empezó a echar balones fuera.

La idea le parecía maravillosa, me dijo, pero él estaba semijubilado. «Intento rebajar el volumen de proyectos, ya me entiende». Quería simplificar su vida, centrarse en sus pasiones, sobre todo la vela. La Copa América y demás.

Precisamente tenía previsto irse de vacaciones al día siguiente.

¿Cómo convencer a un hombre que está a horas de empezar

unas vacaciones de que se arremangue y emprenda un proyecto imposible?

«No hay manera», pensé.

Sin embargo, la clave misma de aquellos juegos era no rendirse nunca, de manera que seguí probando. Le insistí y le insistí, le hablé de los soldados a los que había conocido, de sus historias y también un poco de la mía. Una de las primeras y más completas crónicas de mi participación en la guerra que le he dado a nadie.

Poco a poco fui viendo que mi pasión, mi entusiasmo, estaban haciendo mella en las defensas de sir Keith.

Con la frente arrugada, me dijo:

—Bueno... ¿Con quién cuenta de momento en este proyecto?

Miré a Elf, que me devolvió la mirada.

—Eso es lo bueno, sir Keith. Verá..., usted es el primero.

Soltó una risilla.

—Muy astuto.

—No, no, hablo en serio. Puede volver a juntar el mismo equipo, si así lo desea. Contratar a quien quiera.

A pesar de que mi intención era venderle el producto de manera descarada, no le estaba diciendo ninguna mentira. Aún no habíamos logrado engatusar a nadie más para que se uniera a nosotros, de modo que tendría carta blanca. Podría organizar un grupo formado por quien él quisiera, contratar a todas y cada una de las personas que le habían ayudado a montar unos Juegos Olímpicos tan soberbios.

Asintió con la cabeza.

—¿Cuándo tenía pensado hacerlo?

—En septiembre.

—¿Qué?

—En septiembre.

—¿Quiere decir dentro de diez meses?

—Sí.

—Imposible.

—Tiene que ser entonces.

Quería que los juegos coincidieran con los actos del centenario de la Primera Guerra Mundial. Consideraba que era vital establecer esa conexión.

Sir Keith suspiró y prometió que se lo pensaría.

Yo sabía lo que eso significaba.

68

Unas semanas más tarde, volé a la Antártida y aterricé en una base científica llamada Novolázarevskaya, una minúscula aldea de cabañas y casetas prefabricadas. El puñado de almas intrépidas que vivían allí fueron unos anfitriones fabulosos. Me alojaron y me dieron de comer: sus sopas eran maravillosas. No me cansaba de comerlas.

¿A lo mejor porque estábamos a treinta y cinco bajo cero?

—¿Más sopa de pollo y fideos, bien caliente, Harry?

—Sí, por favor.

El equipo y yo pasamos una semana o dos haciendo acopio de hidratos de carbono y preparando el material. Además de trasegando vodka, ni que decir tiene. Por fin, una soñolienta mañana... nos pusimos en marcha. Subimos a una avioneta, volamos a la parte superior de la meseta de hielo y paramos a repostar. La aeronave aterrizó en una extensión blanca, maciza y lisa, como en un sueño. No había nada a la vista en ninguna dirección salvo unos cuantos bidones gigantes de combustible. Rodamos hasta ellos y bajé mientras los pilotos llenaban el depósito. Reinaba un silencio sacrosanto —ni un ave, ni un coche, ni un árbol— pero este era solo una parte de aquella nada más general que lo abarcaba todo. No había olores, ni viento, ni esquinas pronunciadas ni contornos distinguibles que distrajeran de aquella vista interminable y enloquecedoramente hermosa. Caminé unos pasos para estar solo durante unos instantes. Nunca había pisado un sitio donde reinara una paz ni remotamente parecida. Abrumado por la alegría, hice el pino. Meses y meses de ansiedad quedaron atrás... durante unos minutos.

Volvimos al avión y volamos hasta el punto de partida de la

expedición. Cuando empezamos, por fin, a caminar, lo recordé: «Ah, sí, tengo un dedo del pie roto».

Desde hacía poco, a decir verdad. Un fin de semana en Norfolk con los amigotes. Bebimos, fumamos y estuvimos de fiesta hasta el amanecer, y luego, cuando intentábamos dejar en su sitio los muebles que habíamos movido, se me cayó sobre el pie una pesada silla con ruedas metálicas.

Una lesión tonta, pero incapacitante; apenas podía caminar. Daba lo mismo, estaba decidido a no defraudar al equipo.

De algún modo logré mantener el ritmo de mis compañeros de caminata, nueve horas al día, tirando de un trineo que pesaba unos noventa kilos. La falta de agarre en la nieve era un obstáculo para todos, pero a mí lo que más problemas me daba eran unos tramos resbaladizos y llenos de ondulaciones creadas por el viento. «*Sastrugi*», era la palabra noruega con la que se conocía a ese terreno. ¿Caminar por los *sastrugi* con un dedo del pie roto? A lo mejor podíamos incluirlo como prueba en los International Warrior Games, pensé. Sin embargo, cada vez que sentía la tentación de quejarme —del pie, del cansancio o de lo que fuera— me bastaba con echar un vistazo a mis compañeros. Enfrente de mí iba un soldado escocés llamado Duncan que no tenía piernas. Detrás, uno estadounidense de nombre Ivan que era ciego. De manera que juré que no saldría de mis labios ni una queja.

Además, un experimentado guía polar me había aconsejado antes de partir de Gran Bretaña que aprovechase aquella expedición para «limpiar el disco duro». Esa fue su expresión. «Use» el movimiento repetitivo, «use» el frío atroz, «use» esa nada, la blancura única de ese paisaje, para ir concentrando su atención hasta que su cerebro entre en trance. Se convertirá en una meditación.

Seguí su consejo al dedillo. Me conminé a estar presente. Sé la nieve, sé el frío, sé cada paso; y funcionó. Entré en un trance delicioso en el que, incluso cuando mis pensamientos eran lúgubres, podía mirarlos a la cara y observar cómo se alejaban flotando. A veces sucedía que veía conectarse mis pensamientos unos con otros hasta formar una cadena que adquiría cierto significado. Por ejemplo, hice un repaso de todas las caminatas difíciles de mi vida

—el Polo Norte, la instrucción militar, seguir el féretro de mi madre hasta la sepultura— y, por bien que los recuerdos resultaban dolorosos, también ofrecían continuidad, estructura, una especie de columna vertebral narrativa que nunca hubiese sospechado. La vida era una larga caminata. Tenía sentido; era maravilloso. Todo era interdependiente y estaba interconectado.

Entonces llegaron los mareos.

El Polo Sur, aunque parezca contraintuitivo, está muy por encima del nivel del mar, a unos tres mil metros más o menos, por lo que el mal de altura supone un peligro real. Un caminante ya había tenido que abandonar nuestra expedición; en ese momento entendí por qué. La sensación empezó poco a poco y le quité importancia. Después me noqueó. Empezó a darme vueltas la cabeza y luego sufrí una migraña espantosa, una presión que se iba acumulando en los dos hemisferios de mi cerebro. No quería parar, pero no dependía de mí. Mi cuerpo dijo: «Gracias, pero aquí nos apeamos». Las rodillas cedieron, y la parte superior del torso las siguió.

Caí a la nieve como un saco de patatas.

Los médicos levantaron una tienda, me tumbaron y me pusieron alguna clase de inyección contra la migraña. En las nalgas, creo. Esteroides, les oí decir. Cuando recuperé la consciencia me sentía más o menos revivido. Alcancé al grupo y me esforcé por recuperar el trance.

—Sé el frío, sé la nieve…

Cuando nos acercamos al Polo íbamos todos acompasados, llenos de euforia. Lo veíamos ante nuestros ojos, allí mismo, a través de los cristales de hielo que se nos habían formado en las pestañas. Arrancamos a correr hacia él.

—¡Alto!

Los guías nos dijeron que era el momento de acampar.

—¿Acampar? ¿Pero qué…? Si la línea de meta está justo allí.

—¡No está permitido acampar en el Polo! De modo que tendremos que hacer noche aquí todos y luego caminar hasta el polo por la mañana.

Acampados a la sombra del Polo Sur, ninguno podíamos pegar

ojo, porque estábamos demasiado emocionados. En consecuencia, celebramos una fiesta. Hubo bebida y jolgorio. Nuestras carcajadas resonaron en el extremo inferior del mundo.

Por fin, al rayar el alba del 13 de diciembre de 2013, partimos y tomamos el Polo al asalto. En el punto exacto, o cerca de él, había un enorme círculo de banderas que representaban a los doce signatarios del tratado de la Antártida. Nos plantamos ante ellas, exhaustos, aliviados, desorientados. «¿Por qué hay una bandera del Reino Unido sobre el ataúd?». Entonces nos abrazamos. Algunas crónicas periodísticas cuentan que uno de los soldados se quitó la pierna y la usamos de jarra para beber champán, lo que suena bien, aunque no lo recuerdo. He bebido alcohol de múltiples piernas ortopédicas a lo largo de mi vida, y no puedo jurar que aquella no fuera una de las ocasiones.

Al otro lado de las banderas había un edificio enorme, uno de los más feos que había visto en mi vida. Una caja sin ventanas construida por los americanos como centro de investigación. El arquitecto que diseñó tamaña monstruosidad, pensé, debía de rebosar odio a sus congéneres, al planeta y al Polo. Me rompió el corazón ver que algo tan innoble dominaba una tierra que por lo demás era tan prístina. Aun así, yo y todos los demás entramos corriendo en el edificio feo para calentarnos, hacer un pis y beber chocolate.

Había una cafetería enorme y estábamos todos muertos de hambre, pero nos pidieron disculpas y nos informaron de que estaba cerrada.

—¿Les apetece un vaso de agua?

—¿Agua? Ah. Vale.

Nos dieron un vaso por cabeza.

Después, un recuerdo. Un tubo de ensayo.

Con un taponcito de corcho.

En un lado llevaba una etiqueta: EL AIRE MÁS LIMPIO DEL MUNDO.

69

Fui directo del Polo Sur a Sandringham.

Navidad en familia.

El «hotel» de la abuela estaba lleno hasta la bandera aquel año, tomado por la familia, de manera que me asignaron una habitación minúscula en un estrecho pasillo apartado de todo, entre los despachos del personal de la Casa Real. Nunca me había alojado allí; incluso casi ni había pisado esa parte del edificio (lo que no era tan raro: todas las residencias de la abuela eran inmensas; haría falta una vida para visitar hasta el último rincón). Me hacía gracia la idea de ver y explorar territorio ignoto —¡era un curtido explorador polar, a fin de cuentas!—, pero también me sentí un poco desairado. Como si no se me quisiera demasiado y se me hubiera relegado al extrarradio.

Me dispuse a ver el lado bueno de la situación y aprovechar aquel tiempo para proteger la serenidad que había alcanzado en el polo. Mi disco duro llegaba limpio.

Por desgracia, mi familia en aquel momento estaba infectada por un programa informático muy malicioso.

El motivo principal era la Circular de la Corte, que es el registro anual de los «compromisos oficiales» a los que ha asistido cada miembro de la familia real durante el año natural anterior. Un documento siniestro. A finales de año, cuando se echaban cuentas, la prensa empezaba con las comparaciones.

«Ajá, este está más ocupado que ese otro».

«Ajá, este es un vago de mierda».

La Circular de la Corte era un documento vetusto, pero últimamente se había metamorfoseado en un pelotón de fusilamiento circular. Sin ser el origen de los sentimientos de competitividad que imperaban en mi familia, sí los amplificó y los convirtió en un arma. Aunque ninguno comentábamos nunca la Circular de la Corte como tal ni la mencionábamos siquiera, eso no hacía sino crear más tensión bajo la superficie, donde se acumulaba invisible a medida que se aproximaba el último día del año. Ciertos miembros de la familia tenían una verdadera obsesión, que los llevaba a luchar enfebrecidos cada año por anotarse el mayor número de actos oficiales contabilizados por la Circular, con independencia de las circunstancias, y lo lograban en buena medida incluyendo entradas que no eran compromisos oficiales propiamente dichos, apuntándose apariciones públicas que eran meras anécdotas, la clase de acontecimiento que ni a Willy ni a mí se nos pasaría por la cabeza reivindicar. Por ese motivo, más que nada, la Circular de la Corte era un chiste. Toda la información provenía de los interesados y era cien por cien subjetiva. ¿Nueve visitas privadas a veteranos para ayudar con su salud mental? Cero puntos. ¿Viajar en helicóptero a un rancho de caballos para cortar una cinta? ¡Premio!

Sin embargo, el principal motivo por el que la Circular de la Corte resultaba un chiste, un timo, era que ninguno decidíamos por nuestra cuenta cuánto trabajo hacer. Lo decidían la abuela o mi padre, en función de cuánto apoyo (dinero) asignaban a nuestra labor. El dinero lo determinaba todo. En el caso de Willy y de mí, nuestro padre era el único con poder de decisión. Era él y solo él quien controlaba nuestros fondos; solo podíamos hacer lo que nos alcanzaba con los recursos y el presupuesto que recibíamos de él. Que hicieran escarnio público de nosotros por lo que nuestro padre nos permitía hacer se antojaba una gran injusticia, un tongo.

Tal vez el estrés que generaba todo este asunto derivaba de la tensión generalizada que rodeaba a la institución monárquica en sí. La familia empezaba a notar los temblores de un cambio global, a oír las voces críticas que decían que la monarquía estaba desfasada y era costosa. La familia toleraba, e incluso defendía, el absurdo que era la Circular de la Corte por el mismo motivo por el que aceptaba los zarpazos y acometidas de la prensa: por miedo. Miedo a la opinión pública; miedo al futuro; miedo a que un día la nación dijera: vale, se acabó. Así pues, para cuando llegó la Nochebuena de 2013, yo en realidad estaba la mar de satisfecho en mi pasillo remoto y mi microhabitación, mirando fotos del Polo Sur en el iPad.

Contemplando mi pequeño tubo de ensayo.

EL AIRE MÁS LIMPIO DEL MUNDO.

Quité el tapón de corcho y me lo tomé de un trago.

Ah.

70

Me mudé de la tejonera a Nottingham Cottage, también conocido como Nott Cott. Willy y Kate habían vivido allí, pero se les había quedado pequeño. Después de trasladarse a la antigua residencia de la princesa Margarita, que quedaba justo enfrente, me pasaron las llaves.

Era agradable salir de la tejonera, pero mejor aún me parecía vivir delante de Willy y Kate. Ya me veía pasando a verlos a todas horas.

—¡Mira! ¡Es el tío Harry!

—¡Holaaa! Solo pasaba a ver qué tal.

Con una botella en la mano y un montón de detallitos para el niño bajo el brazo. Tirarme al suelo para forcejear con el pequeño George.

—¿Te quedas a cenar, Harold?

—¡Encantado!

Pero la cosa no salió así.

Estaban a medio campo de fútbol de distancia, al otro lado mismo de un patio de piedra, tan cerca que veía pasar a su niñera con el cochecito a todas horas y oía las complejas obras de su reforma. Di por sentado que me invitarían a su casa en cualquier momento. El día menos pensado.

Pero los días se sucedieron y eso no ocurrió.

Lo comprendo, pensé. ¡Están ocupados! ¡Construyendo una familia!

«O a lo mejor… ¿tres son multitud?».

«A lo mejor si me caso la cosa cambia».

Los dos habían hecho repetidas alusiones a lo bien que les caía Cressida.

71

Marzo de 2014. Un concierto en el estadio de Wembley. Al subir al escenario sufrí el habitual ataque de pánico. Caminé hasta el centro, apreté los puños y balbucí el discurso. Había catorce mil jóvenes rostros pendientes de mí, congregados para celebrar el We Day. Tal vez me habría puesto menos nervioso si me hubiese concentrado más en ellos, pero estaba pendiente de mí, pensando en la última vez que había pronunciado un discurso en aquel recinto.

El décimo aniversario de la muerte de mi madre.

Entonces también me había puesto nervioso, pero no tanto.

Bajé del escenario a toda prisa. Me sequé el sudor de la cara y fui dando tumbos hasta mi asiento para unirme a Cress.

Me vio y se puso blanca.

—¿Estás bien?

—Sí, sí.

Pero se había dado cuenta.

Vimos al resto de intervinientes o, mejor dicho, Cress los vio mientras yo intentaba recobrar el aliento.

A la mañana siguiente nuestra foto apareció en todos los periódicos y en un sinfín de páginas web. Alguien había chivado a los cronistas de la realeza dónde estábamos sentados y, después de mucho tiempo, lo nuestro salió a la luz. Tras casi dos años de citas en secreto, se destapó que éramos pareja.

Qué raro, comentamos, que le den tanta bola. Ya nos habían sacado fotos antes, esquiando en Verbier, pero las del concierto tuvieron otra acogida, quizá por ser la primera vez que me acompañaba a un acto oficial al que yo acudía como miembro de la familia real.

El resultado fue que lo nuestro se volvió menos clandestino, lo que parecía una ventaja. Varios días más tarde, fuimos a Twickenham a ver el Inglaterra contra Gales de rugby, nos sacaron fotos y ni siquiera nos molestamos en hablar del tema. Al cabo de poco, nos fuimos de vacaciones a esquiar con unos amigos en Kazajistán, donde volvieron a pillarnos los paparazzi y ni siquiera nos enteramos. Estábamos demasiado distraídos. El esquí era sagrado para nosotros, muy simbólico, sobre todo después de nuestras anteriores vacaciones en la nieve, en Suiza, cuando ella había conseguido milagrosamente que me abriera.

Sucedió una noche, bastante tarde, después de un largo día en las pistas y un buen rato de *aprés-ski*. Nos habíamos retirado al chalet de mi primo, en el que nos alojábamos, y Cress se estaba lavando la cara y los dientes mientras yo estaba sentado en el borde de la bañera. No hablábamos de nada en especial, que yo recuerde, pero de pronto me preguntó por mi madre.

Novedad. Una novia que me preguntaba por mi madre. Pero también fue la manera de preguntarme: su tono presentaba la mezcla perfecta de curiosidad y compasión. Su modo de reaccionar a mi respuesta también fue ideal. Sorpresa y preocupación, sin juicio.

Quizá entraron en juego también otros factores, la alquimia del cansancio físico y la hospitalidad suiza. El aire fresco y el alcohol. Quizá fue la nieve que caía silenciosa al otro de las ventanas o la culminación de diecisiete años de pena reprimida. Quizá fuera la madurez. Cualquiera que fuese el motivo o la combinación de motivos, le respondí con franqueza y luego me eché a llorar.

Recuerdo que pensé: «Anda, estoy llorando».

Y que le dije:

—Es la primera vez que…

Cressida se inclinó hacia mí.

—¿A qué te refieres con eso de… la primera vez?

—Es la primera vez que he podido llorar por mi madre desde el entierro.

Me sequé los ojos y le di las gracias. Había sido la primera persona en ayudarme a cruzar aquella barrera y dar salida a las lágrimas. Fue una experiencia catártica que aceleró nuestro vínculo y aportó un elemento que había escaseado en anteriores relaciones: una gratitud inmensa. Estaba en deuda con Cress, y ese era el motivo por el que, al regresar de Kazajistán a casa, me sentía tan desdichado, porque en algún momento de aquellas vacaciones de esquí me había dado cuenta de que no estábamos hechos el uno para el otro.

Lo supe, sin más. Creo que Cress también se dio cuenta. Había un afecto enorme, una lealtad profunda y perdurable... pero no amor eterno. Ella siempre dejó muy claro que no deseaba cargar con el estrés asociado a formar parte de la realeza, y yo nunca estuve seguro de querer pedírselo, y este hecho inalterable, aunque llevase un tiempo acechando en segundo plano, adquirió una claridad innegable en aquellas montañas kazajas.

De repente, estaba claro. «Esto no puede funcionar».

Qué extraño, pensé. Cada vez que íbamos a esquiar, una revelación.

El día después de llegar de Kazajistán a casa, llamé a un amigo, que también conocía bien a Cress. Le puse al corriente de lo que sentía y le pedí consejo. Sin vacilar, mi amigo me dijo que, si aquello había terminado, no había que alargarlo. Así que cogí el coche y fui directo a ver a Cress.

Estaba en casa de una amiga y su dormitorio se encontraba en la planta baja, de modo que sus ventanas daban a la calle. Oí pasar coches y gente mientras me sentaba con cuidado en la cama y le explicaba lo que me rondaba por la cabeza.

Ella asintió. Nada de lo que dije pareció sorprenderla. Ella le había estado dando vueltas a lo mismo.

—He aprendido tanto de ti, Cress.

Asintió con la cabeza y bajó la vista al suelo, con lágrimas corriéndole por las mejillas.

«Maldición —pensé—. Ella me ayudó a llorar, y ahora yo la dejo llorando».

72

Mi amigo Guy se casaba.

No estaba de mucho humor para bodas, pero era Guy: un buen tío de la cabeza a los pies, amigo mío y de Willy desde hacía tiempo. Le quería y estaba en deuda con él. La prensa lo había arrastrado por el fango, más de una vez, en mi nombre.

La boda se celebraba en Estados Unidos, en el Sur Profundo.

Mi llegada desencadenó una avalancha de comentarios sobre... ¿qué si no?

Las Vegas.

Pensé: «¿Después de tanto tiempo? ¿En serio? ¿Tan memorable es mi culo desnudo?».

Qué le vamos a hacer, me dije. Que ellos den la lata con Las Vegas, que yo voy a centrarme en el Gran Día de Guy.

De camino a la despedida de soltero, unos cuantos hicimos una parada en Miami. Comimos de maravilla, fuimos a unos cuantos clubes y bailamos hasta pasada la medianoche y más. Brindamos por Guy. Al día siguiente, volamos todos a Tennessee. Recuerdo que, a pesar del apretado calendario de la boda, encontré un momento para visitar Graceland, la antigua casa de Elvis Presley (en realidad, en un principio la compró para su madre).

Todo el mundo decía:

—Bueno, bueno, conque aquí vivía el Rey.

—¿Cómo?

—El Rey. Elvis Presley.

—Ah. El Rey. Claro.

La gente oscilaba entre calificar la vivienda de castillo, mansión o palacio, pero a mí me recordaba a la tejonera: oscura, claustrofóbica. Yo me paseaba comentando:

—¿Decís que aquí vivía el Rey? ¿De verdad?

Entré en una habitación minúscula con muebles de colores chillones y alfombra de pelo largo y pensé que el diseñador de interiores del Rey debía de meterse ácido.

En honor a Elvis, todos los integrantes de la comitiva nupcial llevábamos zapatos de gamuza azul. En el cóctel le dimos mucha caña a esos zapatos: una panda de chicos y chicas británicos bailando con cuatro copas de más mientras cantaban alegremente sin entonar ni mostrar el menor sentido del ritmo. Fue un desparrame ridículo, y no había visto a Guy tan feliz en mi vida.

Siempre le había tocado hacer el papel de nuestro adlátere, pero allí, no. La novia y él eran las estrellas del espectáculo, el centro de atención, y mi viejo amigo lo estaba saboreando con todo el derecho del mundo. Me hizo muy feliz verlo tan contento, aunque de vez en cuando, cuando alguna pareja hacía mutis o unos amantes se dirigían como quien no quiere la cosa hacia un rincón o se contoneaban al compás de una canción de Beyoncé o Adele, yo me acercaba a la barra y pensaba: «¿Cuándo será mi turno? Igual soy la persona que más desea esto de casarse y formar una familia, y nunca pasará». Con una rabia que tenía no poco de infantil, pensaba: «El universo no es justo».

73

Pero el universo solo estaba calentando. Al poco de volver a Gran Bretaña, la principal villana del escándalo de las escuchas, Rehabber Kooks, fue absuelta por orden del tribunal.

Junio de 2014.

Todo el mundo decía que las pruebas eran sólidas.

No lo bastante, según el jurado. Ellos creyeron lo que Rehabber Kooks declaró en el estrado, aunque había tensado la credulidad. No, había abusado de la credulidad. Había tratado a la credulidad como otrora trató a un adolescente pelirrojo de la realeza.

Con su marido sucedió otro tanto. Lo habían pillado en vídeo tirando a un cubo bolsas de basura negras llenas de ordenadores, discos duros portátiles y otros efectos personales, pocas horas antes de que la policía registrara su casa. Pero él juraba que aquello era pura coincidencia, de manera que el sistema judicial, en su infinita sabiduría, decretó que no había existido manipulación de pruebas. Sigan a lo suyo, aquí no ha pasado nada. Nunca creía lo que leía, pero llegado ese momento realmente no di crédito a lo que estaba leyendo. ¿Iban a dejar que esa mujer se fuera de rositas? ¿Y no había un clamor en contra por parte de la opinión pública? ¿Acaso la gente no comprendía que aquello iba más allá del derecho a la intimidad, de la seguridad pública, de la familia real? En realidad, el escándalo de las escuchas estalló en un principio a causa de la pobre Milly Dowler, una adolescente a la que habían secuestrado y asesinado. Los esbirros de Rehabber Kooks habían pirateado el teléfono de Milly después de que la dieran por desaparecida; se habían ensañado con los padres en lo más hondo de su dolor y les habían dado falsas esperanzas de que su hijita a lo mejor estaba viva, porque alguien había escuchado sus mensajes. Poco podían imaginar que era el equipo de Rehabber el que los escuchaba. Si esos periodistas habían sido lo bastante desalmados para cebarse en los Dowler en su momento más aciago, y se habían salido con la suya, ¿estaba alguien a salvo?

¿Acaso a la gente no le importaba?

Pues no. No le importaba.

Mi fe en el sistema entero sufrió un duro revés cuando aquella mujer salió limpia de polvo y paja. Necesitaba un reinicio, algo que reverdeciera mi fe. Así que fui adonde siempre.

Al Okavango.

A pasar unos balsámicos días con Teej y Mike.

Me ayudó.

Pero, cuando volví a Gran Bretaña, me atrincheré en Nott Cott.

74

No salía casi nunca. A lo mejor una cena, de vez en cuando. Alguna que otra fiesta en una casa.

A veces entraba en un club y salía enseguida.

Sin embargo, no valía la pena. Al salir, siempre me encontraba la misma escena. Paparazzi por aquí, paparazzi por allá, paparazzi por todas partes. El día de la marmota.

El dudoso placer de salir de fiesta nunca compensaba la molestia.

Pero luego pensaba: ¿cómo voy a conocer a alguien si no salgo?

Así que lo volvía a intentar.

Y: día de la marmota.

Una noche, al salir de un club, vi que dos hombres doblaban una esquina y se acercaban corriendo. Iban derechos hacia mí y uno llevaba la mano sobre la cadera.

Alguien gritó:

—¡Va armado!

Pensé: «Bueno, adiós a todos, no ha estado mal».

Billy, la Roca, saltó adelante con la mano en la pistola y estuvo a punto de dispararles a los dos.

Pero solo eran Taratontín y Taratontón. No llevaban armas de fuego y no sé qué buscaba uno de ellos en la zona de su cadera, pero Billy lo agarró y le gritó a la cara:

—¿Cuántas veces os lo tenemos que decir? Vais a conseguir que alguien acabe muerto.

No les importaba. No les importaba.

75

La Torre de Londres. Con Willy y Kate. Agosto de 2014.

El motivo de nuestra visita era una instalación artística. A lo largo del foso seco habían colocado decenas de miles de amapolas de cerámica de color rojo brillante. El plan era que, al final, hubiese ochocientas ochenta y ocho mil doscientas cuarenta y seis flores como esas repartidas por todo el foso, una por cada soldado de la Commonwealth que había muerto en la Primera Guerra Mundial. El centenario del inicio de la guerra se estaba conmemorando en toda Europa.

Aparte de su extraordinaria belleza, la instalación era un modo distinto de hacer visible la mortandad de la guerra; en verdad, de visibilizar la muerte en sí. Me afectó: todas esas vidas, todas esas familias.

No ayudó el que aquella visita a la Torre se produjera, para más inri, tres semanas antes del aniversario de la muerte de mi madre, o que siempre la relacionase a ella con la Gran Guerra, porque su cumpleaños, el 1 de julio, coincidía con el inicio de la batalla del Somme, que fue la jornada más sangrienta de la guerra, el día más sangriento en la historia del Ejército británico.

In Flanders Fields the poppies blow…[*]

[*] «En los campos de Flandes se mecen las amapolas» es el inicio del poema «In Flanders Fields», escrito por el canadiense John McCrae durante la Primera Guerra Mundial. En los países de la Commonwealth, la amapola simboliza el recuerdo a los caídos en combate. *(N. de los T.).*

Todo aquello convergía en mi corazón y mi cabeza, con la Torre como telón de fondo, cuando una persona se adelantó, me entregó una amapola y me pidió que la colocase. (Los artistas responsables de la instalación querían que cada flor la pusiera una persona viva; miles de voluntarios se habían ofrecido ya). A Willy y Kate también les dieron sendas amapolas y les pidieron que las colocasen en el lugar de su elección.

Cuando terminamos, los tres dimos un paso atrás, enfrascados en nuestros pensamientos.

Creo que fue justo entonces cuando apareció el condestable de la Torre, que nos saludó y nos habló de la amapola y de cómo había llegado a ser el símbolo británico de la guerra. Era lo único que florecía en aquellos campos de batalla anegados en sangre, nos explicó el condestable, que no era otro que... el general Dannatt.

El hombre que me había mandado de vuelta a la guerra.

En verdad, todo convergía.

Nos preguntó si nos gustaría hacer un recorrido breve por la Torre.

Por supuesto, dijimos.

Subimos y bajamos por las empinadas escaleras de la Torre, nos asomamos a sus rincones oscuros y pronto nos encontramos ante una vitrina de grueso cristal.

Dentro había joyas deslumbrantes, entre ellas... la corona.

Hostias. La corona.

La que habían puesto sobre la cabeza de la abuela en 1953, en su coronación.

Por un momento, pensé que también era la misma que habían colocado sobre el féretro de Gan-Gan durante el cortejo fúnebre. Parecía igual, pero alguien señaló varias diferencias clave.

Ah, sí. O sea que esta era la corona de la abuela, y solo suya, y en ese momento recordé que me había contado lo increíblemente pesada que le había parecido la primera vez que se la había puesto sobre la cabeza.

Parecía pesada. También mágica. Cuanto más la contemplábamos, más brillante se volvía; ¿era eso posible? Y el resplandor en apariencia era interno. Las joyas contribuían, sí, pero la corona parecía poseer alguna clase de fuente interior de energía, algo que iba más allá de la suma de sus partes: el cerco enjoyado, las flores de lis doradas, los arcos entrecruzados y la resplandeciente cruz. Y, por supuesto, la base de armiño. No pude evitar pensar que un fantasma que alguien se encontrara en plena noche dentro de la Torre podría emitir un brillo parecido. Desplacé la mirada poco a poco para apreciarla de arriba abajo. Era una maravilla, una obra de arte trascendente y evocadora, no muy distinta de las amapolas, pero lo único que podía pensar en aquel momento era en lo trágico que resultaba que tuviese que permanecer encerrada en esa Torre.

Una prisionera más.

—Parece un desperdicio —les dije a Willy y Kate, a lo cual recuerdo que no repusieron nada.

A lo mejor estaban contemplando ese círculo de armiño y recordando mi parlamento en su boda.

A lo mejor no.

76

Unas semanas después, tras más de un año hablándolo y planificándolo, pensándolo y dándole vueltas, siete mil seguidores se apiñaban en Queen Elizabeth Olympic Park para la ceremonia de apertura. Habían nacido los Invictus Games.

Se había decidido que el nombre «International Warrior Games» era demasiado largo y difícil de pronunciar, y un inteligente miembro de la Marina Real ideó ese otro alternativo, mucho más apropiado.

En cuanto lo sugirió, todos dijimos: ¡claro! ¡Como el poema de William Ernest Henley!

Todos los británicos conocían ese poema, y muchos se sabían el primer verso de memoria.

En la noche que me envuelve…

¿Y qué estudiante no se había topado por lo menos una vez en la vida con los sonoros versos finales?

Soy el amo de mi destino;
soy el capitán de mi alma.

Unos minutos antes de mi discurso inaugural en la ceremonia de apertura, estaba entre bastidores y sostenía en las manos, visiblemente temblorosas, las tarjetas con las anotaciones. El podio, situado frente a mí, me parecía un patíbulo. Leí las notas una y otra vez mientras nueve acróbatas de las fuerzas aéreas efectuaban una demostración, dejando a su paso una estela de humo de color rojo, blanco y azul. Luego Idris Elba leyó *Invictus*, probablemente mejor de lo que cualquiera lo haya leído nunca, y a continuación Michelle Obama pronunció, vía satélite, unas elocuentes palabras sobre el significado de los juegos. Por fin dio paso a mi intervención.

Un largo camino. Por un laberinto tapizado de rojo. También mis mejillas estaban tapizadas de rojo. Tenía una sonrisa fija en la cara y la reacción de lucha o huida totalmente activada. Me regañé a mí mismo en voz baja por ser así. En esos juegos se honraba a hombres y mujeres que habían perdido un miembro, que forzaban sus cuerpos hasta el límite y más allá, y ahí estaba yo, muerto de miedo por un pequeño discurso.

Pero no era culpa mía. Llegados a ese punto la ansiedad se había apropiado de mi cuerpo, de mi vida. Y ese discurso, que según creía significaba tanto para tantas personas, no hacía sino exacerbar mis limitaciones.

Además, el productor me había dicho en el momento de subir al escenario que íbamos con retraso. «Ah, qué bien. Una preocupación más. Gracias».

Cuando llegué junto al atril, que yo mismo me había ocupado de colocar en una buena posición, me reproché la perfecta visión de todos los competidores que se alcanzaba desde allí. Todas esas caras confiadas, rebosantes de salud, expectantes... contaban conmigo. Me obligué a mirar hacia otro lado, hacia nada en concreto.

Y a toda prisa, exageradamente pendiente del reloj, solté: «Para algunos de quienes aquí participan esto supondrá un ascenso a la categoría del deporte de élite, pero para otros marcará el final de un capítulo de su recuperación y el inicio de uno nuevo».

Me alejé y bajé a buscar mi sitio en primera fila, al lado de mi padre, quien me posó una mano en el hombro. «Bien hecho, mi querido hijo». Lo dijo por cortesía. Él sabía que había pronunciado el discurso a toda prisa. Pero, por una vez, me alegré de no oír de su boca la verdad pura y dura.

Solo por la cifra de espectadores, los Invictus Games ya eran todo un éxito. Dos millones de personas los estaban siguiendo por televisión, miles llenaban el estadio en cada evento. Entre los más destacados, para mí estaba la final de rugby en silla de ruedas, el Reino Unido contra Estados Unidos, con miles de seguidores animando al equipo británico a obtener la victoria en el Copper Box.

Fuera adonde fuese durante esa semana, la gente se me acercaba, me estrechaba la mano, me contaba su historia. Niños, padres, abuelos, todos con los ojos arrasados en lágrimas, me decían que esos juegos les habían devuelto algo que creían perdido para siempre: el verdadero espíritu de un hijo, una hija, un hermano, una hermana, una madre o un padre. Una mujer me dio unos golpecitos en el hombro y me explicó que yo había resucitado la sonrisa de su marido.

—Ah, esa sonrisa —dijo—. No había vuelto a verla desde que lo hirieron.

Yo sabía que los Invictus harían un bien al mundo, lo tenía claro, pero me pilló por sorpresa semejante muestra de gratitud y aprecio. Y de alegría.

Luego empezaron los e-mails. Miles de ellos, cada uno más conmovedor que el anterior.

«Llevo cinco años con una lesión en la espalda, pero hoy, después de ver a esos hombres y mujeres tan valientes, me he levantado del sofá y me siento dispuesto a volver a empezar».

«He estado sufriendo una depresión desde que volví de Afganistán, pero esta demostración humana de valentía y resiliencia me ha hecho ver que...».

En la ceremonia de clausura, momentos después de que hubiera presentado a Dave Grohl y a los Foo Fighters, un hombre y una mujer se acercaron a mí, con su joven hija entre ambos. La niña, que llevaba puesta una sudadera rosa y unos auriculares de protección auditiva de color naranja, levantó la cabeza y me miró.

—Gracias por hacer que mi padre... vuelva a ser mi padre.

El hombre había ganado una medalla de oro.

Solo había un problema, dijo la niña. No veía a los Foo Fighters.

—¡Vaya! ¡Pues eso no podemos consentirlo!

La senté en mis hombros y estuvimos los cuatro viendo juntos el concierto, bailando, cantando y celebrando el hecho de poder gozar de la vida.

Era mi treinta cumpleaños.

77

Poco después de los juegos, informé a la Casa Real de que pensaba dejar el Ejército. Elf y yo trabajamos en el comunicado oficial. Me costaba elegir bien las palabras, saber cómo explicarlo a la gente, tal vez porque yo mismo no tenía clara la explicación. Pensándolo con detenimiento, veía que era difícil explicar el motivo de la decisión porque, en sí, no lo había decidido. Simplemente, era el momento.

Pero ¿el momento de qué, con exactitud, más allá de dejar el Ejército? A partir de entonces haría algo que no había hecho nunca: ser miembro de la realeza a tiempo completo.

¿Cómo iba a apañármelas?

¿Y era eso lo que de verdad quería?

Para alguien que se había pasado la vida encadenando crisis existenciales, era un auténtico fastidio. ¿En quién te conviertes cuando ya no puedes ser aquello que has sido siempre, aquello para lo que te has formado?

De repente, un día me pareció vislumbrar la respuesta.

Fue un martes, cerca de la Torre de Londres; el ambiente era fresco. Me encontraba en mitad de la calle y, de repente, allí estaba él, marchando a paso ligero. Era el joven Ben, el soldado con quien había efectuado el vuelo de regreso de Afganistán en 2008, aquel al que había visitado y animado cuando escalaba una pared con su nueva pierna ortopédica. Seis años después de aquel viaje, como había prometido, estaba corriendo una maratón. No se trataba de la maratón de Londres, lo cual ya habría sido toda una hazaña. Estaba corriendo su propia maratón, una que había diseñado él mismo cuyo recorrido tenía la forma de una gran amapola delineada sobre la ciudad de Londres.

Había completado un circuito de casi cincuenta kilómetros, nada más y nada menos, para recaudar dinero y aumentar la conciencia colectiva (además de sus pulsaciones).

—No me lo creo —dijo al encontrarme allí.

—¿Tú no te lo crees? —contesté—. Pues ya somos dos.

Al verlo allí, con su actitud de soldado pese a que ya no lo era en sentido estricto..., obtuve la respuesta a la cuestión que llevaba tanto tiempo intentando resolver.

La pregunta es la siguiente: ¿cómo dejas de ser soldado cuando siempre lo has sido y nunca has deseado ser otra cosa?

Y aquí está la respuesta: no dejas de serlo.

Aunque dejes de ser soldado, no tienes por qué dejar de serlo.

Jamás.

78

Una misa por la guerra de Afganistán en la catedral de San Pablo seguida de una recepción en el Guildhall ofrecida por la Corporación de la Ciudad de Londres y luego el inicio de la marcha Walk Of Britain de la organización Walking With The Wounded, y luego una visita al equipo de rugby de Inglaterra, y luego asistir a su entrenamiento para un partido contra Francia, y luego seguirlos hasta Twickenham y animarlos, y luego la inauguración de un monumento en honor del jinete olímpico Richard Meade, el más brillante de la historia del Reino Unido, y luego un viaje a Turquía con mi padre para asistir a varias ceremonias en conmemoración del centenario de Galípoli, y luego una reunión con los descendientes de los hombres que lucharon en aquella batalla épica, y luego de vuelta a Londres para entregar las medallas a los participantes en la maratón de la ciudad.

Así fue mi inicio del año 2015.

Y eso solo por destacar los acontecimientos más importantes.

Los periódicos estaban llenos de historias sobre el vago de Willy, y los medios se habían aficionado a colgarle esa etiqueta, lo cual era ofensivo y tremendamente injusto porque andaba muy ocupado teniendo hijos y formando una familia. (Kate volvía a estar embarazada). Además, aún estaba atado económicamente a nuestro padre, que era quien controlaba los asuntos monetarios. Willy hacía todo lo que él quería, y a veces no quería que hiciera gran cosa porque a mi padre y a Camila no les gustaba que Willy y Kate obtuvieran demasiada publicidad. Mi padre y Camila no deseaban que Willy y Kate desviaran la atención de ellos ni de sus causas. Muchas veces habían regañado abiertamente a mi hermano por ese motivo.

Por ilustrarlo con un ejemplo: un portavoz de la oficina de prensa de mi padre reprendió al equipo de Willy porque Kate tenía previsto hacer una visita a un club de tenis el mismo día en que mi padre tenía otro compromiso. Cuando le dijeron que era demasiado tarde para cancelar la visita, el portavoz advirtió: «¡Pues asegúrense de que la duquesa no salga en ninguna foto con una raqueta de tenis en la mano!».

Sin duda, una fotografía de ese estilo, tan atractiva y victoriosa, habría apartado a mi padre y a Camila de toda primera plana. Y eso no podían tolerarlo bajo ningún concepto.

Willy me contó que tanto Kate como él se sentían acorralados y perseguidos sin motivo por la prensa y por nuestro padre y Camila, de modo que en el año 2015 sentí cierta necesidad de hacer de abanderado en nombre de los tres. No obstante, por puro egoísmo tampoco deseaba que los medios vinieran a por mí. ¿Y que me trataran de vago? Me estremecía solo de pensarlo. Durante años me habían llamado tonto, y díscolo, y racista, pero si se atrevían a llamarme vago… No podía asegurar que no fuera directo a Fleet Street y empezara a arrancar a la gente de detrás de su mesa de trabajo.

Hasta meses más tarde no comprendí que los medios tenían motivos adicionales para colocar a Willy en el punto de mira. Por una parte, los había puesto nerviosos al rehusar seguirles el juego y negarles el libre acceso a su familia. Varias veces se había opuesto a exhibir a Kate como si fuera un caballo de carreras premiado, y eso era pasarse de la raya.

Luego había osado dar la cara y pronunciar un discurso anti-Brexit, lo cual les había tocado mucho las narices. El Brexit era su pan de cada día. Cómo se atrevía a sugerir que era una mierda.

79

Me marché a Australia para una ronda de instrucción militar y allí me enteré de que Kate y William habían tenido a su segundo hijo. Una niña, Charlotte. Yo volvía a ser tío, y eso me hacía muy feliz.

Sin embargo, como era de esperar, ese día o al siguiente un periodista me entrevistó al respecto y lo pintó como si acabaran de darme un diagnóstico terminal.

—Qué va, tío. Estoy supercontento.

—Pero eso le hace descender en la lista de herederos al trono.

—Me alegro muchísimo por Willy y Kate.

El periodista siguió insistiendo: el quinto en la línea sucesoria… Hum… Ya ni siquiera era el Repuesto del Repuesto.

«En primer lugar —pensé—, siempre es bueno alejarse del ojo del huracán. En segundo, ¿qué clase de monstruo estaría pensando en sí mismo y su puesto en la línea sucesoria en un momento así, en vez de recibir con los brazos abiertos al nuevo ser que ha venido al mundo?».

Una vez oí comentar a un miembro del personal de la Casa Real que cuando eras el quinto o el sexto en la línea de herederos «estabas a tan solo un accidente de avión del primer puesto». Lo siento, pero no lograba imaginarme viviendo de ese modo.

El periodista volvió a la carga. ¿Ese nuevo nacimiento no hacía que me planteara mi modo de vida?

—¿Mi modo de vida?

—¿No es hora de que busque la estabilidad?

—Pues, hum…

—La gente está empezando a compararlo con Bridget Jones.

«¿En serio? —pensé—. ¿Bridget Jones? Uf».

El periodista aguardó.

—Algún día lo haré —le aseguré a aquel hombre, o a aquella mujer, no me acuerdo de su cara, solo de la retahíla de preguntas absurdas.

—¿Y cuándo piensa contraer matrimonio, señor?

—Será cuando tenga que ser —le solté con el mismo tono que si estuviera hablando con una pariente pelmazo.

Aquella persona sin rostro se me quedó mirando como si le inspirara… lástima.

—Pero… ¿algún día lo hará?

80

Mucha gente hacía conjeturas sobre el hecho de que me aferraba a mi vida de soltero porque era muy glamurosa. Y yo muchas noches pensaba: «Pues si me vieran ahora mismo…».

Luego seguía doblando la ropa interior mientras veía «El de la boda de Chandler y Monica».

Además de hacer la colada (que solía poner a secar encima de los radiadores), me ocupaba personalmente de la limpieza de la casa, de cocinar y de hacer la compra. Cerca del palacio había un supermercado adonde iba como mínimo una vez por semana, siempre en plan informal.

Por supuesto, planificaba cada visita al supermercado con tanto detalle como si se tratara de una misión en Musa Qala. Llegaba a horas distintas, al azar, para despistar a los medios. Iba camuflado con una gorra de béisbol calada hasta las cejas y un abrigo ancho. Andaba por los pasillos a velocidad supersónica y agarraba los filetes de salmón que más me gustaban y los yogures de la marca que más me gustaba. (Previamente había memorizado un plano de la tienda). Además de unas cuantas manzanas Granny Smith y unos cuantos plátanos. Y, por supuesto, patatas fritas.

Luego me dirigía a la caja a toda pastilla.

Había reducido el tiempo de la compra de comestibles a diez minutos, igual que conseguí reducir el tiempo del chequeo prevuelo en el Apache. Pero una tarde a última hora llegué al súper, empecé a recorrer los pasillos arriba y abajo, y… todo estaba cambiado de sitio.

Fui corriendo a hablar con un empleado.

—¿Qué ha ocurrido?

—¿Cómo dice?

—¿Dónde están las cosas?

—¿Que dónde están…?

—¿Por qué lo han cambiado todo de sitio?

—¿Con franqueza?

—Sí, con franqueza.

—Pues para que la gente se entretenga más tiempo. Así compran más.

Me dejó de piedra. ¿Eso se puede hacer? ¿Lo permite la ley?

Con cierto pánico, reanudé mi recorrido por los pasillos mientras hacía lo posible por llenar el carro sin apartar la vista del reloj, hasta que por fin me dirigí a la caja. Ese era siempre el momento más peliagudo, porque ahí no había forma de acelerar, todo dependía de los otros. Además, el mostrador de la caja estaba situado justo al lado de las estanterías con la prensa, donde se exponían todos los tabloides y las revistas, y en la mitad de las fotos de las primeras planas y las portadas aparecía mi familia. O mi madre. O yo.

Más de una vez había visto a los clientes leyendo cosas sobre mí y había oído sus comentarios al respecto. En 2015 muchas veces los oía hablar sobre si llegaría o no a casarme. Sobre si era o no era feliz. Sobre si era o no era gay. Siempre me sentía tentado de darles unos toquecitos en el hombro y… «¡Hola!».

Una tarde a última hora, ataviado con mi indumentaria de camuflaje, mientras escuchaba a unos clientes que conversaban sobre mí y mi estilo de vida, llegaron a mis oídos unos gritos desde el principio de la cola. Un matrimonio mayor estaba insultando a la cajera. Al principio la situación era incómoda, pero luego se volvió intolerable.

Me acerqué hasta allí, me destapé la cara y me aclaré la garganta.

—Disculpen, no sé lo que está pasando, pero no creo que tengan derecho a hablarle así.

La cajera estaba al borde de las lágrimas. Las dos personas que la estaban insultando se volvieron y me reconocieron. Sin embargo, no se sorprendieron lo más mínimo. Solo estaban ofendidas porque les había impedido seguir maltratándola.

Cuando se marcharon y me llegó el turno de pagar, la cajera quiso darme las gracias mientras colocaba los aguacates de mi compra en una bolsa. Yo no quise oír ni una palabra. Le di ánimos, agarré las cosas y me fui de allí a toda velocidad, como el Avispón Verde.

Ir a comprar ropa era mucho menos complicado.

Por lo general, no me preocupaba de la indumentaria. Básicamente, me importaba bien poco la moda y no comprendía por qué había personas que estaban tan pendientes de las tendencias. Los medios solían mofarse de mí porque llevaba la ropa mal conjuntada o los zapatos desgastados. Los periodistas añadían un comentario a una foto mía y se preguntaban por qué llevaba los pantalones tan largos o la camisa tan arrugada. (No se imaginaban que la había puesto a secar encima del radiador).

Seguro que opinaban que no era muy propio de un príncipe.

«Tenéis razón», pensaba yo.

Mi padre lo intentó. Me regaló un par de zapatos brogue negros, preciosos. Una auténtica obra de arte. Pesaban tanto como dos bolas de bowling. Los lucí hasta que les salieron agujeros en las suelas, y cuando empezaron a burlarse de mí por llevar las suelas de los zapatos agujereadas, los hice reparar.

Todos los años recibía de mi padre una paga oficial para comprar ropa, pero eso solo cubría la indumentaria formal. Trajes, corbatas y atuendos de ceremonia. Para la ropa informal del día a día iba a T.K. Maxx, la tienda de los descuentos. Era especialmente fan de las grandes rebajas que hacían una vez al año, donde abundaban las prendas de GAP o J. Crew, prendas de la temporada anterior o con pequeñas taras. Si estabas pendiente de la fecha y te plantabas allí el primer día de rebajas, podías conseguir la misma ropa por la que otros pagaban precios astronómicos en la zona comercial de la ciudad. Por doscientas libras parecías un modelo de anuncio.

También para eso tenía mi método. Llegaba a la tienda quince minutos antes de que cerraran. Cogía una cesta roja. Subía corriendo a la última planta. Empezaba a recorrer sistemáticamente los pasillos, uno en un sentido y el siguiente en el contrario.

Si veía algo que me parecía que valía la pena, me lo ponía por encima, sosteniéndolo delante de la parte del cuerpo para la que estaba destinado, y me miraba al espejo. Nunca me entretenía demasiado pensando en el color o en la forma, y desde luego jamás me acercaba a un probador ni por asomo. Si algo me parecía bonito y cómodo... ¡a la cesta! Y si no terminaba de tenerlo claro, le preguntaba a la Roca. A él le encantaba hacerme también de asesor de imagen.

A la hora de cerrar, salíamos corriendo de allí con dos bolsas gigantes llenas de ropa y un sentimiento de triunfo. Y, a partir de ese momento, los periódicos dejaban de tacharme de zarrapastroso. Por lo menos durante un tiempo.

Mejor todavía; no tenía que volver a preocuparme por la ropa hasta al cabo de seis meses.

81

Si omitimos las compras ocasionales, en 2015 dejé de salir de casa.

Dejé de salir del todo.

Nada de cenas informales con amigos. Nada de fiestas en casa de alguien. Nada de discotecas. Nada de nada.

Todas las tardes volvía directamente a casa del trabajo, comía algo de pie en la cocina y me dedicaba un rato al papeleo mientras veía *Friends* de pasada con el volumen bajito.

De vez en cuando el chef de mi padre me llenaba el congelador con pastel de pollo o de ternera. Me alegraba no tener que aventurarme a ir tanto al supermercado... Aunque a veces el pastel me hacía pensar en los gurkas y su estofado de cabra, sobre todo porque resultaba tan poco especiado. Echaba de menos a los gurkas; echaba de menos el Ejército. Echaba de menos la guerra.

Después de cenar, me fumaba un porro, asegurándome de que el humo no llegara al jardín de mi vecino, el duque de Kent.

Luego, me acostaba temprano.

Era una vida solitaria. Una vida extraña. Me sentía solo, pero era mejor eso que tener ataques de pánico. Estaba empezando a descubrir algunos remedios saludables para el pánico, pero, hasta que no estuviera más seguro de su eficacia, hasta que no supiera mejor qué terreno pisaba, prefería fiarme de ese otro remedio que sin duda era muy poco saludable.

La evitación.

Sufría agorafobia.

Cosa que no podía permitirme dada mi proyección pública.

Después de pronunciar un discurso que me había sido imposible evitar ni cancelar y durante el cual estuve a punto de desmayarme, Willy se acercó a hablar conmigo entre bastidores. Se estaba riendo.

—¡Harold! ¡Mírate! Estás empapado.

Yo no alcanzaba a comprender su reacción. Precisamente él, que estaba presente cuando me dio el primer ataque de pánico. Con Kate. Nos dirigíamos en coche a un partido de polo en Gloucestershire, en su Range Rover. Yo viajaba detrás y Willy me miró por el retrovisor. Vio que estaba sudando y que tenía la cara muy roja. «¿Estás bien, Harold?». No; no estaba bien. Fue un viaje que duró varias horas y cada pocos kilómetros tenía ganas de pedirle que parara para poder bajar del coche y tratar de respirar con normalidad.

Él sabía que algo pasaba, que me estaba ocurriendo algo malo. Ese mismo día, o poco después, me dijo que necesitaba ayuda. ¿Y ahora se reía de mí? No comprendía cómo podía ser tan insensible.

Pero yo también tenía parte de culpa. Los dos deberíamos

haber tenido más conocimiento y haber identificado qué eran aquellos episodios en los que me derrumbaba emocional y mentalmente, en especial ahora que habíamos empezado a hablar del lanzamiento de una campaña pública para concienciar a la gente sobre la salud mental.

82

Fui al East London, al hospital benéfico Mildmay, para conmemorar su ciento cincuenta aniversario y celebrar su reciente restauración. Una vez mi madre realizó una visita a ese lugar que se hizo famosa: cogió de la mano a un hombre seropositivo y eso cambió el mundo. Demostró que el VIH no era la lepra, que no era una maldición. Demostró que esa enfermedad no robaba a las personas el derecho a tener amor y dignidad. Le recordó al mundo que el respeto y la compasión no son privilegios, son lo mínimo que nos debemos los unos a los otros.

Supe que aquella famosa visita fue, en realidad, una entre muchas otras. Una empleada del hospital me llamó para que me acercara y me contó que mi madre entraba y salía de allí continuamente. Sin alardes. Sin fotos. Tan solo se dejaba caer, daba ánimos a unas cuantas personas y volvía a casa.

Otra mujer me contó que había estado ingresada allí durante una de aquellas visitas relámpago. Era seropositiva de nacimiento y recordaba que mi madre la sentó en su regazo. Solo tenía dos años cuando pasó, pero se acordaba.

—Yo la abracé. Abracé a su madre. Sí.

Me puse rojo como un tomate. Sentía mucha envidia.

—Ah, ¿sí?

—Sí, la abracé, y fue maravilloso. ¡Qué bien sentaban sus abrazos!

—Sí, me acuerdo.

Pero no me acordaba.

Por mucho que me esforzara, apenas recordaba nada.

83

Viajé a Botsuana y pasé unos cuantos días con Teej y Mike. Anhelaba verlos; sentía la necesidad imperiosa de salir a dar un paseo con Mike, de sentarme otra vez con la cara posada en el regazo de Teej, de hablar y sentirme seguro.

De sentirme en casa.

Era muy a finales de 2015.

Me sinceré con ellos y los hice partícipes de mi lucha contra la ansiedad.

Nos encontrábamos junto a la hoguera, donde siempre era más fácil hablar de esas cosas. Les expliqué que últimamente había descubierto algunos remedios que más o menos surtían efecto.

De modo que... había esperanzas.

Por ejemplo, una terapia. Había seguido el consejo de Willy y, aunque tardé en encontrar a una psicóloga que me gustara, el simple hecho de hablar con unos cuantos profesionales me había abierto la mente a las posibilidades.

Además, uno de los psicólogos me dijo sin pensarlo demasiado que estaba claro que yo sufría estrés postraumático, y eso me hizo atar cabos. Hizo que me moviera, creo, en la dirección correcta.

Otra cosa que me ayudó fue la meditación. Aquietaba mi mente acelerada y me aportaba cierta calma. Yo no era persona de rezar. Mi Dios seguía siendo la naturaleza, pero en los peores momentos cerraba los ojos y me tranquilizaba. A veces también pedía ayuda, aunque nunca estaba seguro de a quién.

De vez en cuando, sentía la presencia de una respuesta.

Las drogas psicodélicas también me ayudaban. Había experimentado con ellas a lo largo de los años, por simple diversión, pero ahora había empezado a tomarlas con fines terapéuticos, como medicina. No solo me permitían evadirme de la realidad durante un rato, sino que me permitían transformar esa realidad, darle otro sentido. Bajo la influencia de esas sustancias conseguía deshacerme de las rígidas ideas preconcebidas y ver que había otro mundo más allá de mi percepción sensorial altamente limitada, un mundo que era igual de real y doblemente bello; un mundo donde no existía la nube roja ni los motivos para que existiera. Solo existía la verdad.

Cuando desaparecía el efecto de las drogas psicodélicas, mis recuerdos de ese mundo persistían. «Esto no es todo lo que existe». Todos los mayores videntes y filósofos dicen que nuestra vida diaria es una ilusión. Yo siempre había sentido que esa afirmación era cierta. Con todo, cuánto me tranquilizaba vivir la experiencia por mí mismo tras comer un bocado de una seta o tomar ayahuasca.

El remedio que resultó más efectivo, sin embargo, fue el trabajo. Ayudar a los demás, hacer un poco de bien al mundo, mirar hacia fuera en lugar de hacia dentro. Ese era el camino. África y los Invictus eran las dos causas a las que me sentía más apegado desde hacía tiempo. No obstante, ahora tenía la necesidad de ir más allá. Durante el último año había estado hablando con pilotos de helicóptero, cirujanos veterinarios o guardas forestales, y todos me aseguraban que estábamos viviendo una guerra; una guerra para salvar el planeta. ¿Alguien ha dicho guerra?

Contad conmigo.

Solo había un pequeño problema. Willy. África era cosa suya, decía. Y tenía todo el derecho a decirlo, o por lo menos él así lo sentía, porque era el Heredero. Siempre tenía el poder de vetarme lo que yo sentía que era cosa mía, y estaba más que decidido a poner en práctica, e incluso hacer evidente, su poder de veto.

Nos habíamos peleado varias veces por ello; se lo conté a Teej y a Mike. Un día estuvimos a punto de emprenderla a puñetazos delante de nuestros amigos de la infancia, los hijos de Emilie y Hugh.

—¿Por qué no podéis trabajar en África los dos? —preguntó uno de los hijos.

Willy se puso hecho una furia y se abalanzó contra él por atreverse a sugerirlo.

—¡Porque los rinocerontes y los elefantes son míos!

Era todo muy obvio. No le preocupaba tanto encontrar su verdadero objetivo o su verdadera pasión como proclamarse vencedor en la eterna competición contra mí.

Tras unas cuantas disputas acaloradas, resultó que Willy, cuando yo me marché al Polo Norte, se había quedado tristemente dolido. Se sintió desplazado por no ser él a quien habían invitado. A la vez, afirmaba que él mismo se había hecho a un lado por cortesía, para permitir que yo fuera, y también había permitido que me ocupara de los militares heridos.

—Yo te he cedido a los veteranos de guerra. ¿Por qué no me cedes tú los rinocerontes y los elefantes de África?

Me quejé a Teej y Mike de que, ahora que por fin había descubierto cuál era mi camino, cuando por fin había dado con algo capaz de llenar el vacío de mi corazón por haber dejado el Ejército, algo que, de hecho, era más sostenible, Willy se interponía en mi camino.

Se quedaron horrorizados.

—Sigue luchando —me dijeron—. En África hay lugar para los dos. Os necesitamos a los dos.

De modo que, con su aliento, me embarqué en un viaje de cuatro meses en busca de evidencias que me acercaran a la verdad sobre la guerra del marfil. Botsuana. Namibia. Tanzania. Sudáfrica. Fui al parque nacional Kruger, un gran extensión de tierra árida y estéril del tamaño de Israel. En la guerra de los cazadores furtivos, el parque Kruger era el frente de batalla por excelencia. La población de rinocerontes que allí habitaba, tanto negros como blancos, estaba descendiendo a marchas forzadas por culpa de los ejércitos de cazadores incentivados por las organizaciones criminales chinas y vietnamitas. Un cuerno de rinoceronte proporcionaba una suma muy suculenta, de modo que, por cada cazador furtivo al que detenían, había cinco más dispuestos a ocupar su puesto.

Los rinocerontes negros eran más raros de encontrar, y por ende más valiosos. También eran más peligrosos. Al ser animales de ramoneo, vivían entre la densa maleza y aventurarse a seguirlos podía resultar mortal. Ellos no sabían que estabas allí para ayudarlos. Alguna vez habían arremetido contra mí, y tuve suerte de escapar sin que me destrozaran. (Un consejo: ten siempre localizada la rama de árbol más cercana, porque puede que tengas que trepar a ella). Algunos amigos no tuvieron tanta suerte.

Los rinocerontes blancos eran más dóciles, y más abundantes, pero tal vez esa abundancia durase poco tiempo precisamente por su docilidad. Al ser animales de pastoreo, vivían en el espacio abierto de las praderas. Era más fácil verlos, y dispararles.

Yo participé en múltiples patrullas contra la caza furtiva. Después de varios días en el parque nacional Kruger, siempre llegábamos demasiado tarde. Debí de ver como unos cuarenta cadáveres de rinocerontes cosidos a balazos.

Los cazadores furtivos de otras zonas de Sudáfrica, según supe, no siempre usaban balas contra los rinocerontes. Las municiones eran caras, y los disparos los delataban. Por eso les arrojaban un dardo con un sedante y les arrancaban el cuerno mientras estaban dormidos. El rinoceronte se despertaba con la cara desfigurada y se precipitaba hacia el interior de la maleza para morir.

Estuve presente durante una larga operación practicada a un rinoceronte hembra llamado Hope para reconstruirle la cara. Le recompusimos las membranas que habían quedado expuestas dentro del agujero que antes albergaba el cuerno. Tanto yo como el equipo de cirujanos acabamos traumatizados. Nos preguntábamos si estábamos haciendo lo correcto por aquella hembra. La pobre sufrió muchísimo.

Pero no podíamos dejar que se muriera sin más.

84

Una mañana, mientras sobrevolábamos el parque nacional Kruger en helicóptero, empezamos a trazar grandes círculos en el aire en busca de señales que delataran la presencia de cazadores furtivos.

—¡Allí! —exclamé.

Eran buitres.

Descendimos rápidamente.

Una densa masa de buitres alzó el vuelo en el momento en que tomamos tierra.

Nos bajamos del helicóptero de un salto, observamos unas huellas apresuradas en la tierra y casquillos de bala que lanzaban destellos bajo la luz del sol. Había sangre por todas partes. Seguimos el reguero hacia el interior de la maleza y encontramos un enorme rinoceronte blanco con un hueco en el sitio que antes alojaba el cuerno arrancado. Tenía heridas por todo el lomo. Quince cortes profundos, si conté bien.

Su cría de seis meses yacía a su lado, muerta.

Atamos cabos sobre lo ocurrido. Los cazadores furtivos habían disparado a la madre. Ella y la cría habían salido huyendo. Los cazadores les habían dado alcance en ese lugar. La madre aún se sentía con fuerzas de defender o cubrir a su cría, de modo que los cazadores la habían emprendido a hachazos contra su lomo para inmovilizarla. Mientras aún estaba viva, desangrándose, le arrancaron el cuerno.

Yo no tenía palabras. El sol caía a plomo desde el abrasador cielo azul.

Mi guardaespaldas le hizo una pregunta al guarda forestal.

—¿A quién han matado primero, a la cría o a la madre?

—Es difícil saberlo.

Entonces yo le hice otra pregunta.

—¿Cree que los cazadores andan cerca? ¿Podemos encontrarlos?

—Imposible.

Aunque estuvieran por la zona, sería como buscar una aguja en un pajar.

85

En Namibia, cruzando el desierto del norte en busca de rinocerontes, me encontré con un amigable doctor que estaba siguiendo la pista a unos leones del desierto, los cuales en esa parte del país sufrían una intensa persecución porque solían invadir las tierras de cultivo. El doctor estaba disparando dardos sedantes a unos cuantos para examinar su estado de salud y sus movimientos. Se anotó nuestro número y nos dijo que nos avisaría si veía alguno.

Esa noche montamos el campamento junto a un arroyo seco. Todos los demás se acostaron en las tiendas, en los camiones, pero yo desenrollé la colchoneta al lado de la hoguera y me tapé con una fina manta.

Todos los componentes de mi equipo pensaron que estaba bromeando.

—En esta zona hay muchos leones, jefe.

Les dije que no me pasaría nada.

—Lo he hecho millones de veces.

Alrededor de medianoche, oí el zumbido de la radio. Era el doctor. Estaba a cuatro kilómetros de distancia y acababa de sedar a dos leones.

Nos montamos en el Land Cruiser y descendimos por el camino a toda velocidad. Los soldados namibios que nos había asignado el Gobierno insistieron en venir también, así como la policía local de la zona. A pesar de que era noche cerrada, encontramos fácilmente al doctor. Se hallaba de pie junto a dos leones enormes. Ambos yacían boca abajo con la cabeza inerte apoyada sobre sus patas gigantes. Acercó la linterna a los leones, y vimos cómo su pecho subía y bajaba. Respiraban tranquilos.

Me arrodillé al lado de la hembra, le acaricié la piel y observé sus ojos ambarinos medio cerrados. No puedo explicarlo y no tengo argumentos para defender lo que digo, pero... sentí que la conocía de algo.

Cuando me puse de pie, uno de los soldados namibios se abrió paso a mi lado y se agachó junto al otro león. Era un macho de gran tamaño. El soldado levantó su AK-47 y le pidió a uno de sus colegas que le hiciera una foto. Parecía que hubiera cazado al león.

Estuve a punto de decirle algo, pero la Roca se me adelantó. Le ordenó al soldado namibio que se largara a tomar viento y dejara a los leones en paz.

El soldado se escabulló con mala cara.

En ese momento volví la cabeza para decirle algo al doctor. Hubo un destello, y me volví de nuevo para ver de dónde procedía, qué soldado había utilizado la cámara del móvil, cuando oí a los hombres dar un grito ahogado.

Me volví otra vez. La leona se encontraba de pie detrás de mí. Había despertado.

Avanzó con paso inseguro.

—No pasa nada —dijo el doctor—. No pasa nada.

La leona se dejó caer, justo a mis pies.

Buenas noches, dulce princesa.

Miré a izquierda y derecha. No había nadie cerca. Todos los soldados habían corrido a refugiarse en los camiones, y el del AK-47 estaba subiendo la ventanilla. Incluso la Roca había retrocedido un paso.

—Lo siento mucho —se disculpó el doctor.

—No tiene por qué.

Regresamos al campamento. Todo el mundo trepó a las tiendas y a los camiones, excepto yo.

Me tumbé otra vez en la colchoneta, junto a la hoguera.

—Está de broma —exclamaron todos—. ¿Y si vienen los leones? Acabamos de comprobar que ahí afuera los hay, jefe.

—No pasa nada, creedme. Esa leona no le hará daño a nadie. De hecho, es probable que nos estuviera protegiendo.

86

De nuevo me encontraba en Estados Unidos. Con dos buenos amigos. Era enero de 2016.

Mi amigo Thomas salía con una mujer que vivía en Los Ángeles, así que nuestra primera parada fue en su casa. Ella organizó una fiesta de bienvenida a la que invitó a unos cuantos amigos. Todos los presentes teníamos los mismos hábitos con respecto al alcohol; en otras palabras: estábamos dispuestos a consumirlo en grandes cantidades en un breve espacio de tiempo.

En lo que no estábamos de acuerdo era en la clase de bebida alcohólica.

Yo, como buen británico, pedí un gin-tonic.

—¡No, joder! —exclamaron los norteamericanos entre risas—. Estamos en Estados Unidos, tío, pídete una copa de verdad. Tómate un tequila.

Estaba acostumbrado al tequila, pero al que servían en las discotecas, el que se toma bien entrada la noche. Lo que ahora me ofrecían era tequila de verdad, del fino, y me instruyeron bien sobre todas las formas de tomarlo. Veía acercarse a mí un vaso tras otro con tequila preparado de todas las maneras posibles: solo, con hielo, el margarita o con un toque de soda y lima.

Me los tomé todos, hasta la última gota, y empecé a sentirme de puta madre.

«Me caen bien, estos norteamericanos —pensé—. Me caen muy bien».

Era un momento extraño para declararse proestadounidense. El mundo, en general, no lo era. El Reino Unido seguro que no. Muchos británicos se oponían a la guerra de Estados Unidos contra Afganistán y estaban resentidos por haberse visto arrastrados al campo de batalla. En algunos casos, el sentimiento antiestadounidense era muy intenso. Me recordaba a mi infancia, cuando todo el mundo me prevenía constantemente contra los norteamericanos. Eran demasiado ruidosos, demasiado ricos, demasiado felices. Demasiado seguros de sí mismos, demasiado directos, demasiado sinceros.

«Bah —pensaba yo siempre—. Los yanquis no se andan por las ramas, no pierden el tiempo con risitas de cortesía y carraspeos antes de ir al grano». Fuera lo que fuese lo que tenían en mente, lo soltaban sin más, como un estornudo; y aunque algunas veces eso podía suponer un problema, por lo general lo prefería a la alternativa.

Que nadie dijese lo que realmente sentía.

Que nadie estuviera dispuesto a escuchar cómo se sentía uno.

Yo ya había experimentado eso con doce años. Y ahora, a los treinta y uno, aún lo notaba más.

Aquel día lo pasé flotando en una nube rosa de aroma de tequila. No; no flotaba, no es cierto. La nube rosa la pilotaba yo. Y cuando por fin aterricé —hice un aterrizaje de manual, por cierto—, me desperté sin el más mínimo síntoma de resaca. Un milagro.

Al día siguiente, o al otro, por algún motivo cambiamos de casa. Dejamos la casa de la novia de Thomas y nos trasladamos a la casa de Courteney Cox, que era amiga de la novia de Thomas y tenía más espacio libre. Además, viajaba con frecuencia por motivos de trabajo, y no le importaba que, mientras, nos quedáramos allí.

Ninguna queja por mi parte. Como fanático de *Friends*, la idea de quedarme a dormir en casa de Monica me atraía muchísimo. Y me divertía. Pero entonces... apareció Courteney. Me sentía muy confundido. ¿Habían cancelado su viaje de trabajo? No creía que fuera cosa mía preguntarlo. Y además:

—¿Eso significa que tenemos que marcharnos?

Ella sonrió.

—Claro que no, Harry, aquí hay mucho espacio.

Genial. Pero seguía sintiéndome confundido porque... ella era Monica. Y yo era como Chandler. Me preguntaba si en algún momento reuniría el valor para decírselo. ¿Había suficiente tequila en California para darme el coraje necesario?

Poco después de llegar a casa, Courteney invitó a más gente. Empezó otra fiesta, y entre los invitados había un tío que me resultaba familiar.

—Es un actor —me sopló mi amigo.

—Sí, ya sé que es un actor, pero ¿cómo se llama?

Mi amigo no se acordaba.

Me acerqué a hablar con el actor. Era de esas personas abiertas y agradables, y me cayó bien enseguida. Seguía sin situarlo ni recordar su nombre, pero su voz me resultaba más familiar aún, lo cual me producía más fastidio.

—¿De qué conozco a ese tío? —le susurré a mi amigo.

Él se echó a reír.

—Es Batman.

—¿Cómo dices?

—Que es Batman.

Yo ya llevaba tres o cuatro tequilas en el cuerpo, de modo que me resultó sumamente difícil procesar y comprender esa nueva información tan relevante.

—¡Joder, claro! ¡Es Batman! ¡El de *La LEGO película*!

Me volví hacia el actor.

—¿Es verdad?

—¿El qué?

—¿Eres… él?

—Si soy…

—Batman.

Él sonrió.

—Sí.

¡Menuda anécdota para contar!

—Hazlo —le supliqué.

—¿Que haga qué?

—Poner esa voz.

Él cerró los ojos. Su primera reacción habría sido negarse, pero no quiso ser descortés. O quizá es que sabía que yo no lo habría dejado en paz. Me clavó sus ojos azul hielo y se aclaró la garganta; y entonces, con una grave voz de Batman perfecta, me dijo:

—Hola, Harry.

¡Oh! ¡Cuánto me gustó!

—¡Otra vez!

Volvió a hacerlo, y aún me gustó más.

Los dos nos reímos a carcajadas.

Luego, tal vez para librarse de mi amigo y de mí, nos llevó hasta la nevera, de la que sacó un refresco. Mientras la puerta estaba abierta vislumbré una caja enorme de bombones de setas mágicas en forma de diamantes negros de chocolate.

Alguien detrás de mí dijo que eran para todo el mundo.

—Vosotros mismos, chicos.

Mi amigo y yo cogimos unos cuantos y los engullimos con ayuda del tequila.

Esperábamos que Batman también se diera un capricho, pero no lo hizo. A lo mejor no eran santo de su devoción.

«¿Qué te parece? —nos dijimos—. ¡Ese tío acaba de mandarnos solitos a la puta batcueva!».

Salimos al exterior, nos sentamos junto al foso de una hoguera y esperamos.

Recuerdo que al cabo de un rato me levanté y entré para ir al lavabo.

Me costaba andar por aquella casa, con tanto mueble moderno con ángulos y tanta superficie de cristal. Además, no había mucha luz. Pero al final conseguí dar con un lavabo.

«Qué sitio tan agradable», pensé al cerrar la puerta.

Miré alrededor.

Bonitas pastillas de jabón de manos. Toallas limpias de color blanco. Vigas de madera vistas.

Luz regulable.

Vaya con los yanquis.

Junto a la taza del váter había un cubo redondo plateado, de esos con un pedal para abrir la tapa. Me lo quedé mirando. Y él me miró a mí.

—¿Qué miras?

Ahora el cubo era… una cabeza.

Pisé el pedal y la cabeza abrió la boca. Una boca enorme que reía de oreja a oreja.

Me entró la risa. Aparté la vista del cubo e hice pis.

Ahora el váter también era una cabeza. La taza era una enorme mandíbula abierta y las bisagras de la tapa eran sus penetrantes ojos de acero.

«¡Aaah!», decía.

Terminé, tiré de la cadena y le cerré la boca.

Volví a mirar el cubo plateado, pisé el pedal y le eché de comer un paquete vacío de cigarrillos que llevaba en el bolsillo.

—Qué boca tan abierta.

—Aaah. Gracias, tío.

—De nada, tío.

Salí del lavabo riendo y fui directo a buscar a mi amigo.

—¿Qué es lo que te hace tanta gracia?

Le dije que fuese enseguida a aquel lavabo, que viviría la mejor experiencia de su vida.

—¿Qué experiencia?

—No puedo explicártelo, tienes que verlo por ti mismo. En comparación, haber conocido a Batman no tiene ninguna importancia.

Mi amigo llevaba una amplia chaqueta acolchada con el cuello forrado de pelo, exactamente igual a la que había llevado yo en los viajes al Polo Norte y al Polo Sur, y entró en el lavabo sin quitársela.

Mientras, yo fui a prepararme otro tequila.

Al cabo de unos minutos, mi amigo apareció a mi lado. Tenía la cara más blanca que el papel.

—¿Qué te ha pasado?

—No quiero hablar de ello.

—Cuéntamelo.

—Mi chaqueta... se ha convertido en un dragón.

—¿Un dragón? ¿Dentro del lavabo?

—Y quería comerme.

—Madre mía.

—Me has mandado a la guarida de un dragón.

—Mierda. Lo siento, tío.

Lo que para mí había sido un agradable viaje, para él había sido un infierno.

Qué mala suerte. Qué interesante.

Lo acompañé fuera tranquilamente y le dije que todo iría bien.

87

Al día siguiente fuimos a otra fiesta en otra casa. Era en una población del interior, pero el aire seguía oliendo a mar.

Me sirvieron más tequila. Me bombardearon con más nombres.

Y me invitaron a más setas.

Empezamos a jugar a un juego, una especie de charadas... Creo. Alguien me pasó un porro. Fantástico. Di una calada y miré el nítido azul pastel del cielo de California. Alguien me dio unos golpecitos en el hombro y me dijo que quería presentarme a Christina Aguilera.

—Ah, hola, Christina.

Me pareció un poco masculina. Ah, no, se ve que me había confundido. No era Christina Aguilera, era el tío que había compuesto la letra de una de sus canciones.

«Genie in a Bottle».

¿Quizá me sabía la letra? ¿Quizá me la dijo él?

I'm a genie in a bottle
*You gotta rub me the right way.**

Daba igual. Aquel tío había hecho una fortuna componiendo letras de canciones y ahora vivía a lo grande.

—Me alegro por ti, tío.

Me alejé de él, crucé el patio, y ya no me acuerdo de nada más hasta al cabo de un rato. Creo recordar que hubo otra fiesta... ¿Ese mismo día? ¿Al día siguiente?

Al final, de algún modo, conseguimos volver a casa de Monica. Es decir, de Courteney. Era de noche. Sé que bajé una escalera hasta la playa y allí me quedé, con el agua rozándome los pies, observando cómo las rizadas olas se acercaban, se alejaban, se acercaban... Y así me pareció estar siglos. Mi mirada iba del mar al cielo y del cielo al mar.

Entonces miré directamente a la luna.

Me estaba hablando.

Como el cubo del lavabo y la taza del váter.

¿Qué me decía?

Que el año que empezaba sería bueno para mí.

—Bueno, ¿en qué sentido?

—Pasará algo importante.

—¿De verdad?

—Muy importante.

—¿No será más de lo mismo?

—No, será especial.

—¿De verdad, Luna?

—Te lo prometo.

—Por favor, no me mientas.

Tenía casi la misma edad que mi padre cuando se casó, y de él decían que era una flor tremendamente tardía. A los treinta y dos

* «Soy un genio en una botella / Tienes que saber frotarme». *(N. de los T.).*

años, se burlaban de él por su incapacidad o su poca disposición para encontrar pareja.

Mis treinta y dos estaban a la vuelta de la esquina.

—Algo tiene que cambiar. Por favor.

—Y cambiará.

Abrí la boca para dirigirme al cielo, a la luna.

Al futuro.

—¡Aaah!

TERCERA PARTE

Capitán de mi alma

1

Estaba sentado en Nott Cott, consultando Instagram. En mi feed vi un vídeo. Mi amiga Violet. Y otra chica.

Estaban jugando con una nueva aplicación que pone filtros tontos en las fotos. Violet y su acompañante tenían orejas de perro, hocico de perro y sacaban una lengua larga y roja de perro.

A pesar de la cómica imagen canina, me incorporé de golpe.

Aquella chica que estaba con Violet... Madre mía.

Reproduje el vídeo varias veces y luego me obligué a dejar el teléfono.

Pero enseguida volví a cogerlo y volví a reproducir el vídeo.

Había viajado por todo el mundo, de punta a punta, literalmente. Había saltado de continente en continente. Había conocido a cientos de miles de personas. Me había cruzado con una muestra extraordinariamente numerosa de los siete mil millones de habitantes del planeta. Durante treinta y dos años había visto pasar caras por delante de mí como maletas en la cinta del equipaje, y muy pocas me habían hecho mirar dos veces. Pero aquella chica hizo que se parara la cinta. De hecho, la dejó inutilizada.

Nunca había visto a ninguna mujer tan guapa.

¿Por qué la belleza sienta como un puñetazo en la garganta? ¿Tiene algo que ver con nuestra tendencia humana a desear el orden? ¿No es eso lo que dicen los científicos? ¿Y los artistas? ¿Que la belleza es simetría y por eso representa un alivio entre tanto caos? Desde luego, hasta ese momento mi vida había sido caótica. No puedo negar que me moría de ganas de tener orden, no puedo negar que buscaba un poco de belleza. Acababa de regresar de un viaje a Francia con mi padre, Willy y Kate, donde habíamos celebrado el aniversario de la batalla del Somme, habíamos rendido homenaje a los caídos británicos y yo había leído un poema cargado de nostalgia, «Antes de entrar en la batalla». Lo escribió un soldado dos días antes de morir en combate. Terminaba así:

Ayúdame a morir, Señor.

Al leerlo en voz alta me di cuenta de que no quería morir, quería vivir.

Una revelación bastante sorprendente para mí en ese preciso momento.

Pero la belleza de esa mujer, y mi respuesta ante ello, no se basaba simplemente en la simetría.

Desprendía una energía especial, revelaba una naturaleza alegre y juguetona. Había algo singular en su forma de sonreír, en la forma como interactuaba con Violet, en su forma de mirar a la cámara. Segura de sí misma. Libre. Podía notar que vivía con la convicción de que la vida era una gran aventura. Menudo privilegio, pensé, acompañarla en esa aventura.

Obtenía toda esa información de su cara. Una cara luminosa y angelical. Yo nunca había logrado formarme una opinión clara en relación con una cuestión: ¿existe en este mundo una sola persona para cada uno de nosotros? Sin embargo, en ese momento sentí que para mí existía una sola cara.

Esa cara.

Le mandé un mensaje a Violet.

«¿Quién... es... esa... mujer?».

Me respondió de inmediato.

«Ya, hay seis tíos más que me han preguntado lo mismo».

«Genial», pensé.

«¿Quién es, Violet?».

«Una actriz. Sale en una serie de la tele que se llama *Suits*».

Era un drama judicial. Ella hacía de asistente legal.

«¿Es norteamericana?».

«Sí».

«¿Y qué está haciendo en Londres?».

«Ha venido por el tenis».

«¿Y qué está haciendo en Ralph Lauren?».

Violet trabajaba en Ralph Lauren.

«Está aquí por un *fitting*. Puedo poneros en contacto, si quieres».

«Hum, sí, por favor».

Violet me preguntó si estaba de acuerdo en que le pasara a esa mujer, la norteamericana, mi cuenta de Instagram.

«Claro».

Era viernes, 1 de julio. Yo tenía que abandonar Londres a la mañana siguiente en dirección a la casa de sir Keith Mills. Iba a tomar parte en una regata en el yate de sir Keith, alrededor de la isla de Wight. Justo cuando estaba acabando de colocar las últimas cosas en la bolsa de viaje, miré el teléfono.

Un mensaje en Instagram.

De aquella mujer.

La norteamericana.

«¡Hola!».

Me decía que Violet le había pasado el contacto. Alabó mi perfil de Instagram. Unas fotos muy bonitas.

«Gracias».

Eran, sobre todo, fotos de África. Yo sabía que ella había estado allí, porque también había examinado su perfil de Instagram y había visto fotos suyas con gorilas en Ruanda.

Me explicó que también había tomado parte en algunas tareas humanitarias. Con niños. Compartimos nuestra visión de África, de la fotografía, de los viajes.

Al final nos dimos los números de teléfono y continuamos la conversación por el móvil hasta bien entrada la noche. Por la mañana me trasladé de Nott Cott al coche sin dejar de escribir. Estuve chateando con ella durante el largo trayecto hasta casa de sir Keith, continué en el vestíbulo —«¿Qué tal, sir Keith?»—, por la escalera y en la habitación de invitados, donde cerré la puerta con llave y me refugié para seguir escribiendo. Me senté en la cama y estuve chateando como un adolescente hasta que se hizo la hora de bajar a cenar con sir Keith y su familia. Luego, tras el postre, regresé rápidamente a mi habitación y seguí con los mensajes.

No conseguía teclear lo bastante rápido. Tenía los pulgares agarrotados. Había tanto que decir, teníamos tantas cosas en común a pesar de que procedíamos de mundos muy distintos. Ella era estadounidense. Yo era británico. Ella había recibido una buena formación académica y yo siempre había sido mal estudiante. Ella era libre como un pájaro y yo estaba encerrado en una jaula de oro. Y, en cambio, ninguna de esas diferencias inhabilitaba a nadie y ni siquiera parecían importantes. Al contrario, aportaban una nota humana, me llenaban de energía. Las contradicciones generaban la siguiente sensación:

«Oye... Yo te conozco».

Pero a la vez: «Necesito conocerte».

«Oye, es como si te conociera de toda la vida».

Pero a la vez: «Llevo buscándote toda la vida».

«Oye, gracias a Dios que estás aquí».

Pero a la vez: «¿Por qué has tardado tanto?».

La habitación de invitados de sir Keith daba a un estuario. Muchas veces, mientras escribía un mensaje, me acercaba a la ventana y me asomaba. Las vistas me recordaban al Okavango. También me hacían pensar en el destino y en la serendipia. Esa convergencia del río con el mar, de la tierra con el cielo, reforzaba una leve sensación de que estaba a punto de tener lugar una unión importante.

Se me ocurrió pensar hasta qué punto resultaba misterioso, irreal, extraño, que aquella conversación maratoniana hubiera empezado el 1 de julio de 2016.

El día en que mi madre hubiera cumplido cincuenta y cinco años.

De noche, ya tarde, mientras aguardaba su siguiente mensaje, busqué el nombre de aquella norteamericana en Google. Había cientos de fotos, a cual más deslumbrante. Me pregunté si también ella me estaría buscando en Google. Aunque tenía la esperanza de que no lo hiciera.

Antes de apagar la luz, le pregunté cuánto tiempo iba a quedarse en Londres. Mierda… Se marchaba pronto. Tenía que regresar a Canadá para continuar con el rodaje de la serie.

Le pregunté si podíamos vernos antes de que se marchara.

Fijé la vista en el teléfono, a la espera de su mensaje, observando la oscilación incesante de los puntos suspensivos en la pantalla.

…

Y entonces:

«¡Claro!».

«Genial».

Y, ahora, ¿dónde encontrarnos?

Le propuse que viniera a mi casa.

«¿A tu casa? ¿En una primera cita? Va a ser que no».

«No, no me refería a eso».

Ella no se daba cuenta de que formar parte de la realeza era como estar hecho de material radiactivo, de que no podía sentarme tranquilamente en una cafetería o en un pub. Como no me atrevía a darle una explicación exhaustiva, intenté apuntarle los riesgos de que nos vieran. Pero se ve que no lo hice bien.

Ella me propuso una alternativa. El Soho House, en el 76 de Dean Street. Era su cuartel general siempre que iba a Londres. Reservó una mesa para dos en una sala tranquila.

No habría nadie más.

La mesa estaba reservada a su nombre.

Meghan Markle.

2

Después de pasarme la noche chateando hasta altas horas, cuando sonó el despertador temprano solté un gruñido. Era hora de subir al barco de sir Keith. Pero también me sentía agradecido. Una regata era la única forma de que me despegara del móvil.

Y era necesario que me despegara de él, solo durante un rato, para poner las ideas en orden.

Para tranquilizarme.

El barco de sir Keith se llamaba *Invictus*. Un homenaje a los juegos; bien por él. Ese día éramos once tripulantes, incluido uno de los dos atletas que a la sazón competían en los juegos. La carrera de cinco horas nos llevó a rodear The Needles y nos metió de lleno en un temporal. Hacía un viento feroz y muchos otros barcos abandonaron la regata.

Yo había montado en barco muchas veces —me acordé de unas vacaciones doradas con Henners, en que intentamos volcar el pequeño velero en el que viajábamos, Laser, solo por diversión—, pero nunca así, en mar abierto y con unas condiciones atmosféricas tan turbulentas. Las olas se elevaban intimidantes ante nosotros. Nunca había temido la muerte, pero en ese momento me descubrí pensando: «Por favor, no dejes que me ahogue antes de esa cita tan importante». Entonces me asaltó otro temor. El temor de que en el barco no hubiera lavabo. Me aguanté tanto tiempo como me fue posible, hasta que no me quedó otro remedio. Arqueé el cuerpo sobre la borda, hacia el mar revuelto..., pero aun así no pude mear, sobre todo por el pánico escénico. Toda la tripulación me estaba mirando.

Al final regresé a mi puesto, me rendí y, completamente abochornado, me meé en los pantalones.

«Uf —pensé—. Si la señorita Markle me viera ahora mismo».

Nuestra embarcación ganó en nuestra categoría y quedamos segundos en total. «¡Hurra!», exclamé, y apenas hice una pequeña pausa para celebrarlo con sir Keith y la tripulación. Mi única preocupación era saltar al agua, limpiarme la meada de los pantalones y regresar cuanto antes a Londres, donde estaba a punto de empezar la carrera de verdad, la definitiva.

3

Había un tráfico horroroso. Era domingo por la noche y la muchedumbre volvía a la ciudad tras pasar el fin de semana en el campo. Además tuve que cruzar Piccadilly Circus, lo cual, incluso en la hora más tranquila, era de por sí una pesadilla. Embotellamientos, obras, accidentes, colapso... Me topé con todos los obstáculos posibles. Una y otra vez mis guardaespaldas y yo nos encontrábamos completamente parados sin otra opción que permanecer sentados en el coche. Cinco minutos. Diez.

Refunfuñando y sudoroso, le gritaba mentalmente a la masa de vehículos inmóviles. «¡Venga! ¡Vamos!».

Al final no me quedó más remedio que mandar un mensaje por el chat.

«Llego un poco tarde. Lo siento».

Ella ya había llegado.

Me disculpé.

«Hay un tráfico horrible».

«Vale».

«Y si se va...», me dije a mí mismo.

—Al final se irá —les dije a mis guardaespaldas.

Mientras nos aproximábamos a paso de tortuga al restaurante, volví a escribirle.

«Avanzamos, pero muy despacio».

«¿Y no puedes bajarte del coche y ya está?».

¿Cómo explicárselo? No, no podía. No podía ponerme a correr por las calles de Londres. Habría sido como ver a una llama recorriéndolas. Montaría un número, sería una auténtica pesadilla para el personal de seguridad, por no hablar de los medios, que acudirían como moscas. Si me pillaban dirigiéndome a toda prisa al Soho House, sería el fin de toda privacidad que pudiéramos soñar con tener, aunque fuese por un breve espacio de tiempo.

Además, me acompañaban tres guardaespaldas. No podía pedirles que, de repente, echaran a correr como si aquello fuera un pentatlón.

Pero, claro, era imposible resumir todo eso en un mensaje del chat, así que... opté por no contestar, lo cual seguro que la pondría de mal humor.

Por fin llegué. Media hora tarde, acalorado, resoplando y sudoroso entré corriendo en el restaurante, me dirigí al salón interior y la encontré en un pequeño reservado, sentada en un sofá bajo de terciopelo frente a una mesita de café.

Ella levantó la cabeza y sonrió.

Me deshice en disculpas. Imaginaba que no habría muchos hombres que hubiesen llegado tarde a una cita con aquella mujer.

Me instalé en el sofá y me disculpé de nuevo.

Ella me dijo que me perdonaba.

Estaba tomándose una cerveza, una IPA. Yo pedí una Peroni. No me apetecía la cerveza, pero me pareció lo más fácil.

Hubo un silencio. Estábamos captando la importancia del momento.

Ella llevaba puesto un jersey negro, unos tejanos y zapatos de tacón. Yo no tenía ni idea de ropa, pero supe que iba elegante. Luego me percaté de que cualquier cosa que ella llevara puesta resultaría elegante, incluso un saco de dormir. Lo que más noté fue el abismo que separa internet de la realidad. Había visto muchas fotografías suyas en reportajes de moda y en programas de televisión, y todas tenían mucho brillo y mucho glamour; pero ahí estaba ella, la de carne y hueso, sin adornos, sin filtros... y más guapa todavía. Tan guapa que solo con verla se te paraba el corazón. Estaba intentando asimilar todo eso, esforzándome por comprender qué les estaba ocurriendo a mi sistema circulatorio y mi sistema nervioso, y como resultado mi cerebro no era capaz de procesar nada más. Conversar normalmente, usar frases de cortesía, saber formar una simple oración... En ese momento todo era un auténtico reto.

Ella se ocupó de llenar los huecos que yo dejaba en la conversación. Me habló de Londres. Estaba allí continuamente, me dijo. A veces dejaba el equipaje en el Soho House durante varias semanas, y ellos se lo guardaban sin preguntar. La gente de allí era como su familia.

«¿Estás en Londres continuamente? ¿Y cómo no te he visto nunca?», me pregunté.

Daba igual que en Londres vivieran nueve millones de personas, o que yo apenas saliera de casa, tenía la sensación de que, si ella estaba allí, yo debería haberlo sabido. ¡Deberían haberme informado!

—¿Y cómo es que vienes tanto por aquí?

—A ver a amigos. Por trabajo.

—Ah. ¿Por trabajo?

El trabajo de actriz era su principal ocupación, me dijo, aquello por lo que era conocida, pero se dedicaba a varias cosas. Escribía artículos sobre *lifestyle*, sobre viajes, era portavoz de una gran empresa, emprendedora, activista, modelo. Había viajado por todo el mundo, había vivido en varios países, había trabajado para la embajada de Estados Unidos en Argentina... Tenía un currículum asombroso.

Todo formaba parte del plan.

—¿Qué plan?

—Ayudar a la gente, hacer cosas buenas, ser libre.

La camarera volvió a aparecer. Nos dijo su nombre, Mischa. Tenía acento de Europa del Este, una sonrisa tímida y muchos tatuajes. Le preguntamos por ellos, y Mischa estuvo más que contenta de darnos explicaciones. Hizo el papel de amortiguador, nos ayudó a frenar un poco el ritmo y tomarnos un respiro, y creo que ella sabía que estaba cumpliendo con esa misión y la aceptó con gusto. La adoré por ello.

Mischa nos dejó y la conversación empezó a fluir de verdad. La incomodidad inicial se había desvanecido y regresó la calidez de nuestros mensajes del chat. Los dos habíamos vivido primeras citas en las que no tenías nada que decirte, y ahora ambos sentíamos esa emoción especial de cuando tienes mucho de lo que hablar, cuando no hay tiempo suficiente para expresar todo lo que quieres decir.

Y, hablando de tiempo..., el nuestro se había terminado. Ella recogió sus cosas.

—Lo siento, tengo que irme.

—¿Ya? ¿Tan pronto?

—He quedado para cenar.

Si yo no hubiera llegado tarde, habríamos dispuesto de más tiempo. Me maldije a mí mismo mientras me ponía de pie.

Nos dimos un breve abrazo de despedida.

Le dije que yo me ocuparía de pagar la cuenta y ella respondió que, en ese caso, se ocuparía de costear las flores de agradecimiento para Violet.

—Peonías —puntualizó.

Yo me eché a reír.

—De acuerdo. Adiós.

—Adiós.

Zas. Se esfumó.

En comparación con ella, Cenicienta era la reina de las despedidas largas.

4

Yo había hecho planes para encontrarme después con mi amigo. En ese momento le telefoneé, le dije que estaba de camino y al cabo de media hora me encontraba empujando la puerta de su casa, cerca de King's Road.

—¿Qué ha ocurrido? —me preguntó nada más verme la cara.

No quería contárselo. No paraba de repetirme: «No se lo cuentes, no se lo cuentes, no se lo cuentes».

Se lo conté.

Le expliqué nuestra cita con todo detalle.

—Mierda, tío. ¿Y ahora qué hago? —le imploré.

Sacó el tequila. Sacó la maría. Bebimos, fumamos y vimos... *Del revés.*

Una película de animación... sobre las emociones. Perfecto. El que estaba completamente del revés era yo.

Luego me quedé beatíficamente relajado.

—Buena maría, tío.

En ese momento sonó mi teléfono.

—Oh, mierda. —Le enseñé la pantalla a mi amigo—. Es ella.

—¿Quién?

—¡Ella!

No era una llamada normal, sino una videoconferencia por FaceTime.

—¿Hola?

—Hola.

—¿Qué haces?

—Hum, estoy con mi amigo.

—¿Qué es lo que se oye de fondo?

—Ah, hum…

—¿Estáis viendo dibujos animados?

—No. Quiero decir, sí. Más o menos. Es… *Del revés.*

Me trasladé a un rincón más tranquilo del piso. Ella estaba de vuelta en el hotel. Se había lavado la cara.

—Dios, me encantan tus pecas —le solté.

Ella ahogó un pequeño grito. Cada vez que le hacían fotos, le retocaban las pecas para eliminarlas, según me explicó.

—¡Qué locura! Son preciosas.

Ella dijo que sentía haber tenido que marcharse corriendo. No quería que pensara que no lo había pasado bien conmigo.

Yo le pregunté cuándo podríamos volver a vernos.

—¿El martes?

—Me marcho el martes.

—Ah. ¿Y mañana?

Hubo una pausa.

—Vale.

Era el Cuatro de Julio.

Concertamos otra cita. En el Soho House.

5

Pasó el día entero en Wimbledon animando a su amiga Serena Williams, desde la tribuna de Serena. Me envió un mensaje después del último set mientras regresaba corriendo al hotel, y luego volvió a escribirme mientras se cambiaba, y de nuevo mientras se dirigía a toda prisa al Soho House.

Esa vez yo ya estaba allí, esperándola. Sonriente. Orgulloso de mí mismo.

Ella entró, ataviada con un bonito vestido suelto de verano de color azul con rayas blancas. Estaba radiante.

Me puse de pie.

—Te he traído un regalo —le dije.

Era una caja rosa. Se la coloqué delante.

Ella la agitó.

—¿Qué es?

—¡No! ¡No la agites!

Los dos nos echamos a reír.

Abrió la caja. Contenía cupcakes; cupcakes de color rojo, blanco y azul, para ser exactos, en honor al día de la Independencia. Dije algo así como que la visión que los británicos tenían de ese día era muy distinta a la de los yanquis, pero que bueno, que vale.

Ella dijo que tenían una pinta increíble.

Apareció la misma camarera que el día de nuestra primera cita, Mischa. Parecía verdaderamente contenta de vernos y descubrir que había una segunda cita. Notaba lo que estaba sucediendo, captó que estaba siendo testigo de ello y que formaría parte para siempre de nuestra historia personal. Después de servirnos una ronda de bebidas, se marchó y no volvió hasta al cabo de un buen rato.

Cuando lo hizo, estábamos absortos en medio de un beso largo.

No era el primero.

Meghan me agarraba por el cuello de la camisa y me atraía hacia ella, muy cerca. Cuando vio a Mischa me soltó al instante y todos nos echamos a reír.

—Discúlpanos.

—No pasa nada. ¿Otra ronda?

De nuevo la conversación era fluida, animada. Llegaron las hamburguesas, y se las llevaron intactas. Yo tenía una abrumadora sensación de *Obertura y preludio con timbales*, acto I. Y al mismo tiempo sentía que algo estaba tocando a su fin. Una etapa de mi vida —¿la primera mitad? — estaba a punto de terminar.

A medida que se acercaba el final de la noche tuvimos una conversación muy sincera. No había forma de obviarla.

Ella se llevó una mano a la mejilla y exclamó:

—¿Y qué vamos a *haceeeer*?

—Tendremos que iniciar esto tal como se merece.

—¿Qué quiere decir eso? Yo vivo en Canadá. ¡Me marcho mañana!

—Nos veremos. Te haré una visita larga. Este verano.

—Ya tengo todo el verano planeado.

—Yo también.

Seguro que en algún momento a lo largo del verano encontraríamos un poco de tiempo.

Ella negó con la cabeza. Pensaba hacer el pack completo de *Come, reza, ama.*

—¿*Come*... qué?

—Es un libro.

—Ah. Lo siento. No me van demasiado los libros.

Aquello me intimidó. Ella era todo lo opuesto a mí. Leía. Era culta.

No importaba, dijo riendo. Lo que pasaba era que iba a viajar a España con tres amigas, y luego a Italia con otras dos, y luego...

Miró su agenda. Yo miré la mía.

Ella levantó los ojos y sonrió.

—¿Qué pasa? Dímelo.

—De hecho, hay un pequeño hueco...

Recientemente, me explicó, un compañero de reparto la había avisado de que no tuviera tan planificado su verano de pack completo. Que dejara una semana libre, le recomendó aquel compañero, para reservar espacio a la magia. De modo que rechazó todo lo que le propusieron con tal de dejar libre aquella semana. Incluso había dicho que no a un viaje de ensueño por los campos de lavanda del sur de Francia.

Yo consulté mi agenda.

—También tengo una semana libre.

—¿Y si resulta que nuestras semanas coinciden?

—¿Y si es así?

—¿Te imaginas?

—Sería una locura, ¿verdad?

Teníamos libre la misma semana.

Le propuse pasarla en Botsuana. Le hice la mejor propaganda de aquel lugar. Era la cuna de la humanidad, el país menos poblado del planeta, el verdadero jardín del Edén, con un cuarenta por ciento del territorio ocupado únicamente por la naturaleza.

Además, tenía una población de elefantes mayor que ningún otro país del mundo.

Por encima de todo, era el lugar donde me había encontrado a mí mismo, donde siempre volvía a encontrarme a mí mismo, donde siempre me sentía cerca de… ¿la magia? Si le interesaba la magia, debía venir conmigo, vivir la experiencia conmigo. Acampar bajo las estrellas, en mitad de la nada, que en realidad lo es todo.

Ella me miraba boquiabierta.

—Ya sé que es una locura —dije—. Pero salta a la vista que todo esto lo es.

6

No pudimos volar juntos. Había dos motivos. El primero era que yo ya estaría en África. Habían planeado que viajara a Malaui para ocuparme de trabajos de conservación con African Parks.

El otro motivo no se lo dije, y era que no podíamos arriesgarnos a que nos vieran juntos, a que los medios descubrieran lo nuestro. Todavía no.

De manera que terminó con su historia de *Come, reza, ama* y a continuación voló de Londres a Johanesburgo y luego a Maun, donde le pedí a Teej que fuera a recogerla. (Deseaba hacerlo yo en persona, por supuesto, pero era imposible sin montar una escena). Tras una odisea que duró once horas, y que incluía una escala de tres horas en Johanesburgo, y un raudo trayecto en coche hasta la casa, Meghan tenía todo el derecho a estar de mal humor. Pero no lo estaba. Con ojos brillantes y llena de entusiasmo, se mostraba preparada para cualquier cosa.

Y su aspecto… rayaba en la perfección. Llevaba puestos unos shorts deshilachados de tela tejana, botas de senderismo desgastadas y un sombrero Panamá arrugado que había visto en su página de Instagram.

Mientras abría la verja de entrada de casa de Teej y Mike, le ofrecí un sándwich de ensalada de pollo envuelto con film transparente.

—He supuesto que tendrías hambre.

De repente pensé que ojalá me hubiera hecho con unas flores, un regalo, algo además de aquel miserable sándwich. Nos abrazamos, y tuve una sensación rara, no solo por lo del sándwich sino por la inevitable tensión. Habíamos hablado por teléfono y por FaceTime innumerables veces desde nuestras primeras citas, pero aquello era nuevo y diferente. Y un poco extraño.

Los dos pensábamos lo mismo. «¿Funcionará en otro lugar, en otro continente?».

«¿Y si no es así?».

Le pregunté cómo había ido el vuelo. Ella se rio acordándose de la tripulación de Air Botswana. No se perdían *Suits*, de forma que le habían pedido que posara para una foto.

—Qué bien —le dije, cuando en realidad pensaba: «Mierda. Si a un miembro de la tripulación se le ocurre colgar esa foto, se destapará el pastel».

Nos subimos a una camioneta con asiento corrido de tres plazas. Mike iba al volante; mis guardaespaldas nos seguían de cerca. Nos pusimos en marcha, directos hacia el sol. Tras una hora de recorrido por carreteras de asfalto, nos quedaban por delante cuatro más por caminos de tierra. Para que el tiempo pasara más deprisa le mostraba todas las flores, todas las plantas, todos los pájaros. «Eso es un francolín. Eso otro es un toco piquirrojo; es como Zazu de *El rey león*. Eso es una carraca lila macho, y parece que está representando su danza de apareamiento».

Tras un tiempo que consideré prudencial, la cogí de la mano.

Después, cuando la carretera se hizo más llana, me atreví con un beso.

Fue tal como los dos recordábamos.

Mis guardaespaldas, a cincuenta metros de nosotros, fingieron no ver nada.

Cuando nos adentramos más en la maleza, a medida que nos acercábamos al Okavango, la fauna empezó a cambiar.

—¡Ahí! ¡Mira!

—Oh, Dios, si son… ¡jirafas!

—¡Y allí! ¡Mira!

Una familia de facóqueros.

Vimos un grupo de elefantes con sus crías: padres, madres y bebés.

—Hola, chicos.

Enfilamos una carretera que hacía las veces de cortafuegos y observé que los pájaros se estaban volviendo locos, lo cual hizo que un extraño escalofrío me recorriera la espalda.

—Hay leones cerca.

—No puede ser —dijo ella.

Algo me impulsó a volverme a mirar atrás. Claro que sí; vi una cola que desapareció con un movimiento rápido. Le grité a Mike para que parase. Él pisó el freno y dio marcha atrás con la camioneta. Allí estaba, justo delante de nosotros, un macho enorme. Era el padre. Y más allá cuatro ejemplares jóvenes descansando a la sombra de un arbusto, con sus madres.

Los contemplamos durante un rato y proseguimos nuestro camino.

Poco antes de que anocheciera, llegamos a un pequeño campamento satélite que Teej y Mike habían preparado. Llevé nuestras bolsas a una tienda de campaña tipo bell junto a un enorme árbol de la salchicha. Estábamos en el límite de un gran bosque, frente a una suave pendiente que descendía hasta el río; y más allá, una llanura aluvial rebosante de vida.

Meghan —a quien ya llamaba Meg, o a veces simplemente M— estaba anonadada. Aquellos colores tan vivos. Aquel aire puro y fresco. Había viajado mucho, pero jamás había visto nada parecido. Eso era el mundo antes de que existiera el propio mundo.

Abrió su pequeña maleta, necesitaba coger algo. «Ya está —pensé—. El espejo, el secador, el estuche de maquillaje, la chaqueta acolchada, los diez pares de zapatos». Me estaba dejando llevar por los estereotipos de forma vergonzosa: una actriz norteamericana equivale a una diva. Pero, para mi sorpresa y mi alegría, en aquella maleta no había sino cosas esenciales. Pantalones cortos, tejanos deshilachados y tentempiés. Y una esterilla de yoga.

Nos sentamos en unas sillas de lona, vimos ponerse el sol y salir la luna. Preparé unos cócteles campestres; whisky con un toque de agua de río. Teej le ofreció a Meg un vaso de vino y le mostró cómo cortar la base de una botella de agua de plástico para transformarla en una copa. Nos contamos historias, nos reímos mucho. Luego Teej y Mike nos cocinaron una cena riquísima.

Cenamos junto a la hoguera, contemplando las estrellas.

A la hora de acostarnos, guie a Meg por la oscuridad hasta la tienda de campaña.

—¿Dónde está la luz? —me preguntó.

—¿Te refieres a la linterna?

Los dos nos echamos a reír.

La tienda de campaña era muy pequeña, y muy austera. Si Meg se esperaba una estancia lujosa, a esas alturas sus fantasías ya se habrían disipado. Entramos y nos tumbamos boca arriba saboreando el momento, dándole todo su valor.

Había dos sacos de dormir separados como resultado de muchas cavilaciones y muchas conversaciones con Teej. No quería ser atrevido.

Los colocamos juntos y nos tumbamos hombro con hombro. Nos quedamos mirando el techo, escuchando, hablando, observando el movimiento de las sombras que la luz de la luna proyectaba en la lona.

Entonces oímos algo que masticaba haciendo mucho ruido.

Meg se incorporó de golpe.

—¿Qué es eso?

—Un elefante —contesté.

Solo había uno, según me parecía. Estaba justo detrás de la tienda, comiendo tranquilamente de los arbustos que la rodeaban.

—Es hembra. No nos hará daño.

—¿Estás seguro?

Poco después, la tienda de campaña tembló a causa de un fuerte rugido.

Leones.

—¿No es peligroso?

—No. No te preocupes.

Ella volvió a tumbarse y apoyó la cabeza en mi pecho.

—Confía en mí —le dije—. No dejaré que te pase nada.

7

Me levanté justo antes del amanecer, abrí silenciosamente la cremallera de la tienda y salí de puntillas. Se respiraba la quietud de una típica mañana en Botsuana. Observé a una bandada de gansos enanos que volaban río arriba, y a un impala y un lechwe tomar su primer trago matutino en la orilla.

El canto de los pájaros era increíble.

Mientras salía el sol, di las gracias por ese nuevo día, y a continuación me dirigí al campamento principal para tomar una tostada. Cuando volví encontré a Meg haciendo estiramientos sobre una esterilla de yoga junto al río.

La postura del guerrero. La del perro boca abajo. La del niño.

Esperé a que terminara.

—El desayuno está servido —anuncié.

Comimos bajo una acacia, y ella me preguntó emocionada cuál era el plan.

—Tengo algunas sorpresas.

Para empezar, un recorrido en coche de buena mañana. Nos subimos a la vieja camioneta sin puertas de Mike y nos adentramos en el bosque a toda velocidad. Con el sol en las mejillas y el cabello al viento, cruzamos arroyos, ascendimos dando tumbos por las colinas, ahuyentamos a los leones de entre la alta maleza.

—¡Gracias por haber armado semejante escándalo ayer, chicos!

Llegamos junto a un gran grupo de jirafas que comían hojas de los árboles; sus pestañas parecían rastrillos. Movieron afirmativamente la cabeza para darnos los buenos días.

No todo el mundo era igual de amable. Al pasar junto a un vasto abrevadero, vimos una nube de polvo justo delante de nosotros. Un facóquero gruñón nos plantó cara, pero se retiró cuando vio que no cedíamos terreno.

También los hipopótamos resoplaron con aire beligerante. Hicimos señas con la mano, reculamos y volvimos a subir a la camioneta.

Interrumpimos a una manada de perros salvajes que intentaban robarles un búfalo muerto a dos leonas. No les estaba yendo muy bien, y los dejamos que siguieran intentándolo.

La hierba tenía una pátina dorada y se mecía con el viento.

—Es la estación seca —le expliqué a Meg.

El aire era cálido, limpio, daba gusto respirarlo. Sacamos el pícnic con la comida y lo acompañamos con un par de botellines de sidra Savanna. Después, fuimos a nadar en un estuario del río, manteniendo la distancia con los cocodrilos. «Nunca te adentres en las aguas oscuras».

Le expliqué a Meg que esas aguas eran las más limpias y puras del mundo, porque estaban filtradas por todos aquellos papiros. Era un agua más pura incluso que la de la antigua bañera de Balmoral, aunque... mejor no pensar en Balmoral.

Faltaban pocas semanas para el aniversario.

Al caer la tarde, nos tumbamos en el capó de la camioneta y contemplamos el cielo. Cuando salieron los murciélagos, fuimos a encontrarnos con Teej y Mike. Pusimos música, reímos, charlamos, cantamos y cenamos de nuevo junto a la hoguera. Meg nos habló un poco de su vida, de que se había criado en Los Ángeles, de su lucha para hacerse actriz, de los rápidos cambios de ropa para las audiciones en su cascado SUV, en el que no siempre funcionaban los mecanismos de las puertas. Una vez tuvo que entrar por el maletero. Nos habló de su creciente carrera como emprendedora, de su blog sobre *lifestyle*, que tenía decenas de miles de seguidores. En su tiempo libre se dedicaba a proyectos filantrópicos, y ponía especial ahínco en los que tenían que ver con las causas en defensa de las mujeres.

Me sentía fascinado, me deleitaba con cada palabra mientras de fondo oía un suave rumor que decía: «Es perfecta, es perfecta, es perfecta».

Chels y Cress solían mencionar mi doble naturaleza, tipo doctor Jekyll y Mr. Hyde. En Botsuana era Spike el Feliz y en Londres, el tenso príncipe Harry. Nunca era capaz de conjugar las dos personalidades, y eso les preocupaba a ellas y me preocupaba a mí. Pero con esa mujer, pensé, sería capaz de conseguirlo. Sería Spike el Feliz para siempre.

Claro que Meg no me llamaba Spike. A esas alturas ya se había acostumbrado a llamarme Haz.

Cada instante de esa semana fue una revelación y una bendición. Y sin embargo cada instante a su vez nos acercaba más y más al desgarrador momento en que tendríamos que decirnos adiós. No había vuelta de hoja, Meghan tenía que regresar. Y yo tenía que volar a la capital, Gaborone, para reunirme con el presidente de Botsuana y comentar asuntos relativos a la conservación del territorio, tras lo cual me embarcaría en un viaje de chicos en tres etapas que teníamos planeado desde hacía varios meses.

Por mí lo cancelaría, le expliqué a Meg, pero mis amigos nunca me lo perdonarían.

Llegó el momento de la despedida, y Meg se echó a llorar.

—¿Cuándo volveré a verte?

—Pronto.

—Aun así falta mucho.

—Sí, falta mucho.

Teej la rodeó con el brazo y me prometió que la cuidaría bien hasta el momento de su vuelo, para el que faltaban varias horas.

Luego nos dimos un último beso. Y nos dijimos adiós con la mano.

Mike y yo nos montamos en su Land Cruiser blanco y nos dirigimos al aeropuerto de Maun, donde subimos a su pequeña avioneta y finalmente, aunque a mí se me partía el corazón, nos alejamos de allí.

8

Éramos once. Estaba Marko, por supuesto. Y Adi, claro. Y los dos Mikes. Y Brent, y Bidders, y David, y Jakie, y Skippy, y Viv. Toda la pandilla. Me reuní con ellos en Maun. Cargamos tres barcas plateadas de fondo plano y nos pusimos en marcha. Fueron días de flotar por las aguas, navegar sin rumbo, pescar y bailar. Por la noche armábamos mucho escándalo y nos portábamos mal. De día cocinábamos huevos fritos con beicon en la hoguera y nadábamos en las aguas frías. Yo tomaba cócteles campestres y cerveza africana, y consumía ciertas sustancias con control.

Cuando empezó a hacer calor de verdad, decidimos arrancar la moto de agua. Por suerte se me encendió la bombilla y me saqué el iPhone del bolsillo para guardarlo en el compartimento de la Jet Ski, tras lo cual me felicité por mi gran sensatez. Luego Adi se montó en la parte trasera de la moto, seguido por Jakie, que iba totalmente a su aire y hacía lo que le daba la gana.

Eso ya no era tan sensato.

Le pedí a Jakie que se bajara.

—Tres somos demasiados.

Pero no quiso escucharme. ¿Qué podía hacer yo?

Nos pusimos en marcha.

Surcamos las aguas de aquí para allá, riendo, tratando de sortear a los hipopótamos. Pasamos a toda pastilla junto a un banco de arena en el que un cocodrilo de tres metros dormitaba al sol. En el momento en que viraba con la moto hacia la izquierda, vi que el cocodrilo abría los ojos y se deslizaba dentro del agua.

Al cabo de unos instantes, a Adi se le voló el sombrero.

—¡Vuelve, vuelve! —exclamó.

Hice un cambio de sentido, lo cual no resultaba fácil con tres personas a bordo. Me acerqué adonde estaba el sombrero y Adi se estiró para recogerlo. Entonces Jakie también se estiró para ayudarlo. Los tres nos caímos al río.

Noté que se me resbalaban las gafas de sol de la cara y vi cómo se hundían en el agua. Me zambullí para buscarlas. En el momento en que salí para coger aire, me acordé del cocodrilo.

Vi que Adi y Jakie estaban pensando lo mismo. Entonces miré hacia la moto de agua. Estaba flotando, volcada. Mierda.

«¡Mi iPhone!».

«¡Con todas las fotos, y los números de teléfono!».

«¡Meg!».

La moto de agua quedó encallada en el banco de arena. La enderezamos y saqué el teléfono del compartimento donde lo había guardado. Había quedado empapado, inservible. ¡Con todas las fotos que Meg y yo nos habíamos hecho!

¡Y los mensajes!

Sabía que en esa escapada con mis colegas pasaría de todo, de modo que por precaución les había enviado unas cuantas fotos a Meg y a otros amigos antes de marcharme. Aun así, seguro que había perdido el resto.

Además, ¿cómo iba a ponerme en contacto con ella?

Adi me dijo que no me preocupara, que cubriríamos el teléfono con arroz y que eso era un remedio muy bueno para quitarle toda la humedad.

Horas más tarde, en cuanto estuvimos de vuelta en el campamento, fue lo primero que hicimos. Sumergimos el teléfono en un paquete entero de arroz blanco.

Me quedé mirando el paquete de arroz, incrédulo.

—¿Cuánto tiempo tiene que estar ahí?

—Un par de días.

—Ni hablar. Necesito solucionarlo ahora mismo.

Entonces Mike y yo trazamos un plan. Podía escribirle una carta a Meg, que él llevaría consigo a Maun. Teej haría una foto de la carta y se la mandaría a Meg en un SMS. (Tenía guardado el número de Meg en su móvil porque se lo di yo cuando fue a buscarla al aeropuerto).

Ahora solo me quedaba escribir esa carta.

El primer reto era encontrar un boli entre los objetos personales de semejante pandilla de ineptos.

—¿Alguien tiene un boli?

—¿Un qué?

—Un boli.

—¡Yo tengo una pluma de epinefrina!

—¡No! Un boli. ¡Un bolígrafo! ¡Mi reino por un bolígrafo!

«Oh, un bolígrafo. Guau».

Encontré uno en alguna parte. El siguiente reto era localizar un sitio donde escribir.

Me refugié debajo de un árbol.

Pensé. Miré al cielo. Escribí.

> Hola, preciosa. Vale, me has pillado. No puedo dejar de pensar en ti y te echo de menos. Mucho. Se me ha caído el teléfono al río. (Icono de cara triste). Aparte de eso, lo estoy pasando en grande. Ojalá estuvieras aquí.

Mike se marchó con la carta en la mano.

Unos días más tarde pusimos fin a la etapa en barca del viaje de chicos y regresamos a Maun. Allí nos encontramos con Teej, que me tranquilizó de inmediato.

—Relájate, ya me ha contestado.

De modo que no había sido un sueño. Meg era real. Todo aquello era real.

Entre otras cosas, Meg me decía en su respuesta que se moría de ganas de hablar conmigo.

Con gran alegría, inicié la segunda etapa del viaje de chicos por la reserva de Moremi. En esa ocasión me llevé un teléfono satelital. Mientras los demás terminaban de cenar, busqué un claro y trepé al árbol más alto, ya que pensaba que allí la señal sería mejor.

Marqué el número de Meg, y ella contestó. De hecho, me atropelló con sus palabras antes de que yo pudiera abrir la boca.

—¡No debería decirte esto, pero te echo de menos!

—¡Yo tampoco debería decirte esto, pero también te echo de menos!

Y luego nos echamos a reír y nos quedamos escuchando la respiración del otro.

9

Al día siguiente, sentí una presión enorme al sentarme a escribir la segunda carta. Sufría un episodio grave del síndrome de bloqueo del escritor. No lograba encontrar las palabras para expresar mi entusiasmo, mi dicha, mi anhelo. Mis esperanzas.

Un posible recurso en ausencia de palabras bellas, según se me ocurrió, era conseguir que la carta fuera bella en sí misma.

Pero claro, no estaba en el lugar más apropiado para ponerme a hacer manualidades. Acabábamos de iniciar la tercera etapa del viaje de chicos: un trayecto de ocho horas en camioneta por el culo del mundo para contemplar la naturaleza salvaje.

¿Qué podía hacer?

Durante un descanso, me bajé de la camioneta y corrí a adentrarme en la maleza.

—Spike, ¿adónde vas?

No respondí.

—¿Qué le pasa?

En esos sitios no es nada recomendable andar sin saber dónde te metes. Estábamos en pleno territorio de leones. Pero yo estaba empeñado en encontrar... algo.

Avanzaba con dificultad, tropezaba y no veía nada más que una extensión infinita de hierba marrón.

«¿Acaso estamos en el puto desierto?».

Adi me había enseñado a buscar flores en el desierto. En relación con los espinos, él siempre decía que buscara en las ramas más altas. Y eso hice. Claro que sí: ¡bingo! Trepé al espino, cogí las flores y las guardé en una pequeña bolsa que llevaba colgada al hombro.

Más adelante en nuestro trayecto llegamos a un bosque de mopane, donde divisé dos lirios impala de un rosa vivo.

También los cogí.

Al cabo de poco rato, había conseguido formar un pequeño ramillete.

Nos acercábamos a una zona de bosque calcinada a causa de los incendios recientes. Entre el paisaje negruzco, divisé un interesante trozo de corteza de un árbol de plomo. Lo agarré y lo coloqué dentro de la bolsa.

Regresamos al campamento para la puesta de sol. Escribí la segunda carta, quemé un poco los bordes del papel, lo envolví con las flores y lo coloqué en el interior de la corteza de árbol chamuscada. Luego le hice una foto con el teléfono de Adi. Se la mandé a Meg y conté los segundos que pasaban antes de recibir su respuesta, con la firma «Tu chica».

Mediante la improvisación y la más absoluta determinación

conseguí de alguna manera mantener un constante contacto con Meg durante todo el tiempo que duró el viaje de chicos. Cuando por fin regresé al Reino Unido, me sentía colmado por una sensación de éxito. No había permitido que nada, ni un aparato empapado, ni unos colegas borrachos, ni la falta de señal en el móvil, ni una decena de obstáculos más, arruinara el inicio de aquella preciosa...

¿Cómo llamarla?

Sentado en Nott Cott, rodeado de bolsas, miraba fijamente la pared mientras pensaba, perplejo: «¿Qué es esto? ¿Cuál es la palabra para describirlo?».

«Es...».

«¿La mujer de mi vida?».

«¿La he encontrado?».

«¿Por fin, después de tanto tiempo?».

Siempre había pensado que en las relaciones hay reglas estrictas, por lo menos en lo que respecta a la realeza, y la principal era que obligatoriamente debías salir con una mujer durante tres años antes de dar el paso definitivo. ¿De qué otro modo podías llegar a conocerla bien? ¿De qué otro modo podía ella conocerte bien, y conocer bien la vida de la realeza? ¿De qué otro modo podíais estar seguros de que era eso lo que queríais, de que seríais capaces de superar juntos los obstáculos?

No todo el mundo era apto para ello.

Pero Meg parecía la maravillosa excepción a esa regla. A todas las reglas. Tuve la sensación de que la conocía bien desde el primer momento, y ella me conocía a mí, al verdadero yo. Podía parecer insensato, pensé; podía parecer ilógico; pero era cierto. Por primera vez, de hecho, sentía que estaba viviendo acorde con la verdad.

10

No paraba de escribirle mensajes y llamarla por FaceTime. Aunque nos hallábamos a miles de kilómetros de distancia, en realidad nunca estábamos lejos. Me despertaba y le escribía. Al instante llegaba la respuesta. A continuación, mensajes y más mensajes. Luego, después de comer, llamada de FaceTime. Luego, por la tarde, otra vez mensajes y más mensajes. Y ya tarde, por la noche, una llamada de FaceTime maratoniana.

Y, aun así, no bastaba. Estábamos desesperados por volver a vernos. Nos reservamos los últimos días de agosto para encontrarnos de nuevo; faltaban unos diez días.

Convinimos en que lo mejor era que ella viniera a Londres.

El gran día, en cuanto llegó a la ciudad, me telefoneó en el mismo momento en que entraba en su habitación del Soho House.

—¡Ya estoy aquí! ¡Ven a verme!

—No puedo. Voy en coche.

—¿Qué haces?

—Una cosa para mi madre.

—¿Para tu madre? ¿Dónde?

—En Althorp.

—¿Qué es Althorp?

—Donde vive mi tío Charles.

Le dije que se lo explicaría más tarde. Aún no habíamos hablado de... todo eso.

Estaba bastante seguro de que no había buscado información sobre mí en Google, porque no paraba de hacerme preguntas. Parecía no saber casi nada, lo cual para mí era un soplo de aire fresco. Demostraba que no la impresionaba la vida de la realeza, lo que en mi opinión era el primer paso para sobrevivir a ella. Además, puesto que no había llevado a cabo un análisis demasiado exhaustivo de lo que decían los medios y la opinión pública, no tenía la cabeza llena de información falsa.

Después de que Willy y yo depositáramos las flores sobre la tumba de nuestra madre, regresamos juntos en coche a Londres. Telefoneé a Meg y le dije que estaba de camino. Intenté adoptar un tono despreocupado porque no quería delatarme ante Willy.

—El hotel tiene una entrada secreta —me comunicó ella—. Y luego encontrarás un montacargas.

Su amiga Vanessa, que trabajaba en el Soho House, me esperaría y me ayudaría a colarme dentro.

Todo salió según el plan. Después de encontrarme con su amiga y abrirme paso en una especie de laberinto por las entrañas del Soho House, me hallé por fin frente a la puerta de Meg.

Llamé con los nudillos y contuve la respiración mientras esperaba.

La puerta se abrió.

Esa sonrisa.

El cabello le cubría parcialmente los ojos, y estiraba los brazos hacia mí. Con un movimiento ágil, me atrajo hacia el interior de la habitación a la vez que daba las gracias a su amiga. A continuación cerró la puerta deprisa, antes de que nos viera alguien.

Quise proponerle que colgáramos una señal de «No molestar» en la puerta.

Pero creo que no tuvimos tiempo.

11

Por la mañana necesitábamos sustento, de modo que avisamos al servicio de habitaciones. Cuando llamaron a la puerta, miré alrededor, frenético, en busca de un sitio donde esconderme.

En la habitación no había nada. Ni vestidor, ni ropero, ni armario de ninguna clase.

Por eso opté por quedarme tumbado en la cama y taparme la cabeza con la colcha. Meg me susurró que me metiera en el baño, pero yo prefería mi escondite.

Por desgracia, el desayuno no nos lo sirvió un camarero cualquiera, nos lo trajo un ayudante de dirección del hotel que adoraba a Meg y a quien ella también adoraba, de manera que se puso a charlar con ella. No reparó en que la bandeja contenía dos desayunos. No reparó en las curvas abultadas de la colcha. Habló y habló, y la puso al corriente de todas las últimas noticias mientras yo, en mi guarida, empezaba a quedarme sin aire.

Di gracias por todo aquel tiempo que había practicado en el maletero del coche de policía de Billy.

Cuando por fin el hombre se marchó, me incorporé. Estaba sin aliento.

Y de tanto como nos reímos, pronto fuimos los dos quienes estábamos sin aliento.

Decidimos cenar esa noche en mi casa e invitar a algunos amigos. Pensábamos cocinar nosotros. Sería divertido, dijimos, pero eso significaba que antes teníamos que ir a comprar. En la nevera solo me quedaban uvas y pastelitos de carne.

—Podemos ir a Waitrose —propuse.

Debíamos descartar ir juntos, por supuesto, ya que nos arriesgábamos a que se armara un buen alboroto. De manera que trazamos un plan para ir a comprar los dos a la vez, en paralelo y con disimulo, sin dar muestras de que nos conocíamos.

Meg salió tres minutos antes que yo. Se había vestido con una camisa de franela, un abrigo acolchado y una boina, pero aun así me sorprendió que nadie la reconociera.

Muchos británicos veían *Suits*, sin duda, pero nadie se fijó. Yo, en cambio, la habría distinguido entre miles de personas.

A nadie le dio tampoco por mirar dos veces su carrito, donde llevaba las maletas y dos grandes bolsas del Soho House que contenían unas batas de boatiné que había comprado para ambos al marcharse del hotel.

Yo, protegido también por el anonimato, cogí una cesta y empecé a recorrer los pasillos del súper con aire despreocupado. Cuando estaba junto a las frutas y verduras vi pasar a Meg por mi lado, caminando tranquilamente. Bueno, más que caminar, se contoneaba. Con cierto descaro. Nos miramos, solo un instante, y enseguida volvimos la vista hacia otro lado.

Meg había recortado una receta de salmón asado de la revista *Food & Wine* y nos habíamos repartido los ingredientes en dos listas. Ella se estaba encargando de buscar una bandeja para el horno mientras yo me ocupaba de encontrar el papel sulfurizado.

Le envié un mensaje.

«¿Qué c... es el papel sulfurizado?».

Ella me respondió por el mismo medio.

«Lo tienes encima de tu cabeza».

Di media vuelta. La tenía a poca distancia, observándome desde detrás de un expositor.

Los dos nos echamos a reír.

Volví la vista hacia la estantería.

«¿Este?».

«No, el de al lado».

Nos partíamos de risa.

Cuando hubimos terminado con todo lo de la lista, pagué en la caja y luego le mandé un mensaje a Meg para concretar dónde nos encontraríamos.

«Al pie de la rampa del aparcamiento, debajo de la tienda, hay un coche con los cristales tintados».

Momentos después, con la compra bien guardada en el maletero y la Roca al volante, salimos del aparcamiento a todo gas en dirección a Nott Cott. Vi pasar la ciudad, las casas y la gente. «Estoy impaciente por que la conozcáis», pensé.

12

Me emocionaba recibir a Meg en mi casa, pero también sentía vergüenza. Nott Cott no era ningún palacio sino un añadido a un palacio; eso era lo mejor que podía decirse del sitio. La observé recorrer el camino de entrada y cruzar la valla blanca, y, para mi tranquilidad, no dio ninguna muestra de sentirse decepcionada ni dejó entrever la más mínima desilusión.

Hasta que entró. Entonces comentó que aquello parecía una residencia de estudiantes.

Eché un vistazo. No iba muy desencaminada.

La bandera británica en una esquina. (La misma que había ondeado en el Polo Norte). Una vieja escopeta sobre el mueble de la televisión. (Un regalo de Omán, tras una visita oficial). La consola Xbox.

—Solo es el sitio donde guardo mis cosas —le expliqué mientras trasladaba algunos papeles y unas cuantas prendas de vestir—. No vengo muy a menudo.

Además, lo habían construido para personas más bajitas, de una época anterior, de modo que las habitaciones eran diminutas y los techos tenían la altura de una casa de muñecas. La guie en una visita rápida que solo nos llevó treinta segundos.

—¡Cuidado con la cabeza!

No me había dado cuenta hasta ese momento de lo desgastados que estaban los muebles. El sofá era marrón, y el sillón puff era más marrón incluso. Meg se detuvo delante del sillón.

—Ya lo sé, ya lo sé.

Nuestros invitados a la cena fueron mi prima Euge; su novio, Jack, y mi amigo Charlie. El salmón quedó perfecto y todo el mundo alabó a Meg por sus dotes culinarias. También les encantaron sus historias. Querían saberlo todo sobre *Suits*. Y sobre sus viajes. Yo me sentí agradecido por su interés y su amabilidad.

Disfrutamos del vino tanto como de la compañía, y lo había en cantidad. Después de cenar nos trasladamos al saloncito, pusimos música, nos colocamos unos divertidos sombreros y bailamos. Conservo un vago recuerdo, además de un vídeo granuloso en el teléfono, sobre Charlie y yo rodando por el suelo mientras Meg, sentada cerca, se partía de risa.

Luego la emprendimos con el tequila.

Recuerdo a Euge abrazando a Meg como si fueran hermanas. Recuerdo a Charlie haciéndome una señal de aprobación con los pulgares hacia arriba. Recuerdo que pensé que si presentarla al resto de la familia resultaba igual de fácil, tendríamos el campo libre. Pero entonces me di cuenta de que Meg no se encontraba bien. Se quejaba de molestias en el estómago y se la veía terriblemente pálida.

«Vaya, tiene poco aguante», deduje.

Se fue a la cama. Yo, tras una última copa, despedí a los invitados y limpié un poco. Me acosté alrededor de medianoche y caí rendido, pero sobre las dos de la madrugada me desperté y la oí en el cuarto de baño, vomitando; pero vomitando de verdad, no por la bebida como yo había imaginado. Le ocurría algo.

Una intoxicación alimentaria.

Me confesó que al mediodía había comido calamares en un restaurante.

¡Calamares británicos! Misterio resuelto.

Desde el suelo, se dirigió a mí con un hilo de voz.

—Por favor, dime que no estás teniendo que sujetarme el pelo hacia atrás mientras vomito.

—Sí, sí que lo estoy haciendo.

Le acaricié la espalda y, finalmente, la acompañé a la cama. Muy débil y al borde de las lágrimas me dijo que había imaginado un final muy distinto para la cuarta cita.

—Para —la interrumpí—. ¿Cuidar el uno del otro? De eso se trata.

«El amor es eso», pensé, aunque conseguí guardarme las palabras para mí.

13

Justo antes de que Meg regresara a Canadá fuimos a los jardines de Frogmore a dar un paseo.

Fue de camino al aeropuerto.

Le dije que era uno de mis lugares favoritos. A ella también le gustó. Sobre todo, le encantaron los cisnes y, en especial, uno que parecía muy gruñón. (Le pusimos Steve). Le expliqué que la mayoría de los cisnes son gruñones. Majestuosos, pero amargados. Siempre me había preguntado si, ya que todos los cisnes de Gran Bretaña son propiedad de Su Majestad la reina, cualquier maltrato dirigido a ellos constituiría un delito.

Charlamos sobre Euge y Jack, a quienes Meg adoraba. Hablamos de su trabajo. Hablamos del mío. Pero, sobre todo, hablamos de nuestra relación, un tema tan inconmensurable que resultaba inagotable. Seguimos con la conversación cuando regresamos hasta el coche y fuimos al aeropuerto, y continuamos hablando en el aparcamiento, donde la dejé a escondidas. Acordamos que, si íbamos en serio con lo de darnos una oportunidad, una oportunidad de verdad, necesitábamos un auténtico plan. Lo que significaba, entre otras cosas, hacer un juramento de que nunca dejaríamos pasar más de dos semanas sin vernos.

Ambos habíamos tenido relaciones a distancia; siempre habían sido difíciles y, en parte, el motivo en todos los casos había sido la falta de un auténtico plan. El esfuerzo. Había que luchar a causa de la distancia, vencerla. Lo que suponía viajar. Viajar muchísimo.

El problema era que mis movimientos atraerían mucha más atención, más cobertura mediática. Los gobiernos debían ser alertados cuando yo cruzaba fronteras internacionales, había que notificarlo a la policía local. Todos mis guardaespaldas debían reorganizarse. Toda la carga, por tanto, recaería en Meg. Al principio, tendría que ser ella la que pasara horas en el avión, tendría que ser ella la que cruzara el océano de un lado para otro, mientras seguía trabajando a tiempo completo en *Suits*. Muchas veces, el coche que la recogía para llevarla al estudio llegaba a las cuatro y cuarto de la mañana.

No era justo que Meg cargara con todo el peso, pero ella quería hacerlo, eso dijo. No había otra salida, pensaba. La alternativa era no verme y eso no era viable. Ni soportable.

Por enésima vez desde el 1 de julio, sentí que el corazón se me salía del pecho.

Entonces volvimos a despedirnos.

—Nos vemos dentro de dos semanas.

—Dos semanas. Dios. Sí.

14

Poco después de ese día, Willy y Kate me invitaron a cenar.

Sabían que me pasaba algo y querían averiguar qué era.

No estaba seguro de estar listo para contárselo. De hecho, no sabía si contárselo a nadie precisamente en ese momento. Pero entonces, sentados en la sala donde tenían la tele, con los dos niños metidos ya en la cama, me pareció un momento adecuado.

Mencioné, como de pasada, que había... una nueva mujer en mi vida.

Ambos se abalanzaron hacia delante.

—¿Quién es?

—Os lo contaré, pero, por favor, por favor, necesito que ambos me guardéis el secreto.

—Sí, Harold, sí, sí... ¿Quién es?

—Es una actriz.

—¿Eh?

—Es estadounidense.

—Eh...

—Trabaja en una serie llamada *Suits*.

Se quedaron boquiabiertos. Se miraron entre sí.

Entonces Willy se volvió hacia mí.

—¡Venga ya! —me dijo.

—¿Qué?

—Ni hablar.

—¿Perdón?

—¡Es imposible!

Yo me sentí confuso hasta que Willy y Kate me explicaron que veían *Suits* a menudo; no, que en realidad eran devotos de la serie.

Genial, pensé riendo. Me había preocupado por el motivo equivocado. Todo ese tiempo había estado pensando que Willy y Kate no darían la bienvenida a Meg a la familia, pero en ese momento me preocupó que la acosaran para que les firmara un autógrafo.

Me bombardearon a preguntas. Les conté un poco sobre cómo nos conocimos, les conté lo de Botsuana, les conté lo de Waitrose, les conté que estaba muy pillado, pero, en general, seguí un guion previo. No quería desvelarles demasiado.

También les dije que estaba impaciente por que la conocieran, que tenía muchas ganas de que los cuatro pasáramos tiempo juntos y les confesé, por enésima vez, que ese había sido mi sueño durante mucho tiempo: estar en compañía de ambos con mi propia pareja. Para convertirnos en un cuarteto. Se lo había dicho a Willy infinidad de veces.

—Puede que no ocurra, Harold. Y tendrás que conformarte —me decía siempre.

Bueno, pues en ese momento yo sentía que sí iba a ocurrir y se lo dije, pero él insistió en bajarme los ánimos.

—Al fin y al cabo, es una actriz estadounidense, Harold. Podría ocurrir cualquier cosa.

Asentí en silencio, un tanto herido. Luego los abracé a Kate y a él y me marché.

15

Meg regresó a Londres una semana después.

Era octubre de 2016.

Comimos con Marko y su familia y se la presenté a otros amigos íntimos. Todo bien. A todo el mundo le encantó.

Envalentonado, pensé que era un buen momento para presentársela a mi familia.

Ella estuvo de acuerdo.

Primera parada, Royal Lodge. Para encontrarnos con Fergie, porque Meg ya conocía a su hija, Euge, y a Jack, y parecía lo más lógico empezar por ese pequeño pasito. Pero, cuando nos acercábamos a Royal Lodge, recibí un mensaje en el móvil.

Mi abuela estaba allí.

Se había presentado por sorpresa.

A la salida de la iglesia, de regreso al castillo.

—¡Qué bien! —dijo Meg—. Me encantan las abuelas.

Le pregunté si sabía cómo hacerle la reverencia. Ella me dijo que creía que sí. Aunque no sabía muy bien si yo hablaba en serio.

—Estás a punto de conocer a la reina.

—Ya lo sé, pero es tu abuela.

—Sí, pero es la reina.

Entramos por el camino con el coche, cruzamos el espacio de grava, aparcamos junto al gran seto cuadriculado.

Fergie salió, un tanto acelerada.

—¿Sabes cómo hacerle la reverencia? —preguntó a Meg.

Ella negó con la cabeza.

Fergie se lo enseñó una vez. Meg la imitó.

No había tiempo para un tutorial más detallado. No podíamos tener a mi abuela esperando.

Mientras caminábamos hacia la puerta, Fergie y yo nos acercamos a Meg para susurrarle un par de detalles de última hora.

—Cuando te dirijas a ella por primera vez, la llamas «Su Majestad». A partir de ahí, solo es «señora». Que rima con «ahora».

—Hagas lo que hagas, no la pises al hablar —le dijimos ambos, pisándonos al hablar.

Entramos en la enorme sala de estar que da a la fachada de la casa y allí estaba ella. Mi abuela. La monarca. La reina Isabel II. De pie, en el centro de la estancia. Se volvió ligeramente. Meg avanzó directamente hacia ella y realizó una profunda y perfecta reverencia.

—Su Majestad. Es un placer conocerla.

Euge y Jack estaban cerca de mi abuela y casi pareció que fingían no conocer a Meg. Estaban muy callados, muy correctos. Cada uno dio un rápido beso en la mejilla a Meg, pero fue un gesto digno de la realeza. Puramente británico.

Había un tío del otro lado de mi abuela y pensé: «Aeronave no identificada a las doce». Meg me miró buscando alguna pista sobre la identidad del tipo, pero no podía ayudarla; nunca lo había visto. Euge me susurró al oído que era un amigo de su madre. Ah, vale. Lo miré detenidamente: «Genial. Felicidades por estar presente en uno de los momentos más trascendentales de mi vida».

Mi abuela iba vestida para ir a misa: un vestido de color llamativo y sombrero a juego. No puedo recordar el color, ojalá pudiera, pero era intenso. Elegante. Me di cuenta de que Meg lamentaba ir con sus vaqueros y su jersey negro.

Yo también lamenté llevar los pantalones zarrapastrosos. Sentí ganas de decirle a mi abuela que no lo habíamos planeado, pero ella ya estaba ocupada preguntando sobre la visita de Meg.

—Ha sido genial —dijimos—. Maravillosa.

Le preguntamos a ella por el oficio religioso.

—Encantador.

Era todo muy agradable. Mi abuela incluso le preguntó a Meg qué opinión le merecía Donald Trump. (Esto ocurrió justo antes de las elecciones de noviembre de 2016, y todo el mundo pensaba y hablaba sobre el candidato republicano). Meg opinaba que la política era un asunto en el que nadie salía ganando, por eso cambió de tema y pasó a hablar de Canadá.

Mi abuela entrecerró los ojos.

—Creía que eras estadounidense.

—Sí lo soy, pero llevo siete años viviendo en Canadá, por trabajo.

Mi abuela parecía encantada. Un miembro de la Commonwealth. Bien, muy bien.

Pasados veinte minutos, mi abuela anunció que tenía que irse. Mi tío Andrés, sentado a su lado, cogió el bolso de mi abuela y empezó a acompañarla hasta la salida. Euge también fue con ella. Antes de llegar a la puerta, mi abuela se volvió para despedirse de Jack y del amigo de Fergie.

Miró fijamente a Meg, se despidió con la mano y una cálida sonrisa.

—Adiós.

—Adiós, encantada de conocerla, señora —y Meg repitió la reverencia.

Todos volvimos enseguida a la sala en cuanto mi abuela se hubo alejado en el coche. La atmósfera había cambiado por completo. Euge y Jack volvían a ser los de siempre y alguien sugirió tomar algo de beber.

Sí, por favor.

Todos felicitaron a Meg por su reverencia. ¡Fue genial! ¡Tan perfecta!

Pasado un rato, Meg me preguntó algo sobre el ayudante de la reina. Le pregunté a quién se refería.

—A ese hombre que le llevaba el bolso. Ese hombre que la ha acompañado hasta la puerta.

—Ese no era su ayudante.

—¿Y quién era?

—Ese era su segundo hijo. Andrés.

Estaba claro que no nos había buscado en Google.

16

El siguiente fue Willy. Sabía que me mataría si dejaba pasar un minuto más. Así que Meg y yo nos dejamos caer por su casa una tarde, poco antes de que él y yo tuviéramos que partir a una salida de caza. Cuando nos dirigíamos hacia su residencia, la conocida como apartamento 1A, tras pasar bajo el enorme arco, mientras cruzaba el patio, me sentía más nervioso que justo antes de encontrarme con mi abuela.

Me pregunté por qué.

Pero no se me ocurrió ninguna razón.

Subimos la escalinata de peldaños de piedra gris, tocamos al timbre.

No hubo respuesta.

Tras un tiempo de espera, la puerta se abrió y ahí estaba mi hermano mayor, un tanto elegante para la ocasión. Pantalones bonitos, camisa bonita y el cuello desabrochado. Le presenté a Meg, quien se adelantó y le dio un abrazo, cosa que dejó pasmado a Willy.

Mi hermano retrocedió.

Willy no abrazaba a muchos desconocidos. Mientras que Meg abrazaba a la mayoría de los desconocidos. El momento fue el típico choque cultural, Estados Unidos/Reino Unido, lo que me pareció tan divertido como encantador. Más adelante, no obstante, me pregunté si habría algo más. A lo mejor Willy esperaba que Meg lo saludara con una reverencia. Habría sido la norma de protocolo al conocer a un miembro de la familia real, pero ella no lo sabía, y yo no se lo había dicho. Cuando conoció a mi abuela, yo lo había dejado claro: era la reina. Pero cuando conoció a mi hermano, él era simplemente Willy, a quien le encantaba *Suits*.

En cualquier caso, él lo superó. Intercambió un par de palabras amables con Meg, justo cuando ella entró en el vestíbulo de baldosas a cuadros blancos y negros. Entonces nos interrumpió el spaniel de mi hermano, Lupo, ladrando como si fuéramos ladrones. Willy hizo callar al perro.

—¿Dónde está Kate?

—Fuera, con los niños.

—Vaya, qué lástima. Bueno, para la próxima.

Y llegó la hora de despedirse. Willy tenía que terminar de hacer el equipaje y ambos debíamos irnos. Meg me dio un beso, nos deseó que nos divirtiéramos en nuestro fin de semana de caza y se marchó para pasar su primera noche a solas en Nott Cott.

Durante los días siguientes no pude dejar de hablar de Meg. Ahora que la abuela y ella ya se habían conocido, ahora que Willy y ella ya se habían conocido, que ya no era un secreto para mi familia, tenía muchas cosas que decir. Mi hermano escuchaba, atento, siempre sonriendo con contención. Aburrido de oír a alguien enamorado hablar sin parar, lo sé, pero es que no podía evitarlo.

A favor de mi hermano debo decir que no se burló ni me dijo que cerrara el pico. Todo lo contrario: dijo lo que yo esperaba que dijera, lo que incluso necesitaba que dijera.

—Me alegro mucho por ti, Harold.

17

Pasadas unas semanas, Meg y yo cruzábamos con el coche la entrada en dirección a los suntuosos jardines de Clarence House, que la dejaron asombrada.

—Deberías verlos en primavera. Los diseñó mi padre personalmente. En honor a Gan-Gan, ya sabes —añadí—. Ella vivió aquí antes que él.

Ya le había hablado a Meg de Gan-Gan. También le había contado que viví en Clarence House desde los diecinueve hasta los veintiocho años. Cuando me marché de allí, Camila convirtió mi habitación en su vestidor. Intenté no sentirme afectado. Pero sí que me afectó la primera vez que lo vi.

Nos detuvimos un rato delante de la puerta de entrada. Las cinco en punto, ni un minuto más ni uno menos. No habría estado bien llegar tarde.

Meg estaba preciosa y se lo dije. Llevaba un vestido largo blanco y negro, con estampado floral, y cuando le puse la mano en la espalda noté el delicado tacto de la tela. Llevaba el pelo suelto, porque yo se lo había sugerido.

—A mi padre le gustan las mujeres con el pelo suelto.

Y a mi abuela también. A menudo había hablado de la «preciosa melena de Kate».

Meg llevaba poco maquillaje, algo que también le había sugerido. A mi padre no le gustaba que las mujeres se maquillaran demasiado.

La puerta se abrió y nos recibió el mayordomo gurka de mi padre. Y Leslie, su eterno jefe de mayordomos, quien también había trabajado para Gan-Gan. Nos condujeron por el largo pasillo, pasando junto a los enormes cuadros y los espejos de elegantes marcos, pisando la moqueta carmesí con el rodapié del mismo color, junto a la enorme vitrina de cristal llena de reluciente porcelana y exquisitas reliquias familiares; subimos la crujiente escalera, por la que se ascendía tres escalones antes de girar a la derecha, subir otros doce escalones y volver a girar a la derecha. Allí, por fin, en el rellano que quedaba por encima de nosotros, se encontraba mi padre.

Y, junto a él, estaba Camila.

Meg y yo habíamos ensayado ese momento varias veces.

—Para mi padre, una reverencia. Tienes que tratarlo de «alteza real» o «señor». A lo mejor puedes darle un beso en ambas mejillas si se acerca a ti; si no, estréchale la mano. En el caso de Camila, nada de reverencias. No es necesario, basta con un beso fugaz o con estrecharle la mano.

—¿Nada de reverencias? ¿Seguro?

No me parecía apropiado.

Todos entramos en una amplia sala de estar. De camino, mi padre preguntó a Meg si era verdad, como le habían dicho, que era la protagonista de un culebrón estadounidense. Ella sonrió. Yo sonreí. Me moría por decir: «¿Un culebrón? No, eso es nuestra familia, papá».

Meg le contó que estaba en una serie de una plataforma privada que emitían por las noches. Sobre abogados. Que se titulaba *Suits*.

—Maravilloso —dijo mi padre—. ¡Espléndido!

Nos sentamos a una mesa redonda cubierta por un mantel blanco. Junto a ella había un carrito para el té con: pastel de miel, barritas de avena, sándwiches, crumpets calientes, galletas saladas con algún untable cremoso y albahaca fresca picada por encima, lo que más le gustaba a mi padre. Todo dispuesto pulcramente. Mi padre estaba sentado dando la espalda a una ventana abierta, tan lejos como era posible del fuego chisporroteante. Camila estaba sentada frente a él, de espaldas al fuego. Meg y yo estábamos sentados entre ambos, uno frente al otro.

Yo devoré un crumpet con Marmite; Meg se tomó dos sándwiches de salmón ahumado. Estábamos hambrientos. Habíamos estado todo el día tan nerviosos que no habíamos comido.

Mi padre le ofreció a Meg unas barritas de avena. A ella le encantaron.

Camila le preguntó cómo le gustaba el té, muy negro o más aguado, y Meg se disculpó por no saberlo. «Yo pensaba que el té era solo té». Esto inició una acalorada discusión sobre el té, el vino y otras libaciones, y las costumbres británicas frente a las estadounidenses, y luego nos adentramos en el tema más amplio de «cosas que nos gustan a todos», que derivó automáticamente en una conversación sobre perros. Meg habló de sus dos «bebés peludos», Bogart y Guy, ambos rescatados. Guy tenía una historia especialmente triste. Meg lo encontró en una perrera de Kentucky donde exterminaban a los animales, alguien lo había abandonado en medio del bosque, sin agua ni comida. Los beagles, según explicó, eran abandonados en Kentucky más que en cualquier otro estado, y cuando vio a Guy en la web del refugio se enamoró al instante.

Me fijé en que la expresión de Camila se ensombrecía. Era madrina del refugio para animales Battersea Dogs & Cats Home, así que esa clase de historias siempre le afectaban muchísimo. A mi padre también. No podía soportar pensar en el sufrimiento de ningún animal. Sin duda, se acordaba de su querido perro, Pooh, que se perdió en el coto de caza de Escocia —seguramente al adentrarse en una madriguera de conejos— y no se le volvió a ver jamás.

La conversación fluía con facilidad, los cuatro hablábamos al mismo tiempo, pero entonces mi padre y Meg empezaron una charla en voz baja, y yo me volví hacia Camila, quien parecía más interesada en intentar pillar algo de lo que decían los otros dos comensales que en hablar con su hijastro, pero, mala suerte: estaba atrapada conmigo.

No tardamos en cambiar de interlocutores. Me pareció curioso que estuviéramos observando, de forma instintiva, el mismo protocolo que seguiríamos en una cena de Estado con mi abuela.

Al final, la conversación volvió a abrirse para incluirnos a todos. Hablamos sobre interpretación y el mundo del arte en general. Mi padre opinó que debía de ser muy duro abrirse camino en un negocio así. Tenía muchas preguntas sobre la trayectoria de Meg y pareció impresionado por la forma en que ella respondía. Le impactó la seguridad con la que hablaba, creo que su inteligencia lo pilló por sorpresa.

Entonces se nos acabó el tiempo. Mi padre y Camila tenían otro compromiso. La vida de la realeza. Muy reglamentada, con exceso de compromisos, etcétera.

Me anoté mentalmente explicárselo más adelante a Meg.

Todos nos levantamos. Meg se acercó a mi padre. Yo me estremecí; al igual que Willy, mi padre no era de los que abrazan. Gracias a Dios, ella se limitó a despedirse a la manera británica de rigor, dándole un beso al aire en sendas mejillas, lo que a él pareció encantarle.

Guie a Meg hasta la salida de Clarence House y los exuberantes y perfumados jardines, sintiéndome exultante.

«Bueno, pues ya está —pensé—. Bienvenida a la familia».

18

Volé a Toronto a finales de octubre de 2016. Meg estaba emocionada por mostrarme su vida, sus perros, su casita, que adoraba. Y yo estaba deseando verlo todo, conocer hasta el último detalle sobre ella. (Aunque ya me había escapado de incógnito a Canadá una vez, muy brevemente, esa iba a ser mi primera visita en condiciones). Paseamos a los perros por grandes y abiertos barrancos y parques. Exploramos los recovecos y rincones del vecindario. Toronto no era Londres, pero tampoco Botsuana. Así que nos dijimos que debíamos andar siempre con cautela. Mantener la burbuja. Seguir llevando disfraces.

Hablando de disfraces. Invitamos a Euge y a Jack a pasar Halloween con nosotros. Y al mejor amigo de Meg, Markus. El Soho House de Toronto celebraba una gran fiesta y el tema era «El Apocalipsis». Había que vestirse adecuadamente.

Le conté a Meg que no había tenido muy buena suerte en las fiestas de disfraces con temática, pero les daría otra oportunidad. Buscando ayuda para el disfraz, recurrí a un amigo, el actor Tom Hardy, antes de viajar a Canadá. Lo llamé y le pregunté si podía prestarme su vestuario de la película *Mad Max*.

—¿Con todo?

—¡Sí, por favor, tío! ¡Todo el conjunto!

Me lo entregó entero antes de partir desde Reino Unido y, ya en Toronto, estaba probándomelo en el pequeño lavabo de Meg. Cuando salí, ella se partió de la risa.

Resultaba divertido y daba un poco de miedo. Pero lo principal era que estaba irreconocible.

Meg, por su parte, llevaba unos shorts rotos de color negro, un top de camuflaje y medias de rejilla. Si eso era el Apocalipsis, bienvenido fuera el fin del mundo.

La fiesta fue ruidosa, oscura, ebria... Ideal. Varias personas miraron dos veces a Meghan mientras ella pasaba de una estancia a otra, pero nadie volvía a mirar a su distópico acompañante. Deseé poder llevar ese disfraz a diario. Deseé poder volver a utilizarlo al día siguiente e ir a visitarla al plató de *Suits*.

Aunque, pensándolo bien, mejor que no. Había cometido el error de buscar en Google y ver algunas de sus escenas amorosas en internet. La había visto a ella y a un compañero de rodaje enrollándose en una especie de despacho o sala de reuniones... Me haría falta tratamiento por electrochoque para quitarme esas imágenes de la mente. No necesitaba verlas en directo. De todas formas, el tema era irrelevante: al día siguiente sería domingo y ella no tenía que ir a trabajar.

Y luego todo fue irrelevante, todo cambió para siempre, porque al día siguiente fue cuando la noticia de nuestra relación se hizo pública.

Bueno, nos dijimos, mirando con ansiedad nuestros móviles, al final iba a ocurrir de todas formas.

De hecho, ya nos habían adelantado que era probable que ocurriera ese día. Nos habían dado el soplo, antes de salir hacia nuestro Apocalipsis de Halloween, de que se avecinaba otro Apocalipsis. Más pruebas del retorcido sentido del humor del universo.

—Meg, ¿estás lista para lo que nos espera?

—Más o menos. ¿Y tú?

—Sí.

Estábamos sentados en su sofá, momentos antes de que yo partiera hacia el aeropuerto.

—¿Estás asustada?

—Sí. No. Puede.

—Nos van a perseguir. No pasarán ni dos días.

—Me comportaré como si estuviéramos en la sabana.

Me recordó lo que le había dicho en Botsuana, cuando los leones estaban rugiendo.

«Confía en mí. No dejaré que te pase nada».

Me dijo que entonces me había creído. Y que me creía también en ese momento.

Cuando toqué tierra en Heathrow, la historia estaba... ¿apagándose?

No estaba nada confirmado, y no había fotos, así que no había nada con que echar leña al fuego.

¿Un alivio momentáneo? Puede que sí, pensé, todo irá bien.

De eso nada. Era la calma antes de la tormenta de mierda.

19

Durante esas primeras horas y días de noviembre de 2016 sufría un nuevo bajón cada pocos minutos. Me sentía impactado y me reprendía por sentirme así. Y por no estar mentalizado. Me había preparado para la locura habitual, para las calumnias de siempre, pero no había previsto ese nivel de mentiras sin límite.

Ante todo, no me había preparado para el racismo. Ni para el racismo soterrado, ni para el racismo evidente, vulgar y escupido a la cara.

El *Daily Mail* fue el primero. Su titular: «La novia de Harry ha salido (casi) directamente de Compton» y el subtítulo: «Descubrimos la casa de la madre en un barrio tomado por la lucha de bandas; ¿irá el novio a tomar el té?».

Otra publicación sensacionalista saltó al cuadrilátero con su escandaloso: «¿Se casará Harry con la realeza pandillera?».

No daba crédito. Se me heló la sangre. Estaba furioso, aunque sentía algo peor: vergüenza. ¿Mi madre patria? ¿Actuando así? ¿Con ella? ¿Con nosotros? ¿En serio?

Como si ese titular no fuera suficiente desgracia, el *Mail* siguió en su línea y afirmó que Compton había sido escenario de cuarenta y siete crímenes solo durante la semana anterior. Cuarenta y siete, ¡madre mía! Daba igual que Meg jamás hubiera vivido en Compton, ni siquiera cerca de allí. Había vivido a media hora de distancia, tan lejos del mentado barrio como el palacio de Buckingham del castillo de Windsor. Pero olvidemos eso: si efectivamente hubiera vivido allí, ya fuera hacía años o en la actualidad, ¿qué problema había? ¿A quién le importaba cuántos crímenes se habían cometido en Compton o en cualquier otro lugar, mientras no hubiera sido Meg quien los hubiera cometido?

Un día o dos después, el *Mail* volvió a la carga, esta vez con un artículo escrito por la hermana del antiguo alcalde de Londres, Boris Johnson, prediciendo que Meg haría algo… desde un punto de vista genético… a la familia real. «Si es cierta su supuesta unión con el príncipe Harry, los Windsor enriquecerán su aguada sangre azul, la pálida piel de los Spencer y el cabello pelirrojo con algún ADN contundente y exótico».

La hermana de Johnson también decía que la madre de Meg, Doria, era de «la parte mala del barrio» y como prueba irrefutable mencionaba las rastas de Doria. Esa basura estaba publicándose para que la leyeran tres millones de británicos, sobre Doria, la encantadora Doria, nacida en Cleveland, Ohio, graduada en el instituto de Fairfax, en una zona de Los Ángeles de clase media hasta la médula.

The Telegraph entró en la pugna con un artículo ligeramente menos repugnante, pero igual de desquiciado, en el que el articulista analizaba, desde todos los ángulos, la candente cuestión de si yo tenía o no el derecho legal de casarme con una (¡horror!) divorciada.

Dios, ya estaban rebuscando en su pasado y analizando su primer matrimonio.

Daba igual que mi padre, un divorciado, estuviera casado en ese momento con una divorciada, o que mi tía, la princesa Ana, se hubiera vuelto a casar tras divorciarse; la lista continuaba. En 2016, la prensa británica consideró que el divorcio equivalía a una letra escarlata.

A continuación, *The Sun* indagó en las redes sociales de Meg y descubrió una antigua foto de ella con un amigo y jugador profesional de hockey, y generó un elaborado bulo sobre la tórrida relación entre Meg y el deportista. Le pregunté sobre ello.

—No, él salía con una amiga mía. Yo los presenté.

Así que le pedí al abogado de la Casa Real que contactara con ese periódico y les dijera que la historia era totalmente falsa y difamatoria, y que debían retirarla de la publicación de inmediato.

La respuesta del periódico fue la indiferencia y hacernos la peineta.

—Están siendo muy temerarios —les dijo el abogado a los editores.

—¡Qué cansino! —respondieron ellos.

Ya sabíamos de buena tinta que los periódicos habían puesto detectives privados tras el rastro de Meg, y el de todos los de su círculo, de su vida e incluso el de muchas personas que no estaban en su vida, por eso sabíamos que eran expertos en su pasado y en sus novios. Eran «Mególogos»: sabían más sobre Meg que nadie en el mundo, salvo Meg, y por eso sabían que todo lo que habían publicado sobre ella y el jugador de hockey era basura humeante. Pero siguieron respondiendo a las continuas advertencias del abogado de la Casa Real con la misma omisión de respuesta, que se resumía en una provocación burlona: «Nos. Da. Igual».

Me reuní con el abogado en un intento de averiguar cómo proteger a Meg de ese ataque y de todos los demás. Me pasaba gran parte de los días, desde el momento en que abría los ojos hasta bien pasada la medianoche, tratando de detenerlo.

No paraba de decirle al abogado que los demandara, una y otra vez. Él me explicaba, una y otra vez, que la demanda era lo que querían los periódicos. Estaban deseando que los demandara, porque, si lo hacía, eso confirmaría la relación, y entonces podrían tirar la casa por la ventana.

Estaba loco de rabia. Y de culpa. Había infectado a Meg, y a su madre, con mi enfermedad contagiosa, también conocida como «mi vida». Le había prometido que la cuidaría y ya la había defraudado en medio de ese peligro.

Cuando no estaba con el abogado, estaba con el responsable de comunicación de la Casa Real de Kensington, Jason. Era muy inteligente, aunque, en mi opinión, se mostraba un tanto despreocupado con toda la crisis desatada. Me urgió a no hacer nada: «No lograría más que alimentar a la bestia. El silencio es la mejor opción».

Pero el silencio no era una opción. De todas las opciones, el silencio era la menos deseable, la menos defendible. No podíamos dejar sin más que la prensa siguiera haciéndole eso a Meg.

Incluso después de haber convencido al abogado de que debíamos hacer algo, decir algo, cualquier cosa, la Casa Real dijo que no. El personal de la Casa Real se negaba en redondo. No podía hacerse nada, decían. Y, por tanto, no se haría nada.

Lo acepté como la última palabra. Hasta que leí un artículo del *Huffington Post*. La articulista decía que la tibia reacción de los británicos ante ese estallido de racismo era de esperar, ya que eran los herederos de colonialistas racistas. Sin embargo, lo que resultaba realmente «imperdonable», aseguraba, era mi silencio.

El mío.

Enseñé el artículo a Jason, y le dije que necesitábamos una corrección de rumbo inmediata. Se acabaron los debates y las discusiones. Necesitábamos hacer una declaración pública.

Un día después, ya teníamos un borrador. Consistente, preciso, airado, honesto. No creí que fuera el fin, pero, quizá, sí el principio del fin.

Lo leí una última vez y le pedí a Jason que lo propagara.

20

Horas antes de que la declaración se hiciera pública, Meg estaba viajando para venir a verme. Fue en coche hasta el aeropuerto internacional Pearson de Toronto con los paparazzi persiguiéndola, y se abrió paso cuidadosamente entre la multitud de viajeros, sintiéndose nerviosa, expuesta. La sala de embarque estaba llena, así que un asistente de Air Canada se apiadó de ella y la ocultó en un cuarto apartado. Incluso le llevó una bandeja de comida.

En el momento en que aterrizó en Heathrow, mi declaración pública ya estaba en todas partes. Y no había cambiado nada. El ataque violento continuaba.

De hecho, mi declaración generó un nuevo tipo de ataque: el protagonizado por mi familia. Mi padre y Willy estaban furiosos. Me echaron la bronca. Mi declaración los hacía quedar mal, dijeron ambos.

¿Por qué narices?

Porque ellos jamás habían hecho una declaración para defender a sus novias o esposas cuando fueron ellas las acosadas.

La visita que Meg me hizo en esa ocasión no fue como las anteriores, sino todo lo contrario. En lugar de pasear por los jardines de Frogmore, o sentarnos en mi cocina para soñar juntos sobre el futuro o ir conociéndonos mejor, estábamos estresados, reuniéndonos con abogados, buscando maneras de combatir aquella locura.

Por norma, Meg no consultaba internet. Quería protegerse, mantener el veneno alejado de su cerebro. Muy inteligente. Pero no era sostenible si íbamos a librar una batalla por su reputación y su integridad física. Yo tenía que saber con exactitud qué era cierto y qué era falso y, para eso, tenía que ir preguntándole cada pocas horas sobre las novedades que iban apareciendo online.

—¿Esto es cierto? ¿Y esto es cierto? ¿Hay aunque sea un atisbo de verdad en esto?

A menudo, Meg rompía a llorar.

—¿Por qué dirán esto, Haz? No lo entiendo. ¿Pueden inventárselo así como así?

—Sí que pueden. Y es lo que hacen.

A pesar de todo, pese al estrés creciente, la terrible presión, conseguimos proteger nuestro vínculo esencial y jamás nos reprochamos nada el uno al otro durante ese par de días. Cuando llegaron las últimas horas de la visita de Meg, estábamos enteros, felices, y ella anunció que quería prepararme una comida especial de despedida.

Yo no tenía nada en la nevera, como de costumbre. Pero había una tienda Whole Foods al final de la calle. Le indiqué cómo ir hasta allí, el camino más seguro, pasando junto a los guardias, girando a la derecha, hacia los jardines del palacio de Kensington, por Kensington High Street: cruzas una valla policial, giras a la derecha y llegas a Whole Foods.

—Es enorme. No tiene pérdida.

Yo tenía un compromiso pero volvería pronto a casa.

—Gorra de béisbol, chaqueta, cabeza gacha, puerta lateral. Todo irá bien, te lo prometo.

Dos horas más tarde, cuando llegué a casa, me la encontré desolada. Llorando. Temblando.

—¿Qué ocurre? ¿Qué ha pasado?

Casi no podía articular palabra para contarme lo ocurrido.

Se había vestido como yo le aconsejé, y había recorrido feliz, animada, los pasillos del supermercado. Pero cuando estaba en las escaleras mecánicas se le acercó un hombre.

—Disculpa, ¿sabes dónde está la salida?

—Ah, sí, creo que está arriba, a la izquierda.

—¡Oye! Si tú sales en esa serie..., *Suits*, ¿a que sí? A mi mujer le encantas.

—Ah, ¡qué amable! Gracias. ¿Cómo te llamas?

—Jeff.

—Encantada, Jeff. Por favor, dile a tu mujer que gracias por ver la serie.

—Así lo haré. ¿Puedo hacerte una foto..., ya sabes, para mi madre?

—¿No estabas hablándome de tu mujer?

—Ah. Sí. Bueno...

—Perdona, solo he venido a comprar algo de comida.

Al tipo le cambió la cara.

—Bueno, aunque no pueda sacarme una foto contigo, sí puedo hacerte fotos a ti.

Sacó su móvil de golpe y la siguió hasta la charcutería, iba disparando mientras Meg miraba el pavo. «A la mierda con el pavo», pensó ella, debía correr a la línea de caja. El tipo la siguió también hasta allí.

Meg se situó en la cola. Justo delante, tenía hileras y más hileras de revistas y periódicos, y, en todos, bajo los más impactantes y repugnantes titulares..., estaba ella. Los demás clientes también se dieron cuenta. Miraban las revistas, la miraban a ella, y todos empezaron a sacar el móvil, como zombis.

Meg pilló a dos cajeras compartiendo una sonrisa espeluznante. Después de pagar la compra, salió al exterior y tuvo que pasar por un grupo de cuatro hombres que la apuntaban con sus iPhone. Meg siguió con la cabeza gacha, caminando a toda prisa hacia Kensington High Street. Ya casi había llegado a casa cuando un carruaje tirado por caballos salió de los jardines del palacio de Kensington. Era una especie de desfile: la puerta de entrada al palacio estaba bloqueada. Se vio obligada a regresar a la calle principal, donde los cuatro hombres volvieron a oler a su presa y la persiguieron hasta la puerta principal, gritando su nombre.

Cuando Meg por fin entró en Nott Cott, había llamado por teléfono a sus mejores amigas, quienes le habían preguntado: «¿De verdad él vale tanto la pena, Meg? ¿Hay alguien que valga tanto la pena?».

La abracé, le dije que lo sentía. Que lo sentía muchísimo.

Nos quedamos abrazados, hasta que, poco a poco, empecé a ser consciente de una serie de deliciosos olores.

Miré a mi alrededor.

—Un momento. ¿De verdad... después de todo eso... has preparado la comida?

—Quería darte de comer bien antes de irme.

21

Tres semanas después, estaba haciéndome una prueba del VIH en una clínica sin cita previa de Barbados.

Con Rihanna.

Cosas de la vida de la realeza.

La ocasión se debía al inminente Día Mundial del Sida, y le había pedido a Rihanna, en el último momento, que me acompañara, para ayudarme a dar visibilidad a la enfermedad en el Caribe. Para mi sorpresa, ella accedió.

Era noviembre de 2016.

Se trataba de un día importante, una causa vital, pero yo tenía la cabeza en otro sitio. Estaba preocupado por Meg. No podía ir a casa, porque su vivienda estaba rodeada de paparazzi. Tampoco podía ir a casa de su madre en Los Ángeles, porque también estaba rodeada de paparazzi. Sola, a la deriva, estaba en un descanso del rodaje, y se acercaba Acción de Gracias. Así que contacté con unos amigos que tenían una casa vacía en Los Ángeles, y ellos se la ofrecieron generosamente. Problema resuelto, por el momento. Aun así, estaba preocupado, y sentía una hostilidad tremenda hacia la prensa, cuando, justo en ese instante, estaba rodeado de... prensa.

Los mismos periodistas encargados de cubrir las noticias sobre la familia real.

Los miraba a todos y pensaba: «Cómplices».

Entonces me pincharon en un dedo. Me quedé mirando cómo salía la sangre y recordé a todas las personas, amigos y desconocidos, compañeros soldados, periodistas, novelistas, compañeros de colegio, que nos habían llamado a mi familia y a mí «los de sangre azul». Me pregunté de dónde vendría esa especie de antiguo nombre en clave para la aristocracia, para la realeza. Algunos decían que nuestra sangre era azul porque era más fría que la del resto de las personas, pero eso no podía ser cierto, ¿verdad? Mi familia siempre decía que era azul porque éramos especiales, pero eso tampoco podía ser cierto. Al mirar a la enfermera vertiendo mi sangre en el tubo de ensayo, pensé: «Roja, como la de todo el mundo».

Me volví hacia Rihanna y empezamos a charlar mientras esperaba el resultado. Negativo.

En ese momento, lo único que quería era salir corriendo, encontrar un lugar con wifi y ver cómo estaba Meg. Pero no era posible. Tenía un montón de reuniones y visitas oficiales, una agenda real que no dejaba mucho espacio de maniobra. Además luego tenía que volver a toda prisa al oxidado barco de la marina mercante que me llevaría a navegar por el mar Caribe.

Cuando llegué a la embarcación, a última hora de la noche, la señal wifi de a bordo era mínima. Solo podía enviar un mensaje de texto a Meg, y únicamente si me subía al banco de mi camarote, con el móvil pegado al ojo de buey. Estuvimos conectados el tiempo justo para saber que estaba a salvo en casa de mis amigos. Mejor todavía, sus padres habían conseguido llegar hasta allí a escondidas para pasar Acción de Gracias con ella. Su padre, no obstante, había aparecido con un buen montón de periódicos sensacionalistas, sobre los que, inexplicablemente, quería hablar. Y eso no fue bien y acabó por marcharse antes de tiempo.

Mientras Meg estaba contándomelo, se cayó la red wifi.

El barco mercante avanzaba a duras penas hacia su próximo destino.

Guardé el móvil y me quedé contemplando el negro océano a través del ojo de buey.

22

Mientras Meg conducía desde el plató de rodaje hasta su casa, se dio cuenta de que la seguían cinco coches.

A continuación, se lanzaron a darle caza.

Cada coche iba conducido por un hombre. Con aspecto sombrío. Lobuno.

Era invierno, en Canadá, así que las carreteras estaban heladas. Además, por la forma en que los coches la rodeaban a toda velocidad, le cortaban el paso, la deslumbraban con sus luces de freno y se le pegaban a la parte trasera, mientras, además, intentaban fotografiarla, ella estaba segura de que iba a producirse un accidente.

Se dijo a sí misma que no debía dejarse llevar por el pánico, no conducir de manera errática, no darles lo que querían. Y entonces me llamó.

Yo estaba en Londres, en mi coche, con mi guardaespaldas al volante, y su voz llorosa me hizo retroceder a la infancia. De regreso a Balmoral. «Mi querido hijo, me temo que ya no se ha recuperado». Supliqué a Meg que mantuviera la calma, que no despegara la vista de la carretera. Mi formación como controlador aéreo tomó el mando. Le dije que se dirigiera a la comisaría más cercana. Cuando bajó del coche, según pude oír de fondo, los paparazzi la siguieron hasta la puerta.

—Venga, Meghan, ¡dedícanos una sonrisa!

Clic, clic, clic.

Meg les contó a los agentes de policía lo que estaba ocurriendo y les suplicó que la ayudaran. La entendían, o eso dijeron, pero era un personaje público, así que insistieron en que no se podía hacer nada. Ella regresó al coche, los paparazzi volvieron a rodearla como un enjambre y yo seguí al teléfono, la guie hasta su casa y la acompañé al cruzar la puerta para entrar. Una vez allí, se derrumbó.

Yo también, un poco. Me sentía impotente y ese, entendí entonces, era mi talón de Aquiles. Podía enfrentarme a la mayoría de las cosas siempre que pudiera hacer algo. Pero cuando no podía hacer nada... me sentía morir.

Una vez dentro de su casa, no hubo un alivio real para Meg. Como todas las noches anteriores, los paparazzi y los supuestos periodistas llamaron a su puerta, tocaron el timbre sin parar. Los perros de Meg estaban volviéndose locos. No entendían qué estaba ocurriendo, por qué su dueña no abría la puerta, por qué la casa estaba sufriendo un ataque. Mientras aullaban y daban vueltas en círculo, ella estaba arrinconada en su cocina, hecha un ovillo en el suelo. Pasada la medianoche, cuando las cosas se calmaron, Meg se atrevió a echar un vistazo a través de las persianas y vio hombres durmiendo dentro de sus coches, en el exterior, con el motor en marcha.

Los vecinos le contaron que a ellos también los habían acosado. Esos hombres habían recorrido la calle de Meg de cabo a rabo, haciendo preguntas, ofreciendo sumas de dinero a cambio de cualquier información sobre Meg o por una buena y jugosa mentira. Un vecino le informó de que le habían ofrecido una fortuna por montar, en su tejado, cámaras de transmisión en directo apuntando hacia las ventanas de Meg. Otro vecino sí aceptó la oferta, colocó una cámara en su tejado y la orientó directamente hacia el patio trasero de la casa de Meg. Una vez más, ella contactó con la policía, que de nuevo no hizo nada. La ley de Ontario no lo prohíbe, según le dijeron. Siempre que no allanara físicamente la morada, cualquier vecino podía montar el telescopio Hubble en su casa y orientarlo hacia el patio de Meg, no había ningún problema.

Mientras tanto, en Los Ángeles, su madre era perseguida a diario, al entrar y salir de casa, al entrar y salir de la lavandería, al entrar y salir del trabajo. También la estaban difamando. En un artículo la llamaron «chabolista». En otro, «drogata». Lo cierto era que la madre de Meg trabajaba en cuidados paliativos. Viajaba por todo Los Ángeles para ayudar a las personas al final de sus vidas.

Los paparazzi escalaron los muros y vallas de las casas de muchos pacientes que visitaba. En otras palabras, a diario había una persona más para quien, como en el caso de mi madre, el último sonido en la tierra... sería un clic.

23

Reunidos de nuevo. Una tranquila velada en Nott Cott, preparando juntos la cena.

Era diciembre de 2016.

Meg y yo descubrimos que nuestra comida favorita era la misma: pollo asado.

Yo no sabía prepararlo, por eso, esa noche, ella estaba enseñándome.

Recuerdo la calidez de la cocina, los maravillosos aromas. Las peladuras de limón sobre la tabla de cortar, el ajo y el romero, la salsa burbujeante en el cazo.

Recuerdo haber frotado la piel del ave con sal, luego abrir una botella de vino.

Meg puso música. Ella expandía mis horizontes: me enseñaba sobre música folk y soul, James Taylor y Nina Simone.

It's a new dawn. It's a new day.[*]

A lo mejor el vino se me subió a la cabeza. A lo mejor, semanas de lucha contra la prensa me habían agotado. Por algún motivo, cuando la conversación dio un giro inesperado, me sentí susceptible.

Luego, me puse furioso. Reaccioné de forma desproporcionada y de malas maneras.

Meg hizo un comentario y yo me lo tomé a mal. En realidad fue, en parte, por una diferencia cultural y, en parte, por la barrera lingüística, pero es que además, esa noche, estaba hipersensible. Pensé: «¿Por qué está provocándome?».

Le grité, le hablé con rudeza, con crueldad. Cuando pronuncié aquellas palabras, sentí que todo se detenía en la habitación. La salsa dejó de burbujear, las moléculas de aire dejaron de orbitar. Incluso Nina Simone parecía haber hecho una pausa. Meg salió de la cocina y desapareció durante un cuarto de hora.

Fui a buscarla al piso de arriba. Estaba sentada en su dormitorio. Estaba tranquila, pero me dijo en un tono sereno y pausado que jamás toleraría que nadie le hablara así.

Asentí en silencio.

* «Es un nuevo amanecer. Es un nuevo día». Verso de la canción de Nina Simone «Feeling Good». *(N. de los T.)*.

Meg quiso saber de dónde había venido esa reacción.

—No lo sé.

—¿Dónde has oído hablar a un hombre de esa forma a una mujer? ¿Oías hablar así a los adultos cuando eras pequeño?

Me aclaré la voz y aparté la mirada.

—Sí.

Ella no pensaba tolerar esa clase de compañero. Ni un padre así para sus hijos. Ni ese tipo de vida. No iba a criar a sus hijos en una atmósfera de rabia o falta de respeto. Dijo todo lo que pensaba, con total claridad. Ambos sabíamos que mi ira no había sido provocada por nada relacionado con nuestra conversación. Provenía de algún lugar más profundo, donde debía adentrarme hasta el fondo, y era evidente que me vendría bien buscar ayuda para hacerlo.

Le conté que ya había ido a terapia. Willy me lo aconsejó. Jamás encontré al psicólogo adecuado. No funcionó.

Ella me respondió con dulzura que debía intentarlo de nuevo.

24

Dejamos el palacio de Kensington en un coche negro, uno totalmente diferente y camuflado; ambos viajábamos ocultos en la parte trasera. Salimos por la puerta de atrás, sobre las seis y media de la tarde. Mis guardaespaldas dijeron que no nos seguían, así que, cuando llegamos a un atasco en Regent Street, bajamos corriendo. Íbamos al teatro y no queríamos llamar la atención llegando cuando el espectáculo ya hubiera empezado. Estábamos tan centrados en no llegar tarde, en mirar la hora, que no vimos que «ellos» nos perseguían, incumpliendo flagrantemente la ley contra el acoso de los medios.

Nos hicieron una foto cerca del teatro. Desde un coche en marcha, a través de la marquesina transparente de una parada de autobús.

Los francotiradores, por supuesto, eran Taratontín y Taratontón.

Odiábamos ser perseguidos por los paparazzi, especialmente por esos dos. Pero habíamos logrado evitarlos durante cinco meses. Lo consideramos una buena jugada.

La siguiente vez que nos acosaron sucedió unas semanas después, al salir de una cena con Doria, quien había viajado con Meg. Los paparazzi nos pillaron, pero, por suerte, se perdieron a Doria. Ella se marchó para dirigirse a su hotel, y nosotros salimos con mis guardaespaldas para ir a nuestro coche. Los paparazzi no la vieron jamás.

Había estado bastante nervioso por esa cena. Siempre es motivo de nerviosismo conocer a la madre de tu novia, pero sobre todo cuando estás haciendo que la vida de su hija sea un infierno. *The Sun* acababa de publicar un artículo en primera plana con el titular: «La novia de Harry en Pornhub». La noticia mostraba imágenes de Meg, escenas de *Suits*, que unos pervertidos habían publicado en una web porno. El periódico no decía, por supuesto, que las imágenes se habían utilizado de forma ilegal, ni que Meg tenía tanto que ver con el porno como mi abuela. Era un montaje, una forma de hacer picar a los lectores para que compraran el diario o que hicieran clic en el artículo de la versión digital. Cuando el lector descubría que el link no llevaba a ningún sitio, ¡ya era tarde! *The Sun* ya se había embolsado el dinero de la publicidad.

Lo combatimos, presentamos una demanda formal, aunque, gracias a Dios, el tema no surgió la noche de la cena. Teníamos temas más alegres de los que hablar. Meg acababa de realizar un viaje a la India con World Vision, que trabajaba con la gestión de la salud menstrual y el acceso a la educación para las jóvenes, después de lo cual había llevado a Doria a un retiro de yoga en Goa; una celebración tardía del sesenta cumpleaños de su madre. Estábamos homenajeando a Doria, celebrando el estar juntos y haciéndolo en nuestro lugar favorito, el Soho House, en el número 76 de Dean Street. Hablando sobre el tema de la India, nos reímos por el consejo que yo le había dado a Meg antes de partir: «No te hagas la típica foto delante del Taj Mahal». Ella me había preguntado por qué y yo le respondí que era por mi madre.

Le expliqué que ella había posado justo allí, y la foto había terminado convirtiéndose en un icono; no quería que nadie pensara que Meg intentaba imitar a mi madre. Meg jamás había oído hablar de esa foto y el asunto le pareció desconcertante, y a mí me enamoró eso.

La cena con Doria fue maravillosa, aunque, vista con perspectiva, la considero el final del principio. Al día siguiente aparecieron las fotos de los paparazzi, y se produjo un nuevo aluvión de artículos, un nuevo repunte de publicaciones en varios medios de las redes sociales. Racismo, misoginia, estupidez que rayaba en lo ilegal…, todo fue a más.

Como no sabía a quién acudir, llamé a mi padre.

—No lo leas, mi querido hijo.

—No es tan sencillo —repliqué, enfadado—. Podría perder a esta mujer. O ella llega a la conclusión de que no vale la pena sufrir tanto por mí, o la prensa envenena tanto a la opinión pública que algún imbécil podría decidir hacerle algo malo, dañarla de alguna manera.

Ya estaba empezando a suceder, como un goteo. Amenazas de muerte. El lugar donde rodaba se cerró por emergencia tras la amenaza creíble que alguien, como reacción a lo que hubiera leído, había enviado.

—Está aislada —dije— y asustada; lleva meses sin subir las persianas de su casa… ¿Y tú te limitas a decirme que no lo lea?

Me dijo que estaba reaccionando de forma exagerada.

—Es triste, pero las cosas son así.

Apelé a su propio interés. No hacer nada dejaba en un lugar espantoso a la monarquía.

—La gente de la calle está muy revuelta sobre lo que está pasándole, papá. Se lo toman de forma personal, tienes que entenderlo.

Mi padre no se conmovió.

25

La dirección distaba media hora de Nott Cott. Un trayecto rápido en coche cruzando el Támesis, pasado el parque…, pero a mí me pareció uno de mis viajes al Polo.

Tenía el corazón desbocado. Tomé aire y llamé a la puerta.

La mujer abrió, me dio la bienvenida. Me condujo por un pasillo corto hasta su despacho.

Primera puerta a la izquierda.

Una sala pequeña. Las ventanas, con persianas venecianas. Que daban justo a la calle más transitada. Oía los coches, las pisadas en la acera. La gente hablando, riendo.

Ella era quince años mayor que yo, pero de aspecto juvenil. Me recordaba a Tiggy. En realidad resultaba impactante que se parecieran tanto.

Me señaló un sofá de color verde oscuro y se sentó en una silla, justo enfrente. Era un día otoñal, aunque yo estaba sudando a chorros. Me disculpé.

—Me pongo a sudar fácilmente. Además, estoy un poco nervioso.

—Ahora lo soluciono.

Se levantó de un salto, salió corriendo. Minutos después, regresaba con un pequeño ventilador de mano, que me pasó.

—Ah, genial. Gracias.

Se quedó esperando a que yo empezara. Pero no sabía por dónde empezar. Así que lo hice hablando de mi madre. Dije que tenía miedo de perderla.

Se quedó mirándome y estudiándome durante largo rato.

Por supuesto que ella sabía que ya había perdido a mi madre. Qué surrealista, acudir a una psicóloga que ya conoce parte de tu historia vital, que seguramente ha pasado varias vacaciones en la playa leyendo libros enteros sobre ti.

—Sí, ya sé que he perdido a mi madre, claro, pero me asusta que, al hablar sobre ella, aquí, ahora, con una perfecta desconocida, y quizá al aliviar parte del dolor por esa pérdida, esté perdiéndola otra vez. Perdiendo ese sentimiento, esa presencia de ella... o de lo que siempre he sentido como su presencia.

La psicóloga entrecerró los ojos. Volví a intentarlo.

—A ver..., el dolor..., si de eso se trata..., es lo único que me queda de ella. Y el dolor también me deja seguir adelante. Algunos días, el dolor es lo único que me sostiene. Y, además, supongo que... sin el dolor, bueno..., ella podría pensar que... la he olvidado.

Parecía una tontería. Pero ya lo había soltado.

Expliqué, con una pena repentina y sobrecogedora, que la mayoría de los recuerdos de mi madre ya no estaban. Estaban del otro lado del muro. Le conté lo del muro. Le conté que había hablado con Willy de esa ausencia de recuerdos sobre nuestra madre. Él me aconsejó que mirase los álbumes de fotos, lo que hice de buena gana. Nada.

Así que mi madre no era unas imágenes, ni impresiones; era, básicamente, un agujero en mi corazón, y si cerraba ese agujero, si lo parcheaba..., ¿qué me quedaría?

Pregunté si eso parecía una locura.

—No.

Permanecimos en silencio.

Un largo rato.

Ella me preguntó qué necesitaba.

—¿Por qué has venido?

—Verás... —le dije—. Lo que necesito... es librarme de este peso que me oprime el pecho. Necesito..., necesito...

—¿Sí?

—Llorar. Por favor, ayúdame a llorar.

26

En la siguiente sesión quise tumbarme, si era posible.

Ella sonrió.

—Me preguntaba cuándo me lo pedirías.

Me tumbé en el sofá verde y me puse un cojín bajo el cuello.

Hablé sobre el sufrimiento físico y emocional. El pánico, la ansiedad. Los sudores.

—¿Hace cuánto que te ocurre todo eso?

—Ahora hará unos dos o tres años. Antes era mucho peor.

Le conté lo de la conversación con Cress. Durante las vacaciones en la nieve. Cuando se abrieron las compuertas de la contención, con todo aquel desbordamiento de emociones. Entonces había llorado un poco..., pero no fue suficiente. Necesitaba llorar más. Y no pude.

Conseguí hablar sobre la profunda rabia, el aparente detonante que me había impulsado a buscarla. Le describí la escena con Meg, en la cocina.

Sacudí la cabeza.

Me descargué hablando sobre mi familia. Sobre mi padre y Willy. Camila. A menudo me contenía, a mitad de frase, cuando oía pasar un transeúnte en el exterior, junto a la ventana. Como si fueran a enterarse. El príncipe Harry despotricando sobre su familia. Aireando sus problemas. Los periódicos habrían hecho su agosto.

Lo que nos llevó al tema de la prensa. Un territorio más firme. Me dejé ir. Mis propios compatriotas, dije, manifestando tanto desprecio, una falta de respeto tan vil hacia la mujer que amaba. Claro que la prensa había sido cruel conmigo durante todos los años anteriores, pero era diferente. Yo nací para eso. Y algunas veces lo había provocado, me lo había ganado.

—Pero esta mujer no ha hecho nada para merecer tanta crueldad.

Y siempre que me quejaba sobre ello, tanto en el ámbito privado como en público, la gente se limitaba a poner los ojos en blanco. Decían que era un quejica, que solo fingía desear privacidad, decían que Meg también lo fingía. «¿Que la acosan?, ¡qué pena...! ¡Venga ya! Lo llevará bien, es actriz, está acostumbrada al acoso de los paparazzi, de hecho lo está deseando».

Pero nadie deseaba algo así. Nadie podría acostumbrarse jamás. Ninguna de esas personas que ponían los ojos en blanco lo habría aguantado más de diez minutos. Meg estaba sufriendo ataques de pánico por primera vez en su vida. Hacía poco había recibido un mensaje de texto de un perfecto desconocido que tenía su dirección en Toronto y prometía meterle una bala en la cabeza.

La psicóloga comentó que parecía furioso.

Mierda, ¡pues claro que estaba furioso!

Ella me dijo que, sin importar lo válidas que fueran mis protestas, también parecía bloqueado. Claro, Meg y yo estábamos viviendo un calvario, pero el Harry que había contestado a Meg con tanta ira no era el mismo de la consulta, el Harry razonable, el que estaba tumbado en ese sofá exponiendo sus argumentos. Ese otro era el Harry de doce años, el traumatizado.

—Lo que estás experimentando ahora es una reminiscencia de

1997, Harry, pero también me temo que esa parte de ti sigue atrapada en 1997.

No me gustó cómo sonaba aquello. Me sentí ligeramente insultado.

—¿Estás llamándome infantil? Me parece un poco faltón.

—Me has pedido que te dijera la verdad, que la valoras más que ninguna otra cosa... Pues bueno, ahí la tienes.

La sesión se alargó más de lo estipulado. Duró casi dos horas. Cuando se nos acabó el tiempo, concertamos una cita para volver a vernos pronto. Le pregunté si podía darle un abrazo.

—Sí, claro.

Nos medio abrazamos y le di las gracias.

Una vez fuera, en la calle, la cabeza me daba vueltas. Allá donde mirase había una asombrosa variedad de restaurantes y tiendas, y habría dado lo que fuera por darme un paseo, mirar los escaparates, darme tiempo para procesar todo lo que había contado y aprendido.

Pero, por supuesto, eso era imposible.

No quería provocar un escándalo.

27

Daba la casualidad de que la psicóloga había conocido a Tiggy. Una asombrosa coincidencia. Este mundo es un pañuelo. Así que, en otra sesión, hablamos sobre ella, de que había sido una sustituta de nuestra madre para Willy y para mí, y de que Willy y yo habíamos convertido a las mujeres de nuestra vida en sustitutas de nuestra madre. Y de lo a menudo que ellas habían interpretado ese papel de buena gana.

Admití que las sustitutas de nuestra madre me hacían sentir mejor, y también peor, porque me sentía culpable. «¿Qué pensaría mi madre?».

Hablamos sobre la culpa.

Mencioné la experiencia de mi madre con la terapia, tal como yo la veía. No la ayudó. En realidad, podría haber empeorado las cosas. Hubo tanta gente que se aprovechó de ella, que la exploto..., incluidos sus psicólogos.

Hablamos sobre su maternidad, sobre cómo a veces nos sobreprotegía y luego desaparecía en algunos momentos. Parecía una conversación importante, aunque también desleal.

Más culpa.

Hablamos sobre la vida dentro de la burbuja británica, dentro de la burbuja de la familia real. Una burbuja dentro de otra burbuja, imposible de describir a nadie que no la hubiera experimentado en carne propia. La gente sencillamente no se daba cuenta: oían la palabra «realeza», o «príncipe», y perdían toda racionalidad. «Ah, ¿eres príncipe? Pues entonces no tienes problemas».

Esas personas suponían..., no, mejor dicho, les habían enseñado que todo era como un cuento de hadas. Que no éramos humanos.

Una escritora admiradísima por muchos británicos, autora de voluminosas novelas históricas que acumulaba premios literarios, había escrito un artículo sobre mi familia, en el que decía que nosotros éramos simplemente... osos panda.

> La cría de nuestra actual familia real no conlleva las mismas dificultades que la de criar osos panda, pero la conservación tanto de los unos como de los otros nos sale cara y ambos se adaptan mal a cualquier entorno moderno. Pero ¿verdad que son interesantes? ¿Verdad que resulta agradable contemplarlos?

Jamás olvidaré al muy respetado articulista que escribió en la publicación literaria más respetada del país que la muerte prematura de mi madre «nos había ahorrado mucho aburrimiento». (En el mismo artículo empleó las palabras «cita amorosa de Diana con el túnel»). Sin embargo, aquella experta en pandas siempre me ha sorprendido tanto por su aguda perspicacia como por su inigualable brutalidad. Sí que vivíamos en un zoológico, pero yo también sabía, como soldado, que convertir a las personas en animales, en «no humanos», es el primer paso para maltratarlas, para destruirlas. Si incluso una celebrada intelectual nos despreciaba como a animales, ¿qué cabía esperar del ciudadano de a pie?

Expuse a la psicóloga, en líneas generales, qué papel había jugado aquella deshumanización en la primera mitad de mi vida. Sin embargo, en ese momento, la que estaba sufriendo Meg contenía mucho más odio, mucha más malicia, además de racismo. Le conté lo que había visto, oído, presenciado en los últimos meses. En un momento dado, me incorporé en el sofá y doblé el cuello para ver si estaba escuchándome. Se había quedado boquiabierta. Como residente en el Reino Unido de toda la vida, consideraba que ya tendría que haberlo sabido.

Pero no lo sabía.

Al final de la sesión le pedí su opinión profesional.

—Lo que siento… ¿es normal?

Ella rio. ¿Qué es «normal», de todos modos?

Aunque sí reconoció que algo estaba claro como el agua: me encontraba en una circunstancia totalmente inusual.

—¿Crees que tengo una personalidad adictiva?

Para ser exactos, lo que quería saber era: ¿qué sería de mí en ese momento de mi vida si en verdad tenía una personalidad adictiva?

—Es difícil asegurarlo. Son todo hipótesis, ya sabes.

Me preguntó si había consumido drogas.

—Sí.

Le conté algunas anécdotas salvajes.

—Bueno, pues lo que me sorprende en realidad es que no seas drogadicto.

Si existía algo a lo que sí era innegablemente adicto, no obstante, era a la prensa. A leerla, a enfadarme con ella. La terapeuta dijo que eran obsesiones evidentes.

Me reí.

—Sí, es verdad. Pero es que son un montón de mierda.

Ella rio.

—Sí que lo son.

28

Siempre creí que Cressida había obrado un milagro al conseguir que yo me abriera, que expresara emociones reprimidas. Sin embargo, Cress solo había empezado el milagro, y en ese momento la psicóloga lo llevó a término.

Me había pasado la vida asegurando que no era capaz de recordar el pasado, que no podía recordar a mi madre, pero jamás le había contado a nadie toda la película. Tenía la memoria atrofiada. En ese momento, tras meses de terapia, mi memoria se retorció, pataleó, hasta que empezó a salir dando tumbos.

Cobró vida.

Algunos días abría los ojos y me encontraba a mi madre... plantada ante mí.

Regresaron miles de imágenes, algunas tan intensas y vívidas que eran como hologramas.

Recordé las mañanas en el apartamento de mi madre en el palacio de Kensington, la niñera despertándonos a Willy y a mí, llevándonos a la habitación de mi madre. Recordé que tenía una cama de agua y que Willy y yo saltábamos sobre el colchón, gritando, riendo, con los pelos de punta. Recordé que desayunábamos juntos; a mi madre le encantaba el pomelo y el lichi, apenas bebía café o té. Recordé que, después del desayuno, empezábamos la jornada laboral con ella, nos sentábamos a su lado mientras hacía sus primeras llamadas y asistíamos como oyentes a sus reuniones de negocios.

Recordé que Willy y yo estuvimos con ella en una conversación con Christy Turlington, Claudia Schiffer y Cindy Crawford. Muy confuso todo. Especialmente para dos niños tímidos en la pubertad o a punto de entrar en ella.

Recordé los momentos en que nos íbamos a dormir en el palacio de Kensington, darle las buenas noches a los pies de la escalera, besarle el cuello terso, inhalar su perfume, tumbarnos en la cama, en la oscuridad, sentirme muy lejos, muy solo y desear oír su voz solo una vez más. Recordé mi habitación, la más alejada de la suya, y, en la oscuridad, el terrible silencio, el ser incapaz de relajarme, incapaz de desconectar.

La psicóloga me animó a seguir.

—Estamos consiguiéndolo —dijo—. No paremos ahora.

Llevé a su consulta un frasquito del perfume favorito de mi madre. (Llamé a su hermana y le pedí el nombre). Era *First*, de Van Cleef & Arpels. Al principio de nuestra sesión, quité el tapón e inspiré con fuerza.

Fue como una pastilla de LSD.

Leí una vez que el olfato es nuestro sentido más primitivo, y eso encaja con lo que experimenté en ese instante: imágenes surgidas de lo que me pareció la parte más primaria del cerebro.

Recordé un día en Ludgrove, mi madre rellenando un calcetín mío de caramelos. Teníamos prohibido consumir chuches que vinieran de fuera, así que mi madre estaba saltándose las normas del colegio, riendo nerviosa mientras lo hacía, lo que me hacía quererla todavía más. Recordé que ambos nos moríamos de risa mientras íbamos metiendo los dulces hasta el fondo del calcetín y me recordé diciendo a gritos: «¡Oh, mamá, qué traviesa eres!». Recordé incluso la marca de los caramelos. ¡Opal Fruits!

Sólidos cuadrados de llamativos colores… similares a esos recuerdos resucitados.

Ahora entiendo por qué me gustaban tanto los «días del tentempié».

Y los Opal Fruits.

Recordé un día que íbamos a clase de tenis en el coche, con mi madre al volante, y Willy y yo en la parte trasera. Sin previo aviso, pisó el acelerador y empezamos a ir a toda pastilla por calles angostas, saltándonos los semáforos en rojo, derrapando al doblar las esquinas. Willy yo íbamos con el cinturón abrochado, así que no podíamos volvernos para mirar por la luna trasera, pero teníamos la sensación de que estaban persiguiéndonos. Eran paparazzi en motos y ciclomotores. «¿Van a matarnos, mamá? ¿Vamos a morir?». Mi madre, que llevaba grandes gafas de sol, iba mirando por los retrovisores. Tras quince minutos y varias ocasiones en las que estuvimos a punto de chocar, pisó el freno, estacionó, salió del coche y se dirigió hacia los paparazzi. «¡Dejadnos en paz! Por el amor de Dios, voy con mis hijos, ¿no podéis dejarnos en paz?». Temblorosa, con las mejillas encendidas, volvió a subir al coche, cerró la puerta de golpe, subió las ventanillas, dejó caer la cabeza sobre el volante y se puso a llorar mientras los paparazzi no paraban de disparar. Recordé las lágrimas cayendo de sus enormes gafas de sol y recordé a Willy paralizado como una estatua, y recordé a los paparazzi disparando, disparando y disparando, y recordé sentir mucho odio contra ellos y un gran y eterno amor por los que ocupaban el coche en el que me encontraba.

Recordé una vez que estábamos de vacaciones, en la isla Necker, los tres, sentados en una cabaña junto al acantilado, y que llegó una barca con un grupo de fotógrafos, buscándonos. Ese día habíamos estado jugando con globos de agua y todavía quedaban unos cuantos a nuestro alrededor. Mi madre montó enseguida una catapulta y repartió los globos entre nosotros. A la de tres, empezamos a dispararlos a la cabeza de los fotógrafos. El sonido de la risa de mi madre ese día, inaudible para mí durante todos esos años, regresó... ¡Regresó! Alta y clara como el ruido del tráfico procedente de la calle a la que daba la consulta.

Lloré de alegría al oírla.

29

The Sun publicó una rectificación sobre su artículo del porno. En un pequeño recuadro, en la página dos, donde nadie lo vería.

¿Qué más daba? El daño ya estaba hecho.

Además, le supuso a Meg decenas de miles de dólares en costas procesales.

Llamé a mi padre una vez más.

—No lo leas, mi querido...

Le corté. No pensaba volver a escuchar la misma tontería.

Además, ya no era un crío.

Lo intenté con un nuevo argumento. Le recordé a mi padre que eran los mismos lamentables malnacidos que lo habían retratado como un payaso toda su vida, que lo habían ridiculizado por dar la alarma sobre el cambio climático. Eran sus torturadores, sus acosadores, y, en ese momento, estaban torturando y acosando a su hijo y a la novia de su hijo... ¿Eso no le provocaba ira?

—¿Por qué tengo que suplicártelo, papá? ¿Por qué no es una prioridad para ti? ¿Por qué no te provoca angustia, te mantiene desvelado por las noches, que la prensa esté tratando así a Meg? Si tú la adoras..., me lo dijiste. Habéis conectado a través de vuestro amor por la música, te parece divertida y ocurrente, y con unos modales impecables, tú me lo dijiste... Entonces ¿por qué, papá? ¿Por qué?

No obtuve una respuesta clara. La conversación dio vueltas en círculos y cuando colgué, me sentí... abandonado.

Meg, mientras tanto, llamó a Camila, quien intentó consolarla diciendo que solo era la forma en que la prensa trataba a los recién llegados, y que todo pasaría a su debido tiempo, que ella misma, Camila, había sido la mala en el pasado.

¿Y qué suponía eso? ¿Que ahora le había tocado el turno a Meg? Como comparar peras con mazanas.

Camila también sugirió a Meg que yo ocupara el cargo de gobernador general de Bermudas, lo que resolvería todos nuestros problemas al alejarnos del candente ojo del huracán. Claro, claro, pensé yo, y como bonificación añadida de ese plan nosotros desapareceríamos del panorama.

Desesperado, acudí a Willy. Aproveché el primer momento tranquilo que había tenido con él en muchos años: finales de agosto de 2017, en Althorp. El vigésimo aniversario de la muerte de nuestra madre.

Fuimos remando con una pequeña barca hacia la isla. (El puente había sido demolido para ofrecer a mi madre intimidad y mantener a los intrusos alejados). Cada uno llevaba un ramo de flores, que colocamos en su lápida. Nos quedamos allí de pie durante un rato, pensando cada uno en silencio, y luego empezamos a hablar de la vida. Le hice un breve resumen de todo cuanto estábamos pasando Meg y yo.

—No te preocupes, Harold. Nadie se cree esas mierdas.

—No es verdad. Sí que se las creen. Los alimentan con eso, día a día, y llegan a creérselo sin ser conscientes de ello.

Willy no tenía una respuesta satisfactoria para eso, así que permanecimos en silencio.

Luego dijo algo extraordinario. Dijo que sentía que nuestra madre estaba ahí. Es decir..., con nosotros.

—Sí, yo también, Willy.

—Creo que ha estado en mi vida, Harold. Guiándome. Arreglándolo todo para mí. Creo que me ha ayudado a formar una familia. Y siento que ahora también está ayudándonos.

Asentí en silencio.

—Estoy totalmente de acuerdo. Creo que me ha ayudado a encontrar a Meg.

Willy retrocedió un paso. Puso cara de preocupación. Aquello parecía haber llegado demasiado lejos.

—Bueno, Harold, de eso no estoy seguro. ¡Yo no diría eso!

30

Meg volvió a Londres en septiembre de 2017. Estábamos en Nott Cott. En la cocina. Preparando la cena.

Toda la casa estaba llena de... amor. Llena a rebosar. Incluso parecía que se escapaba por la puerta abierta y salía hasta el jardín, el espacio asilvestrado que nadie había querido durante mucho tiempo, pero que Meg y yo fuimos reclamando poco a poco. Habíamos podado y cortado el césped, plantado y regado y muchas noches nos sentábamos allí, sobre una manta, para escuchar la música clásica que llegaba de los conciertos en el parque. Le hablé a Meg sobre el jardín que había justo al otro lado de nuestro muro: el jardín de mi madre. Donde Willy yo habíamos jugado de niños. Ahora estaba vedado para nosotros para siempre.

Tal como habían estado antes mis recuerdos.

—¿De quién es ese jardín ahora? —me preguntó ella.

—Pertenece a la princesa Miguel de Kent. Y a sus gatos siameses. Mi madre odiaba a esos gatos.

Mientras inspiraba la fragancia del jardín y pensaba en esa nueva vida, adoraba esa nueva vida, Meg estaba sentada en la otra punta de la cocina, sirviendo en los cuencos la comida asiática de las cajas de la cadena Wagamama. De pronto, solté sin pensar:

—No lo sé, es que yo…

Estaba dándole la espalda a Meg. Me quedé parado, a media frase, pues dudaba si seguir, no sabía si volverme.

—¿Qué es lo que no sabes, Haz?

—Es que…

—¿Sí?

—Te quiero.

Me quedé escuchando, esperando la respuesta. No la hubo.

A continuación pude oír a Meg, o sentirla, caminando hacia mí.

Me volví y allí estaba, justo ante mí.

—Yo también te quiero, Haz.

Había tenido esas palabras en la punta de la lengua casi desde el principio, así que, en cierto sentido, no parecieron especialmente reveladoras, ni siquiera necesarias. Por supuesto que la quería. Meg lo sabía, Meg lo veía, todo el mundo podía verlo. La quería con todo mi corazón como jamás había querido a nadie antes. Pero decirlo hizo que todo fuera real. Decir algo hace que las cosas se movilicen, automáticamente. Decirlo fue dar un paso.

Y también significaba que ahora teníamos unos cuantos pasos más que dar.

Como… ¿empezar a vivir juntos?

Le pregunté si le gustaría mudarse a Gran Bretaña, mudarse a Nott Cott conmigo.

Hablamos de lo que eso supondría, y cómo funcionaría, y a qué tendría que renunciar ella. Hablamos sobre la logística de despedirse de su vida en Toronto. Cuándo, y cómo, y, sobre todo…, ¿para qué exactamente?

—No puedo dejar la serie y dejar mi trabajo solo para ver qué pasa. ¿No sería mudarme a Gran Bretaña un compromiso para siempre?

—Sí —respondí—. Sí que lo sería.

—En ese caso —dijo con una sonrisa—. Sí quiero.

Nos besamos, nos abrazamos y nos sentamos a cenar.

Yo lancé un suspiro.

«Ya estamos en marcha», pensé.

Sin embargo, más tarde, cuando ella ya se había dormido, analicé lo que sentía. Tal vez, a consecuencia de la terapia. Entre todas mis emociones agitadas, percibí un intenso rayo de alivio. Ella me había respondido, había dicho «te quiero» y había sido algo espontáneo, no había sido una formalidad. No podía negar que una parte de mí se había preparado para lo peor. «Haz, lo siento, pero no sé si puedo hacerlo...». Parte de mí temía que ella saliera corriendo. Que regresara a Toronto y cambiara de número de teléfono. Que siguiera el consejo de sus amigas.

«¿Hay alguien que valga tanto la pena?».

Parte de mí pensaba que sería lo bastante lista para hacer eso.

31

Por pura casualidad, los Invictus Games de 2017 iban a celebrarse en Toronto. A tiro de piedra de la casa de Meg. Una ocasión perfecta, decidió la Casa Real, para nuestra primera aparición oficial en público.

Meg estaba un poco nerviosa. Yo también. Pero no teníamos alternativa. Había que hacerlo, nos dijimos. Ya nos habíamos ocultado al mundo durante demasiado tiempo. Además, sería el entorno más controlado y predecible que pudiéramos desear.

Por encima de todo, en cuanto tuviéramos una cita en público, los paparazzi verían rebajado el precio de nuestras cabezas, que en ese momento ya rondaba los cientos de miles de libras.

Intentamos que todo aquello fuera lo más normal posible. Vimos el partido de tenis en silla de ruedas desde la primera fila, centrados en el juego y en la buena causa, ignorando el zumbido de las cámaras. Conseguimos pasarlo bien, intercambiar un par de chistes con unos neozelandeses sentados a nuestro lado y las fotos que se publicaron al día siguiente eran muy tiernas, aunque varios periódicos británicos se metieron con Meg por vestir con vaqueros rotos. Nadie mencionó que todo lo que llevaba puesto, incluidas las sandalias y la camisa, había sido aprobado por la Casa Real.

Y con ese «nadie» me refiero a ninguna persona de la Casa Real.

Esa semana, habría bastado con una sola declaración en defensa de Meg para marcar una tremenda diferencia.

32

Les conté a Elf y a Jason que quería proponer matrimonio a Meg.

Ambos me felicitaron.

Sin embargo, Elf dijo que debía hacer una rápida investigación, para conocer bien el protocolo. Había unas normas estrictas que regían el asunto.

¿Normas? ¿De verdad?

Regresó días después y me dijo que, antes de poder hacer nada, debía pedir permiso a mi abuela.

Le pregunté si era una norma seria o era una de esas que podíamos saltarnos.

—Oh, no, es una norma muy seria.

No tenía sentido. Un hombre adulto ¿pidiéndole permiso a su abuela para casarse? No recordaba que Willy lo hubiera hecho cuando se declaró a Kate. Ni que mi primo Peter se lo hubiera preguntado cuando se lo pidió a su mujer, Autumn. Pero, pensándolo mejor, recordé que mi padre sí lo hizo cuando quiso casarse con Camila. En ese momento no entendí la ridiculez de que un hombre de cincuenta y seis años tuviera que pedir permiso a su madre.

Elf comentó que no tenía sentido ponerse a analizar ni el porqué ni el cómo; se trataba de una norma inalterable. Los primeros seis en la línea sucesoria al trono debían pedir permiso. La ley de Matrimonios Reales de 1772, o la ley de Sucesión a la Corona de 2013..., y así siguió mencionando leyes sin parar y yo no daba crédito. La cuestión era que el amor ocupaba un clarísimo segundo plano por detrás de la ley. De hecho, la ley había triunfado sobre el amor en más de una ocasión. Alguien de mi familia, no hacía tanto, había sido... disuadido por todos los medios de casarse con el amor de su vida.

—¿Quién?

—Tu tía Margarita.

—¿De verdad?

—Sí. Quería casarse con un divorciado y... bueno.

—¿Un divorciado?

Elf asintió. Mierda, a lo mejor no resultaba tan fácil.

—Pero si mi padre y Camila eran divorciados —dije— y consiguieron el permiso, ¿no significa eso que la norma ya no es vinculante?

—Eso fue en el caso de tu padre —repuso Elf—. Ahora se trata de ti.

Por no mencionar el revuelo que hubo por cierto monarca que quiso casarse con una divorciada estadounidense, lo que Elf me recordó que había acabado con la abdicación y el exilio del rey.

—El duque de Windsor, ¿te suena?

Y así, con el corazón encogido de miedo y la boca seca, abrí la agenda. Con la ayuda de Elf marqué con un círculo un fin de semana a finales de octubre. Una salida de caza en familia a Sandringham. Las salidas de caza siempre ponían a mi abuela de buen humor.

¿Tal vez estaría más abierta a pensar en el amor?

33

Era un día nublado y ventoso. Me subí al venerable y viejo Land Rover, la antigua ambulancia militar que mi abuelo había reconvertido. Mi padre iba al volante y Willy en el asiento trasero. Yo me coloqué en el del copiloto y me pregunté si debía contarles mis intenciones.

Decidí no hacerlo. Mi padre ya lo sabía, supuse, y Willy ya me había advertido que no lo hiciera.

Me había dicho que todo había ido muy deprisa. Que era demasiado pronto.

De hecho, me había desanimado bastante incluso a la hora de salir con Meg. Un día, cuando estábamos sentados en su jardín, predijo un montón de dificultades que me esperaban si salía con una «actriz estadounidense», una expresión que, dicha por él, siempre sonaba a «condenada por delito grave».

—¿Estás seguro de seguir con ella, Harold?

—Sí que lo estoy, Willy.

—¿Pero sabes lo difícil que va a ser?

—¿Qué quieres que haga? ¿Desenamorarme de ella?

Los tres llevábamos gorra plana, chaqueta verde y pantalones bombachos de caza, como si jugáramos en el mismo equipo deportivo. (Supongo que, en cierta forma, así era). Cuando mi padre se adentraba con el vehículo en el campo, me preguntó por Meg. No con mucho interés, solo de pasada. Con todo, no siempre me preguntaba, así que me gustó.

—Está bien, gracias.

—¿Quiere seguir trabajando?

—¿Cómo has dicho?

—¿Quiere seguir actuando?

—Ah, bueno, no lo sé, no lo creo. Espero que quiera estar conmigo, con todo lo que eso implica, ya sabes; la obligaría a dejar *Suits*..., ya que la serie se rueda en Toronto.

—Hum..., ya veo. Bueno, mi querido hijo, ya sabes que no nos sobra el dinero.

Me quedé mirándolo. ¿Sobre qué pretendía darme la chapa?

Se explicó. O lo intentó.

—Yo no puedo pagar la manutención de nadie más. Ya estoy teniendo problemas para pagar la de tu hermano y Catherine.

Me estremecí. Fue por algo relacionado con que usara el nombre de Catherine. Recordé un momento en que Camila y él querían que Kate cambiara la forma de escribir su nombre, porque ya había dos iniciales de la realeza con ce y una corona encima: Carlos y Camila. Resultaría demasiado confuso tener otra. Le sugirieron que escribiera Katherine, con ka.

En ese instante, me pregunté qué se habría hecho de aquella sugerencia.

Me volví para mirar a Willy.

—¿Estás escuchando esto?

Permaneció inexpresivo.

Mi padre no nos mantenía económicamente ni a Willy ni a mí, ni a nuestras familias, aparte de cualquier regalo que nos hiciera. Era más bien su trabajo. Ese era el trato. Accedimos a servir a la monarquía, ir adonde nos enviaran, hacer lo que nos mandaran, entregar nuestra autonomía, mantenernos en la jaula de oro, atados de pies y manos todo el tiempo, a cambio de que los guardianes de la jaula nos alimentaran y vistieran. ¿Estaba mi padre, con todos sus millones del tremendamente lucrativo ducado de Cornualles, intentando decir que nuestra cautividad empezaba a costarle demasiado dinero?

Además, ¿cuánto podía costar proporcionar casa y comida a Meg? Quise decirle que ella no comía demasiado, y, si él quería, le pediría que se confeccionara su propia ropa.

De pronto me quedó claro que aquello no iba sobre dinero. Era posible que mi padre temiera el aumento del coste que conllevaría nuestra manutención, pero lo que realmente no podía soportar era que alguien nuevo dominara la monarquía, que ocupara el primer plano, alguien resplandeciente y novedoso que le hiciera sombra. Y a Camila. Eso ya lo había vivido antes y no tenía ningún interés en volver a pasar por ello.

Yo no pensaba soportar nada de todo aquello en ese preciso instante. No tenía tiempo para celos estúpidos ni intrigas palaciegas. Seguía dándole vueltas a qué iba a decirle exactamente a mi abuela y el momento ya había llegado.

El Land Rover se detuvo. Salimos todos en tropel y nos colocamos por detrás del seto, situados por mi padre. Esperamos a que aparecieran las aves. Soplaba el viento y yo tenía la cabeza en otro lugar, pero, en cuanto empezó la primera batida, me di cuenta de que estaba disparando bien. Fui capaz de centrarme. A lo mejor sí que era un alivio pensar en otra cosa. Quizá prefería centrarme en el siguiente disparo antes que en la «gran bomba» que estaba a punto de lanzar. Seguí apuntando de un lado para otro el cañón, apretando el gatillo, acertando todos los blancos.

Hicimos una pausa para comer. Lo intenté varias veces, pero no logré encontrar sola a mi abuela. Todos la rodeaban, no paraban de hablarle. Así que engullí la comida mientras esperaba mi momento.

Un almuerzo típico de día de caza real. Mientras nos calentábamos los pies junto a las hogueras, disfrutamos de patatas asadas, jugosa carne, cremosas sopas, y el personal atendía hasta el último detalle. De postre, deliciosos púdines. Para terminar, un poco de té y un par de copas. Y de vuelta a las aves.

Durante las dos últimas batidas del día, no paraba de mirar de soslayo a mi abuela, para ver cómo se encontraba. En general, parecía que estaba bien. Y muy concentrada.

¿De verdad no tenía ni idea de lo que se avecinaba?

Tras la última batida, la partida de caza se dispersó. Todo el mundo terminó de cobrar sus piezas y regresó a los Land Rover. Vi a mi abuela subir a su Range Rover algo más pequeño y alejarse hacia el centro del campo de rastrojos. Empezó a buscar aves muertas, mientras sus perros cazaban.

No se veía ningún miembro de seguridad a su alrededor: era mi oportunidad.

Caminé hacia el centro del campo de rastrojos, me puse a su altura y empecé a ayudarla. Mientras revisábamos bien el suelo en busca de aves muertas, intenté trabar con ella una charla informal, para que se relajara y para relajar un poco mis cuerdas vocales. El viento arreciaba, y las mejillas de mi abuela parecían heladas, a pesar de la bufanda que llevaba bien enrollada en la cabeza.

Cosas que no ayudaban: mi inconsciente. Estaba aflorando. Toda la seriedad del tema empezaba a calarme. Si mi abuela decía que no..., ¿tendría que despedirme de Meg? No podía ni imaginarme estar sin ella..., pero tampoco podía imaginar contrariar abiertamente a mi abuela. Mi reina, mi comandante en jefe. Si ella no me daba su permiso, se me rompería el corazón, y desde luego que buscaría otra ocasión para pedírselo de nuevo, pero lo tendría todo en contra. Mi abuela no era precisamente conocida por cambiar de idea. Así que, en ese momento, o empezaba mi vida o acababa. Todo lo decidirían las palabras que escogiera, cómo las pronunciara y cómo las recibiría mi abuela.

Si todo eso no bastaba para sentirme cohibido al hablar, había leído montones de comentarios en la prensa, atribuidos a fuentes de «la Casa Real», sobre que algún miembro de mi familia no aprobaba, dicho finamente, a Meg. Que no le gustaba su forma directa de ser. Que no se sentía del todo cómodo con su intensa ética del trabajo. A quien no le gustaban sus preguntas ocasionales. Su curiosidad saludable y natural era presentada como impertinencia.

También hubo rumores sobre un ligero y predominante malestar relativo a su raza. Se había expresado «preocupación» en ciertos sectores sobre el tema de si el Reino Unido estaba o no «listo». Significara lo que significara eso. ¿Habría llegado a conocimiento de mi abuela alguna parte de toda esa basura? De ser así, ¿mi petición de permiso no era más que un ejercicio inútil?

¿Recaería sobre mí la maldición de convertirme en la siguiente Margarita?

«Oh, un bolígrafo. Guau».

Pensé en otros momentos decisivos de mi vida en los que tuve que pedir autorización. Pedir autorización a control para disparar al enemigo. Pedir autorización a la Fundación Real para crear los Invictus Games. Pensé en los pilotos que me pedían autorización para cruzar el espacio aéreo. De pronto mi vida parecía una serie interminable de peticiones de autorización, todas ellas como preludio a ese momento.

Mi abuela empezó a regresar hacia su Range Rover. Yo caminaba a toda prisa tras ella, con los perros dando vueltas a mis pies. Al mirarlos, me vino algo a la memoria. Mi madre decía que estar con la abuela y sus corgis era como estar sobre una alfombra en movimiento, y yo los conocía a casi todos, los vivos y los muertos, como si fueran mis primos: Dookie, Emma, Susan, Linnet, Pickles, Chipper, se decía que todos eran descendientes de los corgis pertenecientes a la reina Victoria, cuanto más cambiaban las cosas más permanentes eran ellos. Sin embargo, los perros que acompañaban a mi abuela en ese momento no eran sus corgis, eran perros de caza, y tenían un objetivo distinto, y yo tenía un objetivo distinto, y me di cuenta de que debía ir al grano, sin dudarlo un segundo más. Cuando mi abuela desplegó la rampa trasera, cuando los perros subieron al vehículo de un salto, cuando iba a acariciarlos pero recordé que llevaba un pájaro muerto en cada mano, con sus cuellos laxos entre los dedos, sus ojos vidriosos en blanco (estoy con vosotros, pájaros), sintiendo sus cuerpos aún calientes a través de los guantes, me volví hacia mi abuela y la vi mirarme con el ceño fruncido. (¿Percibía que estaba asustado? ¿Tanto por la petición de autorización como por el hecho de que ella fuera Su Alteza Real? ¿Se daba cuenta de que, sin importar lo mucho que la quisiera, siempre me ponía nervioso en su presencia?). Vi que estaba esperando a que yo hablara... y no esperaba pacientemente.

Su expresión clamaba: «Suéltalo».

Tosí para aclararme la voz.

—Abuela, ya sabes que quiero mucho a Meg, y he decidido que me gustaría pedirle matrimonio, y me han dicho que..., bueno..., que tengo que obtener tu autorización antes de pedirle la mano.

—¿Tienes que hacerlo?

—Bueno..., sí, eso es lo que me ha dicho tu personal y también el mío. Que tengo que pedirte autorización.

Permanecí totalmente quieto, como paralizado, con los pájaros en las manos. Me quedé mirándola a la cara, pero era incapaz de interpretar su expresión. Al final me contestó.

—Bueno, pues supongo que tendré que decirte que sí.

Entrecerré los ojos. ¿Sentía que tenía que decir que sí? ¿Significaba eso que decía que sí, pero quería decir que no?

No lo entendía. ¿Estaba siendo sarcástica? ¿Irónica? ¿Intencionadamente críptica? ¿Estaba permitiéndose hacer un juego de palabras? No me sonaba que mi abuela fuera aficionada a los juegos de palabras, y ese habría sido un momento de lo más raro para empezar (por no hablar de lo tremendamente inapropiado), pero a lo mejor había visto la oportunidad de aprovechar mi uso del verbo «tener» y no había podido resistirse.

O tal vez había algún mensaje oculto tras ese juego de palabras que yo no estaba entendiendo.

Me quedé ahí plantado, con los ojos entrecerrados, sonriendo, durante lo que me parecieron varias décadas, preguntándome una y otra vez: «¿Qué es lo que está intentando decirme la reina de Inglaterra?».

Tardé bastante en caer en la cuenta: «¡Está diciéndote que sí, imbécil! Está dándote autorización. ¿A quién le importa cómo lo diga? Tienes que darte cuenta de cuándo aceptar un sí como respuesta».

Así que solté de sopetón:

—Bien. ¡Vale, abuela! Bueno. Fabuloso. ¡Gracias! ¡Muchas gracias!

Quise abrazarla.

Deseaba abrazarla.

No la abracé.

La ayudé a subir al Range Rover y regresé junto a mi padre y Willy.

34

Cogí un anillo del joyero de Meg y lo llevé a un diseñador de joyas, para que supiera su talla.

Dado que era, además, el albacea de las pulseras, pendientes y collares de mi madre, le pedí que extrajera los diamantes de una pulsera especialmente bella de mi madre y que los utilizara para crear un anillo.

Lo hablé todo con Willy antes de hacerlo. Le pregunté si podía quedarme la pulsera y le dije para qué era. No recuerdo que dudara ni un segundo antes de cedérmela. Al parecer, apreciaba a Meg, a pesar de sus ya mencionadas reticencias. A Kate también le gustaba. Los invitamos a cenar durante una de las visitas de Meg, ella cocinó y todo fue de maravilla. Willy estaba resfriado: moqueaba y tosía, y Meg corrió al piso de arriba a buscarle un remedio homeopático para todo. Aceite esencial de orégano con cúrcuma. Willy parecía encantado, conmovido, aunque Kate anunció a los comensales que él jamás había aceptado esos remedios poco convencionales.

Esa noche hablamos de Wimbledon y de *Suits*, y Willy y Kate no se atrevieron a confesar que eran superfans de la serie. Lo que fue muy considerado.

La única posible nota discordante que se me ocurre fue la marcada diferencia en la forma de vestir de las dos mujeres, de la que ambas se dieron cuenta.

Meg: vaqueros rotos, pies descalzos.

Kate: de punta en blanco.

Yo pensé que no era para tanto.

Junto con los diamantes de la pulsera le pedí al diseñador que añadiera un tercero: un diamante no manchado de sangre procedente de Botsuana.

El diseñador me preguntó si había prisa.

«Bueno..., ahora que lo pregunta...».

35

Meg embaló todo lo que tenía en casa, dejó su personaje en *Suits*. Después de siete temporadas. Un momento difícil para ella, porque adoraba la serie, adoraba el personaje que interpretaba, adoraba al reparto y al equipo; adoraba Canadá. Por otro lado, la vida allí se había vuelto insostenible. Sobre todo en el plató. Los guionistas estaban desesperados, porque a menudo eran obligados por el gabinete de comunicación de la Casa Real a cambiar frases de los diálogos, lo que haría el personaje de Meg o cómo debía interpretarlo ella.

Meg también cerró su web y abandonó todas las redes sociales, de nuevo a petición del gabinete de comunicación de la Casa Real. Se había despedido de sus amigos, de su coche y de uno de sus perros, Bogart. El pobre se había traumatizado tanto por el asedio de la casa, por los timbrazos constantes, que su carácter cambiaba cuando Meg estaba presente. Se había convertido en un agresivo perro guardián. Sus vecinos tuvieron la amabilidad de adoptarlo.

Pero Guy sí que vino. No mi amigo, sino el otro perro de Meg, su pequeño y maltrecho beagle, que últimamente andaba aún más maltrecho. Echaba mucho de menos a Bogart, claro, pero, lo que era más importante, tenía una grave lesión. Días antes de que Meg se marchara de Canadá, Guy había escapado de su cuidador. (Meg estaba trabajando). Lo habían encontrado a varios kilómetros de distancia de la casa de Meg, incapaz de caminar. Ahora tenía las patas entablilladas.

A menudo debía levantarlo para que pudiera hacer pis.

No me importaba en absoluto. Yo adoraba a ese perro. No podía dejar de besarlo y hacerle mimos. Sí, la intensidad de mis sentimientos hacia Meg era extensible a cualquier persona o animal al que ella quisiera, pero es que además yo llevaba mucho tiempo deseando un perro y jamás había podido tener uno por mi vida nómada. Una noche, poco después de que Meg llegara a Gran Bretaña, estábamos en casa, preparando la cena, jugando con Guy, y la cocina de Nott Cott estaba más llena de amor que cualquier otro espacio en el que hubiera estado jamás.

Abrí una botella de champán, un viejo, viejísimo regalo que había estado reservando para una ocasión especial.

Meg sonrió.

—¿Qué celebramos?

—Nada en especial.

Levanté a Guy en brazos, lo llevé al exterior, al jardín amurallado, y lo coloqué sobre una manta que había extendido en el césped. Luego volví al interior y le pedí a Meg que cogiera su copa de champán y saliera conmigo.

—¿Qué pasa?

—Nada.

La llevé hasta el jardín. Era una noche fría. Ambos íbamos embutidos en gruesos abrigos y el suyo tenía una capucha forrada de piel sintética que enmarcaba su rostro como si fuera un camafeo. Coloqué velas de led alrededor de la manta. Quería que pareciera Botsuana, la sabana, donde se me ocurrió por primera vez pedirle matrimonio.

En ese momento me arrodillé sobre la manta, con Guy junto a mí. Ambos miramos con curiosidad a Meg.

Yo ya tenía los ojos anegados en lágrimas, saqué el anillo del bolsillo y dije mi parte. Estaba temblando y podían oírse los latidos de mi corazón, y la voz me fallaba, pero ella captó la idea.

—¿Pasas tu vida conmigo? ¿Me haces el tío más feliz del planeta?

—Sí.

—¿Sí?

—¡Sí!

Yo reí, ella rio. ¿Qué otra reacción podía existir? En este mundo loco, esta vida llena de dolor, lo habíamos conseguido. Habíamos conseguido encontrarnos.

Luego empezamos a llorar y a reír, y a acariciar a Guy, que nos miraba, atónito.

Corrimos hacia la casa.

—Ah, un momento. ¿No quieres ver el anillo, amor mío?

Ni siquiera lo había pensado. No le importaba.

Entramos a toda prisa para terminar la celebración en la calidez de nuestra cocina.

Era 4 de noviembre.

Conseguimos guardarlo en secreto durante unas dos semanas.

36

Lo normal habría sido acudir al padre de Meg en primer lugar, pedirle su bendición. Pero Thomas Markle era un hombre complicado.

La madre de Meg y él se separaron cuando ella tenía dos años, y después de aquello, ella dividía su tiempo con ellos. De lunes a viernes con su madre y los fines de semana, con su padre. Después, durante una temporada mientras iba al instituto, se mudó con su padre para convivir con él a diario. Así de cercana era su relación.

Al acabar la universidad, Meg se fue a viajar por el mundo, pero siempre permaneció en contacto con su «papi». A sus treinta años, seguía llamándolo «papi». Lo adoraba, se preocupaba por él —por su salud, por sus hábitos— y a menudo le hacía confidencias. Cuando trabajaba en *Suits* le consultaba todas las semanas sobre la iluminación. (Él había sido director de iluminación en Hollywood, y había ganado dos premios Emmy). En los últimos años, sin embargo, no había trabajado con regularidad, y había medio desaparecido. Había alquilado una pequeña casa en una pequeña ciudad de México, al lado de la frontera con Estados Unidos, y no le iba muy bien en general.

En todos los sentidos, opinaba Meg, su padre jamás sería capaz de aguantar la presión psicológica de ser acosado por la prensa y eso era lo que le ocurría en ese momento. Hacía tiempo que se había abierto la veda para dar caza a todas las personas del círculo de Meg, cada amigo actual y exnovio, cada primo, incluidos aquellos que jamás había visto, cada antiguo jefe o antiguo compañero de trabajo. Sin embargo, en cuanto me declaré, se produjo una cobertura mediática agresiva en torno a... su padre. Lo consideraban el premio gordo. Cuando el *Daily Mirror* publicó su ubicación, los paparazzi fueron hasta su casa, lo provocaron, intentando tentarlo para que saliera al exterior. Ninguna caza del zorro, ningún hostigamiento de osos ha sido jamás tan perverso. Hombres y mujeres desconocidos le ofrecían dinero, regalos, amistad. Como nada de todo eso les funcionó, alquilaron la casa de al lado y lo fotografiaban día y noche a través de sus ventanas. La prensa informó de que, como consecuencia, el padre de Meg había tapiado las ventanas con tablones de contrachapado.

Pero eso no era cierto. Hacía tiempo que tapiaba las ventanas con tablones, incluso cuando vivía en Los Ángeles, mucho antes de que Meg empezara a salir conmigo.

Era un hombre complicado.

Empezaron a seguirlo hasta el pueblo, a seguirlo mientras hacía los recados, a caminar detrás de él cuando recorría los pasillos de las tiendas locales. Publicaban sus fotos con el titular: «¡Pillado!».

Meg lo llamaba por teléfono y le pedía que mantuviera la calma.

—No hables con ellos, papi. Ignóralos, acabarán marchándose, siempre y cuando no reacciones. Es lo que la Casa Real nos dice que hagamos.

37

A los dos nos resultaba difícil, al tiempo que lidiábamos con todo eso, centrarnos en el millón de detalles que conlleva una boda de la realeza.

Por extraño que parezca, la Casa Real también tenía problemas para centrarse.

Queríamos casarnos deprisa. ¿Para qué dar a los periódicos y a los paparazzi tiempo para que hicieran el mal? Sin embargo, la Casa Real no lograba escoger una fecha. Ni un lugar para el evento.

Mientras esperábamos algún decreto de lo más alto, de las nebulosas altas esferas del aparato de toma de decisiones de la familia real, iniciamos la tradicional «gira de compromiso». Inglaterra, Irlanda, Escocia, Gales; viajamos de punta a punta del Reino Unido, para presentar a Meg al pueblo.

Las multitudes enloquecieron con ella. «¡Meg, a Diana le habrías encantado!», le gritaban las mujeres sin parar. Un sentir totalmente diferente al tono y el tenor de la prensa sensacionalista y también un recordatorio: la prensa británica no era la realidad.

A nuestro regreso de ese viaje, llamé por teléfono a Willy, para sondearle, y le pregunté qué opinaba sobre el lugar donde podríamos casarnos.

Le dije que había pensado en la abadía de Westminster.

—No es un buen lugar. Nosotros nos casamos allí.

—Vale, vale. ¿En San Pablo?

—Demasiado grandiosa. Además, papá y mamá se casaron allí.

—Hum..., sí. Bien visto.

Me sugirió Tetbury.

Solté un bufido.

—¿Tetbury? ¿La capilla cerca de Highgrove? ¿En serio, Willy? ¿Cuántas personas caben en ese sitio?

—¿No era lo que decías que querías? ¿Una boda discreta y pequeña?

Lo que en realidad queríamos era fugarnos. Casarnos descalzos en Botsuana, quizá con un amigo oficiando la boda, ese era nuestro sueño. Pero se esperaba que compartiéramos ese momento con otras personas. No dependía de nosotros.

38

Consulté con la Casa Real. ¿Alguna novedad sobre la fecha? ¿Y sobre la localización?

La respuesta fue negativa en ambos casos.

¿Qué tal el mes de marzo?

Pues vaya, marzo estaba lleno.

¿Y junio?

Lo lamentaban, pero era el día de la Orden de la Jarretera.

Al final nos presentaron una fecha: mayo de 2018.

Y aceptaron nuestra ubicación solicitada: la capilla de San Jorge.

Una vez establecido eso, realizamos nuestra primera aparición pública junto a Willy y Kate.

Fue durante el Foro de la Fundación Real. En febrero de 2018.

Los cuatro nos sentamos en un escenario mientras una mujer nos hacía preguntas sobre béisbol infantil ante un público bastante nutrido. La fundación estaba a punto de cumplir una década de existencia, y hablamos sobre su pasado mientras se planteaba su futuro con nosotros cuatro al timón. El público estaba entregado, los cuatro estábamos pasándolo bien, la atmósfera en general era tremendamente positiva.

Un periodista nos puso el apodo de los Cuatro Fabulosos.

«¡Ya está!», pensé, esperanzado.

Días después, llegó la controversia. Algo relacionado con que Meg había apoyado la campaña #MeToo, mientras que Kate no había demostrado su respaldo... ¿A través de sus respectivos atuendos? Creo que esa fue la clave, pero ¿quién podría saberlo? Era todo una invención. Aunque tengo la impresión de que eso puso a Kate de los nervios, además de hacerla consciente, así como a todos los demás, de que, a partir de ese momento, iba a ser comparada y obligada a competir con Meg.

Todo esto llegó justo después de un momento incómodo entre

bambalinas. Meg le pidió a Kate el brillo labial. Algo muy estadounidense. Meg había olvidado el suyo, le preocupaba necesitarlo y se lo pidió a Kate. Ella, sorprendida, rebuscó en su bolso y, a regañadientes, sacó un pequeño tubito. Meg se puso un poco en el dedo y se lo aplicó en los labios. Kate puso cara de asco. ¿Un pequeño choque de estilos, tal vez? Algo de lo que deberíamos haber podido reírnos poco tiempo después. Pero dejó una pequeña huella. Entonces la prensa intuyó que ocurría algo e intentó convertirlo en algo más tremendo.

«Ya está...», pensé, apesadumbrado.

39

Mi abuela concedió su aprobación formal al matrimonio en marzo de 2018. Mediante decreto real.

Mientras tanto, nuestra familia continuaba aumentando. Meg y yo llevamos a casa otro cachorro, una hermanita para el pequeño Guy. El pobre necesitaba compañía, de modo que cuando un amigo de Norfolk me dijo que su labradora negra tenía una camada y me ofreció una preciosa hembra de ojos ambarinos, no pude decirle que no.

Meg y yo la llamamos Pula, «lluvia» en setsuano.

Y «buena suerte».

Muchas mañanas, me despertaba para verme rodeado de seres queridos, que me querían y dependían de mí, y no entendía cómo podía ser tan afortunado. Dejando las complicaciones del trabajo a un lado, la felicidad era aquello. La vida me trataba bien.

Y, según parecía, seguía un camino predestinado. Quiso la casualidad que el decreto matrimonial coincidiera con la emisión de la última temporada de *Suits*, en la cual el personaje que interpretaba Meg, Rachel, también estaba preparando su boda. El arte y la vida se imitaban mutuamente.

Pensé que había sido un detalle por parte de *Suits* que casaran a Meg en la serie en lugar de tirarla por el hueco de un ascensor. Ya había suficientes personas en la vida real con ganas de hacerlo.

Con todo, esa primavera la prensa estuvo más tranquila. Preferían invertir sus esfuerzos en obtener noticias de última hora sobre los detalles de la boda que en inventar calumnias. No había día que no apareciera una «exclusiva mundial» sobre las flores, la música, la comida o la tarta. Ningún detalle era insignificante, ni siquiera los retretes portátiles. Se publicó que dispondríamos de los retretes portátiles más lujosos del mundo —lavamanos de porcelana, asientos chapados en oro— tras habernos inspirado en los de la boda de Pippa Middleton. En realidad, ni nos habíamos fijado en cómo o dónde la gente iba a mear o a hacer sus necesidades en la boda de Pippa, y no tuvimos nada que ver en la elección de los nuestros, aunque desde luego esperábamos que todo el mundo pudiera hacer sus menesteres cómodo y tranquilo.

Pero sobre todo esperábamos que los cronistas de la realeza continuaran escribiendo sobre mierda en lugar de removerla.

De modo que cuando la Casa Real nos animó a proporcionar más información sobre la boda a dichos cronistas, conocidos como la *royal rota*, un sistema rotativo de acreditación exclusiva, obedecimos. Y aproveché para avisar a la Casa Real de que durante el Gran Día, el día más feliz de nuestras vidas, no quería ver ni a uno solo de ellos en el interior de la capilla salvo que Murdoch en persona se disculpara por el tema de las escuchas.

La Casa Real se rio. El personal de palacio nos advirtió que impedir la entrada a la *royal rota* a la ceremonia sería declarar una guerra sin cuartel.

«Pues vayamos a la guerra».

Estaba harto de la *royal rota*, tanto de sus cronistas como de la práctica en sí, un sistema completamente obsoleto. Se había creado hacía unos cuarenta años para proporcionar contenido exclusivo sobre la familia real a los medios de comunicación británicos, y apestaba. Defendía la competencia desleal, promocionaba el amiguismo y alentaba a una pequeña horda de gacetilleros a creerse con derecho a todo.

Tras semanas de peleas y discusiones, se llegó a un acuerdo: la *royal rota* tendría vetada la entrada a la capilla, pero podía reunirse fuera.

Una pequeña victoria, que celebré como un gran triunfo.

40

Mi padre se ofreció a ayudarnos a elegir la música para la ceremonia y una noche nos invitó a Clarence House a cenar y... a un concierto.

Sacó su «radio» y empezamos a poner música, música preciosa, de todo tipo. Apoyaba por completo nuestro deseo de contar con una orquesta en lugar de un organista, y nos hizo escuchar una selección de orquestas para que nos hiciéramos una idea.

Al cabo de un rato, enlazamos con música clásica y comentó lo mucho que le gustaba Beethoven.

Meg habló de su pasión por Chopin.

Siempre le había gustado, pero en Canadá acabó dependiendo de él; por lo visto, la música de Chopin era lo único que conseguía calmar a Guy y a Bogart.

Se lo ponía día y noche.

Mi padre sonrió con gesto comprensivo.

En cuanto terminaba una pieza, se apresuraba a colocar otro CD en su «radio» y empezaba a tararear o a llevar el ritmo con los pies al compás de la siguiente. Estaba relajado, ingenioso, encantador, y yo no dejaba de sacudir la cabeza, asombrado. Sabía que mi padre adoraba la música, pero nunca hubiera imaginado hasta qué punto.

Meg hacía aflorar en él cualidades que pocas veces había visto. Mi padre rejuvenecía ante ella. Lo presencié, vi cómo se afianzaba aquella conexión entre ellos, y sentí que el vínculo que me unía a él se fortalecía al mismo tiempo. Había tanta gente portándose con ella de manera tan mezquina que el corazón no me cabía en el pecho al ver que mi padre la trataba como la princesa en la que iba —o en la que estaba destinada— a convertirse.

41

Después de todo el estrés que comportó solicitar permiso a mi abuela para casarme con Meg, creía que nunca tendría el valor de volver a pedirle nada más.

Y, aun así, me atreví con una nueva petición: «Abuela, por favor, ¿podría dejarme la barba para la boda?».

No se trataba de una petición cualquiera. Había quien consideraba que las barbas eran una clara violación del protocolo y la tradición, sobre todo teniendo en cuenta que iba a casarme de uniforme. El Ejército británico no permitía llevar barba.

Sin embargo, ya no estaba en el Ejército y necesitaba aferrarme a algo que había logrado contener mi ansiedad.

No tenía lógica, pero así era. Me había dejado barba durante el viaje al Polo Sur y no me la había afeitado a mi regreso, y me había ayudado, junto con la terapia, la meditación y otras cuantas cosas, a mitigar mis nervios. No sabía explicarlo, aunque había encontrado artículos donde se describía aquel fenómeno. Puede que fuera algo freudiano, la barba como manta de apego. O quizá junguiano, la barba como máscara. Se debiese a lo que se debiera, me proporcionaba tranquilidad, y quería estar lo más tranquilo posible el día de mi boda.

Además, mi futura esposa no me había visto nunca sin ella. Le encantaba, le gustaba tirar de ella para darme un beso. No quería que se encontrara con un completo desconocido al final del pasillo.

Se lo expliqué a la abuela y aseguró que lo entendía. Además, a su propio marido le gustaba lucir una pequeña barbita de vez en cuando. Dijo que sí, que podía dejármela. Sin embargo, cuando se lo conté a mi hermano, este se… ¿molestó?

Dijo que no estaba bien. Que si el Ejército, que si las normas, etcétera.

Le di una pequeña clase de historia. Mencioné algunos miembros de la realeza que habían llevado barba y uniforme. El rey Enrique VII. Jorge V. El príncipe Alberto. Y, ya en nuestra época, el príncipe Miguel de Kent.

Le sugerí amablemente que lo buscara en Imágenes de Google.

Dijo que no era lo mismo.

Cuando le hice saber que, en realidad, su opinión no importaba dado que ya lo había consultado con la abuela y ella había dado el visto bueno, se puso hecho una furia. Alzó la voz.

—¡Has ido a pedirle permiso!

—Sí.

—¿Y qué te ha dicho la abuela?

—Que me la dejara.

—¡La has puesto en un compromiso, Harold! ¿Qué otra cosa iba a decirte?

—¿Que qué iba a decirme? ¡Pero si es la reina! Si no hubiera querido que llevara barba, creo que me lo habría dicho sin problemas.

Sin embargo, Willy estaba convencido de que la abuela tenía debilidad por mí, que me consentía mientras que a él le ponía el listón tan alto que era prácticamente imposible de alcanzar. Por todo aquello del... Heredero, el Repuesto, etcétera. Aquello lo sacaba de sus casillas.

La discusión continuó, tanto en persona como por teléfono, durante más de una semana. Willy era incapaz de dejarlo correr.

En cierto momento incluso llegó a ordenarme, en calidad de Heredero dirigiéndose al Repuesto, que me afeitara.

—¿Va en serio?

—No te lo pido, te lo ordeno: aféitate.

—Por amor de Dios, Willy, ¿por qué tiene tanta importancia?

—Porque a mí no me dejaron llevarla.

Ah... Así que se trataba de eso. Después de volver de una misión con las Fuerzas Especiales, Willy lucía una barba poblada y alguien le dijo que fuera un buen chico y que se afeitara. No soportaba la idea de que yo disfrutara de un privilegio que a él le habían negado.

Además, sospechaba que también le recordaba que le habían impedido casarse con el uniforme que él quería.

Y no tardó en confirmar mis sospechas. Lo soltó sin más durante una de aquellas discusiones por lo de la barba: estaba resentido porque a mí se me permitía casarme con mi casaca de la caballería de la Guardia Real, que era la que él habría querido llevar para su boda.

Estaba comportándose de manera ridícula, y se lo dije. Pero se enfadaba cada vez más.

Finalmente le espeté sin muchos miramientos que su hermano

barbudo estaba a punto de casarse y que podía aceptarlo o no. Lo que decidiera era cosa suya.

42

Me presenté en mi despedida de soltero con ganas de pasármelo bien. De reír, de disfrutar un rato, de olvidarme del estrés durante unas horas. Aunque también temía pasármelo demasiado bien, acabar borracho y que Willy y sus amigos aprovecharan para afeitarme la barba mientras dormía la mona.

De hecho, Willy me había dicho, explícitamente y muy serio, que aquel era su plan.

De manera que, mientras disfrutaba, procuraba tener a mi hermano vigilado en todo momento.

La fiesta se celebraba en la casa de campo de un amigo, en Hampshire. Ni en la costa sur, ni en Canadá, ni en África, sitios de los que se informó como el lugar de su localización.

Asistieron quince amigos además de mi hermano.

El anfitrión había convertido la pista interior de tenis en un circuito de juegos para muchachotes:

Guantes de boxeo gigantes.

Arcos y flechas a lo *El señor de los anillos.*

Un toro mecánico.

Nos pintamos la cara y armamos jaleo como si fuéramos bobos. Fue muy divertido.

Un par de horas después, estaba agotado, y aliviado al oír que alguien gritaba que la cena estaba lista.

Celebramos un gran pícnic en un establo grande y espacioso y luego desfilamos hacia un campo de tiro improvisado.

Armar hasta los dientes a aquella panda de borrachos… Una idea arriesgada. En cualquier caso, no sé cómo, nadie salió herido.

Cuando nos cansamos de disparar rifles, me disfrazaron de pollo gigante, con plumas y de color amarillo, y me enviaron al campo de tiro para dispararme fuegos artificiales. De acuerdo, me ofrecí yo. «Quien se acerque más ¡gana!». Fue como volver a aquellos largos fines de semana en Norfolk, esquivando fuegos artificiales con los hijos de Hugh y Emilie.

Me pregunté si a Willy le pasaría lo mismo.

¿Cómo nos habíamos alejado tanto, con lo unidos que estábamos en aquella época?

¿De verdad nos habíamos alejado?

Me dije que quizá aún estábamos a tiempo de recuperar aquella intimidad.

Ahora que iba a casarme.

43

Había habido debates acalorados en los pasillos del palacio acerca de si Meg podía —o debía— llevar velo. Algunos decían que no era posible.

Consideraban que una divorciada no debería ni planteárselo.

Pero, curiosamente, quienes deciden mostraron cierta flexibilidad en el asunto.

A continuación vino la cuestión de la tiara. Mis tías preguntaron si a Meg le gustaría llevar la de mi madre. Aquello nos llegó al corazón a los dos, y Meg se pasó muchísimas horas con la diseñadora del vestido de novia para que el velo conjuntara con la tiara y tuviera un ribete festoneado similar.

Sin embargo, poco antes de la boda, mi abuela se puso en contacto con nosotros y nos ofreció su colección de tiaras. Incluso nos invitó al palacio de Buckingham para que Meg se las probara. «Os ruego que vengáis», recuerdo que dijo.

Fue una mañana fuera de lo habitual. Entramos en el vestidor privado de la abuela, situado a continuación de su dormitorio, un lugar en el que yo nunca había estado. Un experto joyero acompañaba a la abuela, un historiador eminente que conocía el linaje de cada piedra de la colección real. También estaba presente la vestidora y confidente de la abuela, Angela. Había cinco tiaras dispuestas en una mesa, y la abuela le indicó a Meg que se las probara delante del espejo de cuerpo entero. Yo me quedé detrás, mirando.

Una era toda de esmeraldas. Otra de aguamarinas. Cada nueva tiara era más soberbia y deslumbrante que la anterior. Me quedé sin palabras.

No fui el único.

—Las tiaras te quedan bien —le dijo la abuela a Meg.

—Gracias, señora —contestó Meg, conmovida.

Sin embargo, de las cinco, una destacaba sobre las demás. Todo el mundo estuvo de acuerdo. Era bellísima, parecía hecha para Meg. La abuela dijo que la guardarían en una caja fuerte de inmediato y que tenía ganas de ver cómo la llevaba Meg cuando llegara el Gran Día.

—Y procura practicar cómo ponértela —añadió—. Con tu peluquero. Tiene su dificultad y no te aconsejo dejarlo para el día de la boda.

Nos fuimos del palacio sintiéndonos abrumados, queridos y agradecidos.

Una semana después, nos pusimos en contacto con Angela y le preguntamos si podía enviarnos la tiara para que Meg practicara cómo ponérsela. Habíamos estado haciendo averiguaciones y, hablando con Kate sobre su propia experiencia, nos había quedado claro que el consejo de la abuela no era gratuito. La colocación de la tiara era un proceso complejo y minucioso. Primero había que coserla al velo y, luego, el peluquero tenía que fijarla a una plaquita que Meg llevaría en el pelo. Intricado, laborioso... Aquello requería al menos un ensayo general.

Sin embargo, por algún motivo, Angela no respondió a ninguno de nuestros mensajes.

Continuamos intentándolo.

Nada.

Cuando por fin logramos ponernos en contacto con ella, dijo que la tiara no podía salir del palacio sin un ordenanza y escolta policial.

Aquello nos pareció... un poco exagerado, pero, de acuerdo, si lo exigía el protocolo, buscaríamos un ordenanza y un oficial de policía para aligerar las cosas. Se acababa el tiempo.

Inexplicablemente, contestó que no podía ser.

¿Por qué?

Porque tenía una agenda muy apretada.

Resultaba obvio que estaba poniendo trabas, pero ¿por qué? No se nos ocurría qué motivos podría tener. Barajé la idea de acudir a la abuela, pero lo más probable era que aquello desencadenara una confrontación abierta y no estaba seguro de qué lado se pondría mi abuela.

Además, en mi opinión, Angela era una persona problemática, y lo último que necesitaba era convertirla en mi enemiga.

Sin olvidar lo más importante de todo: la tiara seguía en su poder.

Tenía todas las cartas en la mano.

44

A pesar de que la prensa había dejado a Meg bastante tranquila y estaban más centrados en la boda inminente, el daño ya estaba hecho. Tras dieciocho meses de tratarla como a un trapo, habían conseguido atizar a los troles, que empezaron a arrastrarse fuera de sus sótanos y madrigueras. Desde que habíamos reconocido que éramos pareja, habíamos recibido un aluvión de insultos racistas y amenazas de muerte a través de las redes sociales. («¡Hasta luego, traidor a la raza!»). Pero, en aquellos momentos, el nivel oficial de amenaza con el que trabajaba la seguridad del palacio para asignar personal y armas había alcanzado cotas altísimas. En conversaciones con la policía anteriores a la boda, nos enteramos de que nos habíamos convertido en el objetivo codiciado de terroristas y extremistas. Me recordó al general Dannatt diciendo que yo era un imán para las balas, que cualquiera que estuviera a mi lado no estaría seguro. Bueno, pues volvía a ser un imán para las balas, pero a mi lado estaría la persona que más quería en el mundo.

Incluso se llegó a publicar que la Casa Real había decidido adiestrar a Meg en guerra de guerrillas y técnicas de supervivencia por si se producía un intento de secuestro. Un libro que fue un éxito de ventas relata el día en que las Fuerzas Especiales vinieron a nuestra casa y se llevaron a Meg para someterla a varios días de entrenamiento intenso que implicaban meterla a empujones en asientos traseros y maleteros para salir disparados hacia casas seguras… cuando es todo mentira. Al contrario, la Casa Real planteó la idea de no proporcionarle ninguna protección porque en aquellos momentos yo ocupaba la sexta posición en la línea de sucesión al trono. ¡Ojalá la mitad de lo publicado sobre las Fuerzas Especiales hubiera sido cierto! Ojalá hubiera podido llamar a mis compañeros de las Fuerzas Especiales para pedirles que vinieran a entrenar a Meg y a ponerme a mí al día. O, aún mejor, que hubieran podido participar encargándose de nuestra protección. Ya puestos, ojalá hubiera podido enviar a las Fuerzas Especiales a por aquella tiara.

Angela aún no nos la había enviado.

El peluquero de Meg vino desde Francia para el ensayo, pero la tiara seguía sin aparecer. Así que volvió a irse.

De nuevo, llamamos a Angela. De nuevo, nada.

Finalmente, Angela se personó como por arte de magia en el palacio de Kensington. La recibí en la Sala de Audiencias.

Me presentó un recibo, que firmé, y a continuación me entregó la tiara.

Le di las gracias, aunque añadí que nos habría facilitado mucho la vida haberla tenido antes.

Echó fuego por los ojos y empezó a leerme la cartilla.

—Angela, ¿de verdad quiere hacer esto ahora? ¿De verdad? ¿Justo ahora?

Me lanzó una mirada que me hizo estremecer y distinguí en su expresión una clara advertencia.

«Esto no quedará así».

45

Meg llevaba meses tratando de tranquilizar a su padre. No había día que el hombre no leyera algo nuevo sobre él, algo despectivo que se tomaba a pecho. Vivía con el orgullo permanentemente herido.

A diario se publicaba una nueva foto más humillante que la anterior. Thomas Markle comprando un retrete. Thomas Markle comprando un paquete de seis cervezas. Thomas Markle con la barriga colgando por encima del cinturón.

Lo entendíamos. Meg le decía que sabíamos cómo se sentía. La prensa, los paparazzi, eran lo peor. Y también era consciente de que resultaba imposible no prestar atención a lo que se publicaba, pero «por favor, intenta evitarlos en persona. Evita a cualquiera que se te acerque, papá. No te fíes de la gente que finge ser tu amiga». Poco a poco, empezamos a creer que estaba mejor, mentalmente.

Hasta que Jason nos llamó el sábado anterior a la boda.

—Tenemos un problema.

—¿Qué pasa?

—El *Mail on Sunday* va a publicar que el padre de Meg ha estado trabajando con los paparazzi y que se ha prestado a un montaje con robados a cambio de dinero.

Llamamos al padre de Meg de inmediato y le contamos lo que iba a ocurrir. Le preguntamos si era cierto. ¿Se había prestado a un montaje a cambio de dinero?

—No.

—Puede que consigamos que no salga a la luz, papá —le dijo Meg—, pero, si al final se descubre que mientes, nunca más podremos impedir que publiquen nada sobre nosotros, o sobre nuestros hijos, por falso que sea. No es ninguna tontería. Tienes que decirnos la verdad.

Juró que él nunca había hecho un montaje, que no había participado en ninguna farsa, que no conocía a aquel paparazzi en cuestión.

—Le creo —me susurró Meg.

Le dijimos que, en ese caso, saliera de México enseguida, que no imaginaba el acoso al que estaba a punto de verse sometido y que por lo tanto lo mejor era que viniera a Gran Bretaña. De inmediato. Que le buscaríamos un apartamento donde esconderse y poder estar tranquilo hasta que saliera el vuelo.

Air New Zealand, primera clase, reservado y pagado por Meg.

Enseguida le enviaríamos un coche con seguridad privada para que fuera a recogerlo.

Dijo que tenía cosas que hacer.

A Meg le cambió la cara. Ocurría algo.

Se volvió hacia mí y suspiró.

—Está mintiendo.

La historia salió a la luz a la mañana siguiente y fue peor de lo que temíamos. Había imágenes del padre de Meg reuniéndose con el paparazzi en un cibercafé y una serie de fotos que dejaban claro que se trataba de un montaje, entre ellas una en la que leía un libro sobre el Reino Unido, como si se preparara para la boda. Las fotos, por las que podrían haber pagado cien mil libras, parecían demostrar más allá de ninguna duda que el padre de Meg había mentido. Quizá había participado en el montaje para sacar algo de dinero o porque tenían algo con lo que podían presionarlo. No lo sabíamos.

«¡El padre de Meg Markle es un artista de la estafa!». «¡Participó en un montaje a cambio de dinero!».

A una semana de la boda, aquello era lo que estaba en boca de todos.

A pesar de que las fotos se habían tomado hacía semanas, se las habían guardado para publicarlas cuando más daño podían hacer.

Poco después de que la historia saliera a la luz, Thomas Markle nos envió un mensaje: «Estoy avergonzado».

Le llamamos.

Y le escribimos.

Y volvimos a llamarle.

«No estamos enfadados, por favor, coge el teléfono».

No respondió.

Luego nos enteramos, junto con el resto del mundo, de que por lo visto había sufrido un ataque al corazón y no iba a asistir a la boda.

46

Al día siguiente, Meg recibió un mensaje de Kate.

Al parecer, había un problema con los vestidos de las damas de honor. Había que hacerles arreglos. Los vestidos, de alta costura francesa, los habían cosido a mano partiendo únicamente de las medidas, por lo que no era de sorprender que necesitaran arreglos.

Meg no le contestó de inmediato. Sí, recibía una infinidad de mensajes relacionados con la boda, y además intentaba controlar el caos que rodeaba todo lo relacionado con su padre. Así que escribió a Kate a la mañana siguiente diciéndole que el sastre estaba listo. En el palacio. Se llamaba Ajay.

No fue suficiente.

Buscaron una hora para hablar esa misma tarde.

—El vestido de Charlotte le va demasiado grande, largo y ancho. Se echó a llorar cuando se lo probó en casa —señaló Kate.

—Vale, y yo te dije que tenías al sastre disponible desde las ocho de la mañana. Aquí. En Kensington. ¿No puedes llevar a Charlotte para que le haga los arreglos como las otras madres?

—No, hay que hacer de nuevo todos los vestidos.

Y añadió que el diseñador de su vestido de novia coincidía con ella.

Meg le preguntó si estaba al tanto de lo que estaba ocurriendo en aquellos momentos. Con su padre.

Kate contestó que estaba muy al tanto, pero que si los vestidos.

—¡Y solo quedan cuatro días para la boda!

—Sí, Kate, lo sé…

Además, aquel no era el único problema que Kate tenía con la manera en que Meg estaba organizando la boda. Algo relacionado con una fiesta para los pajes.

—¿Para los pajes? La mitad de los niños que acuden a la boda vienen de Norteamérica. Ni siquiera han llegado todavía.

Continuaron un rato igual.

—No sé qué más decir. Si el vestido no le va bien, entonces ve a ver a Ajay con Charlotte. Lleva esperando todo el día.

—Muy bien.

Poco después llegué a casa y me encontré a Meg en el suelo. Llorando.

Me disgustó verla tan angustiada, pero no creía que se tratara de una catástrofe. Las emociones estaban a flor de piel después de todo el estrés de la semana anterior, del mes anterior, del día anterior. Era insoportable, pero pasajero. Le aseguré que Kate no lo hacía con mala intención.

De hecho, al día siguiente, Kate apareció con unas flores y una tarjeta de disculpa. La mejor amiga de Meg, Lindsay, estaba en la cocina cuando se presentó.

Me dije que solo había sido un pequeño malentendido.

47

En la víspera de la boda, me alojé en el Coworth Park Hotel. Una casa rural de ambiente íntimo. Me acompañaban varios amigos mientras tomábamos una copa. Uno comentó que parecía un poco distraído y contesté que quizá sí, que habían estado pasando muchas cosas.

No quería hablar demasiado. El asunto del padre de Meg, lo de Kate y el vestido, la preocupación constante de que alguien entre la multitud hiciera una locura... Era mejor no hablar de ello.

Alguien preguntó por mi hermano. ¿Dónde está Willy?

Volví a contestar sin contestar. Otro tema delicado.

Supuestamente iba a pasar la velada con nosotros. Pero, igual que el padre de Meg, lo había cancelado en el último momento.

Me lo había comunicado justo antes de que fuera a tomar el té con la abuela: «No puedo, Harold. Kate y los niños».

Le había recordado que era nuestra tradición, que habíamos cenado juntos la víspera de su boda, que habíamos ido juntos a saludar a la gente.

Se mantuvo firme.

—No puedo.

Lo presioné.

—¿Qué es lo que te pasa, Willy? Yo estuve contigo toda la noche antes de casarte con Kate. ¿A qué viene esto?

Me pregunté qué estaba ocurriendo de verdad. ¿Estaba resentido porque no era mi padrino? ¿Estaba enfadado porque se lo había pedido a mi viejo amigo Charlie? (La Casa Real publicó que

Willy era el padrino, como habían hecho conmigo cuando Kate y él se habían casado). ¿Tendría aquello algo que ver?

¿O se trataba de los últimos coletazos del Barbagate?

¿O estaba molesto por lo de Kate y Meg?

No me dio ninguna pista, simplemente se limitó a contestar que no a todo, preguntándome a su vez por qué tenía tanta importancia.

—Ni siquiera entiendo por qué vas a saludar a la gente, Harold.

—Porque la oficina de prensa me dijo que lo hiciera. Igual que en tu boda.

—No tienes por qué hacer todo lo que te digan.

—¿Desde cuándo cojones es así?

Estaba harto. A pesar de nuestros desencuentros, siempre había creído que el vínculo que nos unía era fuerte. Creía que el amor fraternal siempre estaría por encima de un vestido de dama de honor o de una barba. Supongo que me equivocaba.

Más tarde, sobre las seis, Willy me envió un mensaje nada más acabar la reunión con la abuela. Había cambiado de opinión. Vendría.

¿Habría tenido la abuela algo que ver?

Me daba igual. Se lo agradecí, feliz, de corazón.

Poco después, nos encontramos fuera y nos subimos a un coche que nos llevó hasta King Edward Gate. Bajamos y paseamos entre la multitud agradeciéndoles que hubieran acudido a saludarnos.

La gente nos deseaba lo mejor, nos lanzaba besos.

Nos despedimos y volvimos a subir al coche.

Cuando nos alejábamos, le pregunté si quería venir a cenar conmigo. Mencioné que igual hasta podía quedarse a dormir, como había hecho yo antes de su boda.

Dijo que iría a cenar, pero que no podría quedarse.

—Venga, por favor, Willy.

—Lo siento, Harold. No puedo. Los niños.

48

Me alisé la pechera del uniforme de la caballería de la Guardia Real mientras esperaba junto al altar, viendo cómo Meg se dirigía hacia mí como en una nube. Había puesto todo mi empeño en escoger la música perfecta para el camino hasta el altar y al final me había decidido por *Eterna fuente de luz divina* de Händel.

En cuanto empecé a oír la voz de la solista resonando sobre nuestras cabezas, supe que había acertado.

En realidad, al tiempo que Meg se acercaba, di gracias por todas las elecciones que había hecho.

Me sorprendió que pudiera oír la música por encima del latido de mi propio corazón cuando Meghan subió el escalón y me dio la mano. El presente se diluyó y el pasado regresó en un torrente. Nuestros primeros mensajes vacilantes en Instagram. Nuestro primer encuentro en el Soho House. Nuestro primer viaje a Botsuana. Nuestros primeros intercambios emocionados después de que el teléfono se me cayera al río. Nuestro primer pollo asado. Nuestros primeros vuelos a uno y otro lado del Atlántico. La primera vez que le dije que la quería. Oírselo decir a ella. Guy entablillado. Steve, el cisne gruñón. La lucha encarnizada para mantenerla a salvo de la prensa. Y ahora estábamos allí, en la línea de meta. En la línea de salida.

En los últimos meses, prácticamente nada había salido según lo planeado, aunque me recordé que nada de todo aquello era el plan. El plan era esto. Este amor.

Miré a mi padre de reojo, quien había acompañado a Meg durante la última parte del camino hasta el altar. No era su padre, pero aun así se trataba de alguien especial, y estaba emocionada. No compensaba el comportamiento de Thomas Markle ni cómo la prensa había usado al hombre, pero ayudó mucho.

La tía Jane se levantó y leyó un pasaje en honor a mi madre. Del Cantar de los Cantares.

Lo habíamos escogido Meg y yo.

> *¡Levántate, oh, amada mía! ¡Oh, hermosa mía, ven!*
> *Ponme como un sello sobre tu corazón;*
> *ponme como una marca sobre tu brazo.*
> *Inquebrantable como la muerte es el amor;*
> *inflexibles como el sepulcro son los celos.*

Inquebrantable como la muerte. Inflexible como el sepulcro. Sí, pensé. Sí.

Vi que el arzobispo nos tendía los anillos con manos temblorosas. Yo lo había olvidado, pero estaba claro que él no: doce cámaras apuntadas hacia nosotros, dos mil millones de personas viéndonos por televisión, fotógrafos en el techo y una multitud expectante y bulliciosa esperándonos fuera.

Intercambiamos los anillos; el de Meg se había extraído del mismo fragmento de oro galés con el que se había hecho el de Kate.

La abuela me había dicho que prácticamente ya no quedaba nada.

El último pedacito de oro. Así era como veía a Meg.

El arzobispo llegó a la parte oficial, pronunció las palabras que nos convirtieron en el duque y la duquesa de Sussex, títulos concedidos por mi abuela, y nos unió hasta que la muerte nos separara, aunque ya lo había hecho días antes, en nuestro jardín, durante una pequeña ceremonia en la que solo estábamos nosotros dos. Guy y Pula fueron los únicos testigos. No había sido oficial, ni vinculante, salvo para nosotros. Estábamos agradecidos por todas y cada una de las personas que ocupaban y rodeaban la capilla de San Jorge, y por las que nos veían por televisión, pero nuestro amor había empezado en la intimidad, y hacerlo público casi siempre había comportado sufrimiento, de ahí que quisiéramos que la primera consagración de nuestro amor, que nuestros primeros votos fueran lo más íntimos posible. Por mágica que fuera la ceremonia, ambos habíamos acabado recelando ligeramente... de las multitudes.

Y nada mejor para recalcar esa sensación que recorrer el pasillo y ver, aparte de un mar de rostros sonrientes, francotiradores nada más salir de la capilla. En los tejados, entre las banderitas, tras las cascadas de serpentinas. La policía me dijo que no era lo habitual, pero que en nuestro caso había sido necesario.

Debido a la cantidad inaudita de amenazas que estaban descubriendo.

49

La luna de miel era un secreto celosamente guardado. Salimos de Londres en un vehículo camuflado como furgoneta de mudanzas que tenía las ventanillas cubiertas con cartones y partimos hacia el Mediterráneo durante diez días. Disfrutamos de la lejanía, del mar, del sol. Pero también estábamos agotados. La presión acumulada hasta la boda nos pasó factura.

Regresamos justo a tiempo para la celebración oficial del cumpleaños de mi abuela, en junio: el desfile de la bandera, la ceremonia donde los regimientos del Ejército británico desfilan portando sus colores. Y una de nuestras primeras apariciones en público como recién casados. Todos los presentes estaban de buen humor, animados. Hasta que... Kate le preguntó a Meg qué opinaba sobre su primer desfile de los colores de los regimientos.

Y Meg bromeó:

—Colorido.

Se hizo un silencio sepulcral que amenazó con tragarnos a todos.

Días después, Meg acudió a su primera salida real con mi abuela. Estaba nerviosa, pero se llevaron de fábula. Conectaron también gracias a su amor mutuo por los perros.

Volvió radiante de la salida.

—Hemos congeniado —me dijo—. ¡La reina y yo hemos congeniado de verdad! ¡Hemos hablado de las ganas que tengo de ser madre y me ha dicho que la mejor manera de inducir el parto es darse una vuelta en coche por un camino lleno de baches! Le he dicho que lo recordaría cuando llegara la ocasión.

Ambos estábamos convencidos de que las cosas por fin iban a cambiar.

La prensa, sin embargo, declaró que la salida había sido un absoluto desastre. Retrataron a Meg como una persona arrogante, engreída y desconocedora del protocolo real porque había cometido el error imperdonable de subir al coche antes que mi abuela.

En realidad, había hecho exactamente lo que le había pedido mi abuela. Le había dicho que subiera y eso había hecho.

Daba lo mismo. Durante días circularon historias acerca de la transgresión de Meg, de su total falta de clase, de la osadía de no llevar sombrero en presencia de mi abuela. La Casa Real había indicado a Meg de manera específica que no llevara sombrero. No solo eso, mi abuela había ido de verde para honrar a las víctimas del incendio de la torre Grenfell, pero nadie le había dicho a Meg que debía vestir de ese color, lo cual dio pie a que la acusaran de indiferencia ante las víctimas.

Me dije que la Casa Real haría una llamada para aclarar lo sucedido.

No lo hizo.

50

Willy y Kate nos invitaron a tomar el té. Para relajar el ambiente.

Era junio de 2018.

Fuimos a media tarde. Meg miró atónita a su alrededor desde que cruzamos la puerta hasta que llegamos al estudio, pasando por la sala de estar y el distribuidor.

«Guau», murmuró varias veces.

El papel de las paredes, las molduras del techo, las estanterías de nogal repletas de volúmenes de colores armoniosos, las obras de arte de valor incalculable. Magnífico. Como un museo. Y así se lo hicimos saber. Los felicitamos por la reforma sin escatimar en cumplidos mientras pensábamos medio avergonzados en nuestras lámparas de IKEA y el sofá de ocasión que habíamos comprado recientemente en rebajas, con la tarjeta de crédito de Meg, en sofa.com.

En el estudio, Meg y yo nos sentamos en un confidente al final de la estancia mientras que Kate tomó asiento frente a nosotros, en un asiento tapizado de cuero delante de la chimenea. Willy estaba a su izquierda, en un sillón. Había una bandeja de té y pastas. Dedicamos los primeros diez minutos a la típica charla intrascendente. ¿Qué tal los niños? ¿Cómo ha ido la luna de miel?

Hasta que Meg abordó la cuestión de la tensión que existía entre los cuatro y dijo que tal vez se remontaba a la época en que entró a formar parte de la familia, a un malentendido al que quizá no le habían prestado la suficiente importancia. Kate había creído que Meg quería sus contactos con el mundo de la moda, pero Meg ya contaba con los suyos propios. ¿No podría ser que hubieran comenzado con mal pie? ¿Y que luego, añadió Meg, todo se magnificara con el tema de la boda y aquellos malditos vestidos de dama de honor?

Sin embargo, resultó que había más cosas… de las que no teníamos ni idea.

Al parecer, a Willy y a Kate les había molestado que no les hubiéramos regalado nada por Pascua.

¿Regalos por Pascua? ¿Era para tanto? Willy y yo nunca nos habíamos regalado nada por Pascua. Mi padre siempre le había dado mucha importancia a la Pascua, sin duda, pero eso era algo de mi padre.

Aun así, si Willy y Kate estaban molestos, les pedíamos disculpas.

En cuanto a nosotros, aprovechamos para decir que tampoco nos había entusiasmado que Willy y Kate cambiaran las tarjetas de sitio y decidieran dónde sentarse en nuestra boda. Habíamos seguido la tradición estadounidense y habíamos colocado a las parejas juntas, pero a Willy y a Kate no les gustaba esa tradición, por lo que su mesa fue la única donde los cónyuges se sentaron separados.

Insistieron en que no habían sido ellos, sino otra persona.

Y dijeron que nosotros habíamos hecho lo mismo en la boda de Pippa.

No era cierto. Por mucho que nos hubiera gustado. Un arreglo floral gigantesco se interponía entre nosotros, y aunque deseábamos sentarnos juntos con toda nuestra alma, no habíamos hecho nada al respecto.

Tuve la sensación de que exponer nuestros agravios no estaba arreglando nada. No nos llevaba a ninguna parte.

Kate volvió la vista hacia el jardín y, aferrando los bordes tapizados de su asiento con tanta fuerza que tenía los dedos blancos, dijo que se le debía una disculpa.

—¿Por qué? —preguntó Meg.

—Porque me ofendiste, Meghan.

—Te ruego que me digas cuándo.

—Te conté que se me había olvidado algo y contestaste que era cosa de las hormonas.

—Te prometo que no sé a qué te refieres.

Kate le recordó una conversación telefónica durante la que estuvieron hablando sobre el mejor momento para llevar a cabo los ensayos de boda.

—Ah, ¡sí! —exclamó Meg—. Ya me acuerdo: se te había olvidado algo y yo dije que no pasaba nada, que eran cosas del embarazo. Porque acababas de tener un hijo. Por las hormonas.

Kate abrió mucho los ojos.

—Sí. Hablaste de mis hormonas. ¡No tenemos tanta confianza para que hables de mis hormonas!

Meg también abrió mucho los ojos. Estaba sinceramente perpleja.

—Siento haber hablado de tus hormonas. Es que es así como hablo con mis amigas.

Willy apuntó a Meg con un dedo.

—Pues es de mala educación, Meghan. Aquí no se hacen esas cosas.

—Si no te importa, aparta tu dedo de mi cara.

¿De verdad estaba ocurriendo aquello? ¿De verdad habíamos acabado de aquella manera? ¿Gritándonos porque unos habían cambiado unas tarjetas de sitio y alguien había mentado las hormonas de otra persona?

Meg dijo que ella nunca había hecho nada de manera intencionada para ofender a Kate y que, si lo había hecho, le rogaba que se lo advirtiera para que no sucediera de nuevo.

Nos abrazamos. Por decir algo.

Y luego pensamos que era mejor volver a casa.

51

El personal notaba la fricción, leía la prensa y había discusiones frecuentes en la oficina. La gente empezó a tomar partido. El equipo

Cambridge contra el equipo Sussex. Rivalidad, celos, agendas encontradas... Todo enrareció el ambiente.

Tampoco ayudaba que hubiera que trabajar a destajo. La demanda de la prensa era tal, los desmentidos eran tan habituales, que no disponíamos ni de las personas ni de los recursos necesarios para llegar a todo. En el mejor de los casos, éramos capaces de ocuparnos del diez por ciento de lo que se publicaba. Los nervios estaban a flor de piel, la gente saltaba a la mínima. En un ambiente así, las críticas constructivas no existían. Cualquier opinión se recibía como una afrenta, como un insulto.

Más de una vez un empleado se había desplomado sobre la mesa y se había echado a llorar.

Y Willy culpaba de absolutamente todo aquello a una sola persona. A Meg. Me lo dijo varias veces, y le contrariaba que le hiciera notar que estaba pasándose de la raya. Se limitaba a repetir lo que decía la prensa, a propagar historias falsas que había leído o le habían contado. Le dije que lo más irónico de todo era que los verdaderos malos de la película eran las personas que él había incorporado a la oficina, gente del Gobierno, quienes lejos de mantenerse al margen de aquel tipo de conflictos... parecían adictos a ellos. Eran maestros dando puñaladas por la espalda, tenían un don para la intriga y enfrentaban a nuestro personal de manera constante.

Y en medio de todo aquello, Meg lograba conservar la calma. A pesar de lo que ciertas personas decían de ella, jamás la oí hablar mal de nadie o a nadie. Al contrario, la vi redoblando sus esfuerzos para tender puentes, para desplegar amabilidad. Enviaba notas de agradecimiento de su puño y letra, se preocupaba por los empleados que estaban enfermos, enviaba cestas de comida, flores o detallitos a quien estuviera pasando por un mal momento, deprimido o enfermo y no fuera a trabajar. La oficina solía ser fría y oscura y ella la hizo más cálida comprando lámparas y radiadores que pagó con su tarjeta de crédito personal. Llevaba pizza y galletas, organizaba tés y meriendas informales. Compartía todos los regalos que recibía, la ropa, los perfumes, el maquillaje, con las mujeres de la oficina.

Nunca dejaba de asombrarme su capacidad, o su empeño, para ver siempre el lado bueno de las personas. Hubo un detalle que me hizo comprender el corazón tan grande que tenía. Me enteré de que el señor R., el vecino de arriba de cuando vivía en la tejonera, había sufrido una tragedia. Su hijo había muerto.

Meg no conocía al señor R. Ni tampoco a su hijo. Pero sabía que habían sido mis vecinos, y a menudo los había visto paseando a los perros. La noticia la apenó profundamente y escribió una carta al padre para expresarle sus condolencias y decirle lo mucho que le gustaría darle un abrazo, aunque no sabía si sería apropiado. Adjuntó una gardenia a la carta para que la plantara en recuerdo de su hijo.

Una semana después, el señor R. apareció en la puerta de casa, en Nott Cott. Le tendió a Meg una nota de agradecimiento y le dio un abrazo muy sentido.

Me sentí muy orgulloso de ella, y muy apenado por mis rencillas con el señor R.

Igual que me apenaban las rencillas de mi familia con mi mujer.

52

No queríamos esperar. Los dos deseábamos formar una familia de inmediato. Teníamos unos horarios de locura, unos trabajos muy exigentes, el momento no era el propicio, pero ¿qué se le iba a hacer? Aquella siempre había sido nuestra prioridad.

Nos preocupaba que el estrés de nuestra vida diaria nos impidiera concebir, porque ya había empezado a hacer mella en Meg. A pesar de los pasteles de carne, había perdido mucho peso a lo largo del último año. Ella aseguraba que comía más que nunca, pero aun así seguía adelgazando.

Unos amigos nos recomendaron una doctora ayurvédica que les había ayudado en la misma situación. Según tenía entendido, la medicina ayurvédica clasificaba a las personas en categorías. No recuerdo en qué categoría colocó a Meg, pero la mujer confirmó nuestras sospechas de que la pérdida de peso de Meg podría dificultar la concepción.

Nos prometió que si ganaba unos tres kilos se quedaría embarazada.

Así que Meg comió sin parar, y pronto engordó los kilos recomendados mientras mirábamos el calendario ilusionados.

Hacia finales de verano de 2018, fuimos a Escocia, al castillo de Mey, a pasar unos días con mi padre. El vínculo entre Meg y mi padre, que siempre había sido fuerte, se fortaleció durante esa semana. Una noche, mientras tomábamos unos cócteles antes de cenar y sonaba Fred Astaire de fondo, salió a relucir que Meg compartía fecha de nacimiento con la persona predilecta de mi padre: Gan-Gan.

El 4 de agosto.

—Qué curioso —comentó mi padre con una sonrisa.

El recuerdo de Gan-Gan, y aquella casualidad que la relacionaba con mi mujer, repentinamente lo pusieron de buen humor y empezó a contar historias que yo nunca había oído, con mucho teatro, pavoneándose ante Meg.

Hubo una en concreto que nos encantó a los dos, despertó nuestra imaginación. Era sobre las *selkies*.

—¿Las qué, papá?

—Las sirenas escocesas.

Adoptaban forma de foca y surcaban las aguas frente al castillo, a un tiro de piedra de donde estábamos sentados.

—Así que, cuando ves una foca, nunca sabes si es una foca de verdad... Cantadle. A menudo responden —nos recomendó.

—¡Venga ya, eso son cuentos de hadas, papá!

—¡No, lo digo muy en serio!

¿Lo imaginé o mi padre también prometió que las *selkies* concedían deseos?

Durante la cena, charlamos un rato sobre el estrés al que habíamos estado sometidos y comentamos que ojalá supiéramos cómo hacer que la prensa nos dejara tranquilos... aunque solo fuera durante una temporada.

Mi padre asintió. Pero creyó que era importante recordarnos que lo mejor era...

—Que sí, papá, que sí, ya lo sabemos: no leerla.

Al día siguiente, el buen ambiente continuaba a la hora del té. Reíamos y charlábamos tranquilamente cuando el mayordomo de mi padre irrumpió en la habitación arrastrando un teléfono fijo detrás de él.

—Alteza real, Su Majestad.

Mi padre se sentó muy derecho.

—Claro.

Alargó la mano hacia el auricular.

—Disculpe, señor, pero desea hablar con la duquesa.

—Ah.

Todos nos quedamos atónitos. Meg alargó la mano hacia el teléfono con gesto inseguro.

Por lo visto, mi abuela llamaba para hablar con Meg sobre su padre en relación con la carta que Meg le había escrito a ella solicitándole consejo y ayuda. Meg decía que no sabía cómo hacer que la prensa dejara de entrevistarlo y lo incitara a decir cosas horribles. Mi abuela le recomendó que se olvidara de la prensa, que fuera a ver a su padre y que intentara hacerlo entrar en vereda.

Meg le explicó que vivía en una pequeña ciudad fronteriza de México y que no sabía cómo iba a cruzar el aeropuerto, abrirse paso entre la prensa que rodeaba la casa de su padre, volver a cruzar esa parte de la ciudad y regresar sana y salva sin levantar rumores.

Mi abuela reconoció que el plan no estaba exento de problemas.

—En ese caso, tal vez lo mejor sea escribirle una carta.

Mi padre coincidió. Una magnífica idea.

53

Meg y yo bajamos a la playa que se extendía delante del castillo. Hacía frío, pero el sol brillaba con fuerza.

Estábamos en las rocas, contemplando el mar, cuando en medio de las sedosas islas de algas vimos… algo.

Una cabeza.

Un par de ojos enternecedores.

—¡Mira! ¡Una foca!

La cabeza se meció arriba y abajo. Nos miraba fijamente.

—¡Mira! ¡Otra!

Como nos había dicho mi padre, corrí a la orilla y les canté. Les di una serenata.

—Arúúú.

Nada.

Meg decidió acompañarme y, ¿cómo no?, a ella le contestaron.

«Es mágica de verdad», pensé. Hasta las focas lo sabían.

De pronto, un sinfín de cabezas empezaron a asomar por toda el agua, respondiendo a su canto.

«Arúúú».

Una ópera de focas.

Puede que se tratara de una tonta superstición, pero me daba igual, lo consideré un buen augurio. Me quité la ropa, me metí en el agua y nadé hacia ellas.

Más tarde, el chef australiano de mi padre se mostró horrorizado. Nos dijo que había sido una malísima idea, incluso más imprudente que zambullirse en las aguas negrísimas del Okavango haciendo caso omiso del peligro. Dijo que aquella parte de la costa escocesa estaba infestada de orcas y cantarle a las focas era como atraerlas a una muerte sangrienta.

Sacudí la cabeza.

Era un cuento de hadas tan bonito…

¿Cómo se había vuelto tan sombrío tan deprisa?

54

Meg tenía un retraso.

Compramos dos test de embarazo, por si acaso, y se los hizo en el cuarto de baño de Nott Cott.

Yo me tumbé en la cama y mientras esperaba a que saliera… me quedé dormido.

Cuando me desperté, Meg estaba a mi lado.

—¿Qué ha pasado? ¿Es…?

Dijo que no lo había mirado. Que quería esperar a hacerlo conmigo.

Las «varitas mágicas» estaban en la mesita de noche, junto a las pocas cosas que solía tener allí encima, entre ellas la cajita azul con el mechón de pelo de mi madre. «De acuerdo —me dije—, bien. Veamos qué puede hacer mamá con este asunto».

Alargué la mano hacia los test y eché un vistazo a las ventanitas.

Azul.

Un azul intensísimo. En las dos.

El azul significaba... embarazo.

—Oh, vaya.

—Bien.

—Bueno, pues...

Nos abrazamos, nos besamos.

Volví a dejar las varitas en la mesita de noche.

«Gracias, *selkies*», pensé.

«Gracias, mamá», pensé.

55

Euge iba a casarse con Jack y todos estábamos locos de alegría por ella. Por ella y, siendo egoístas, por nosotros, porque Jack era una de las personas que mejor nos caían. Meg y yo estábamos a punto de salir de gira en nuestro primer viaje oficial al extranjero una vez casados, pero retrasamos la partida unos cuantos días para poder asistir a la boda.

Además, los distintos encuentros relacionados con la boda nos ofrecerían la oportunidad de llevarnos a la familia a un aparte y darles la buena noticia uno a uno.

Asaltamos a mi padre en su despacho de Windsor, justo antes de un cóctel que se celebraba en honor de los novios. Estaba sentado a su gran escritorio, el que le ofrecía sus vistas favoritas sobre el Long Walk, la larga avenida que desemboca en el castillo. Todas las ventanas estaban abiertas, para airear la estancia, y una brisa revolvía los papeles, que estaban apilados en pequeñas torres, coronadas con pisapapeles. La noticia de que iba a ser abuelo por cuarta vez pareció llenarlo de alegría y su amplia sonrisa me reconfortó.

Tras el cóctel, Meg y yo nos llevamos a Willy a un aparte en el salón de San Jorge, una estancia de grandes dimensiones, con armaduras en las paredes. Una lugar extraño para un momento extraño. Le susurramos la buena nueva y Willy sonrió y dijo que teníamos que contárselo a Kate, que se encontraba en la otra punta de la habitación, hablando con Pippa. Le dije que ya lo haríamos más tarde, pero él insistió, así que nos acercamos para contárselo y Kate también nos dedicó una sonrisa radiante y nos felicitó con efusividad.

Los dos reaccionaron exactamente como había esperado... y deseado.

56

Días después, el embarazo se anunció de manera oficial. Según la prensa, Meg sufría fatiga y mareos y no podía retener ningún alimento, sobre todo por las mañanas, aunque nada de aquello era cierto. Estaba cansada, pero por lo demás era una dinamo. De hecho, daba gracias de no sufrir excesivas náuseas matutinas teniendo en cuenta lo dura que iba a ser la gira que estábamos a punto de emprender.

Allí donde íbamos nos recibían multitudes, a las que no decepcionó. Australia, Tonga, Fiyi, Nueva Zelanda, todo el mundo se quedaba prendado de ella. Recuerdo un discurso especialmente emotivo tras el que recibió una ovación cerrada.

Brillaba de tal manera que a mitad de la gira me sentí obligado a... ponerla sobre aviso.

—Estás haciéndolo de maravilla, cariño. De maravilla, de verdad. Haces que parezca facilísimo. Así empezó todo... con mi madre.

Puede que me tomara por loco o paranoico, pero todo el mundo sabía que la situación de mi madre empeoró cuando le demostró al mundo, cuando le demostró a la familia, que estaba mejor preparada para ir de gira, para tratar con la gente, para formar parte de la realeza de lo que le correspondía por nacimiento.

Ahí fue donde las cosas dieron un verdadero giro.

Regresamos a casa en medio de recibimientos jubilosos y titulares exultantes. Meg, la futura madre, la impecable representante de la Casa Real, fue aclamada.

No publicaron nada negativo.

Y creímos que todo había cambiado, que por fin había cambiado.

Hasta que cambió de nuevo. Y vaya si cambió.

Las historias empezaron a llegar como olas a la orilla. Primero un artículo difamatorio y disparatado escrito por un biografillo de mi padre que aseguraba que yo había tenido una rabieta antes de la boda. Luego otro que era pura ficción y según el cual Meg trataba mal al personal, empleaba mano dura y cometía el pecado imperdonable de enviar correos electrónicos a la gente a horas intempestivas. (Lo que ocurría era que solía estar despierta a esas horas, tratando de mantener el contacto con sus trasnochadoras amistades de Estados Unidos, pero no esperaba una respuesta inmediata). También se dijo que había hecho que nuestra asistente se fuera cuando en realidad había sido el departamento de Recursos Humanos de la Casa Real quien le había solicitado la dimisión después de que aportáramos pruebas de que la asistente en cuestión había utilizado su posición con Meg para obtener regalos. Sin embargo, como no podíamos hablar acerca de los motivos de su marcha, los rumores llenaron los vacíos y, en muchos sentidos, aquel fue el verdadero inicio de todos los problemas. Poco después, el relato de la «duquesa difícil» empezó a calar en la prensa.

Luego apareció un pasquín sobre la tiara en un diario sensacionalista. El artículo decía que Meg había solicitado cierta tiara que pertenecía a mi madre y que, cuando la reina había rechazado la petición, yo había perdido los papeles: «¡A Meghan se le da lo que pida!».

Días después llegó el golpe de gracia: un relato de pura ciencia ficción de una cronista real que describía el «gélido y escalonado desapego» (madre mía) entre Kate y Meg, asegurando que, según «dos fuentes», Meg había hecho llorar a Kate por el asunto de los vestidos de dama de honor.

Nunca había podido tragar a aquella cronista en concreto. Siempre, siempre contaba las cosas al revés, pero aquello ya pasaba de castaño oscuro.

Leí el artículo con incredulidad. Meg no. Seguía decidida a no leer lo que se publicara sobre nosotros. Sin embargo, teniendo en cuenta que en el Reino Unido no se habló de otra cosa durante las siguientes veinticuatro horas, acabaron llegándole rumores. Nunca olvidaré mientras viva su voz cuando me miró a los ojos y dijo:

—Haz, ¿que la hice llorar? ¿Yo le hice llorar a ella?

57

Concertamos un segundo encuentro con Willy y Kate.

En aquella ocasión en nuestro campo.

El 10 de diciembre de 2018. A media tarde.

Nos reunimos en el pequeño anexo de la parte delantera, y esa vez no hubo charla intrascendente: Kate fue directa al grano y reconoció que lo que contaba la prensa acerca de que Meg la había hecho llorar era totalmente falso.

—Meghan, sé que fui yo quien te hizo llorar a ti.

Suspiré. Pensé que no podíamos empezar mejor.

Meg agradeció la disculpa, pero quiso saber por qué la prensa había dicho aquello y qué estaba haciéndose para aclararlo. En otras palabras: ¿por qué su oficina no había salido en defensa de Meg? ¿Por qué no habían llamado a la mujer execrable que había escrito la historia y le habían exigido que se retractara?

Kate, aturullada, no contestó, y Willy intervino con evasivas que pretendían mostrar que estaban de nuestro lado, pero yo sabía qué ocurría en realidad. La Casa Real no podía llamar a la cronista porque inevitablemente daría pie a la contrarréplica: «Bueno, pues si la historia no fue así, ¿qué sucedió en realidad?

¿Qué ocurrió entre las duquesas?». Y esa puerta no debía abrirse jamás, porque pondría en un aprieto a la futura reina.

La monarquía debía ser protegida siempre y a toda costa.

Pasamos de qué hacer con la historia a de dónde había salido. ¿Quién podría haber tramado algo así? ¿Quién podría haberlo filtrado a la prensa? ¿Quién?

Le dimos vueltas y más vueltas. La lista de sospechosos se redujo a pasos agigantados.

Por fin, ¡por fin!, Willy se recostó en el asiento y reconoció que..., ejem, mientras nosotros estábamos de gira por Australia, Kate y él habían ido a cenar con Camila y mi padre... y, por desgracia, dijo medio avergonzado, quizá él podría haber dejado escapar que había habido un conflicto entre las parejas...

Me llevé una mano a la cara. Meg se quedó helada. Se instaló un silencio sepulcral.

Bueno, por fin salía a la luz.

—Tú..., precisamente tú..., deberías saber... —le dije a Willy.

Asintió. Lo sabía.

Más silencio.

Se marcharon. ¿Cómo iban a quedarse?

58

La cosa siguió y siguió. Una historia tras otra. En ocasiones me recordaba al señor Marston tocando la maldita campanilla una y otra vez.

¿Cómo olvidar el aluvión de noticias de portada sobre Meg que la pintaban a ella solita como la responsable del fin del mundo? En concreto, la habían «pillado» comiendo una tostada de aguacate e incidían, al borde de la apoplejía, en que la cosecha de aguacates estaba acelerando la destrucción de las selvas tropicales, desestabilizando países en vías de desarrollo y ayudando a financiar el terrorismo. Por descontado, no hacía mucho los mismos medios habían quedado extasiados ante la pasión de Kate por los aguacates. («¡Oh, es que le dejan una piel radiante!»).

Fue por aquella época que el relato que sobrevolaba todas aquellas publicaciones empezó a cambiar de manera evidente. Ya no se trataba de la rivalidad entre dos mujeres, de dos duquesas enfrentadas, ni siquiera de dos casas reales. De pronto todo giraba en torno a que cierta persona era una bruja de la que todo el mundo huía como de la peste, y esa persona era mi mujer. Y resultaba evidente que, en la creación de ese otro relato, la prensa estaba recibiendo ayuda de una o más personas pertenecientes a la Casa Real.

De alguien que la tenía tomada con Meg.

Un día era: «Por favor, a Meg se le ve el tirante del sujetador». (Meghan la Barriobajera).

Al día siguiente: «Uf, ¿de verdad se ha puesto ese vestido?». (Meghan la Vulgar).

Al otro: «¡Santo cielo, lleva las uñas pintadas de negro!». (Meghan la Gótica).

Al otro: «Madre mía, todavía no sabe hacer una reverencia como es debido». (Meghan la Estadounidense).

Al otro: «¡Vaya, ha vuelto a cerrar ella misma la puerta del coche!». (Meghan la Engreída).

59

Alquilamos una casa en Oxfordshire. Un lugar al que poder escapar de la vorágine de vez en cuando, pero también de Nott Cott, el cual, a pesar de su encanto, era demasiado pequeño. Y se nos caía encima.

La situación llegó a tal extremo que un día tuve que llamar a mi abuela. Le dije que necesitábamos otro lugar donde vivir. Le expliqué que Willy y Kate no se habían ido de Nott Cott solo porque se les quedara pequeña, habían huido de ella por la cantidad de reparaciones que necesitaba, y por la falta de espacio, y que en esos momentos nosotros nos encontrábamos en la misma situación. Con dos perros juguetones... y un hijo en camino...

Le conté que había comentado nuestro problema de alojamiento con la Casa Real y que nos habían ofrecido varias propiedades, pero creíamos que todas eran demasiado grandes. Demasiado espléndidas. Y demasiado caras de reformar.

Mi abuela estuvo valorándolo y volvimos a hablar unos días después.

—Frogmore —dijo.

—¿Frogmore, abuela?

—Sí, Frogmore.

—¿Frogmore House?

La conocía bien. Era donde nos habían hecho las fotos del compromiso.

—No, no, Frogmore Cottage. Cerca de Frogmore House.

Dijo que estaba más o menos apartada. Medio escondida. Sus primeros inquilinos habían sido la reina Carlota y sus hijas, luego había servido de residencia a un secretario personal de la reina Victoria y más tarde la habían dividido en viviendas más pequeñas. Pero podía reagruparse de nuevo. Según la abuela era un lugar precioso. E histórico. Parte del Patrimonio de la Corona. Encantador.

Le dije que Meg y yo estábamos enamorados de los jardines de Frogmore, que solíamos pasear por ellos y que, si la casa se encontraba cerca, en ese caso sería ideal.

—Parece que esté en obras —me advirtió—. Cuatro paredes y poco más, pero id a echarle un vistazo y decidme si os convence.

Fuimos ese mismo día, y la abuela tenía razón. La casa nos robó el corazón. Encantadora, llena de potencial. Pegada al Cementerio Real, pero ¿qué más daba? A Meg y a mí no nos importaba. No molestaríamos a los muertos si ellos prometían no molestarnos a nosotros.

Llamé a mi abuela y le dije que Frogmore Cottage sería un sueño hecho realidad. Le di las gracias profusamente. Con su permiso, nos sentamos a planear las reformas indispensables con los constructores a fin de hacer el lugar habitable: tuberías, agua, calefacción.

Nuestra idea era quedarnos en Oxfordshire mientras duraran las obras. Nos encantaba estar allí. El aire fresco, los verdes jardines... y ni un solo paparazzi. Lo mejor de todo era que podríamos recurrir a la inestimable ayuda del viejo mayordomo de mi padre, Kevin. Conocía la casa de Oxfordshire, y sabría cómo convertirla en un hogar rápidamente. Todavía mejor, me conocía a mí, me había tenido en brazos siendo yo un bebé, y había entablado amistad con mi madre cuando esta deambulaba por el castillo de Windsor en busca de una cara amable. Kevin me había contado que mi madre era la única persona de la familia que se había aventurado «abajo», para charlar con el personal. De hecho, muchas veces había bajado a la cocina sin que nadie la viera y había hecho compañía a Kevin mientras veían la tele y picaban o bebían algo. El día del funeral de mi madre, recayó sobre él la responsabilidad de recibirnos a Willy y a mí a nuestra vuelta de Highgrove y el hombre recordaba que había estado ensayando lo que nos diría mientras esperaba nuestra llegada, en los escalones de la entrada. Pero cuando el vehículo se detuvo y nos abrió la puerta del coche, dije: «¿Cómo lo llevas, Kevin?».

Según él, había sido un detalle.

Según yo, fue una muestra más de contención.

Meg adoraba a Kevin, y viceversa, así que creí que podría ser el comienzo de algo bueno. Un cambio de ambiente muy necesario, igual de necesario que un aliado de nuestro lado. Hasta que un día miré el teléfono y vi que tenía un mensaje de nuestro equipo avisándome de que *The Sun* y el *Daily Mail* pretendían publicar un reportaje sensacionalista en el que se incluirían fotografías aéreas detalladas de Oxfordshire.

Había un helicóptero sobrevolando la propiedad con un paparazzi colgado de la puerta mientras dirigía el teleobjetivo hacia las ventanas, también las del dormitorio.

Así acabó el sueño de Oxfordshire.

60

Llegué a casa de la oficina y me encontré a Meg sentada en la escalera.

Estaba llorando. A lágrima viva.

—Cariño, ¿qué ha ocurrido?

Estaba convencido de que habíamos perdido al bebé.

Me acerqué a ella de rodillas. Me dijo entre sollozos que no quería seguir así.

—¿Cómo?

—Viviendo de esta manera.

Al principio no supe a qué se refería. No lo entendí, o quizá no quise entenderlo. Mi cabeza se negaba a procesar la información.

No dejaba de decir que era muy triste y doloroso.

—¿El qué?

—Que te odien así... ¿Por qué?

Se preguntaba qué había hecho. Necesitaba saberlo. ¿Qué pecado había cometido para merecer que la trataran así?

Solo quería que aquello acabara, no solo por ella, sino por todos. Por mí, por su madre. Pero ella no podía pararlo, así que había decidido que lo mejor era quitarse de en medio.

—¿Quitarte de en medio?

Dijo que, si desaparecía, la prensa se iría y yo ya no tendría que vivir de aquella manera. Nuestro hijo nunca tendría que vivir de aquella manera.

—Está claro —no dejaba de repetir—, muy claro. Dejar de respirar. Dejar de existir. Todo esto ocurre porque existo.

Le rogué que no dijera aquellas cosas. Le prometí que saldríamos adelante, como fuera. Y que, mientras tanto, buscaríamos la ayuda que necesitaba.

Le pedí que fuera fuerte, que aguantara.

Por increíble que parezca, mientras la tranquilizaba, y la abrazaba, no podía evitar pensar como un puto miembro de la realeza. Aquella noche teníamos un compromiso relacionado con Sentebale, en el Royal Albert Hall, y no dejaba de repetirme: «No podemos llegar tarde, no podemos llegar tarde. ¡Nos despellejarán vivos! Y le echarán la culpa a ella».

Poco a poco, muy poco a poco, comprendí que el retraso era el menor de nuestros problemas.

Le dije que por supuesto no hacía falta que acudiera al compromiso. Yo tenía que ir, dejarme ver un momento, pero volvería a casa enseguida.

Pero ella hizo hincapié en que no se fiaba de sí misma si la dejaba sola ni una hora tal como estaba en aquellos momentos.

Así que nos pusimos nuestras mejores galas, ella se pintó los labios con un color oscurísimo para desviar la atención de sus ojos enrojecidos y salimos por la puerta.

El coche se detuvo frente al Albert Royal Hall y Meg me agarró la mano cuando emergimos a los flashes cegadores de la prensa y las luces destellantes de los coches de policía que nos habían escoltado hasta allí. Me la apretó con fuerza. Y continuó apretándomela, con mayor resolución, cuando entramos. La firmeza de su mano me animó. Pensé que Meg aguantaba. Mejor eso que dejarse ir.

Pero cuando nos sentamos en el palco real y las luces se apagaron, se dejó ir. Fue incapaz de reprimir las lágrimas. Lloró en silencio.

La música empezó a sonar y nos volvimos para mirar al frente. Estuvimos toda la actuación (Cirque du Soleil) con las manos firmemente entrelazadas mientras yo le prometía entre susurros: «Confía en mí. No dejaré que te pase nada».

61

Me desperté con un mensaje de Jason.

«Malas noticias».

¿Y ahora qué?

El *Mail on Sunday* había publicado la carta personal que Meg le había escrito a su padre. La carta que mi abuela y mi padre la habían animado a escribir.

Era febrero de 2019.

Estaba en la cama y Meg dormía a mi lado.

Esperé un poco y luego le di la noticia con suavidad.

—Tu padre le ha dado tu carta al *Mail.*

—No.

—Meg, no sé qué decir, les ha dado tu carta.

Para mí, aquel momento marcó un antes y un después. Con respecto al señor Markle, pero también respecto a la prensa. Había ocurrido muchas otras veces, pero para mí aquello fue la gota que colmó el vaso. No quería volver a oír hablar ni de protocolos, ni de tradición, ni de estrategia. Se había acabado.

Fin.

El diario sabía que era ilegal publicar la carta, lo sabían muy bien, y lo habían hecho de todos modos. ¿Por qué? Porque también sabían que nadie saldría en defensa de Meg. Sabían que no contaba con el apoyo incondicional de mi familia, porque ¿de qué otra manera habrían averiguado lo de la carta si no era a través de personas cercanas a la familia? O de la propia familia. La prensa sabía que la única vía que Meg tenía era recurrir a la ley y denunciarlos, y que no lo haría porque la familia solo tenía un abogado, y ese abogado estaba bajo el control de la Casa Real, y la Casa Real jamás lo autorizaría a actuar en representación de Meg.

No había nada en la carta de lo que avergonzarse. Una hija rogándole a su padre que se comportara como era debido. Meg no hubiera cambiado ni una sola palabra. Siempre había sido consciente de que podrían interceptarla, de que un vecino de su padre, o uno de los paparazzi que tenían vigilada su casa, podrían robarle el correo. Todo era posible. Pero jamás hubiera imaginado que su propio padre la pondría en venta, o que un diario se haría con ella ... y se decidiría a publicarla.

Y a manipularla. De hecho, puede que aquello fuera lo más injurioso de todo, la manera en que los editores cortaron y pegaron las palabras de Meg para que sonaran menos cariñosas.

Y por si no fuera lo bastante invasivo ver algo tan profundamente íntimo arrastrado por las portadas de los diarios para entretenimiento de los británicos mientras desayunaban sus tostadas con mermelada, la mortificación se multiplicó de manera exponencial con las entrevistas simultáneas con supuestos expertos en caligrafía que analizaron la carta de Meg e infirieron que era una persona horrible por la manera en que trazaba el palito que atravesaba las tes o dibujaba la curva de las erres.

¿La letra inclinada hacia la derecha? Excesivamente emocional.

¿Muy estilizada? Actriz consumada.

¿Un eje de simetría irregular? Sin control de los impulsos.

Nunca olvidaré la cara de Meg cuando le hablé de las calumnias que circulaban. Conocía muy bien aquella sensación, era inconfundible: desaliento en estado puro. Un profundo pesar por la pérdida de su padre, pero también de su propia inocencia. Me recordó con voz queda, como si alguien pudiera estar oyéndonos, que había dado clases de caligrafía en el instituto, y que gracias a ellas tenía una letra impecable. La gente la elogiaba. Incluso había usado aquella habilidad para ganar algún dinero en la universidad. Por las noches y durante los fines de semana, escribía a mano invitaciones de boda y cumpleaños para pagarse el alquiler. ¿Y de pronto alguien pretendía decir que aquello era una especie de ventana a su alma? ¿Y que la ventana estaba sucia?

«Atormentar a Meghan Markle se ha convertido en un deporte nacional que nos avergüenza», decía un titular de *The Guardian.*

Muy cierto. El problema era que nadie se avergonzaba. Nadie sentía ni la menor punzada de mala conciencia. ¿Puede que les asaltaran los remordimientos cuando lograran provocar un divorcio? ¿O haría falta una nueva muerte?

¿Qué había ocurrido con el bochorno que habían sentido a finales de la década de 1990?

Meg quería demandarlos. Y yo también. En realidad, estábamos convencidos de que no nos quedaba otra elección. Si no los demandábamos después de aquello, ¿qué clase de mensaje estaríamos enviando? A la prensa. Al mundo. De manera que nos reunimos de nuevo con el abogado de la Casa Real.

Nos dieron largas.

Me puse en contacto con mi padre y con Willy. Los dos habían demandado a la prensa en el pasado por invasiones de la intimidad y calumnias. Mi padre por las llamadas «cartas de la araña negra», dirigidas a miembros del Gobierno. Willy por unas fotos en topless de Kate.

Sin embargo, los dos se opusieron con vehemencia a la idea de que Meg y yo emprendiéramos ninguna acción legal.

Les pregunté por qué.

Vacilaron y balbucearon. La única respuesta que obtuve fue que no era aconsejable, nada más. La misma adhesión a las normas de siempre.

«Cualquiera diría que queremos demandar a uno de sus amigos», le comenté a Meg.

62

Willy pidió que nos viéramos. Quería hablar de todo lo que estaba ocurriendo, de aquella bola de nieve cada vez más grande.

Solo él y yo.

Coincidió que Meg estaba fuera, había ido a visitar a unas amigas, así que el momento no podía ser mejor. Lo invité a venir a casa.

Una hora más tarde se presentó en Nott Cott, un lugar que no había vuelto a pisar desde que Meg se había mudado allí. Parecía que venía acalorado.

Era media tarde. Le ofrecí algo de beber y le pregunté por la familia.

Todos estaban bien.

No me preguntó por la mía. Simplemente fue con todo. Todas las fichas al centro de la mesa.

—Meg es una persona difícil —dijo.

—¿De verdad?

—Es maleducada, brusca y se ha enemistado con la mitad del personal.

No era la primera vez que repetía lo que decía la prensa como un loro. Lo de la duquesa difícil y todas esas tonterías. Rumores, mentiras promovidas por su propio equipo, basura sensacionalista, y se lo dije… de nuevo. Le dije que esperaba más de mi propio hermano. Me sorprendió que aquello lo cabreara. ¿De verdad esperaba otra cosa? ¿Creía que iba a darle la razón en lo de que mi mujer era un monstruo?

Le pedí que intentara ver las cosas con perspectiva, que se tomara un momento para respirar y se preguntara si acaso Meg no era su cuñada y si aquella institución no sería tóxica para cualquier recién llegado. Y si, en el peor de los casos, su cuñada tenía problemas para adaptarse a sus nuevas responsabilidades, a su nueva familia, a otro país, a otra cultura, ¿no creía que era mejor darle un respiro? ¿De verdad no podía contar con él? ¿No podía ayudarla?

Willy no había ido a debatir nada. Había ido a imponer la ley. Quería que yo reconociera que era Meg quien se equivocaba y que le asegurara que haría algo al respecto.

¿Como qué? ¿Llamarla al orden? ¿Despedirla? ¿Divorciarme de ella? No lo sabía. Y Willy tampoco, porque no estaba siendo razonable. Cada vez que le pedía que se relajara e intentaba hacerle ver que lo que decía no tenía sentido, alzaba más la voz. Al poco ya estábamos interrumpiéndonos y gritándonos.

De todas las emociones exaltadas que invadían a mi hermano aquella tarde, hubo una que me llamó la atención. Parecía «agraviado». Parecía ofenderle que no me sometiera dócilmente, que me atreviera a llevarle la contraria, o a desobedecerlo, a poner en duda lo que él sabía que era cierto, porque así se lo habían asegurado sus asistentes de confianza. Había un guion y yo tenía la desfachatez de no seguirlo. Había entrado en modo Heredero absoluto y no comprendía por qué yo no interpretaba mi papel de Repuesto, como era mi deber.

Yo estaba sentado en el sofá y él de pie, a mi lado. Recuerdo que le dije:

—Deja que termine de hablar, Willy.

No iba a escucharme. Simplemente, no quería.

Y, siendo sinceros, él sentía lo mismo respecto a mí.

Me insultó. Me llamó de todo. Dijo que me negaba a asumir ninguna responsabilidad por lo que estaba ocurriendo. Dijo que me daban igual mis obligaciones y las personas que trabajaban para mí.

—Willy, ponme un ejemplo de...

Me interrumpió, dijo que él solo quería ayudarme.

—¿En serio? ¿Ayudarme? Disculpa..., ¿a esto es a lo que llamas ayuda?

Por lo que fuera, aquello lo puso furioso. Se acercó a mí, echando pestes.

Hasta entonces solo me había sentido incómodo, pero en aquel momento me asusté un poco. Me levanté, pasé por su lado rozándolo y me fui a la cocina, hacia el fregadero. Él me siguió, sermoneándome, gritándome.

Me serví un vaso de agua para mí y otro para él. Se lo tendí. Creo que ni siquiera se lo llevó a los labios.

—Willy, no puedo hablar contigo cuando te pones así.

Dejó el vaso, volvió a insultarme y se abalanzó sobre mí. Todo ocurrió muy deprisa. Muy, muy deprisa. Me arrancó la cadena al agarrarme por el cuello de la camisa y me tiró al suelo. Caí sobre el bol de los perros; se partió bajo mi espalda y se me clavaron los trozos. Me quedé en el suelo unos segundos, aturdido, luego me levanté y le dije que se fuera.

—¡Venga, pégame! ¡Te sentirás mejor si me pegas!

—¿Que haga qué?

—Vamos, si siempre nos hemos peleado. Te sentirás mejor si me pegas.

—No, el único que se sentirá mejor si te pego eres tú. Por favor..., vete.

Salió de la cocina, pero no se fue de Nott Cott. Se quedó en la sala de estar, no me cabía duda. Yo permanecí en la cocina. Transcurrieron un par de minutos, dos largos minutos. Regresó con cara de arrepentimiento y se disculpó.

Se dirigió a la salida. Esta vez lo seguí. Antes de irse, se volvió y me dijo:

—No hace falta que se lo cuentes a Meg.

—¿Te refieres a que me has atacado?

—Yo no te he atacado, Harold.

—Vale. No se lo diré.

—Bien, gracias.

Se fue.

Miré el teléfono. Una promesa era una promesa, así que no podía llamar a mi mujer, por mucho que quisiera.

Pero necesitaba hablar con alguien. De manera que llamé a mi psicóloga.

Gracias a Dios contestó.

Me disculpé por la intromisión, le dije que no sabía a quién más llamar. Le conté que me había peleado con Willy, que me había tirado al suelo. Me miré y le dije que tenía la camisa rasgada y la cadena rota.

Le expliqué que nos habíamos peleado miles de veces. No hacíamos otra cosa de pequeños. Pero que aquello era distinto.

La psicóloga me dijo que respirara hondo. Me pidió que le describiera la escena varias veces. Cada vez que lo hacía se parecía más a una pesadilla.

Y me tranquilizaba ligeramente.

—Estoy orgulloso de mí mismo —dije.

—¿Orgulloso, Harry? ¿Y eso por qué?

—Porque no se la devolví.

Mantuve mi promesa, no se lo conté a Meg.

Pero poco después de que ella regresara de su viaje, me vio salir de la ducha y ahogó un grito.

—Haz, ¿y esos arañazos y morados de la espalda?

No podía mentirle.

No pareció muy sorprendida, y no se enfadó.

Se entristeció profundamente.

63

Poco después de aquel día se anunció que las dos casas reales, Cambridge y Sussex, dejarían de compartir oficina. Dejaríamos de trabajar juntos en todos los ámbitos. Los Cuatro Fabulosos…, *finito.*

Las reacciones fueron más o menos las esperadas. La gente se quejó, los periodistas dieron palmas como monos engorilados. La respuesta más descorazonadora fue la de mi familia. Silencio. Nunca hicieron ningún comentario público, nunca me dijeron nada en privado. No tuve noticias de mi padre, ni de mi abuela. Aquello me hizo pensar, me hizo reflexionar sobre el silencio que envolvía todo lo que nos sucedía a Meg y a mí. Hasta entonces siempre había creído que el hecho de que la familia no condenara explícitamente los ataques de la prensa no significaba que los justificara.

Pero empecé a preguntarme si sería cierto. ¿Cómo podía saberlo? Si nunca decían nada, ¿por qué daba por sentado que sabía qué les parecía?

Y que siempre estaban de nuestro lado.

Aquello socavaba y ponía en duda todo lo que me habían enseñado, todo lo que había interiorizado desde pequeño sobre la familia, y sobre la monarquía, sobre su imparcialidad primordial, su función unificadora en lugar de divisoria. ¿Era todo mentira? ¿Era todo apariencia? Porque si no podíamos contar los unos con los otros, si no sabíamos defender a alguien que acababa de incorporarse a la familia, al primer miembro birracial, entonces ¿qué éramos en realidad? ¿Aquello era una monarquía constitucional de verdad? ¿Aquello era una verdadera familia?

¿Acaso «defenderse mutuamente» no era el pilar fundamental de toda familia?

64

Meg y yo trasladamos nuestra oficina al palacio de Buckingham.

Y también nos trasladamos a un nuevo hogar.

Frogmore estaba listo.

Aquel lugar nos había robado el corazón. Desde la primera vez que lo habíamos visto. Era como si estuviéramos destinados a vivir allí. Estábamos ansiosos por despertar por las mañanas e ir a dar un largo paseo por los jardines, a ver los cisnes. Sobre todo Steve el gruñón.

Conocimos a los jardineros de la reina, nos aprendimos sus nombres y los de todas las flores. Les emocionó comprobar lo mucho que apreciábamos, y valorábamos, su oficio.

En medio de todos aquellos cambios, nos reunimos con nuestra nueva jefa de comunicación, Sara, e ideamos una nueva estrategia con ella. El eje fundamental sería desentenderse por completo de la *royal rota* con la esperanza de poder empezar desde cero pronto.

Hacia finales de abril de 2019, días antes de que Meg saliera de cuentas, Willy me llamó por teléfono.

Yo estaba en el jardín.

Había pasado algo entre Camila y nuestro padre y él. Hablaba tan deprisa, y estaba tan alterado, que no me enteré bien de qué ocurría. En realidad, estaba furioso. Creí entender que la gente de Camila y nuestro padre le habían encajado a la prensa una o varias historias sobre Kate y él, y los niños, y que no iba a tolerarlo más. Dijo que les dabas la mano y se tomaban el brazo.

—Es la última vez que me hacen algo así.

Lo comprendía. Nos habían hecho lo mismo a Meg y a mí.

Era cierto que, estrictamente hablando, no habían sido ellos, sino la miembro más fanática del equipo de comunicación de mi padre, una fervorosa exaltada que había ideado y lanzado una nueva campaña para que Camila y mi padre tuvieran buena prensa a expensas de nosotros. Durante un tiempo, esa persona se había dedicado a filtrar historias poco favorecedoras, o falsas, sobre el Heredero y el Repuesto. Yo sospechaba que había sido ella, y solo ella, quien les había pasado la información sobre un viaje de caza que yo había hecho a Alemania en 2017, aunque en aquellas historias yo parecía un barón culón del siglo XVII con sed de sangre y trofeos cuando en realidad estaba colaborando con los granjeros alemanes en el sacrificio selectivo de jabalíes para proteger sus cosechas. Estaba convencido de que aquello había respondido a un trueque: un mayor acceso a mi padre a cambio de que el hijo de Camila, que había estado pendoneando por Londres dando pie a rumores sórdidos, desapareciera de las portadas. Me asqueaba que me utilizaran de aquella manera, y me enfurecía que se lo hicieran a Meg, pero debía reconocer que últimamente le ocurría a Willy con mayor frecuencia. Por lo que estaba que echaba humo, y con razón.

Ya se había enfrentado a nuestro padre a causa de aquella mujer, cara a cara. Yo lo había acompañado para darle apoyo moral. La escena había tenido lugar en Clarence House, en el despacho de nuestro padre. Recuerdo que las ventanas estaban abiertas de par en par y que las blancas cortinas se agitaban y movían hacia fuera y hacia dentro, así que debía de ser una tarde calurosa. Willy le planteó a las claras cómo era posible que permitiera que una extraña le hiciera aquello a sus hijos.

Nuestro padre saltó de inmediato. Empezó a gritar que Willy estaba paranoico. Que lo estábamos los dos, él y yo. Que el hecho de que la prensa no nos tratara bien a nosotros y a él sí no significaba que su personal estuviera detrás de aquello.

Sin embargo, teníamos pruebas. Periodistas, dentro de las propias salas de redacción, que nos habían asegurado que aquella mujer estaba vendiéndonos.

Nuestro padre se negó a escucharnos. Su respuesta fue desabrida, lamentable. Si la abuela podía tener a alguien así, ¿por qué él no?

Por ese alguien se refería a Angela. Entre los muchos servicios que realizaba para la abuela, se decía que filtrar historias era el que mejor se le daba.

Willy dijo que era una comparación absurda. ¿Por qué alguien en su sano juicio, y menos un hombre adulto, querría contar con su propia Angela?

Pero nuestro padre seguía empeñado en que la abuela contaba con alguien así, no dejaba de repetirlo. Y que ya era hora de que él también.

Me alegré de que Willy considerara que aún podía recurrir a mí para hablar de Camila y nuestro padre a pesar de todo lo que había ocurrido entre nosotros en aquellos últimos tiempos. De ahí que, viendo la oportunidad de abordar nuestras tensiones recientes, relacioné lo que les habían hecho a él con lo que la prensa le había hecho a Meg.

Willy me espetó que con nosotros dos él tenía otro tipo de problemas.

Y de pronto dirigió toda su rabia hacia mí. No recuerdo sus palabras exactas porque estaba cansado de tantas peleas, por no hablar del reciente traslado a Frogmore, a la nueva oficina… Y, además, estaba centrado en el nacimiento inminente de nuestro primer hijo. Pero sí recuerdo los detalles materiales de la escena. Los narcisos en flor, los brotes de hierba, un reactor despegando en Heathrow y dirigiéndose hacia el oeste, inusualmente bajo, mientras el pecho me reverberaba por el ruido de los motores. Recuerdo pensar que era curioso que oyera a Willy por encima del reactor. No entendía cómo podía seguir albergando tanta rabia después del encuentro en Nott Cott.

Él siguió sin parar, hasta que perdí el hilo. No le entendía y dejé de prestar atención. Me quedé en silencio, esperando a que se calmara.

Y entonces volví la vista. Meg salía de la casa y se dirigía hacia mí. Me apresuré a quitar el altavoz del móvil, pero ya lo había oído. Y Willy hablaba tan alto que incluso se le oía sin el altavoz.

Las lágrimas brillaban en sus ojos a la luz del sol primaveral. Quise decir algo, pero ella se detuvo y negó con la cabeza.

Se agarró la barriga, dio media vuelta y entró en casa de nuevo.

65

Doria había ido a pasar un tiempo con nosotros, a la espera de la llegada del bebé. Ni Meg ni ella solían alejarse demasiado. Ninguno de nosotros. Simplemente estábamos por allí, a la espera, yendo a dar un paseo de vez en cuando, viendo las vacas.

Hacía una semana que Meg había salido de cuentas cuando el equipo de comunicación y la Casa Real empezaron a presionarme. ¿Cuándo llegará el bebé? Ya se sabe que la prensa no puede estar esperando indefinidamente.

Vaya. ¿La prensa empezaba a impacientarse? ¡Dios no lo quisiera!

La doctora de Meg había probado con varios remedios homeopáticos para acelerar el proceso, pero nuestro pequeño okupa parecía no tener prisa. (No recuerdo si en algún momento llegamos a probar la sugerencia de la abuela de ir en coche por un camino lleno de baches). Al final decidimos ir al hospital y asegurarnos de que todo iba bien. Y nos preparamos por si la doctora decía que había llegado el momento.

Subimos a un monovolumen anodino y salimos de Frogmore sin llamar la atención de los periodistas apostados en las puertas. Era la última clase de vehículo en la que sospecharían que pudiéramos ir. Poco tiempo después, llegamos al Portland Hospital y nos condujeron rápidamente a un ascensor secreto y luego a una habitación privada. Nuestra doctora entró, nos puso al día y dijo que había llegado el momento de inducir el parto.

Meg estaba muy tranquila. Yo también. Pero vi dos formas de «optimizar» aquella tranquilidad. Una: pollo del Nando's. (Traído por nuestros guardaespaldas). Dos: una botella de gas de la risa junto a la cama de Meg. Le di varias caladas, lentas y profundas. Meg, que botaba sobre una pelota gigante y morada, dándole un empujoncito a la naturaleza, un método de eficacia contrastada, reía y ponía los ojos en blanco.

Volví a darle unas cuantas caladas y yo también acabé botando.

Cuando las contracciones empezaron a hacerse más frecuentes, y más intensas, vino una enfermera que quiso administrarle un poco de gas de la risa a Meg. Ya no quedaba. La enfermera miró la botella, me miró a mí y vi cómo caía lentamente en lo que había ocurrido: «Santo cielo, se lo ha acabado el marido».

—Lo siento —dije la mar de suave.

Meg se echó a reír, la enfermera no pudo por menos que hacer lo mismo y fue a por otra botella de inmediato.

Meg se metió en una bañera y yo puse música relajante, Deva Premal, un remix de mantras en sánscrito convertidos en cánticos emotivos. (Premal aseguraba que había oído su primer mantra en el vientre materno, cantado por su padre, y que, cuando este estaba muriendo, ella le había cantado el mismo mantra a él). Algo muy intenso y profundo.

En la bolsa de viaje llevábamos las mismas velas eléctricas que había repartido por el jardín la noche que le había pedido que se casara conmigo. Las dispuse por toda la habitación. También coloqué una foto enmarcada de mi madre en una mesita. Idea de Meg.

El tiempo pasaba. Una hora tras otra. La dilatación era mínima.

Meg empezó a hacer respiraciones profundas para aliviar el dolor. Hasta que llegó un momento en que las respiraciones ya no hacían efecto. El dolor era tal que necesitó la epidural.

El anestesista vino corriendo. Fuera música y luces.

Vaya. El ambiente cambió.

Le administró una inyección en la base de la médula espinal.

Pero el dolor persistía. Por lo visto, el medicamento no llegaba donde debía hacerlo.

El anestesista volvió y le administró una segunda inyección.

A partir de entonces, todo se calmó y se aceleró.

Su doctora volvió dos horas después y se enfundó unos guantes de goma. «Ha llegado el momento». Me coloqué junto a la cabecera de la cama y le cogí la mano a Meg, animándola. «Empuja, cariño. Respira». La doctora le dio un pequeño espejo de mano. No quise mirar, pero ¿cómo evitarlo? Le eché un vistazo y vi cómo coronaba la cabeza del bebé. Estaba encajado. Enredado. «Oh, no, por favor, no». La doctora levantó la vista con un gesto que no parecía augurar nada bueno. Las cosas estaban poniéndose feas.

—Cariño, necesito que empujes —le dije a Meg.

Pero no le dije por qué. No le dije nada del cordón, no le dije nada de la probabilidad de una cesárea de emergencia. Solo añadí:

—Con todas tus fuerzas.

Y lo hizo.

Vi la carita, el cuello, el pecho, los brazos diminutos, moviéndose, retorciéndose. Vida, vida... ¡Increíble! «Vaya, desde luego es una lucha por la libertad desde el principio».

Una enfermera envolvió al niño en una mantita y lo colocó sobre el pecho de Meg. Los dos lloramos al verlo, al conocerlo. Un niño sano, y de pronto ya estaba allí, con nosotros.

Nuestra doctora ayurvédica nos había advertido que, durante su primer minuto de vida, el bebé asimila todo lo que se le dice. «Así que susurradle, hacedle saber lo mucho que lo deseabais, comunicadle vuestro amor. Habladle».

Y eso hicimos.

No recuerdo haber llamado a nadie, ni que enviara ningún mensaje. Sí recuerdo a las enfermeras haciéndole las pruebas pertinentes a mi hijo recién nacido y salir de allí poco después. Entrar en el ascensor, bajar al aparcamiento subterráneo, subir al monovolumen y adiós. Solo un par de horas después de que naciera nuestro hijo nos encontrábamos de vuelta en Frogmore. Ya había amanecido y estábamos a salvo en casa antes de que se hiciera público oficialmente que...

¿Meg estaba de parto?

Sara y yo tuvimos una desavenencia acerca de ese asunto. Yo defendía que Meg ya no estaba de parto, y ella que a la prensa había que darle la historia llena de dramatismo y suspense que pedía.

Protesté, insistí en que lo que publicaríamos no sería cierto.

En fin, la verdad no importaba. Fidelizar la atención de la gente, eso era lo importante.

Unas horas después, me encontraba frente a las caballerizas de Windsor, comunicando al mundo que el bebé era un niño. Días después anunciamos el nombre: Archie.

La prensa estaba indignada. Dijeron que se la habíamos jugado.

Y así era.

Creían que no nos habíamos portado como buenos... ¿socios?

Alucinante. ¿De verdad todavía nos consideraban socios? ¿De verdad esperaban una deferencia especial, un trato preferente, después de cómo se habían comportado con nosotros los últimos tres años?

Y entonces demostraron al mundo la verdadera clase de «socios» que eran. Un locutor de radio de la BBC publicó una foto en sus redes sociales: un hombre y una mujer dándole la mano a un chimpancé.

El pie de foto rezaba: «El bebé real sale del hospital».

66

Fui a tomar el té con la abuela, una visita larga, justo antes de que se fuera a Balmoral. La puse al día de todo lo que había sucedido. Estaba al tanto de algunas cosas, pero me encargué de llenar lagunas importantes.

Estaba escandalizada.

Horrorizada.

Prometió que nos enviaría al Abejorro para que hablara con nosotros.

Había tratado con empleados de la Casa Real toda la vida, con montones de ellos, pero por entonces me relacionaba principalmente con tres, todos ellos hombres blancos de mediana edad que habían logrado consolidar su poder a través de una serie de audaces maniobras maquiavélicas. Tenían nombres normales, nombres sumamente británicos, pero encajaban mejor en categorías zoológicas. El Abejorro. El Moscardón. Y el Avispón.

El Abejorro era un hombre velludo y de cara ovalada que solía pasearse con porte tranquilo y majestuoso, como si el resto de la humanidad le debiera pleitesía. Mostraba tanto aplomo que nadie le temía. Gran error. A veces, el último que se cometía.

El Moscardón había pasado gran parte de su carrera junto a la mierda, y desde luego atraído por ella. Los menudillos del Gobierno, y de los medios de comunicación, las entrañas infestadas de gusanos, le encantaban, se alimentaba de ellas, se frotaba las manos con fruición, aunque fingía lo contrario. Se esforzaba por aparentar un aire de despreocupación, como si estuviera por encima de aquellas cosas, sereno, eficiente y siempre servicial.

El Avispón era desgarbado, encantador, arrogante, desbordaba energía. Era un maestro aparentando deferencia, incluso servilismo. Tú exponías un hecho, algo que, en un principio, no admitía discusión —«El sol sale por las mañanas»— y él farfullaba que tal vez conviniera considerar por un momento la posibilidad de que no estuvieras bien informado: «Bueno, je, je, no sé qué decirle, su alteza real, verá, todo depende de lo que usted entienda por "mañanas", señor».

Su aspecto enclenque y su aparente modestia podrían tentarte a diferir y defender tu postura, y era entonces cuando te anotaba en su lista. Poco después, y sin aviso, te propinaba tal aguijonazo que lanzabas un grito, confuso. ¿De dónde cojones había venido aquello?

Yo les tenía una gran antipatía y ellos no me soportaban. Me consideraban irrelevante en el mejor de los casos, imbécil en el peor. Pero, ante todo, sabían que los veía como usurpadores. En el fondo, sospechaba que se consideraban el Verdadero Monarca y que estaban aprovechándose de la reina en su vejez, sacando partido a su posición influyente mientras solo aparentaban servirla.

Una conclusión a la que había llegado, por desgracia, a través de la experiencia. Por poner un ejemplo: Meg y yo ya habíamos hablado con el Avispón sobre el tema de la prensa, y él había convenido en que la situación era insostenible y en que había que detener aquello antes de que alguien saliera malparado. «¡Por supuesto! ¡Nadie se lo discutirá!». Propuso que la Casa Real convocara una reunión con los medios de comunicación más importantes para exponerles nuestras quejas.

Le dije a Meg que por fin alguien lo entendía.

No volvimos a saber nada de él.

De manera que me mostré escéptico cuando la abuela se ofreció a enviarnos al Abejorro, pero me dije que debía mantener la mente abierta, que quizá aquella vez sería distinto porque se trataba de un encargo directo de la abuela.

Días después, Meg y yo recibimos al Abejorro en Frogmore, lo invitamos a pasar a nuestra sala de estar, le ofrecimos una copa de rosado y le hicimos una exposición detallada. Él tomaba notas minuciosas y se tapaba la boca con frecuencia, sacudiendo la cabeza. Dijo que había visto los titulares, pero que hasta ese momento no había sido consciente del efecto que podían tener en una pareja joven.

Que aquella avalancha de odio y mentiras no tenía precedentes en la historia británica. «Nunca había visto nada tan desproporcionado».

Le dimos las gracias. Le agradecimos que lo entendiera.

Prometió que discutiría el asunto con todas las partes necesarias y que volvería a ponerse en contacto con nosotros con un plan de acción, con una serie de soluciones concretas.

No volvimos a saber nada de él.

67

Meg y yo hablamos por teléfono con Elton John y su marido, David, y les confesamos que necesitábamos ayuda.

—Nos estamos volviendo locos, chicos.

—Veníos aquí —dijo Elton.

Refiriéndose a su casa de Francia.

Era verano de 2019.

Y eso hicimos. Pasamos unos días tumbados en su terraza, empapándonos de su sol. Disfrutamos de largos y reparadores momentos contemplando aquel mar cerúleo, envueltos en una atmósfera decadente, y no solo por el lujoso enclave. Cualquier clase de libertad, por limitada que fuera, había acabado convirtiéndose en un verdadero lujo. Estar alejados del foco mediático aunque solo fuera unas horas era como salir de la cárcel.

Una tarde fuimos a dar una vuelta en moto con David, siguiendo la carretera de la costa. Yo conducía la *scooter* y Meg iba detrás, con los brazos en alto y gritando de alegría mientras pasábamos zumbando por pueblecitos, nos llegaba el olor de lo que cocinaban a través de las ventanas abiertas y saludábamos a los niños que jugaban en los jardines. Todos nos devolvían el saludo y sonreían. No nos conocían.

La mejor parte de la visita fue ver a Elton, a David y a sus dos hijos desvivirse por Archie. A menudo sorprendía a Elton estudiando la cara de mi hijo, y sabía lo que pensaba: en mi madre. Lo sabía porque a mí también solía ocurrirme. De vez en cuando, una expresión cruzaba el rostro de Archie y se me detenía la respiración. Estuve a punto de confesarle a Elton cuánto me habría gustado que mi madre pudiera tener a su nieto en brazos, lo a menudo que, cuando abrazaba a Archie, la sentía a ella... o deseaba hacerlo. Me habría gustado hablarle de los abrazos teñidos de nostalgia, de las veces que lo arropaba y se me partía el corazón.

«¿Hay algo capaz de ponerte frente al pasado como la paternidad?».

La última noche todos experimentamos el típico malestar del final de las vacaciones. «¿Por qué no podíamos vivir así para siempre?». Íbamos de la terraza a la piscina y de la piscina a la terraza mientras Elton nos ofrecía cócteles y David y yo charlábamos sobre la actualidad. Y sobre la situación lamentable de la prensa. Y sobre cómo afectaba aquello a la del Reino Unido.

Pasamos a hablar de libros. David mencionó las memorias de Elton, en las que llevaba años trabajando intensamente. Por fin las había acabado y Elton no cabía en sí de orgullo, y además ya estaba cerca la fecha de publicación.

—¡Enhorabuena, Elton!

Elton comentó que se publicarían por entregas.

—Ah, ¿sí?

—Sí. En el *Daily Mail.*

Vio la cara que puse y volvió la suya hacia el otro lado.

—Elton, ¿cómo co...?

—¡Quiero que la gente las lea!

—Pero, Elton... ¿Precisamente la gente que te ha amargado la existencia?

—Exacto. ¿Quiénes mejor que ellos para publicarlas? ¿Dónde mejor que justo en el diario que tanto daño me ha hecho toda mi vida?

—¿Quiénes mejor? Es que... no lo entiendo.

Era una noche cálida, por lo que ya estaba sudando, pero en aquel momento las gotas de sudor empezaron a caerme por la frente. Le recordé las mentiras específicas que el *Mail* había publicado sobre él y que habían dado la vuelta al mundo. Joder, hacía poco más de diez años que Elton los había demandado, después de que dijeran que había prohibido que la gente se dirigiera a él durante un acto benéfico.

Al final le habían extendido un cheque por cien mil libras.

Le recordé sus propias palabras, muy significativas, durante una entrevista: «Pueden decir que soy un hijo de p... gordo y viejo. Pueden decir que soy un desgraciado sin talento. Incluso pueden llamarme maricón. Pero que no cuenten mentiras sobre mí».

No supo qué contestar.

Pero no seguí presionándolo.

Lo quería. Siempre lo querré.

Y tampoco quería echar al traste las vacaciones.

68

Fue maravilloso contemplar a mi mujer enamorando a un país entero.

Sudáfrica.

Era septiembre de 2019.

Otra gira por el extranjero representando a la reina y otro triunfo. Desde Ciudad del Cabo hasta Johanesburgo, la gente no se cansaba de Meg.

Gracias a eso, días antes de volver a casa, los dos nos sentíamos más seguros, un poco más valientes, así que nos pusimos la armadura de combate y anunciamos que íbamos a demandar a tres de los cuatro tabloides ingleses (incluido el que había publicado la carta de Meg para su padre) por su vergonzosa conducta y por su arraigada costumbre de pincharle el teléfono a la gente.

En parte fue cosa de Elton y David. Hacia el final de nuestra última visita, nos hablaron de un conocido suyo que era abogado, un tío encantador que conocía mejor que nadie lo del escándalo de las escuchas. Me habló de lo que sabía y me mostró un montón de testimonios de audiencias públicas; cuando le dije que ojalá yo pudiera hacer algo al respecto y me quejé de que la Casa Real había bloqueado todos mis intentos, me sugirió una alternativa de una elegancia pasmosa.

—¿Por qué no te buscas tu propio abogado?

—¿Me estás diciendo que podríamos...? —titubeé.

Qué buena idea. Jamás se me habría ocurrido.

Me habían condicionado hasta tal punto que siempre hacía lo que me decían.

69

Llamé a mi abuela para decírselo de antemano. Y a mi padre. A Willy le mandé un mensaje.

También se lo dije al Abejorro para ponerlo sobre aviso de la demanda y para que supiera que teníamos la declaración lista; además le pedí que, por favor, redirigiera a nuestra oficina las solicitudes de prensa que inevitablemente iba a desencadenar aquello. ¡Nos deseó suerte! Así que me hizo gracia cuando me enteré de que él y el Avispón afirmaban no haber recibido ningún aviso previo.

Anunciar la demanda era exponer nuestro caso ante el mundo entero:

> Mi mujer ha pasado a ser una de las últimas víctimas de los tabloides nacionales, que llevan a cabo campañas contra la gente sin pensar en las consecuencias. En este caso, se trata de una campaña implacable que ha ido a más durante el último año, a lo largo de su embarazo y de la crianza de nuestro hijo recién nacido... No sé ni por dónde empezar a explicar lo doloroso que ha sido... Si bien esta acción podría no ser la más segura, es la correcta, porque mi mayor miedo es que la historia se repita... Perdí a mi madre en el pasado y ahora veo a mi mujer ser víctima de las mismas fuerzas poderosas.

No se dio tanta cobertura al asunto de la demanda como a su osadía de cerrar ella sola la puerta del coche, por poner un ejemplo. De hecho, casi no salió en los medios. No obstante, los amigos sí se enteraron y muchos preguntaron que «por qué ahora».

Muy simple. En pocas semanas iban a cambiar las leyes sobre el derecho a la intimidad en el Reino Unido en favor de los tabloides. Queríamos exponer el caso antes de que alguien nos sacara ventaja.

Los amigos también preguntaron por qué nos planteábamos siquiera demandar cuando la prensa nos estaba alabando por el triunfo de Sudáfrica, cuya cobertura había sido muy positiva.

Yo expliqué que ese era el quid de la cuestión. No queríamos ni necesitábamos buena prensa, sino evitar que se fueran de rositas y siguieran con el acoso y las mentiras, sobre todo cuando estas pueden destrozarle la vida a gente inocente.

Quizá sonó como si me creyera moralmente superior, como si se me hubieran subido los humos a la cabeza. Pero poco después de anunciar la demanda leí un artículo espantoso en el *Express* que me dio energía: «Las flores de Meghan Markle que podrían haber puesto en riesgo la vida de la princesa Charlotte».

El ultimo «escándalo» se refería a las tiaras de flores de nuestras damas de honor y se remontaba al año anterior. Las piezas incluían lirios del valle, que son potencialmente venenosos para los niños siempre y cuando se los coman.

Incluso si así fuera, la reacción sería un malestar físico que preocuparía a los padres, pero que muy rara vez tenía consecuencias mortales.

Poco importó que las tiaras las hubiera elaborado una florista profesional. O que no fuera Meg quien tomó esa decisión tan «temeraria». O que otras novias de la realeza, Kate y mi madre incluidas, también hubieran llevado lirios del valle.

Nada de eso importó, porque la historia de Meghan la Asesina era demasiado buena para dejarla pasar.

En la imagen adjunta salía mi pobre sobrina con la cara desfigurada por el paroxismo de la agonía: un estornudo. Al lado había una foto de Meg tan campante, ignorando la muerte inminente del angelito.

70

Me emplazaron a ir al palacio de Buckingham para comer con mi abuela y mi padre. El Abejorro me mandó una invitación muy escueta por e-mail, cuyo tono no decía: «¿Te importaría pasarte por aquí?».

Sino más bien: «Mueve el culo y ven».

Me puse un traje y me subí al coche.

Lo primero que vi nada más entrar en la sala fue la cara del Abejorro y del Avispón. Una emboscada. Yo pensaba que había ido a una comida familiar, pero al parecer no.

Sin nadie de mi personal y sin Meg, tuve que afrontar solo la reprimenda por las acciones legales que había emprendido. Mi padre me dijo que era tremendamente perjudicial para la reputación familiar.

—¿Y eso?

—Hace nuestra relación con los medios más complicada.

—Complicada. Es una manera de decirlo.

—Todo lo que haces afecta a la familia entera.

—Se podría decir lo mismo de vuestros actos y decisiones. También nos afectan a nosotros. Como agasajar a los mismos editores y periodistas que nos atacan a mi mujer y a mí...

El Abejorro, o quizá el Avispón, intervino para recordarme una cosa:

—Señor, esto ya lo hemos hablado. Es necesario relacionarse con la prensa.

—Relacionarse sí, pero no tener una aventura sórdida.

Intenté cambiar de estrategia.

—Todos en esta familia habéis demandado a la prensa, la abuela incluida. ¿Por qué yo no puedo?

Cri, cri. Se hizo el silencio.

Seguimos discutiendo y entonces dije:

—No nos queda otra opción. Y no habríamos llegado a este punto si hubierais velado por nosotros. Y por la monarquía, ya de paso. Os estáis haciendo un flaco favor dejándola desamparada.

Miré a toda la mesa. Caras impasibles. ¿Era falta de comprensión? ¿Disonancia cognitiva? ¿Tenían una misión a más largo plazo en marcha? ¿O... realmente no sabían nada y estaban tan metidos en su burbuja, dentro de otra burbuja, que no se habían percatado de lo mal que estaban las cosas?

Por poner un ejemplo, un antiguo estudiante de Eton había dicho en la revista *Tatler* que me había casado con Meg porque las «extranjeras» son más «fáciles» que las chicas «de un origen adecuado».

Y el *Daily Mail* había dicho que Meg había «ascendido en la escala social», ya que había pasado de «esclava a realeza» en solo ciento cincuenta años.

Y en las redes sociales la llamaban repetidamente «maniquí de yate», «escort» y «cazafortunas», así como «zorra», «puta», «golfa» e incluso «n... de mierda». Algunas de esas publicaciones estaban en la sección de comentarios de las tres cuentas de redes sociales de la Casa Real y nadie se había dignado eliminarlas.

Y había un tuit que decía: «Querida duquesa, no es que te odie, pero ojalá la próxima vez que te baje la regla estés en un acuario lleno de tiburones».

Y habían salido a la luz unos mensajes racistas de Jo Marney, la novia de Henry Bolton, líder del Partido por la Independencia del Reino Unido; en uno decía que mi prometida «afroamericana» iba a «mancillar» la familia real y a allanar el camino para la entrada de un «rey negro»; y en otro aseveraba que la señorita Marney nunca se acostaría con un «negro».

«Esto es el Reino Unido, no África».

Y el *Mail* se había quejado de que Meg era incapaz de apartar las manos de su tripa embarazada, que no hacía más que tocarse insistentemente como si fuera un súcubo.

Las cosas estaban fuera de control, hasta el punto de que setenta y dos parlamentarias de los dos principales partidos condenaron las «connotaciones colonialistas» de la cobertura mediática de la duquesa de Sussex.

Mi familia no se pronunció al respecto ni una sola vez, ni en público ni en privado.

Yo era consciente de su tendencia a justificarlo todo, y me dijeron que a Camila y a Kate les había pasado lo mismo. Pero esto era diferente. Un equipo de especialistas en datos y analistas informáticos llevó a cabo un estudio en el que examinaron en detalle cuatrocientos tuits infames sobre Meg. Llegaron a la conclusión de que aquella avalancha de odio era muy atípica y estaba a años luz de cualquier acción dirigida contra Camila o Kate. No había en la historia ningún precedente ni nada parecido al tuit donde llamaban a Meg «la reina de la isla de los monos».

Y no era cuestión de susceptibilidades y egos heridos. Era un odio con consecuencias físicas. La ciencia ha demostrado miles de veces que ser objeto de odio y mofa en público es perjudicial para la salud. Al mismo tiempo, los efectos sociales daban todavía más miedo. Hay personas más propensas a verter ese odio y a dejarse influenciar por él. De ahí el paquete que nos enviaron a la oficina, en cuyo interior había un polvo blanco sospechoso y una nota racista repugnante.

Miré a mi abuela y al resto y les recordé que Meg y yo estábamos lidiando con una situación totalmente excepcional, y encima solos. Nuestro entregado personal era escaso, muy joven y no contaba con suficientes fondos.

El Abejorro y el Avispón carraspearon y dijeron que tendríamos que haber puesto en su conocimiento que no teníamos suficientes recursos.

«¿Ponerlo en su conocimiento?», pensé. Repuse que se lo había rogado en repetidas ocasiones, a todos, y uno de nuestros mejores asistentes había mandado múltiples peticiones.

Mi abuela miró directamente al Abejorro y al Avispón y les preguntó:

—¿Es eso cierto?

El Abejorro la miró directamente a los ojos y, con el Avispón asintiendo vigorosamente con la cabeza para mostrar su acuerdo, repuso:

—Su Majestad, nosotros no hemos recibido ninguna petición.

71

Meg y yo asistimos a los premios WellChild, un acto anual para homenajear a niños que padecen enfermedades graves. Era octubre de 2019.

Yo había ido muchas veces a lo largo de los años, ya que era patrocinador real de la organización desde 2007, y siempre era descorazonador. Los niños son muy valientes y sus padres están muy orgullosos de ellos, pero a la vez es una tortura. Esa noche se dieron varios premios a la inspiración y a la fortaleza y yo le otorgué uno a un preescolar especialmente resiliente.

Subí al escenario, empecé con mi pequeño discurso y vi a Meg. Me retrotraje a un año atrás, a cuando asistimos a ese mismo acto pocas semanas después de hacer el test de embarazo. Nos embargaba la esperanza, aunque también estábamos preocupados, como tantos futuros padres. Pero ahora tenemos en casa un crío sano. Sin embargo, estos padres y sus hijos no habían corrido la misma suerte. Se me llenó el corazón de gratitud y compasión y se me hizo un nudo en la garganta. Me quedé sin palabras. Me aferré fuerte al atril y me incliné hacia delante. El presentador, que había sido amigo de mi madre, se acercó a mí y me acarició el hombro.

Eso me ayudó, y también el estallido de aplausos del público; gracias a eso recuperé la voz. Poco después Willy me mandó un mensaje. Estaba de servicio en Pakistán. Me dijo que me había visto mal y que estaba preocupado por mí.

Le di las gracias por interesarse y le aseguré que estaba bien. Me había puesto emotivo en una sala llena de chavales enfermos y sus respectivas familias porque yo también era padre desde hacía poco; no era tan raro.

Me dijo que no estaba bien y me repitió que necesitaba ayuda.

Le recordé que ya estaba viendo a una psicóloga. De hecho, no hacía mucho me había preguntado si podía ir conmigo a una sesión porque sospechaba que me estaban «lavando el cerebro».

—Pues ven —le había contestado—. Seguro que nos hace bien a los dos.

Nunca vino.

Su estrategia era obvia: yo no estaba bien, por lo que tampoco estaba en mis cabales y por eso me comportaba de forma cuestionable.

Me costó mucho no pasarme de la raya con los mensajes. Aun así, el intercambio derivó en una discusión que se alargó setenta y dos horas. Nos pasamos varios días en un bucle hasta altas horas de la noche; nunca nos habíamos enfrentado tanto como en ese intercambio masivo de mensajes. Estábamos enfadados y a la vez a miles de kilómetros, y era como si no hablásemos el mismo idioma. De vez en cuando pensaba que mi mayor miedo se estaba haciendo realidad: después de llevar varios meses viendo a la psicóloga y de esforzarme mucho en ser más consciente e independiente, mi hermano no me reconocía. Ya no se identificaba conmigo ni me… aceptaba.

Puede que fuera el estrés de los años anteriores, de las décadas anteriores, manifestándose por fin.

Guardé los mensajes. Aún los conservo. A veces los leo entre apenado y confundido y pienso: «¿Cómo llegamos a ese punto?».

Lo último que me dijo fue que me quería, que me apreciaba mucho y que haría lo que hiciera falta para ayudarme.

Me dijo que no se me ocurriera pensar lo contrario.

72

Meg y yo hablamos de hacer una escapada, pero no nos referíamos a pasar el día en Wimbledon ni a un fin de semana con Elton.

Nos referíamos a quitarnos de en medio.

Una de sus amistades tenía un conocido que podía dejarnos una casa en la isla de Vancouver, un lugar tranquilo, verde y, al parecer, apartado. Solo se podía llegar en ferry o en avión, según nos dijo.

Era noviembre de 2019.

Nos fuimos con Archie, Guy, Pula y la niñera. Llegamos amparados por la oscuridad una noche de tormenta y los días siguientes los dedicamos a relajarnos. No fue difícil. Ya no estábamos preocupados día y noche por la posibilidad de que nos tendieran una emboscada. La casa estaba justo en el límite de un bosque de un verde vivo; tenía jardines enormes para que Archie y los perros jugaran y estábamos casi rodeados por el mar claro y frío. Por las mañanas podría darme un baño vigorizante. Lo mejor de todo era que nadie sabía que estábamos allí. Salíamos a caminar, montábamos en kayak y jugábamos... en paz.

Al cabo de unos días tuvimos que ir a por provisiones. Salimos tímidamente y fuimos en coche al pueblo más cercano. Íbamos andando por la calle como si estuviéramos en una película de miedo. ¿Cuándo iban a asaltarnos? ¿Por dónde iban a aparecer?

Pero no pasó nada. La gente no se puso como loca ni se quedaba mirándonos. Tampoco sacaba el iPhone. Todo el mundo sabía, o se lo imaginaba, que no estábamos pasando por un buen momento. Nos dieron espacio, pero a la vez nos hacían sentir bienvenidos cuando nos sonreían y nos saludaban. Nos sentíamos parte de la comunidad, gente normal y corriente.

Duró seis semanas.

El *Daily Mail* publicó nuestra dirección.

Los barcos rodearon la casa en cuestión de horas. Una invasión marítima. Los teleobjetivos sobresalían de las cubiertas como si fueran armas, todos ellos apuntando hacia las ventanas, hacia nuestro hijo.

Se acabó lo de jugar en los jardines.

Cogimos a Archie y lo metimos en casa.

Lo grababan durante las tomas a través de las ventanas de la cocina.

Bajábamos las persianas.

La siguiente vez que fuimos al pueblo, había cuarenta paparazzi repartidos por el camino. Cuarenta. Los contamos. Algunos nos siguieron. En nuestro ultramarinos favorito habían puesto un cartel lastimero en el escaparate que decía: MEDIOS NO.

Volvimos corriendo a casa, bajamos aún más las persianas y nos sumimos de nuevo en una especie de crepúsculo eterno.

Meg dijo que sentía que había vuelto al punto de partida. De nuevo en Canadá temerosa de levantar las persianas.

Pero eso no bastaba. Las cámaras de seguridad de la valla trasera captaron poco después a un chico joven y esquelético merodeando y escudriñando en busca de una manera de entrar. Y haciendo fotos por encima de la valla. Iba vestido con un chaleco acolchado mugriento y unos pantalones sucios con los bajos enrollados por encima de unos zapatos andrajosos, y con pinta de no tener ningún reparo. Era Steve Dennett, un paparazzi freelance que ya nos había espiado antes. Estaba trabajando para *Splash!*

Era una alimaña. Pero quién nos garantizaba que el siguiente no fuera peor.

Teníamos que irnos de allí.

Aun así...

Aunque hubiera sido brevemente, saborear la libertad nos hizo reflexionar. ¿Y si pudiéramos llevar esa vida... siempre? Podríamos pasar una parte del año en un lugar apartado y seguir trabajando para la reina, pero fuera del alcance de la prensa.

Libres. Sin prensa, sin dramas y sin mentiras, pero también exentos de ese supuesto «interés público» que alegaban para justificar su cobertura desenfrenada sobre nosotros.

La cuestión era... dónde.

Nos planteamos Nueva Zelanda. También Sudáfrica. Quizá medio año en Ciudad del Cabo. Podría funcionar. Lejos del drama, pero más cerca de mis labores de conservación... y de otros dieciocho países de la Commonwealth.

Ya se lo había comentado a mi abuela una vez. Incluso dio el visto bueno. Y luego se lo expuse a mi padre en Clarence House, con el Avispón presente. Me dijo que lo pusiera por escrito, lo cual hice acto seguido. A los pocos días salió en todas las portadas y se montó un follón enorme. Así que, a finales de diciembre de 2019, cuando hablé con mi padre por teléfono para decirle que íbamos muy en serio con lo de pasar parte del año en el extranjero, no aguanté más cuando me dijo que se lo mandara por escrito.

—Eh... Ya lo hice, papá, y faltó tiempo para que lo filtraran y echaran nuestros planes por tierra.

—Si quieres que te ayude tienes que ponerlo por escrito, mi querido hijo. Estas cosas tienen que pasar por el Gobierno.

Por el amor de...

Así que a principios de enero de 2020 le mandé una carta con marcas de agua en la que exponía la idea en líneas generales, con listados y muchos datos. Mientras duró el intercambio, marqué siempre las misivas como PRIVADO Y CONFIDENCIAL e insistí en la cuestión fundamental: estábamos dispuestos a sacrificar lo que hiciera falta por conseguir algo de paz y seguridad, incluido el título de duques de Sussex.

Lo llamé para saber qué opinaba.

No me cogió el teléfono.

Poco después me mandó un e-mail muy largo que decía que teníamos que sentarnos y hablar del asunto; que le gustaría que volviéramos en cuanto fuera posible.

«¡Estás de suerte, papá! Voy a Gran Bretaña dentro de poco... a ver a la abuela. Así que, ¿cuándo nos vemos?».

«No antes de que acabe enero».

«¿Cómo? Queda más de un mes».

«Estoy en Escocia. No puedo irme antes».

«De verdad espero y confío en que podamos retomar esta conversación sin que la gente se entere y esto se convierta en un circo».

Él contestó con una amenaza siniestra:

«Si procedes sin que hablemos previamente, estarás desobedeciendo tanto las órdenes de la monarquía como las mías».

73

Llamé a mi abuela por teléfono el 3 de enero.

Le conté que íbamos a ir a Gran Bretaña y que tenía muchas ganas de verla.

Le dije explícitamente que esperaba que pudiéramos conversar sobre nuestro plan de crear una nueva modalidad de trabajo.

No le hizo gracia, pero tampoco le sorprendió. Sabía que no éramos felices y que ese día llegaría.

Tenía la sensación de que una charla en condiciones con mi abuela ayudaría a poner fin a nuestro calvario.

—Abuela, ¿tienes tiempo?

—¡Claro! Esta semana estoy libre. Tengo la agenda despejada.

—Genial. Meg y yo podemos ir a tomar el té y luego volver a Londres en coche. Tenemos un compromiso en Canada House al día siguiente.

—¿Queréis quedaros aquí a dormir? Llegaréis cansados del viaje.

Con «aquí» se refería a Sandringham. Sí, así sería más fácil, y se lo dije.

—Estupendo, gracias.

—¿Tienes en mente ver también a tu padre?

—Se lo pregunté, pero me dijo que le resultaba imposible. Está en Escocia y no puede irse hasta que acabe el mes.

Hizo un ruidito, un suspiro o un resoplido deliberado. No pude contener la risa.

—Solo voy a decir una cosa al respecto —repuso ella.

—Dime.

—Tu padre siempre se sale con la suya.

Dos días después, el 5 de enero, mientras Meg y yo nos subíamos al avión en Vancouver, recibí una nota desesperada de nuestro personal, que a su vez había recibido una nota desesperada del Abejorro. Mi abuela no iba a estar disponible. «En un principio Su Majestad pensó que sí era posible, pero no... El duque de Sussex no puede venir mañana a Norfolk. Su Majestad hará por reorganizar la reunión este mes. No se emitirá ningún comunicado antes de que haya tenido lugar dicha reunión».

Le dije a Meg:

—No me dejan ver a mi propia abuela.

Cuando llegamos me planteé subirme a un coche y presentarme en Sandringham igualmente. A la mierda el Abejorro. ¿Quién se creía que era para impedirme nada? Visualicé a la policía de palacio dándome el alto en la entrada. Me visualicé saltándome la seguridad y atravesando la verja con el capó. Qué fantasía tan entretenida, y una forma divertida de invertir el viaje desde el aeropuerto, pero no. Debía esperar el momento oportuno.

Cuando llegamos a Frogmore, llamé a mi abuela. Visualicé el aparato sonando en su escritorio. Es más, lo oía en la cabeza, riiing, como el teléfono rojo de la tienda de la VHR.

«¡Tropas en contacto!».

Entonces oí su voz.

—¿Diga?

—Hola, abuela. Soy Harry. Perdóname, no debí de entenderte bien el otro día cuando me dijiste que no tenías nada en la agenda para hoy.

—Ha surgido algo de lo que no estaba al tanto.

Su voz sonaba rara.

—¿Y puedo pasarme mañana, abuela?

—Eh, bueno, voy a estar ocupada toda la semana.

Añadió que al menos eso era lo que le había dicho el Abejorro...

—¿Está contigo ahora mismo?

No respondió.

74

Nos enteramos por Sara de que *The Sun* iba a publicar de forma inminente un artículo que contaba que el duque y la duquesa de Sussex estaban tomando distancia de sus obligaciones para con la Casa Real a fin de pasar más tiempo en Canadá. Al parecer, el reportero encargado era un pobre desgraciado, el editor de la sección de farándula del periódico.

¿Por qué él? ¿Por qué precisamente el tío que llevaba la farándula?

Porque se había reciclado y ahora era una especie de cuasi cronista de la realeza, en gran medida gracias a su relación con un amigo particularmente cercano de la secretaria de comunicación de Willy, la cual le facilitaba cotilleos (casi siempre falsos).

El tío se aseguraba de no dar pie con bola, y eso mismo había pasado con su «exclusiva» más reciente, la trama de la tiara. También se aseguró de meter con calzador su artículo en el periódico a toda prisa, porque probablemente estaba trabajando de común acuerdo con la Casa Real, cuyo personal estaba dispuesto a tomarnos la delantera e inventarse una historia. No queríamos que eso pasara. No queríamos que nadie diera la primicia ni que se tergiversara la noticia.

Teníamos que publicar una declaración ya.

Llamé a mi abuela otra vez y le conté lo de *The Sun*. Le dije que a lo mejor teníamos que improvisar una declaración. Ella lo entendió y dio su permiso, siempre y cuando no diera lugar a «especulaciones».

No le conté exactamente qué íbamos a decir. No me lo preguntó, pero tampoco yo lo sabía todavía. No obstante, le conté lo esencial y le mencioné cierta información básica del memorando que mi padre me había exigido y que ella había visto.

Debíamos redactar la declaración con mucha precisión. Y tenía que ser templada, apacible. No queríamos echarle la culpa a nadie ni añadir leña al fuego. Tampoco debía dar lugar a especulaciones.

Tremendo ejercicio de escritura.

Nos dimos cuenta enseguida de que era imposible; no nos daba tiempo a publicar la declaración antes que ellos.

Nos abrimos una botella de vino. «Procede, pobre desgraciado, procede».

Y eso hizo. *The Sun* publicó el artículo más tarde esa misma noche, y luego en la primera plana de la mañana.

El titular decía: «¡Adiós muy buenas!».

Como era de esperar, describía nuestra marcha como una «escapada» despreocupada y hedonista para retozar, en vez de como un retiro prudente y un intento de preservar la salud. También incluía un dato revelador: la propuesta de renunciar a nuestro título de duques de Sussex. Esa información solo aparecía en un documento: la carta privada y confidencial que le había mandado a mi padre.

Y poquísima gente tenía acceso a ella. Ni siquiera se lo habíamos contado a nuestro círculo de amigos.

El 7 de enero seguimos trabajando en el borrador, comparecimos en público brevemente y nos reunimos con nuestro personal. Al final, como sabíamos que no tardarían en filtrar más información, el 8 de enero nos atrincheramos en lo más profundo del palacio de Buckingham, en uno de los salones de recepciones principales, con dos veteranas de nuestro personal.

Siempre me ha gustado ese salón, con sus paredes claras y sus lámparas de araña. Pero en ese momento me pareció especialmente bonito y me quedé pensando en si siempre había sido así, con esa apariencia tan... regia.

En un rincón había un escritorio de madera imponente que usamos como área de trabajo. Nos fuimos turnando para escribir en un ordenador portátil. Probamos varias expresiones. Queríamos manifestar que íbamos a desempeñar un papel menor, a distanciarnos un poco, pero no a dejar el cargo. Era difícil dar con las palabras y el tono adecuados. Debía sonar serio pero respetuoso.

De vez en cuando nos echábamos en una butaca cercana o descansábamos la vista mirando por los dos ventanales que daban a los jardines. Cuando necesitaba un descanso más largo, me ponía a caminar por la alfombra oceánica. En la otra punta del salón, en el rincón de la derecha, había una puerta pequeña que daba a la Suite Belga; Meg y yo pasamos allí una noche. En el rincón cercano había una puerta de dos hojas de madera muy alta, la típica que se imagina la gente cuando piensa en un palacio. Por ella se accedía a un salón en el que había estado mil veces de cóctel. Me retrotraje a esos encuentros, a los buenos ratos que había pasado allí.

Me acordé de que la estancia que estaba justo a la derecha era donde nos reuníamos en familia para tomar algo antes de la comida de Navidad.

Salí al vestíbulo. Había un árbol navideño enorme y precioso, aún con las luces encendidas. Me quedé delante de él rememorando el pasado. Cogí dos adornos, unos corgis suaves y pequeñitos, y se los di al personal que nos acompañaba. Les dije que eran un recuerdo de esa misión tan rara.

Se emocionaron, pero a la vez se sintieron mal.

—Nadie va a echarlos de menos —les aseguré.

Aquellas palabras me parecieron cargadas de un doble sentido.

Hacia el final de la jornada, cuando por fin habíamos conseguido la versión definitiva, el personal empezó a inquietarse y manifestó su preocupación por la posibilidad de que se descubriera su implicación. De ser así, ¿qué pasaría con su trabajo? Pero las empleadas estaban sobre todo emocionadas. Tenían la sensación de que estaban en el lado del bien; ambas habían leído todos y cada uno de los insultos que se publicaban en la prensa y las redes sociales desde hacía muchos meses.

Lo dimos por terminado a las seis de la tarde. Nos juntamos alrededor del portátil y lo leímos una última vez. Una de las empleadas les mandó un mensaje a los respectivos secretarios privados de mi abuela, mi padre y Willy para ponerlos sobre aviso. El de mi hermano contestó enseguida: «Esto va a caer como una bomba».

Por supuesto, yo ya sabía que la noticia iba a dejar estupefactos y apenados a muchos británicos, y se me revolvía el estómago solo de pensarlo. Pero, cuando llegara el momento y supieran lo que había pasado en realidad, estaba seguro de que lo entenderían.

Una de las empleadas dijo:

—¿De verdad vamos a hacerlo?

—Sí —contestamos Meg y yo a la vez.

Mandamos la declaración a la persona encargada de las redes. Un minuto después, ahí estaba, en nuestra página de Instagram, la única plataforma que podíamos usar. Nos abrazamos con lágrimas en los ojos y recogimos nuestras cosas corriendo.

Meg y yo salimos del palacio y nos montamos en el coche. De camino a Frogmore a toda prisa, la noticia ya estaba en todas las emisoras de radio. Dejamos la preferida de Meg, Magic FM, y oímos en directo al locutor dejándose llevar por esa histeria tan característica de los británicos. Nos dimos la mano y sonreímos a los guardaespaldas, que iban en los asientos delanteros. Luego nos quedamos todos mirando por la ventanilla en silencio.

75

Días después hubo una reunión en Sandringham. Alguien la denominó «la cumbre de Sandringham», pero no recuerdo quién. Supongo que algún periodista.

De camino para allá recibí un mensaje de Marko sobre un artículo en *The Times*.

Willy había declarado que ahora él y yo éramos «entidades independientes».

«Llevo toda la vida respaldando a mi hermano, pero ya no puedo seguir haciéndolo», había dicho.

Meg había vuelto a Canadá para estar con Archie, así que iba a enfrentarme solo a la cumbre. Llegué pronto con la esperanza de hablar un momento con mi abuela. Estaba sentada en un banco delante de la chimenea y me puse a su lado. Noté que el Avispón se alarmaba. Salió zumbando y volvió poco después con mi padre, que se sentó a mi lado... anormalmente cerca. Justo después apareció Willy, que me miró con cara de querer matarme. «Hola, Harold». Se sentó enfrente de mí. En efecto, éramos entidades independientes.

Una vez reunidos allí todos los asistentes, nos sentamos en una mesa de conferencias alargada presidida por mi abuela. Delante de cada silla había un cuaderno y un lapicero oficiales.

El Abejorro y el Avispón expusieron brevemente en qué punto nos encontrábamos. El tema de la prensa no tardó en salir. Yo mencioné su trato cruel y delictivo y añadí que habían contado con mucha ayuda. La familia había mirado hacia otro lado y se había congraciado con los periódicos, dándoles así vía libre, y algunos miembros habían trabajado mano a mano con la prensa, ya fuera dándoles información, filtrando primicias y recompensándolos y agasajándolos de vez en cuando. Los periódicos tenían gran parte de la culpa de que se hubiera desencadenado aquella crisis (su modelo de negocio exigía que el conflicto fuera constante), pero no eran los únicos culpables.

Miré a Willy. Esperaba que interviniera, que me secundara y hablara de sus desesperantes experiencias con nuestro padre y Camila. Pero en vez de eso se quejó de que en los periódicos matutinos habían dado a entender que la razón de nuestra marcha era él.

—¡Me han acusado de intimidaros y de echaros de la familia!

Quise decirle que nosotros no sabíamos nada de ese artículo..., pero que se imaginara que lo habíamos filtrado nosotros para saber lo que habíamos vivido Meg y yo durante los tres últimos años.

Los secretarios privados empezaron a abordar con mi abuela «las cinco opciones».

—Su Majestad, ¿ha visto las cinco opciones?

—Sí —contestó ella.

Todos las habíamos visto. Habíamos recibido por correo electrónico cinco formas de proceder. La opción 1 era mantener el *statu quo*: Meg y yo nos quedábamos y todos intentábamos volver a la normalidad. La opción 5 era una ruptura total que implicaba no tener ninguna función monárquica y perder la seguridad.

La opción 3 era un término medio, un compromiso que se acercaba a lo que habíamos propuesto en un principio.

Les dije a todos los allí presentes que, ante todo, quería a toda costa mantener la seguridad. Eso era lo que más me preocupaba, la integridad física de mi familia. Quería evitar que la historia se repitiera y que hubiera otra muerte prematura como la que sacudió los cimientos de la familia hacía veintitrés años, y de la cual aún no nos habíamos recuperado.

Yo lo había consultado con varios veteranos de la Casa Real, gente ducha en su funcionamiento interno y en su historia, y todo el mundo me dijo que la mejor opción para todas las partes era la tercera: vivir en otro sitio parte del año, seguir trabajando, mantener la seguridad y volver a Gran Bretaña para actos benéficos, ceremonias y demás acontecimientos. Eso me dijeron dichos veteranos, que era la solución más sensata y que además entraría en vigor con efecto inmediato.

Pero, cómo no, mi familia me presionó para que eligiera la opción 1; de no hacerlo, solo aceptarían la 5.

Estuvimos discutiendo las cinco opciones casi una hora. Al final, el Abejorro se levantó y rodeó la mesa repartiendo un borrador de una declaración de la Casa Real que se haría pública en breve, donde se anunciaba la implementación de la opción 5.

—Un momento, a ver si lo entiendo. ¿Habéis redactado una declaración donde se anuncia la opción 5 sin haberlo discutido antes? O sea, ¿ya habéis tomado una decisión y habéis montado esta cumbre solo para aparentar?

Nadie contestó.

Quise saber si habían redactado una declaración por cada opción.

El Abejorro me aseguró que claro que sí.

Pregunté si podía verlas.

—Desafortunadamente, mi impresora no va bien y da la casualidad de que ha dejado de funcionar justo cuando me disponía a imprimir las demás declaraciones —repuso.

Me eché a reír.

—¿Me estáis tomando el pelo?

Todo el mundo miraba para otro lado o hacia abajo.

Me volví hacia mi abuela y le pregunté:

—¿Te importa si salgo un momento a que me dé el aire?

—¡Claro!

Al salir de la estancia me topé en el vestíbulo con lady Susan, que llevaba años trabajando para mi abuela, y con el señor R., mi vecino de arriba cuando vivía en la tejonera. Me notaron disgustado y me preguntaron si podían ayudarme en algo. Sonreí, les dije que no, les di las gracias y volví al salón.

En ese momento había cierto debate sobre la opción 3. ¿O era la 2? Empezó a dolerme la cabeza. Me estaban desgastando. Me importaba un pepino qué opción eligiéramos siempre y cuando conserváramos la seguridad. Les rogué que no me quitaran la protección policial armada, que me acompañaba y necesitaba desde que nací. Siempre había tenido prohibido salir de casa sin mis tres guardaespaldas, incluso cuando era el miembro más popular de la familia, y ahora que mi mujer, mi hijo y yo éramos el blanco de un odio inaudito, la principal propuesta en debate era dejarnos totalmente desamparados.

Qué locura.

Propuse sufragar los gastos de seguridad con mi dinero. No sabía cómo, pero daría con la forma.

Lo intenté una vez más:

—De verdad, a Meg y a mí nos dan igual los beneficios. Lo que queremos es trabajar, servir y... seguir vivos, por favor.

Simple y convincente, al parecer. Todos asintieron.

Cuando terminó la reunión, habíamos llegado a un acuerdo general básico. Aún habría que pormenorizar toda la información de ese pacto híbrido, pero lo haríamos durante un periodo de transición de doce meses; mientras tanto, seguiríamos teniendo seguridad.

Mi abuela se levantó y el resto la imitamos. Luego se marchó.

En lo que a mí se refería, aún tenía un asunto pendiente. Fui a buscar la oficina del Abejorro. Por suerte, me topé con el paje más amable de la reina, que siempre me había tenido cariño. Le pedí indicaciones y me dijo que él mismo me llevaba. Atravesamos la cocina, subimos por unas escaleras de servicio y fuimos por un pasillo estrecho.

—Por ahí —me dijo señalando.

Di varios pasos y me topé con una impresora enorme expulsando papeles sin parar. Apareció el ayudante del Abejorro.

—¡Hola!

—Esto funciona bien, ¿no? —dije señalando el aparato.

—¡Sí, alteza!

—O sea que no está rota.

—¡Esa máquina es indestructible, señor!

Le pregunté por la impresora de la oficina del Abejorro:

—¿Esa también funciona?

—¡Sí, señor, claro! ¿Necesita imprimir algo?

—No, gracias.

Avancé por el pasillo y franqueé una puerta. De repente, todo me resultó muy familiar. Entonces caí en la cuenta. En ese pasillo dormí las Navidades posteriores a mi vuelta del Polo Sur. Justo entonces apareció de frente el Abejorro. Me vio y me pareció que, para ser un abejorro, me miraba con ojos de carnero degollado. Sabía por qué estaba yo allí. Oyó el zumbido de la impresora y se dio cuenta de que lo había pillado.

—Eh, señor, por favor, no se preocupe más, no tiene tanta importancia.

—¿Seguro?

Me di la vuelta y volví abajo. Alguien sugirió que, antes de irme, Willy y yo saliéramos a despejarnos la cabeza.

—Vale.

Fuimos de arriba abajo bordeando los setos de tejo. Hacía mucho frío ese día. Yo llevaba una cazadora ligera y Willy solo un jersey, así que ambos estábamos tiritando.

Me quedé impresionado de nuevo por lo bonito que era todo. Me pasó lo mismo que en el salón de recepciones: era como si nunca hubiera visto un palacio. Aquellos jardines eran paradisiacos. ¿Por qué era tan difícil disfrutar de ellos?

Estaba preparado para el sermón. Pero no hubo ninguno. Willy estaba contenido. Quería saber qué tenía que decir. No recordaba cuándo había sido la última vez que mi hermano se había prestado a escucharme, pero era de agradecer.

Le conté que un antiguo miembro del personal había saboteado a Meg y había montado un complot. Y que había un miembro actual que tenía un amigo que cobraba por filtrar a la prensa información privada sobre mi mujer y yo. Mis fuentes, entre ellas periodistas y abogados, eran intachables. Aparte, yo había estado en New Scotland Yard.

Willy frunció el ceño. Él y Kate también tenían sus sospechas. Me dijo que lo investigaría.

Acordamos mantenernos en contacto.

76

Nada más entrar en el coche me dijeron que la Casa Real había emitido un tajante desmentido para acallar el cuento de la intimidación de esa misma mañana. El desmentido estaba firmado nada menos que... por mí. Y por Willy. ¿Mi nombre suscribiendo palabras de otras personas sin rostro? ¿Palabras que no había visto y mucho menos aprobado? Me quedé anonadado.

Volví a Frogmore y desde allí participé a distancia durante los días posteriores en la redacción de la declaración definitiva, que se hizo pública el 18 de enero de 2020.

La Casa Real anunció que el duque y la duquesa de Sussex habían decidido tomar distancia; que ya no representaríamos «de manera oficial» a la reina; que durante los doce meses de transición el título de altezas quedaría en suspenso; y que nos habíamos ofrecido a devolver la subvención soberana invertida en la reforma de Frogmore Cottage.

Sobre la situación de nuestra seguridad se decía rotundamente que no había «nada que añadir».

Volví a Vancouver. Qué gusto reencontrarme con Meg, Archie y los perros. Aun así, estuve varios días como ausente. Una parte de mí seguía en Gran Bretaña, en Sandringham. Me pasé horas pegado al teléfono y a internet, atento a las repercusiones. Los periódicos y los troles desataron tal ira contra nosotros que incluso nos dio miedo.

«No nos engañemos, esto es un insulto», clamaba el *Daily Mail*, que convocó a un «jurado de Fleet Street» para considerar nuestros «delitos». Entre otras personas, estaba formado por el antiguo secretario de prensa de la reina, que, junto con sus compañeros, concluyó diciendo que en lo sucesivo iban a tratarnos «sin piedad».

Meneé la cabeza. «Sin piedad». Qué lenguaje tan bélico.

Estaba claro que había algo más aparte de mera indignación. Esos hombres y mujeres me veían como una amenaza existencial. Si nuestra marcha representaba una amenaza para la monarquía, como decían algunos, también afectaría a toda la gente que se ganaba la vida cubriendo noticias sobre dicha institución.

Así que debían acabar con nosotros.

Una de ese grupo, que había escrito un libro sobre mi persona y que seguramente dependía de mí para pagarse el pegamento de la dentadura postiza y la comida de su gato, fue a la televisión a explicar en directo muy confiada que Meg y yo nos habíamos ido de Gran Bretaña sin siquiera pedirle permiso a mi abuela. Según ella, no lo habíamos hablado con nadie, tampoco con mi padre. Soltó aquella sarta de falsedades con una seguridad tan firme que incluso yo estuve tentado de creerla, así que en muchos círculos su versión de los hechos se convirtió enseguida en «la verdad». «¡Harry se la juega a la reina!». Ese fue el discurso que caló. Ya lo veía colándose en los libros de historia. Me imaginé a los estudiantes de Ludgrove, de ahí a unas décadas, tragándose a la fuerza esos disparates.

Estuve sentado hasta tarde dándole vueltas, analizando lo que iba ocurriendo y preguntándome qué le pasaba a esa gente, por qué eran así.

¿Era solo por dinero?

Siempre era por eso. Llevo toda la vida escuchando que la monarquía cuesta mucho dinero y es anacrónica, y ahora nos estaban usando a Meg y a mí para demostrarlo. Se referían a nuestra boda como «prueba A». Después de invertir millones en ella, nosotros vamos y nos largamos. Qué ingratos.

Pero la boda en sí la pagó la familia, y una parte importante de la cantidad restante se invirtió en seguridad, que en gran medida era necesaria porque la prensa se dedicaba a dar pábulo al racismo y al resentimiento de clase. Los propios especialistas en seguridad nos dijeron que los francotiradores y los perros rastreadores no eran solo por nosotros, sino también para evitar que alguien se liara a pegar tiros contra la multitud apiñada en el Long Walk o que un kamikaze se inmolara en pleno desfile.

A lo mejor el dinero era la causa principal de todas y cada una de las polémicas vinculadas a la monarquía. La indecisión de los británicos viene de largo. Muchos apoyan a la Corona, pero a muchos otros les inquieta el gasto que conlleva, inquietud que aumenta al no saber a cuánto asciende dicho gasto, que varía en función de quién haga los cálculos. La Corona le cuesta dinero a los contribuyentes, sí. Pero también aporta mucho a las arcas del Estado y genera muchos ingresos gracias al turismo, y todo el mundo se beneficia de ellos. Lo que no se puede negar es que si existe es gracias a las tierras conseguidas y afianzadas cuando el sistema era injusto y la riqueza se obtenía mediante la explotación de trabajadores, el matonismo, las anexiones y la esclavitud.

Según el último estudio que había visto, la monarquía le cuesta al contribuyente medio lo mismo que consumir una pinta al año. A la luz de su buen quehacer, parece que la inversión merece bastante la pena. Pero nadie quiere escuchar a un príncipe hablar en favor de la existencia de la monarquía, como tampoco quiere escucharlo hablar en su contra. Los análisis coste-beneficio se los dejo a otros.

Como es normal, este tema me genera sentimientos complejos, pero mi postura no lo es. Siempre apoyaré a mi reina, comandante en jefe y abuela. Incluso ahora que se ha ido. Mi problema nunca ha sido la monarquía ni el concepto en sí, sino la prensa y la relación malsana que se ha establecido entre ella y la Casa Real. Adoro mi patria y adoro a mi familia, y siempre lo haré. Pero me habría gustado que, en el segundo peor momento de mi vida, ambas hubieran estado ahí apoyándome.

Y creo que en el futuro, cuando echen la vista atrás, ellos pensarán lo mismo.

77

La cuestión era adónde nos mudábamos.

Nos planteamos Canadá. En general, nuestra experiencia había sido buena. Casi habíamos llegado a sentirnos como en casa. No nos costaba imaginarnos viviendo allí de por vida. Pensamos que, si dábamos con un lugar que la prensa no conociera, Canadá sería la respuesta.

Meg se puso en contacto con una de sus amistades de Vancouver que nos derivó a un agente inmobiliario, y así empezamos a buscar casa. Íbamos poco a poco e intentábamos ser positivos. Lo de menos era dónde íbamos a vivir; lo importante era que la Casa Real cumpliera con su obligación (y lo que a mi parecer era una promesa implícita) de protegernos.

—¿Crees que acabarán quitándonos la seguridad? —me preguntó Meg una noche.

—Nunca. Y menos teniendo en cuenta el clima de odio imperante y lo que le pasó a mi madre.

Tampoco a la luz de lo que había ocurrido con mi tío Andrés. A pesar de estar involucrado en un escándalo vergonzoso, acusado de haber abusado sexualmente de una chica joven, nadie había sugerido siquiera retirarle la seguridad. Puede que la gente tuviera muchos motivos de queja contra nosotros, pero los delitos sexuales no eran uno de ellos.

Era febrero de 2020.

Cogí a Archie en brazos después de su siesta y lo llevé al jardín. Hacía frío pero estaba soleado. Contemplamos el agua, palpamos hojas secas y cogimos piedras y palitos. Le di un beso en la mejilla regordeta y le hice cosquillas. Luego miré hacia abajo para leer un mensaje que me había mandado Lloyde, el jefe del equipo de seguridad.

Tenía que decirme algo.

Atravesé el jardín con Archie a cuestas, se lo pasé a Meg y me dirigí a través de la hierba empapada a la casa donde se alojaban Lloyde y los demás guardaespaldas. Nos sentamos en un banco, ambos ataviados con un plumas, con las olas meciéndose suavemente al fondo, y me dijo que nos habían quitado la seguridad. Habían recibido la orden de evacuar.

—Pero no pueden.

—Eso pensaba yo, pero al parecer sí.

Lloyde me dijo que estábamos expuestos a un nivel de amenaza mucho más elevado que el de casi todos los miembros de la realeza y equiparable al de la reina. Y, a pesar de ello, esa era la orden y no había lugar a discusión.

«Pues se acabó», pensé. Mi peor pesadilla se había hecho realidad. Había pasado lo peor que podía pasar. O sea que, si alguien quisiera hacernos daño y nos encontrara, me tocaría enfrentarme a él solo con una pistola.

«Eh, no, sin pistola. Esto es Canadá».

Llamé a mi padre varias veces, pero no me lo cogió.

Justo entonces me llegó un mensaje de Willy: «¿Puedes hablar?».

Qué bien. Seguro que después de nuestro reciente paseo por los jardines de Sandringham sería comprensivo y daría un paso al frente.

Me dijo que era decisión del Gobierno y que no había nada que hacer.

78

Lloyde le había rogado a sus superiores, al otro lado del charco, que al menos pospusieran la fecha de su retirada. Lo había intentado, me enseñó los e-mails. «¡No podemos dejarlos aquí así sin más!».

Esto fue lo que le contestaron: «La decisión ya está tomada. A partir del 31 de marzo, están solos».

Moví cielo y tierra para buscar sustitutos. Hablé con asesores y pedí presupuestos. Llené un cuaderno entero con la información que recopilé. La Casa Real me remitió a una compañía que me dio un presupuesto de... seis millones al año.

Colgué despacio.

Y, por si fuera poco, me enteré de una noticia horrible: Caroline Flack, una buena amiga mía, se había quitado la vida. Al parecer, ya no podía más. Los años de acoso implacable a manos de la prensa habían acabado con ella. Me sentí fatal por su familia. No se me olvida lo mucho que sufrieron por su pecado mortal de salir conmigo.

Recuerdo que la noche que nos conocimos me pareció muy divertida y desenfadada, la viva imagen del desparpajo.

Entonces jamás se me habría pasado por la cabeza que acabaría así.

Pensé que era un aviso importante. No estaba exagerando. Mis advertencias podían materializarse en cualquier momento. Meg y yo realmente nos enfrentábamos a una cuestión de vida o muerte.

Y el tiempo pasaba.

En marzo de 2020, la Organización Mundial de la Salud declaró una pandemia mundial y Canadá empezó a plantearse la posibilidad de cerrar las fronteras.

Pero Meg lo tuvo claro.

—Van a cerrar las fronteras sí o sí, así que ya podemos pensar en un destino y… hacer las maletas.

79

Estábamos hablando con Tyler Perry, el actor, guionista y director. Antes de casarnos, le había mandado una nota inesperada a Meg, donde le decía que había visto lo que estaba pasando y que no estaba sola. Mientras charlábamos con él en FaceTime, tanto Meg como yo intentábamos poner buena cara, pero por dentro estábamos mal.

Tyler se dio cuenta y nos preguntó qué pasaba.

Le contamos lo más relevante: nos habíamos quedado sin seguridad, iban a cerrar las fronteras y… no teníamos adónde ir.

—Guau. Vale, muchas cosas. Venga, respirad profundamente.

Ese era el problema, que no podíamos.

—¿Y si os quedáis en mi casa?…

—¿Cómo?

—En Los Ángeles. Tiene control de acceso, es segura. Allí no va a pasaros nada, yo me encargo.

Nos contó que él estaba de viaje por trabajo, así que la casa estaba vacía, esperándonos.

Era pedir demasiado. Qué generoso.

Pero aceptamos entusiasmados.

Le pregunté que por qué nos la había ofrecido.

—Por mi madre.

—¿Y eso…?

—Adoraba a la tuya.

Me pilló totalmente por sorpresa.

—Desde su visita a Harlem —añadió—. Por eso. Según Maxine Perry, tu madre era un pedazo de pan.

Luego nos dijo que la suya había muerto hacía diez años y que aún no lo había superado.

Quise decirle que se le iría pasando.

Pero no dije nada.

80

Aquella casa era como Xanadú. Techos altos, obras de arte de valor incalculable, una piscina maravillosa... Parecía un palacio, pero sobre todo era ultrasegura. Es más, la seguridad estaba incluida y corría a cuenta de Tyler.

Los últimos días del mes de marzo de 2020 los dedicamos a inspeccionar, desempaquetar y ubicarnos. Pasillos, armarios, habitaciones... Había muchísimo que descubrir y un montón de recovecos aptos para que Archie se escondiera.

Meg lo cogió de la mano y se lo fue enseñando todo. ¡Mira la estatua! ¡Y la fuente! ¡Mira los colibrís del jardín!

En el vestíbulo de entrada vio un cuadro que le llamó la atención sobremanera. Siempre empezaba el día mirándolo fijamente. Era una escena de la antigua Roma. Nosotros nos preguntábamos por qué.

Pero no teníamos ni idea.

Una semana después nos sentíamos como en casa. Archie dio sus primeros pasos en el jardín de Tyler, en pleno apogeo del confinamiento por la pandemia mundial. Le aplaudimos, lo abrazamos y lo vitoreamos. Por un momento pensé en lo bonito que sería contárselo a su abuelo y su tío Willy.

No mucho después de hacer sus pinitos, desfiló hacia el vestíbulo para contemplar su cuadro favorito. Se quedó mirándolo y balbuceó como afirmando.

Meg se acercó para verlo de cerca.

Entonces se percató de que en el marco había una placa.

Diosa de la caza. *Diana.*

Cuando se lo contamos a Tyler, nos dijo que él no sabía nada, que ni se acordaba de que ese cuadro estaba ahí.

—Se me ha puesto la piel de gallina.

—Y a nosotros.

81

De madrugada, mientras el resto dormía, yo recorría la casa comprobando las puertas y las ventanas. Luego me sentaba en la terraza o en el borde del jardín y me liaba un porro.

La casa miraba hacia un valle y estaba en una ladera donde había muchas ranas. Me quedaba escuchando su canto nocturno y aspiraba el aire floral. Entre las ranas, los aromas, los árboles y el cielo inmenso lleno de estrellas, me teletransportaba a Botsuana.

Pero puede que no fuera solo por la flora y la fauna.

Era más bien por la sensación de seguridad y... vida.

Sacamos mucho trabajo adelante. Y teníamos mucho más que hacer. Creamos una fundación y retomé el contacto con gente que conocía del ámbito de la conservación del medioambiente. Todo empezaba a estar bajo control... hasta que la prensa, no sé cómo, averiguó que estábamos en casa de Tyler. Tardaron seis semanas exactamente, igual que en Canadá. De repente, los drones invadieron el cielo y los paparazzi ocuparon la calle y el valle.

Rompieron la valla.

La tapamos.

Dejamos de salir al exterior. El jardín estaba a plena vista de los paparazzi.

Luego llegaron los helicópteros.

Desgraciadamente, íbamos a tener que irnos de allí. Había que buscar otro sitio sin demora, y eso implicaba pagar la seguridad de nuestro bolsillo. Busqué mis cuadernos y empecé a contactar de nuevo con empresas de seguridad. Meg y yo nos sentamos a calcular cuánto dinero podíamos invertir en seguridad y cuánto en vivienda. Justo entonces, mientras revisábamos el presupuesto, recibí la noticia: mi padre iba a cerrar el grifo.

Era ridículo, lo sé. Un padre que deja de pasarle dinero a su hijo de treinta y tantos. Pero no era solo mi progenitor; también era mi jefe, mi banquero, mi auditor y el administrador de mi dinero durante toda mi vida adulta. Cerrarme el grifo implicaba despedirme sin indemnización y lanzarme al vacío después de toda una vida de servicio. Es más, después de toda una vida de incapacitarme como trabajador.

Me sentí como cuando ceban a los animales antes de llevarlos al matadero, como un ternero amamantado. Yo nunca pedí depender financieramente de mi padre. Me vi forzado a aceptar esa condición surrealista, un show de Truman interminable en el que nunca llevaba dinero encima, ni tenía coche propio ni llaves de casa; donde nunca compraba nada en internet, ni recibía paquetes de Amazon ni cogía apenas el metro (solo una vez, cuando estudiaba en Eton y fuimos de excursión al teatro). En la prensa me llamaban «gorrón». Pero no es lo mismo ser un gorrón que tener vetado aprender a ser independiente. Después de décadas infantilizándome de forma rigurosa y sistemática, me dejaban de repente a mi suerte y encima se mofaban de mí por ser inmaduro y no valerme por mí mismo.

Meg y yo nos pasábamos las noches en vela pensando en cómo íbamos a pagar una casa y la seguridad. Siempre tendríamos la opción de coger una parte de la herencia de mi madre, pero esa era la última opción. En nuestra cabeza ese dinero era para Archie... y alguien más.

Meg estaba embarazada.

82

Encontramos una casa con una rebaja considerable. Estaba en la costa, en las afueras de Santa Bárbara. Tenía muchas estancias, jardines amplios, un parque infantil y hasta un estanque con carpas koi.

La persona de la agencia inmobiliaria nos advirtió que estaban estresadas.

Nosotros también. Nos íbamos a llevar todos divinamente.

No. Nos explicó que necesitaban cuidados muy concretos y que tendríamos que contratar a un experto.

—Ajá. ¿Y dónde lo encontramos?

Nos dijo que no lo sabía.

Nos reímos. Problemas del primer mundo.

Nos hizo el recorrido. Era como estar en un sueño. Le pedimos a Tyler su opinión y nos dijo: «Comprad». Así que reunimos las arras, pedimos la hipoteca y nos mudamos en julio de 2020.

La mudanza en sí nos llevó un par de horas. Todas nuestras pertenencias cupieron en trece maletas. La primera noche nos tomamos algo tranquilamente, hicimos pollo asado y nos acostamos pronto.

Todo iba bien.

Aun así, Meg seguía muy estresada.

Había surgido una cuestión urgente en relación con su caso contra los tabloides. El *Mail* estaba haciendo de las suyas. Su primer intento de defensa los había dejado en ridículo manifiestamente, así que ahora estaban probando con otra, más ridícula todavía. Argüían que habían publicado la carta que Meg le había escrito a su padre porque en un artículo de la revista *People* se citaba a varios amigos suyos... de forma anónima. Los tabloides alegaban que Meg había orquestado lo de las citas y que había usado a sus amistades como portavoces *de facto*, y que por eso el *Mail* tenía todo el derecho a publicar la carta de marras.

Es más, querían que los respectivos nombres de dichos amigos, antes anónimos, se infiriesen de los autos... para acabar con ellos. Meg estaba dispuesta a hacer todo lo que estuviera en su mano para evitarlo. Se quedaba despierta hasta tarde intentando dar con una forma de ayudarlos, y encima la primera mañana en la casa nueva se levantó con dolor abdominal.

Y sangrando.

Se desplomó sobre el suelo.

Fuimos corriendo al hospital más cercano. Cuando la doctora

entró en la habitación, no escuché nada de lo que dijo. Solo me fijé en su cara y su lenguaje corporal. Lo supe enseguida. Los dos lo supimos. Había perdido mucha sangre.

Aun así, oírlo fue durísimo.

Meg me agarró. La abracé y empezamos a llorar.

En toda mi vida solo me he sentido así de impotente en cuatro ocasiones.

Una vez que iba con mi madre y Willy en la parte de atrás del coche y los paparazzi nos seguían.

Aquella vez en el Apache, sobrevolando Afganistán, cuando no me dieron autorización para cumplir con mi deber.

En Nott Cott, cuando mi mujer embarazada me habló de suicidio.

Y en ese momento.

Salimos del hospital con un bebé nonato en una cajita y fuimos a un lugar secreto que solo nosotros conocíamos.

Mientras Meg lloraba, yo cavé un agujero en la tierra debajo de un baniano enorme y puse dentro la cajita con cuidado.

83

Cinco meses después. Navidades de 2020.

Fuimos a por un árbol con Archie a un mercadillo de Santa Bárbara.

Compramos una pícea de las más grandes que había.

Llevamos el árbol a casa, lo colocamos en el salón y lo decoramos. Magnífico. Retrocedimos y lo admiramos mientras dábamos las gracias por lo que teníamos. Casa nueva. Un hijo sano. Aparte, habíamos firmado varios contratos gracias a los cuales íbamos a poder reanudar nuestro trabajo, como poner de relieve causas que nos preocupaban y contar cosas que nos parecían esenciales. También íbamos a poder pagar por nuestra seguridad.

En Nochebuena hablamos por FaceTime con varios amigos, incluidos algunos de Gran Bretaña, y contemplamos a Archie corretear alrededor del árbol.

También abrimos los regalos, como manda la tradición de los Windsor.

Uno de los presentes eran un adornito navideño de... ¡la reina!

—¿¡Y esto!? —bramé.

Meg lo había visto en una tienda de barrio y había pensado que me gustaría.

Lo miré bajo la luz. La cara mi abuela la habían clavado. Lo colgué en una rama a la altura de los ojos. Me alegraba tenerla ahí. Meg y yo sonreímos. En ese momento, Archie, que estaba jugueteando alrededor del árbol, empujó la base y la abuela se cayó por el meneo.

Oí un chasquido.

Se había hecho añicos.

Archie fue corriendo a buscar un pulverizador. Por alguna razón, pensó que si rociaba los trocitos con agua se arreglaría.

—No, Archie... ¡No rocíes a Gan-Gan! —dijo Meg. Fui a por un recogedor de mano y barrí el suelo mientras pensaba: «Muy raro todo».

84

La Casa Real anunció que había revisado tanto nuestro estatus como el acuerdo alcanzado en Sandringham.

Nos despojaron de todo menos de algunos patrocinios.

Era febrero de 2021.

Me dejaron sin nada, incluso sin mis vínculos militares. Ya no era capitán general de la Marina Real, título heredado de mi abuelo. Tampoco podría ponerme el uniforme militar de gala.

Me dije a mí mismo que nunca me quitarían el uniforme auténtico ni mi estatus militar real. Pero aun así.

La declaración proseguía diciendo que ya no le prestaríamos servicio de ningún tipo a la reina.

Lo expusieron como si hubiera sido de mutuo acuerdo. De eso nada.

Nosotros respondimos ese mismo día con nuestra propia declaración, donde decíamos que nunca dejaríamos de prestar servicio.

Este nuevo bloqueo de la Casa Real era como echarle gasolina al fuego. Desde que nos habíamos ido, los medios no habían hecho más que criticarnos todo el rato, pero esta ruptura oficial desencadenó una oleada nueva, aunque esta vez era diferente. En las redes sociales nos vilipendiaban a todas horas, día sí y día también, y los periódicos difundían calumnias sobre nosotros, historias inventadas que siempre atribuían a «asistentes», «internos con información privilegiada» o «fuentes de la Casa Real», cuyo personal era quien en realidad se las servía en bandeja, presumiblemente con autorización de mi familia.

Yo no leí nada e hice por oír lo menos posible. Evitaba entrar en internet, igual que en su momento evitaba entrar en el centro de Garmsir. Tenía el móvil en silencio y sin vibración. A veces me escribía algún que otro amigo con toda su buena intención: «Uf, lo siento por tal y cual», pero tuvimos que pedirles, a ellos y a todos, que no nos contaran lo que habían leído.

Para ser sincero, no me pilló tan de sorpresa que la Casa Real cortara lazos. Ya me había olido algo hacía unos meses. Justo antes del día del Recuerdo pregunté si podía alguien depositar una corona de flores en el cenotafio en mi nombre, ya que, evidentemente, yo no iba a estar allí.

Solicitud denegada.

En ese caso, ¿podía alguien depositar una corona de flores en cualquier parte de Gran Bretaña en mi nombre?

Solicitud denegada.

En ese caso, ¿podía alguien quizá depositar una corona de flores en cualquier país de la Commonwealth, donde fuera, en mi nombre?

Solicitud denegada.

Me dijeron que no se le permitiría a ningún representante de ningún sitio depositar ninguna clase de corona de flores en la tumba de ningún militar en nombre del príncipe Harry.

Alegué que sería mi primer día del Recuerdo sin rendir homenaje a los caídos, entre los que se encontraban amigos míos muy queridos.

Solicitud denegada.

Al final llamé a uno de mis instructores de Sandhurst para pedirle que depositara la corona de flores por mí. Me sugirió el monumento conmemorativo de Irak y Afganistán, en Londres, que precisamente lo había descubierto hacía unos años...

... mi abuela.

—Sí, genial. Gracias.

Me dijo que para él sería un honor y añadió:

—Por cierto, capitán Gales. Que les den. Se han pasado.

85

No estaba seguro de qué era ni de qué hacía exactamente. Lo único que sabía era que afirmaba que tenía «poderes».

Era consciente de que la probabilidad de que me timara era muy alta, pero varios amigos de confianza me habían recomendado fervientemente que acudiera a aquella mujer, así que me dije: «¿Qué mal me va a hacer?».

Luego, en cuanto nos sentamos, sentí una energía a su alrededor.

«Guau, noto algo», pensé.

Me dijo que ella también notaba algo a mi alrededor.

—Tu madre está contigo.

—Sí. Lo noto desde hace poco.

—No. Me refiero a ahora mismo.

Se me encendió el cuello y empezaron a llorarme los ojos.

—Sabe que estás buscando la luz. Percibe tu desconcierto. Sabe que tienes muchas preguntas.

—Sí.

—Las respuestas llegarán a su debido tiempo. En algún momento del futuro. Sé paciente.

¿Paciente? La palabra se me quedó atascada en la garganta.

Por lo pronto, me dijo la mujer, mi madre estaba muy orgullosa de mí. Y me apoyaba plenamente. Sabía que no era fácil.

¿El qué no era fácil?

—Tu madre dice que estás viviendo la vida que ella no pudo vivir, la vida que quería para ti.

Tragué saliva. Quería creer lo que oía. Quería que todo lo que me estaba diciendo esa mujer fuera verdad. Pero necesitaba pruebas. Una señal. Lo que fuera.

—Dice algo de... un adorno.

—¿Un adorno?

—Estaba presente.

—¿Dónde?

—Dice que... un adorno navideño, de una madre o una abuela, se cayó... o se rompió...

—Archie intentó arreglarlo.

—Dice que le dio la risa floja con eso.

86

Jardines de Frogmore.

Horas después del funeral de mi abuelo.

Llevaba media hora paseando con Willy y mi padre, pero me sentía como cuando en el Ejército me hacían marchar varios días al principio de ser soldado. Estaba hecho polvo.

Llegamos a un punto muerto al mismo tiempo que a las ruinas góticas. Después de tanto rodeo, estábamos de nuevo donde habíamos empezado.

Mi padre y Willy seguían afirmando que no sabían por qué me había ido de Gran Bretaña, que no entendían nada, y yo estuve a punto de darme la vuelta e irme.

Luego uno de los dos sacó el tema de la prensa. Me preguntaron por la demanda de las escuchas.

Todavía no habían preguntado por Meg, pero lo de la demanda bien que les interesaba, porque les afectaba directamente.

—Ahí sigue.

—Es un suicidio —masculló mi padre.

—Puede, pero me merece la pena.

Les dije que pronto demostraría que los periodistas eran unos mentirosos de cuidado, unos malhechores. Iba a vivir para ver a algunos entrar en la cárcel. Por eso me atacaban con tanta saña, porque sabían que tenía pruebas concluyentes.

No lo hacía por mí; era un asunto de interés público.

Mi padre meneó la cabeza y reconoció, cito textualmente, que los periodistas eran «la escoria de la sociedad», aunque añadió: «Pero...».

Resoplé. Cuando se trataba de la prensa, él siempre tenía un pero, porque, si bien no soportaba el odio que rezumaban, ay, le encantaba cuando profesaban amor. Se podría argumentar que desde hacía décadas ese era el germen del problema; de todos los problemas, de hecho. Privado de amor desde pequeño y amedrentado por sus compañeros de colegio, se sentía peligrosa y compulsivamente atraído por el elixir que le ofrecían.

Mencionó a mi abuelo como un ejemplo admirable de por qué no hay que hacerse demasiada mala sangre por la prensa. Los periódicos maltrataron al pobre hombre durante casi toda su vida, pero, mira ahora, ¡era un tesoro nacional! La prensa no paraba de elogiarlo.

¿Eso era todo? ¿Esperar a morirme para que las cosas se arreglasen?

—Mi querido hijo, si eres capaz de tolerarlo un poco más, aunque parezca raro, te respetarán por ello.

Me reí.

—Lo que quiero decir es que no te lo tomes como algo personal —prosiguió.

Hablando de tomarse las cosas como algo personal, les dije que, aunque yo aprendiera a tolerar a la prensa, incluso aunque le perdonara su maltrato, y repito, «aunque», superar que mi propia familia fuera su cómplice iba a llevarme mucho más tiempo. Tanto la oficina de mi padre como la de Willy se lo habían puesto fácil a esos desalmados, cuando no habían colaborado directamente con ellos.

Según la última y despiadada campaña, orquestada con su ayuda, Meg era una tirana. Era tan indignante que incluso después de que Meg y yo desmontáramos su mentira con un informe a Recursos Humanos de veinticinco páginas repleto de pruebas, iba a costarme mucho obviarlo sin más.

Mi padre reculó y Willy meneó la cabeza. Se pusieron a hablar entre ellos. Me dijeron que ya le habíamos dado mil vueltas a ese tema.

—Estás delirando, Harry.

Los que deliraban eran ellos.

Incluso si, en aras de la discusión, asumiera que mi padre, Willy y su respectivo personal no habían hecho nada explícito en contra de mi mujer, quien calla otorga. Y ese mutismo era irrecusable, crónico y desgarrador.

Mi padre me dijo:

—Mi querido hijo, has de entender que como institución no podemos decirle sin más a los medios lo que deben hacer.

Me reí resoplando otra vez. Era como si mi padre me dijera que no podía decirle a su ayuda de cámara lo que debía o no debía hacer.

Willy me dijo que yo no era el más indicado para hablar de colaborar con la prensa. ¿Qué había de mi charla con Oprah?

Un mes antes Oprah Winfrey nos había entrevistado a Meg y a mí. (Qué casualidad que, poco antes de que se emitiera la entrevista, empezaron a surgir en los periódicos los artículos esos sobre que Meg era una tirana). Desde que nos habíamos ido de Gran Bretaña, los ataques contra nosotros habían aumentado exponencialmente. Teníamos que hacer algo para intentar pararlos. Quedarnos callados no había servido de nada, solo lo había agravado. Creímos que no nos quedaba más remedio.

Varios amigos cercanos y gente querida para mí, incluidos los hijos de Hugh y Emilie, la propia Emilie e incluso Tiggy, me habían reprendido por lo de *Oprah*. ¿Cómo se me ocurría contar esas cosas sobre mi familia? Les dije que me costaba entender en qué se diferenciaba hablar con Oprah de lo que ellos y su personal llevaban décadas haciendo: informar a la prensa de extranjis y filtrar historias. Por no hablar de los muchos libros en los que habían participado, empezando por la criptoautobiografía de mi padre en conjunto con Jonathan Dimbleby en 1994. O las colaboraciones de Camila con el editor de prensa Geordie Greig. La única diferencia era que Meg y yo no nos habíamos escondido. Elegimos a una entrevistadora intachable y no nos amparamos en expresiones como «fuentes de la Casa Real»; la gente vio que éramos nosotros los que estábamos hablando.

Me quedé mirando las ruinas góticas. «No sé por qué me molesto», pensé. Mi padre y Willy no me estaban escuchado y yo a ellos tampoco. Nunca me habían dado ninguna explicación satisfactoria a sus actos y omisiones, y no iban a hacerlo jamás, porque no la había. Empecé a despedirme («Buena suerte, cuidaos...»), pero Willy estaba que echaba humo y me dijo gritando que, si todo estaba tan mal como yo lo había pintado, la culpa era mía por no haber pedido ayuda.

—¡Nunca has acudido a nosotros! ¡Nunca has acudido a mí!

Desde que éramos pequeños, Willy siempre había adoptado esa posición ante todo. Yo tengo que acudir él y arrodillarme expresa, directa y oficialmente. Si no, el Heredero no me auxilia. Me pregunté por qué tenía que ir yo a pedirle ayuda a mi hermano cuando mi mujer y yo teníamos problemas.

Si nos estuviera atacando un oso en su presencia, ¿se quedaría esperando a que le pidiéramos ayuda?

Le recordé el acuerdo de Sandringham. Le pedí que me ayudara con ese asunto; lo violaron, lo trituraron y nos despojaron de todo y él no movió ni un dedo.

—¡Fue la abuela! ¡Ve a quejarte a ella!

Lo rechacé con la mano, indignado, y él me embistió y me cogió de la camisa.

—Harold, escucha.

Me zafé e intenté evitar su mirada, pero él me obligó a mirarlo a los ojos.

—¡Escúchame! ¡Te quiero, Harold! Quiero que seas feliz.

Las palabras se me escaparon de la boca:

—Yo también te quiero..., pero ¡mira que eres terco!

—¿Y tú no?

Me zafé otra vez.

Él volvió a agarrarme y me giró para no perder el contacto visual.

—¡Harold, que me escuches! Yo solo quiero que seas feliz, te lo juro por la memoria de mamá.

Se calló. Yo también. Y mi padre.

Lo había hecho.

Había usado el código secreto, la clave universal. Desde pequeños, solo podíamos usar esas palabras en momentos de crisis extrema. «Te lo juro por la memoria de mamá». Durante casi veinticinco años habíamos reservado ese juramento demoledor para esas veces en las que uno de los dos necesitaba que el otro lo escuchara, que lo creyera sin más. Esas veces en las que lo demás no funcionaba.

Me paré en seco (esa era la idea), pero no por el hecho de que hubiera usado la clave, sino porque no funcionó. Sencillamente, no me lo creía, no me fiaba del todo. Y viceversa. Él también se percató. Se dio cuenta de que el sufrimiento y la duda eran tales que ni siquiera esas palabras sagradas nos redimían.

Pensé en lo perdidos que estábamos, en lo mucho que nos habíamos distanciado. En lo maltrechos que habían quedado nuestro amor y nuestro vínculo. ¿Y por qué? Porque una panda de memos, arpías, criminales mediocres y sádicos de manual que habita en Fleet Street tiene la necesidad de divertirse y engrosar sus ganancias (y resolver sus problemas personales) a costa de atormentar a una familia disfuncional muy extensa y vetusta.

Willy no estaba del todo por la labor de aceptar la derrota.

—He llegado a sentirme muy mal por todo lo que ha pasado, como si estuviera enfermo de verdad, pero..., pero te juro por la memoria de mamá que yo solo quiero que seas feliz.

—Lo dudo mucho, sinceramente —le dije con voz entrecortada.

De repente, recuerdos de nuestra relación empezaron a invadirme, pero uno de ellos destacó. Estábamos en España hacía unos años, en un valle maravilloso bañado por esa luz clara y brillante tan característica y singular del Mediterráneo, ambos de rodillas detrás de una cortina de lona verde con el sonido de los cuernos de caza de fondo. Nos calamos la gorra y empezaron a aparecer las primeras perdices. Pum. Cayeron varias. Le dimos la escopeta a los cargadores y nos dieron una nueva. Pum. Cayeron más. Cambio de escopeta otra vez. Estábamos sudando a chorros. El suelo se iba llenando de aves que servirían de sustento a los pueblos cercanos durante semanas. Pum. Último disparo, no podíamos fallar. Nos levantamos por fin, empapados y muertos de hambre; pero estábamos felices, porque éramos jóvenes y estábamos juntos, en nuestra salsa, en el lugar que realmente nos correspondía, lejos de *ellos* y cerca de la naturaleza. Fue un momento tan extraordinario que nos miramos e hicimos algo de lo más inusual: abrazarnos. Con todas nuestras fuerzas.

Entonces me di cuenta de que, en cierto modo, la muerte siempre había estado presente incluso en nuestros momentos más bonitos, en mis recuerdos más felices. Nuestra vida se había cimentado sobre ella y su sombra oscurecía nuestros días más felices. Al echar la vista atrás, no veía lugares en el tiempo, sino danzas con la muerte. Nos veía empapándonos de ella. Nos bautizaron, nos coronaron, nos recibimos, nos casamos, nos graduaron y volamos sobre los restos mortales de nuestros seres queridos. El propio castillo de Windsor era una tumba cuyos muros estaban llenos de antepasados. La torre de Londres se mantenía en pie con la sangre de animales que, mil años atrás, los constructores originales emplearon para atemperar la argamasa de los ladrillos. La gente ajena nos veía como una secta, pero quizá fuéramos devotos de la muerte, y eso es un poquito depravado, ¿no? ¿Es que no teníamos suficiente ni siquiera tras haber enterrado a mi abuelo? ¿Por qué seguíamos merodeando cerca de la «tierra inexplorada de cuya frontera ningún viajero regresa»?*

Aunque esta descripción quizá se adapta mejor a Estados Unidos.

Willy seguía hablando y mi padre lo pisaba. Yo no quería seguir escuchando ni una palabra más. En mi mente ya estaba de camino a California y una voz decía: «Ya basta de muerte, se acabó. ¿A qué esperaba esta familia para liberarse y vivir?».

* Cita de *Hamlet*, de William Shakespeare. *(N. de los T.)*.

87

Esta vez fue un poco más fácil. Puede que porque el caos y el estrés de antaño se habían quedado al otro lado del charco.

Cuando llegó el gran día, ambos nos sentíamos más seguros y tranquilos, más... estables. Qué alegría no tener que preocuparnos por los horarios, los protocolos ni los periodistas apostados en la entrada.

Llegamos al hospital en coche con calma y cordura y los guardaespaldas nos trajeron la comida, igual que la otra vez. En este caso, hamburguesa con patatas de In-N-Out para mí y fajitas de un restaurante mexicano de la zona para Meg. Después de devorar, hicimos el bailecito del parto por toda la habitación.

Allí dentro todo era alegría y amor.

No obstante, después de muchas horas Meg le preguntó a la doctora:

—¿Cuándo?

—Dentro de poco. Ya queda menos.

Esta vez no toqué el gas de la risa (porque no había). Estuve bien presente, ayudando a mi mujer a empujar.

Cuando la doctora dijo que era cuestión de minutos, le dije a Meg que quería que lo primero que viera la bebita fuera mi cara.

Sabíamos que era niña.

Ella asintió y me apretó la mano.

Me puse al lado de la doctora y ambos nos agachamos como si fuéramos a rezar.

—¡Está coronando! —exclamó la doctora.

«Coronando», pensé. Qué fuerte.

Estaba azul. Me dio miedo que no le estuviera llegando el aire. ¿Se estaba asfixiando? Miré a Meg.

—Venga, cielo, un empujón más, ya no queda nada.

—Ahí, ahí —dijo la doctora mientras me guiaba las manos—. Justo ahí.

Un grito y acto seguido un silencio puro y acuoso. A diferencia de como pasa a veces, el pasado y el futuro no mutaron en uno, sino que el pasado no importaba y el futuro no existía. Solo había un presente muy intenso. Entonces la doctora se volvió hacia mí y gritó:

—¡Ya!

Metí las manos por debajo de la cabecita y el cuello y, con mucho tacto y decisión, como en las películas, saqué a nuestra adorada hija de ese mundo para traerla a este. La envolví con los brazos un segundo e intenté sonreírle y verle la cara, pero, la verdad, no veía nada. Solo quería decir: «Hola. ¿Tú de dónde sales? ¿Se está mejor allí? ¿Es tranquilo? ¿Tienes miedo?».

«No lo tengas, todo irá bien».

«No dejaré que te pase nada».

Se la entregué a Meg. Piel con piel, eso había dicho la enfermera.

Tiempo después, ya con el bebé en casa y una vez hechos al nuevo ritmo de nuestra familia de cuatro, estábamos Meg y yo piel con piel y ella dijo:

—Nunca he estado tan enamorada de ti como en ese momento.

—¿En serio?

—En serio.

Meg a veces plasmaba sus pensamientos en una especie de diario. Me lo enseñó.

Los leí como si fueran un poema de amor.

Los leí como si fueran un testimonio, una renovación de nuestros votos.

Los leí como si fueran una citación, una conmemoración, una proclamación.

Los leí como si fueran un decreto.

«Eso lo significó todo», decía.

«Eso es un hombre».

Mi amor.

«Eso no es un Repuesto».

Epílogo

Ayudé a Meg a subirse a la barca. Esta se tambaleó y me coloqué corriendo en el centro para enderezarla.

Ella se sentó en la popa y yo me hice con los remos, pero fue en vano.

«Nos hemos quedado atascados».

El lodo espeso del fondo nos tenía bien cogidos.

Mi tío Charles se acercó a la orilla y nos dio un empujoncito. Nos despedimos de él y de mis dos tías con la mano.

—Adiós. Nos vemos ahora.

Mientras nos deslizábamos por el estanque, contemplé el terreno ondulante y los árboles centenarios, las miles de hectáreas de verde donde se crio mi madre y donde encontraba cierta paz aunque las cosas no fueran bien.

Unos minutos después llegamos a la isla y bajamos con cuidado a la orilla. Guie a Meg por el sendero, alrededor de un seto vivo y a través del laberinto. Allí estaba el óvalo de piedra de color blanco grisáceo.

Ir a ese sitio nunca era fácil, pero en esa ocasión...

Era el vigésimo quinto aniversario.

Y la primera vez de Meg.

Por fin llevaba a casa a la chica de mis sueños para que conociera a mi madre.

Nos abrazamos y, tras vacilar, fui yo primero. Coloqué unas flores en la tumba. Meg me dejó solo un momento y hablé con mi madre mentalmente. Le dije que la echaba de menos y le pedí que me orientara y me ayudara a ver las cosas con claridad.

Me pareció que Meg también quería estar con ella un momento, así que rodeé el seto vivo y contemplé el estanque. Cuando volví estaba de rodillas con los ojos cerrados y las palmas apoyadas en la piedra.

De camino a la barca le pregunté qué le había pedido.

—Claridad y orientación.

Los días posteriores los dedicamos a un viaje relámpago por trabajo: Manchester, Düsseldorf y vuelta a Londres para los premios WellChild. Pero ese día, el 8 de septiembre de 2022, recibí una llamada sobre la hora de la comida.

Número desconocido.

—¿Hola?

Era mi padre. La salud de mi abuela había empeorado.

Estaba en Balmoral, por descontado. Allí los días de finales de verano eran maravillosos y melancólicos. Colgó (tenía que llamar a mucha gente) y acto seguido escribí a Willy para preguntarle si él y Kate iban a volar hacia allí y, en caso afirmativo, cuándo y en qué términos.

No contestó. Meg y yo miramos vuelos.

La prensa empezó a llamar; no podíamos seguir demorando la decisión. Le dijimos a nuestro equipo que lo confirmaran: no íbamos a asistir a los premios WellChild porque teníamos que ir a Escocia.

Entonces mi padre llamó otra vez.

Me dijo que era bienvenido en Balmoral, pero... sin ella. Empezó a exponer sus razones, pero no tenían ningún sentido, y además fue irrespetuoso. No se lo toleré.

—Ni se te ocurra hablar así de mi mujer.

Arrepentido, dijo tartamudeando que simplemente no quería que aquello se llenara de gente. No iba a ir la mujer de nadie, ni siquiera Kate, me dijo, así que Meg tampoco debería.

—Pues haber empezado por ahí.

Ya era media tarde y no había ningún vuelo comercial a Aberdeen. Y Willy todavía no había contestado, así que mi única opción era un vuelo chárter a Luton.

Dos horas después ya estaba embarcando.

Me pasé casi todo el vuelo contemplando las nubes, reviviendo la última vez que había hablado con mi abuela. Habíamos estado charlando largo y tendido hacía cuatro días. Tocamos muchos temas: su salud, por supuesto; el caos de Downing Street; los Braemar Games, a los que sentía no poder asistir por no encontrarse bien... También hablamos de la devastadora sequía. Meg y yo nos estábamos alojando en Frogmore y el césped estaba en muy malas condiciones.

—Está como mi cabeza, abuela, ¡lleno de calvas y parches marrones!

Se echó a reír.

Le dije que se cuidara y que esperaba que nos viéramos pronto.

Cuando el avión empezó a descender, vi que mi móvil se iluminaba. Era un mensaje de Meg: «Llámame en cuanto leas esto».

Consulté la página web de la BBC.

Mi abuela había muerto.

Mi padre era el rey.

Me puse la corbata negra, salí del avión bajo una llovizna espesa y fui volando a Balmoral en un coche prestado. Cuando franqueé la entrada llovía más y estaba tan oscuro que los flashes de las cámaras casi me dejaron ciego.

Hacía frío y fui corriendo encorvado hacia el vestíbulo, donde me recibió mi tía Ana.

Le di un abrazo y le pregunté dónde estaban mi padre y Willy. Y Camila.

Me dijo que en Birkhall.

Luego me preguntó si quería ver a mi abuela.

—Sí, por favor.

Me llevó arriba, a su habitación. Me mentalicé antes de entrar. La estancia estaba en penumbra y me resultó ajena; solo había estado allí una vez en mi vida. Avancé con inseguridad y la vi. Me quedé quieto, mirándola fijamente durante un buen rato. Hice acopio de fuerzas y seguí avanzando mientras pensaba en lo mucho que me dolió no ver a mi madre antes de irse. Años lamentando no tener una prueba, posponiendo el luto porque necesitaba algo tangible. Entonces pensé: «Una prueba. Ojo con lo que deseas».

Le dije susurrando que esperaba que fuera feliz y que estuviera con el abuelo. Que la admiraba por haber desempeñado sus funciones hasta el final. El Jubileo, la bienvenida a la nueva primera ministra… El día que cumplió noventa años mi padre le hizo un homenaje muy emotivo con una cita de Shakespeare sobre Isabel I:

… muchos días, ninguno sin una buena acción para coronarlo.

Siempre fiel.

Salí de la habitación, recorrí el pasillo enmoquetado de tartán y pasé por delante de la estatua de la reina Victoria. «Su Majestad». Llamé a Meg para decirle que había llegado sano y salvo y luego fui a la sala de estar, donde cené con casi toda la familia, aunque mi padre, Willy y Camila aún no habían aparecido.

Hacia el final de la cena me preparé para las gaitas, pero por respeto a mi abuela no hubo música. En su lugar, un silencio sobrecogedor.

Cuando se hizo tarde, todo el mundo se retiró a su habitación excepto yo. Me quedé deambulando, subiendo y bajando escaleras, recorriendo los pasillos, y acabé en el cuarto de los niños. Los lavamanos antiguos, la bañera…, todo estaba igual que hacía veinticinco años. Me pasé casi toda la noche viajando al pasado mentalmente mientras en el presente intentaba organizar un viaje con el teléfono.

La opción más rápida era unirme a mi padre o a Willy… Era eso o coger el primer vuelo de British Airways desde Balmoral. Compré el billete y fui de las primeras personas en embarcar.

Al poco de acomodarme en una fila del principio, noté una presencia a la derecha.

—Mi más sentido pésame —dijo el pasajero antes de seguir avanzando por el pasillo.

—Gracias.

Poco después, otra presencia.

—Mis condolencias, Harry.

—Muchas gracias…

Casi todos los pasajeros se pararon y me dedicaron unas palabras amables. Sentí una afinidad muy fuerte con ellos.

«Nuestro país. Nuestra reina», pensé.

Meg me recibió en la entrada de Frogmore con un largo abrazo que yo venía necesitando con urgencia. Nos sentamos ante un calendario con una copa de vino. El viaje relámpago había mutado en odisea. Como mínimo, diez días más. Y muy complicados, por cierto. Es más, íbamos a estar separados de los niños mucho más de lo previsto; era la primera vez que pasábamos tanto tiempo lejos de ellos.

Cuando se celebró el funeral, Willy y yo prácticamente no cruzamos palabra; nos limitamos a desempeñar cada uno su papel de siempre y a hacer el mismo recorrido, de nuevo a la zaga de un féretro cubierto con el estandarte real y montado sobre un carro de armas. Mismo trayecto y mismo panorama, pero esta vez íbamos uno al lado del otro, no como en otros funerales. Y además había música.

Cuando llegamos a la capilla de San Jorge, con el clamor de las gaitas de fondo, pensé en la cantidad de momentos importantes que había vivido bajo aquel techo: la despedida de mi abuelo, mi boda… Me emocioné pensando incluso en los más comunes, como los domingos de Pascua, con toda la familia presente. De repente me sorprendí secándome las lágrimas.

«¿Por qué ahora? —me pregunté—. ¿Por qué?».

Al día siguiente a mediodía Meg y yo volvimos a Estados Unidos.

Nos tiramos varios días abrazando a los niños sin parar, encima de ellos todo el rato, y no dejaba de recordarlos con mi abuela. En la última visita. Archie se dedicó a hacer profundas reverencias cual caballero, mientras que Lilibet, su hermana pequeña, se agarraba a las espinillas de la monarca. «Qué niños tan adorables», dijo mi abuela algo perpleja. Se había imaginado que serían un poco más... ¿estadounidenses, quizá? Lo que en su cabeza quería decir más revoltosos.

Aunque me alegraba muchísimo de estar en casa de nuevo, de vuelta a llevarlos al colegio y a las lecturas de *Las jirafas no pueden bailar*, no pude evitar... recordar. Las imágenes se sucedían en mi cabeza día y noche.

De pie delante de ella durante mi desfile de graduación, con los hombros hacia atrás, vislumbrando su media sonrisa. Plantado a su lado en el balcón diciéndole algo que la pilló desprevenida y la hizo reír en alto a pesar de la solemnidad de la ocasión. Todas esas veces que le susurraba algo gracioso al oído mientras aspiraba su fragancia. Dándole dos besos en un acto público, no hacía mucho, y posando suavemente la mano sobre su hombro; ahí me di cuenta de lo frágil que estaba. Cuando hicimos ese vídeo tan guasón para el estreno de los Invictus Games, donde reveló su don para la comedia. La gente se moría de la risa; nadie se imaginaba que tuviera un sentido del humor tan socarrón, pero ¡siempre ha sido así! Era uno de nuestros secretillos. De hecho, en todas las fotos que tenemos juntos, cada vez que salimos intercambiando una mirada o haciendo contacto visual, se percibe claramente que teníamos nuestros secretos.

Decían que teníamos «una relación singular», y ahora no podía dejar de pensar en esa «singularidad» que ya nunca más se daría, en la ausencia de visitas...

«En fin, así son las cosas, ¿no? Es ley de vida», me dije.

Con todo, como pasa con muchas despedidas, ojalá hubiera tenido la oportunidad de darle el último adiós.

Poco después de volver, se coló un colibrí en casa. Me costó un montón sacarlo fuera. Llegué a plantearme que quizá teníamos que empezar a cerrar las puertas, aunque eso significara privarnos de las maravillosas brisas marinas.

«Oye, a lo mejor es una señal», me dijo un colega.

Según él, algunas culturas consideran que los colibrís son espíritus; visitantes, por así decirlo. Los aztecas pensaban que los guerreros se reencarnaban en ellos. Y los exploradores españoles los llamaban «aves de la resurrección».

¿No me digas?

Leí un poco al respecto y me enteré de que los colibrís no eran solo visitantes, sino también viajeros. Son los pájaros más ligeros y veloces del mundo y recorren distancias enormes, desde su hábitat invernal en México hasta las zonas de nidificación en Alaska. Cuando te topes con un colibrí, en realidad estarás viendo un Odiseo minúsculo y centelleante.

Por eso, evidentemente, cuando el colibrí volvió y se lanzó en picado por la cocina y revoloteó por el espacio aéreo sagrado que llamábamos «Lili Land», donde estaba el parque del bebé, con todos sus juguetes y peluches, pensé con esperanza y avidez, tonto de mí: «¿Esta casa es un desvío... o su destino?».

Por una milésima de segundo sentí la tentación de dejarlo tranquilo, de permitir que se quedara.

Pero no.

Usé la red de pesca de Archie para cogerlo del techo con cuidado y lo llevé fuera.

Las patas parecían pestañas y las alas eran como pétalos de flor.

Lo tenía entre las palmas ahuecadas y lo dejé con suavidad sobre una pared donde daba el sol.

«Adiós, amigo».

Pero no se movió.

Se quedó quieto.

«No, no puede ser», pensé.

«Venga, vete».

«Eres libre».

«A volar».

Y de repente, contra todo pronóstico y toda expectativa, aquella criatura diminuta mágica y maravillosa se activó y echó a volar.

Agradecimientos

Dada su extensión, esta lista es toda una lección de humildad para mí.

En lo que a la publicación se refiere, gracias a toda la gente de Penguin Random House, tanto de Estados Unidos como del Reino Unido, empezando, cómo no, por la sabia y paciente Gina Centrello y el supereditor Ben Greenberg (que además es un tío guay en general). Gracias a Markus Dohle y Madeline McIntosh, por su comprensión cuando el calendario cambió no una, sino dos veces. Gracias a Bill Scott-Kerr, Tom Weldon, Andy Ward, David Drake, Madison Jacobs, Larry Finlay, Theresa Zoro, Bill Takes, Lisa Feuer, Katrina Whone, Benjamin Dreyer, Sally Franklin, Catriona Hillerton, Linnea Knollmueller, Mark Birkey, Kelly Chian, Derek Bracken, Kate Samano, Simon Sullivan, Chris Brand, Jenny Pouech, Susan Corcoran, Maria Braeckel, Leigh Marchant, Windy Dorresteyn, Leslie Prives, Aparna Rishi, Ty Nowicki, Matthew Martin, Anke Steinecke, Sinead Martin, Vanessa Milton, Martin Soames, Kaeli Subberwal, Denise Cronin, Sarah Lehman, Jaci Updike, Cynthia Lasky, Allyson Pearl, Skip Dye, Stephen Shodin, Sue Malone-Barber, Sue Driskill, Michael DeFazio, Annette Danek, Valerie VanDelft, Stacey Witcraft, Nihar Malaviya, Kirk Bleemer, Matthew Schwartz, Lisa Gonzalez, Susan Seeman, Frank Guichay, Gina Wachtel, Daniel Christensen, Jess Wells, Thea James, Holly Smith, Patsy Irwin, Nicola Bevin, Robert Waddington, Thomas Chicken, Chris Turner, Stuart Anderson, Ian Sheppard, Vicky Palmer y Laura Ricchetti.

En lo que al audio se refiere, gracias también a Kelly Gildea,

Dan Zitt, Scott Sherratt, Noah Bruskin, Alan Parsons, Ok Hee Kolwitz, Tim Bader, Amanda D'Acierno, Lance Fitzgerald, Donna Passannante, Katie Punia, Ellen Folan y Nicole McArdle.

Gracias en especial a Ramona Rosales por su sensibilidad, sentido del humor y maestría; a Hazel Orme por sus esmeradas correcciones; a Hilary McClellen por su arte comprobando datos; a Tricia Wygal por leer con ojos de lince y también a Elizabeth Carbonell, Tory Klose, Janet Renard y Megha Jain. Gracias por el trabajo en equipo.

A mis compañeros del Reino Unido, que se han mantenido firmes a mi lado, que quizá no pudieron percibirlo todo con claridad mientras sucedía, pero que siempre me vieron, me conocieron, me apoyaron —en medio de la niebla—, gracias por todo. Y gracias por las risas. La siguiente ronda corre de mi cuenta.

Doy las gracias y mando amor a los amigos y colegas que me han ayudado a refrescar la memoria o a recuperar detalles importantes perdidos en la bruma de la juventud, entre ellos Tania Jenkins y Mike Holding, Mark Dyer, Thomas, Charlie, Bill y Kevin. A mi familia militar al completo, por desafiarme, estimularme, alentarme y guardarme las espaldas a cada momento. Siempre guardaré las vuestras. Mi especial agradecimiento a Glenn Haughton y Spencer Wright, mis dos sargentos instructores en Sandhurst. Gracias y abrazos a Jennifer Rudolph Walsh por su energía siempre positiva y su asesoramiento apasionado, y a Oprah Winfrey, Tyler Perry, Chris Martin, Nacho Figueras, Delphi Blaquier y James Corden, por su amistad y su apoyo inquebrantables.

Gracias a todos los profesionales, expertos médicos y *coaches* por mantenerme física y emocionalmente fuerte a lo largo de los años. El doctor Lesley Parkinson, el doctor Ben Carraway y Kevin Lidlow, y también Ross Barr, Jessie Blum, el doctor Kevin English, Winston Squire, Esther Lee, John Amaral y Peter Charles. También Kasey, Eric Goodman y los dos Pete. Mi especial agradecimiento a mi terapeuta en el Reino Unido por ayudarme a desenmarañar años de trauma sin resolver.

Gracias de corazón al Equipo A del frente doméstico, y a la maravillosa cuadrilla al completo de Archewell por su apoyo sin fin. Mi más profundo agradecimiento a Rick, Andrew, los dos Tim, Matt, Jenny y su equipo, y David, por vuestra sabiduría y orientación. Estáis siempre al pie del cañón, sea cuando sea y pase lo que pase.

Gracias a mi colaborador y amigo, confesor y *sparring* ocasional J. R. Moehringer, que me habló tan a menudo y con tan profunda convicción sobre la belleza (y sagrada obligación) de las Memorias, y a todo el profesorado y los alumnos de la Moehringer-Welch Memoir Academy, entre ellos Shannon Welch, Gracie Moehringer, Augie Moehringer, Kit Rachlis y Amy Albert. Mi especial agradecimiento a Shannon, por sus innumerables lecturas y sus brillantes e incisivas notas.

Gracias destacadas a los hermanos de mi madre, por su amor, apoyo, tiempo y punto de vista.

Sobre todo, mil gracias de corazón y con adoración a Archie y Lili, por dejar que papá se ausentara a ratos para leer, pensar y reflexionar; a mi suegra (alias «abuela»), y a mi increíble esposa, por sus miles de talentos y sacrificios, grandes y pequeños (me falta espacio para enumerarlos). Amor de mi vida, gracias, gracias, gracias. Sin ti no habría sido posible materializar este libro (logística, física, emocional ni espiritualmente). La mayoría de las cosas serían imposibles sin ti.

Y a ti, lector: gracias por querer conocer mi historia en mis propias palabras. Me siento profundamente agradecido de poder compartirla hasta este momento.